Juliane Sagebiel | Sabine Pankofer

Soziale Arbeit und Machttheorien

Reflexionen und Handlungsansätze

2., aktualisierte und überarbeitete Auflage

LAMBERTUS

Laden Sie dieses Buch kostenlos auf Ihr Smartphone, Tablet und/oder Ihren PC und profitieren Sie von zahlreichen Vorteilen:

- **kostenlos:** Der Online-Zugriff ist bereits im Preis dieses Buchs enthalten
- **verlinkt:** Die Inhaltsverzeichnisse sind direkt verlinkt, und Sie können selbst Lesezeichen hinzufügen
- **durchsuchbar:** Recherchemöglichkeiten wie in einer Datenbank
- **annotierbar:** Fügen Sie an beliebigen Textstellen eigene Annotationen hinzu
- **sozial:** Teilen Sie markierte Texte oder Annotationen bequem per E-Mail oder Facebook

Aktivierungscode: spsa-2022

Passwort: 5791-2507

Download App Store/Google play:

- **App Store/Google play** öffnen
- Im Feld **Suchen Lambertus+** eingeben
- **Laden** und **starten** Sie die **Lambertus+ App**
- Oben links den Aktivierungsbereich anklicken um das E-Book freizuschalten
- Bei **Produkte aktivieren** den **Aktivierungscode** und das **Passwort** eingeben und mit **Aktivieren** bestätigen
- Mit dem Button **Bibliothek** oben links gelangen Sie zu den Büchern

PC-Version:

- Gehen Sie auf **www.lambertus.de/appinside**
- **Aktivierungscodes** oben anklicken, um das E-Book freizuschalten
- **Aktivierungscode** und **Passwort** eingeben und mit **Aktivieren** bestätigen
- Wenn Sie Zusatzfunktionen wie persönliche Notizen und Lesezeichen nutzen möchten, können Sie sich oben rechts mit einer persönlichen E-Mail-Adresse dafür registrieren
- Mit dem Button **Bibliothek** oben links gelangen Sie zu den Büchern

Bei Fragen wenden Sie sich gerne an uns:
Lambertus-Verlag GmbH – Tel. 0761/36825-24 oder
E-Mail an info@lambertus.de

Juliane Sagebiel | Sabine Pankofer

Soziale Arbeit und Machttheorien

Reflexionen und Handlungsansätze

2., aktualisierte und überarbeitete Auflage

Bibliografische Information der Deutschen Nationalbibliothek

Die Deutsche Nationalbibliothek verzeichnet diese Publikation in der Deutschen Nationalbibliografie; detaillierte bibliografische Daten sind im Internet über http://dnb.d-nb.de abrufbar.

2., aktualisierte und überarbeitete Auflage 2022

www.lambertus.de
Umschlaggestaltung: Nathalie Kupfermann, Bollschweil
Druck: Elanders GmbH, Waiblingen
ISBN 978-3-7841-3150-4
ISBN eBook 978-3-3151-1

Inhalt

Das Literaturverzeichnis finden Sie unter: www.lambertus.de/sagebiel-literatur

„Gerade da, wo die Macht nicht eigens thematisiert wird,
ist sie fraglos da. Je größer die Macht ist, desto *stiller* wirkt sie.
Sie *geschieht*, ohne dass sie laut auf sich selbst hinweisen muss“
(Han 2016, S. 25).

„Die Macht der Macht scheint im wesentlichen auf dem Umstand zu beruhen, dass man nicht genau weiß, um was es sich eigentlich handele“
(Luhmann 1969, S. 149).

„Die fast unlösbare Aufgabe besteht darin, weder von der Macht der anderen, noch von der eigenen Ohnmacht sich dumm machen zu lassen“
(Adorno 1994, S. 67).

„Wem es gelingt, einem Menschen zu helfen,
seine Angst zu überwinden, der erwirbt Macht“
(Reifarth 1988, S. 300).

Abkürzungen

DBSH – Deutscher Berufsverband für Soziale Arbeit e. V.

LGBTQI – Lesbisch, schwul, bisexuell, trans*, queer, inter* und alle anderen Personen, die sich außerhalb des cis-heteronormativen Spektrums identifizieren

BFSFJ – Bundesministerium für Familie, Senioren, Frauen und Jugend

BKA – Bundeskriminalamt

HAW – Hochschule für Angewandte Wissenschaften

CHE – Centrum für Hochschulentwicklung

DFG – Deutsche Forschungsgemeinschaft

DGSA – Deutsche Gesellschaft für Soziale Arbeit

AKS – Arbeitskreis Kritische Sozialarbeit

KI – Künstliche Intelligenz

IFSW – International Federation of Social Workers

Vorbemerkung zur 2., aktualisierten und überarbeiteten Auflage

Sieben Jahre sind vergangen, seit die erste Auflage dieses Buches erschienen ist. Sieben Jahre, die es in sich haben und in denen sich die Machtbalancen in dramatischer Weise verschoben und das Leben vieler Menschen in ungeahnter und eklatanter Weise verändert haben. Es wurde und wird erschüttert, bedroht oder sogar beendet – zum einen von einem sich ständig verändernden Virus, der weltweit wütet, als auch durch einen russischen Angriffskrieg gegen die Ukraine an den Grenzen Europas, der kurz vor der Beendigung der Überarbeitung dieser zweiten Auflage begann – um nur zwei der globalen Krisen zu nennen, die machtvoll auf das soziale, kulturelle, ökonomische, und politische Leben wirken. Wir erleben Machtgebrauch und Machtmissbrauch in vielerlei Varianten. Beides erzeugt Ohnmacht und Hilflosigkeit – oft auf allen Seiten.

Das Thema dieses Buches ist also aktueller denn je – nicht nur in der Sozialen Arbeit, aber dort besonders, denn die Folgen von Krisen und Machtprozessen treffen vor allem sozial benachteiligte Menschen, die meist die Nutzer*innen Sozialer Arbeit sind, immer schon existenzieller und direkter. Auch die Sozialarbeitenden selbst werden in vielerlei Hinsicht herausgefordert, sich alten und neuen Machtfragen zu stellen. Nicht überraschend rücken diese in den letzten Jahren wieder mehr in den Fokus. Es wird wieder mehr über Macht gesprochen, geschrieben und nachgedacht – weil sich die Welt so eklatant verändert hat.

So haben wir in der Überarbeitung versucht, zentralen aktuellen gesellschaftlichen machtvollen Prozessen einen größeren inhaltlichen Raum zu geben. Dabei sind die Grundstruktur und der Aufbau dieser 2. Auflage insgesamt gleichgeblieben. Einzelne Kapitel wurden nur leicht aktualisiert, andere erfuhren eine gründliche Überarbeitung. Durchgehend überarbeitet, verändert, korrigiert, ergänzt und aktualisiert wurden insbesondere Beispiele und die Literatur.

Vor allem das Kapitel 5 wurde entsprechend der aktuellen gesellschaftlichen Herausforderungen völlig neu erarbeitet und inhaltlich deutlich breiter aufgestellt: Neben zwei *Bühnen der Macht*, die sich explizit mit der Sozialen Arbeit als Wissenschaft und Profession unter den Aspekten der Macht hinsichtlich von Akademisierung und aktuellen Fragen der Generativität im Kontext der Praxis Sozialer Arbeit auseinandersetzen, stellen wir in drei weiteren *Bühnen der Macht* dar, welche machtvollen Prozesse im Hinblick auf Gender, Digitalisierung und – nicht überraschend – die

Auswirkungen der Corona-Pandemie gesellschaftlich und auf die Soziale Arbeit wirken. Natürlich ist das erneut eine von uns getroffene und damit auch kritisierbare Auswahl, denn andere sozialarbeiterisch wichtige Themen im Hinblick auf Macht, wie z. B. Migration als Folge von Krieg und Gewalt, konnten aus zeitlichen und Kapazitätsgründen nicht aufgenommen werden.

Der Wunsch nach einer zweiten Auflage zeigt, dass das Thema und damit auch unser Buch seinen Platz in der Community – ob *scientific* oder *practical* – der Sozialen Arbeit gefunden hat, was uns sehr freut. So erreichten uns viele interessante Rückmeldungen, hilfreiche Korrekturhinweise und konstruktive Kritik von interessierten Leser*innen, dafür herzlichen Dank. Auch Sabine Winkler vom Lambertus-Verlag, die mit langem Atem diese Überarbeitung unterstützte, sei an dieser Stelle gedankt. Die völlig überarbeitete Literaturliste sowie die Durchsicht und Korrekturen des gesamten Textes verdanken wir der aufmerksamen und zeitaufwendigen Arbeit von Bettina Sagebiel. Und ohne das Lektorat von Fritz Jensch wäre die Überarbeitung nicht so gut gelungen. Da in der ersten Auflage im Kapitel über Karl Marx die Beschreibung der Machtverhältnisse zu kurz gefasst war, haben wir unseren Marxexperten Klaus Weber um eine inhaltliche Neufassung gebeten, die marxistische Position zur Macht und zu Widerspruchsverhältnissen deutlicher herauszuarbeiten. Für diesen inhaltlich bereichernden Beitrag möchten wir uns ebenfalls ganz herzlich bedanken.

Juliane Sagebiel dankt besonders Klaus Weber für seine kritischen Nachfragen und seine hilfreichen Irritationen mit dem Blick auf atemberaubende Berge. Ganz besonders sei Marlies Poss für ihre Geduld und ihr intensives Zuhören auch bei der zweiten Auflage gedankt. Herzlicher Dank gilt auch ihrem Freund Fritz Jensch, der sich schon wieder mit der Macht beschäftigen musste, sowie ihrer Schwester Bettina Sagebiel für ihre spezifisch liebevollen Machtinterventionen.

Dem Kollegen Norbert Schindler sei an dieser Stelle gedankt für seine wertvollen Denkanstöße und seine didaktischen Überlegungen, das Thema Macht Studierenden erlebbar werden zu lassen. Out-put ist ein kreativ gestalteter und getexteter Flyer *Macht-mit. Die Sache mit der Macht im Studium* (siehe Anhang) adressiert an die Erstsemester – und last but not least ein kurzer, informativer Videoclip „Soziale Arbeit und die Sache mit der Macht“, der auf YouTube abrufbar ist (www.youtube.com/watch?v=RB-I-F1lWrs&t=3s). Den engagierten Studierenden des Seminars „Macht und Soziale Arbeit“ an der HM sei hier ganz herzlich gedankt.

Der große Dank von Sabine Pankofer richtet sich an Bobby Henzler und ihre Jungs für einfach alles, Markus Koppenleitner und Axel Schnatmann für die liebevolle Lebensbegleitung, auch in neuen Sportarten, Dorit Hänisch und César Fernández Lozano für Freundschaft und spanische Leichtigkeit, Kerstin und Klaas Koppitz für große Unterstützungen in vielen praktischen Dingen, die Bodensee-Gang und unsere tolle Frauenpower, Gudrun Keller und Waltraud Dürmeier, die besten Nachbarinnen der Welt und natürlich an Ulrike und Simone Pankofer – was wäre ich ohne Euch.

München, im Sommer 2022

Juliane Sagebiel
Sabine Pankofer

Vorwort zur 1. Auflage

Macht ist für viele negativ besetzt. Wir denken an *die da oben,* an Diktatoren, Tyrannen, Herrscher. Uns fallen sofort Machtmenschen ein, die sich rücksichtslos durchsetzen. Wir denken an Machtmissbrauch, Willkür und Gewalt. Wir erinnern uns an Situationen, in denen wir uns angesichts der Machtfülle anderer ohnmächtig und machtlos gefühlt haben.

Nicht selten würden wir trotzdem selbst manchmal gern an den Schalthebeln der Macht sitzen und den Lauf der Dinge beeinflussen oder gar bestimmen. Den meisten Menschen fällt es zwar schwer, sich dazu offen zu bekennen. Und doch ist es so, dass fast alle, nicht nur Sozialarbeiter*innen, träumen: „Wenn ich Macht hätte, dann ..." Allmachtsfantasien und Machthunger begleiten uns. „Ja, wenn ich die Macht hätte, dann wäre alles besser auf der Welt." Und so bedauern wir unsere Ohnmacht.

Dabei ist es so, dass jeder Mensch Macht besitzt. Selbst ein Säugling hat Macht und weiß sich durchsetzen. Eltern verzweifeln nicht selten an der schreienden Macht ihres Neugeborenen. Ohne Macht könnten wir gar nicht leben. Offen ist nur: Kenne ich meine Macht? Was weiß ich von meiner Macht? Merke ich überhaupt, dass ich mächtig bin und Macht ausübe? Welche Macht repräsentiere ich? Wie viel Macht habe ich? Wie nutze ich sie? Bin ich mit meiner Machtfülle zufrieden? Wie kann ich mehr Macht bekommen?

Dann stellt sich auch die Frage: Wozu verwende ich meine Machtfülle? Um mein Ego zu befrieden? Um mir Ansehen und Geltung zu verschaffen? Um die Verhältnisse zu verbessern? Um Menschenrechte durchzusetzen? Beim Beantworten dieser Fragen kommt für mich die Liebe ins Spiel. Liebe und Macht sind zwei unser Leben beherrschende Phänomene, die es ‚an sich' nicht gibt, die wir aber immer in jeder Interaktion erleben und erfahren. Jede Interaktion kann unter dem Fokus Macht und/oder Leben gesehen werden.

Geht es nun um die Macht der Liebe oder die Liebe zur Macht?

Für mich ist das die Gretchenfrage der Sozialen Arbeit. Insbesondere Sozialarbeiter*innen fühlen sich oftmals machtlos und hätten gern mehr Macht. Dabei haben sie viel Macht ihren Klient*innen gegenüber: ihre persönliche Macht (ihre Persönlichkeit, ihr Fachwissen, ihre Methodenkompetenz) und die repräsentierte Macht (z. B. als Mitarbeiter*in des Jugendamtes oder der Justiz). Klient*innen fürchten nicht selten die Macht und den Einfluss der Sozialarbeiter*innen. Wie nutzen sie ihre Macht? Wozu? Wie erhalten sie Macht?

Nicht zu vergessen: Bei Macht denken wir zumeist an Männer, bei Liebe an Frauen. Diese – zugegeben plakative – geschlechterorientierte Zuordnung von Macht und Liebe ist ein Problem in der Sozialen Arbeit:

Die Aufteilung verschiedener Arbeiten zwischen Mann und Frau gehört zu den ältesten Formen der Arbeitsteilung; es handelt sich hier vereinfacht gesagt um die Teilung zwischen reproduktiven Aufgaben, die den Frauen, und produktiven Aufgaben, die den Männern zugewiesen werden. Die traditionellen Rollen sind bisher stabil erhalten geblieben. Mit dieser Aufteilung ist selbstverständlich auch eine geschlechtsspezifische Hierarchie verbunden. Das Verhältnis von Männern und Frauen in Struktur, Aufbau und Arbeitsfeldern der Sozialen Arbeit und freien Wohlfahrtspflege in Deutschland entspricht dieser kulturellen und institutionalisierten Arbeitsteilung und konstituiert Machtverhältnisse: Von den mehr als 1,5 Mio. Beschäftigten sind mehr als 80 % weiblich und knapp 20 % männlich! In den Führungsgremien der fünf größten Wohlfahrtsverbänden ist das Verhältnis genau umgekehrt: Rund 80 % der Mitglieder von Leitungsorganen sind Männer und rund 20 % sind Frauen.

Mit 520.000 Voll- und Teilzeitbeschäftigten bei der *Caritas* und 450.000 bei der *Diakonie* zählen diese zu den größten nichtstaatlichen Arbeitgebern Deutschlands. Auch *Der Paritätische Wohlfahrtsverband* rechnet mit 150.000 Mitarbeiter*innen zu den größeren Wohlfahrtsverbänden. Zu den vergleichsweise kleineren Verbänden zählen die *Arbeiterwohlfahrt* sowie das *Deutsche Rote Kreuz*. Die *Zentralwohlfahrtsstelle der Juden* ist demgegenüber als Anbieter sozialer Dienste quantitativ unbedeutend.

Drei Männer bilden den Vorstand des *Deutschen Caritasverbandes*; im Caritasrat sind 32 Personen, davon 27 Männer und drei Frauen. Dem Caritasrat obliegt neben der Aufsicht und Kontrolle des Vorstands die Entscheidung über verbandliche, politische und fachliche Fragen von besonderer Bedeutung im Rahmen der von der Delegiertenversammlung beschlossenen Ordnungen, Richtlinien und Entscheidungen.

Die *Diakonie Deutschland – Evangelischer Bundesverband* ist die Dachorganisation der Diakonie in Deutschland. Von den 19 aktuellen Mitgliedern des Aufsichtsrates sind zwei Frauen und 17 Männer; der fünfköpfige Vorstand besteht nur aus Männern. Im Vorstand sind zwei Männer und eine Frau.

Den Vorstand des *Bundesverbandes der Arbeiterwohlfahrt e.V.* bilden zwei Frauen und ein Mann; von den 20 Präsidiumsmitgliedern sind 13 Männer und 7 Frauen.

Der Vorstand und der Präsident des *Deutschen Roten Kreuzes* sind Männer. Das Generalsekretariat wird von sieben Männer gebildet; von 14 Mitgliedern des Präsidiums sind 11 Männer und 3 Frauen.

Der Paritätische Wohlfahrtsverband hat einen männlichen Vorsitzenden, seine zwei Stellvertreter sind ebenfalls Männer. Zwei Frauen und ein Mann sind weitere Vorstandsmitglieder. Von den 30 Mitgliedern des Verbandsrates sind 20 Männer und 10 Frauen.

Frauen erziehen, pflegen, beraten, unterstützen, begleiten in den Einrichtungen und Vereinen. Sie sind dort fast unter sich. Männer halten sich da raus. Sie ziehen es vor, in den Vorständen und Präsidien zu leiten und zu bestimmen. Dort sind sie fast unter sich, haben fast allein das Sagen und entscheiden weitgehend über die Organisation und die Finanzierung der Sozialen Arbeit in Deutschland und damit über die Frauen. Ob das so bleiben muss?

Macht kann man bekommen, wenn man sich dafür einsetzt und über entsprechende soziale, methodische und theoretische Kenntnisse verfügt. Die Reflexionen und Handlungsansätze von Juliane Sagebiel und Sabine Pankofer in diesem Buch bieten hervorragende Impulse und Kenntnisse, um Macht zu erwerben, sie einzusetzen und auch zu behalten. Nutzen wir ihre Machtanalyse-Raster, um komplexe Machtprozesse wirksam zu analysieren und uns dadurch unserer eigenen Machtquellen deutlicher bewusst zu werden. Dabei sollten wir allerdings nie vergessen, dass die Liebe und ihre Schwestern Solidarität und Verantwortung Korrektive der Macht sind.

Würzburg, im Frühjahr 2015

Ernst Engelke

1 Nun sag, Soziale Arbeit: Wie hältst du's mit der Macht?

Macht liegt in der Luft – mehr denn je, immer und überall, auf der ganzen Welt und in jedem Bereich der Gesellschaft. Alle Menschen sind verschiedenen Mächten ständig und überall ausgesetzt, sie bestimmen das Denken und Handeln, auch wenn uns das nicht immer bewusst ist. Das heißt: Auch in der Sozialen Arbeit. Jede Sozialarbeiterin und jeder Sozialarbeiter, alle kennen die manchmal diffuse, manchmal sehr eindeutige Wahrnehmung, sich gerade in Machtsituationen – in welcher Position auch immer – zu befinden. Wenn wir uns dieser Macht überhaupt bewusst sind, empfinden wir uns, wie auch unsere Klient*innen, dabei oft als eher ohnmächtig und als wenig mächtig. Und das ist kein angenehmes Gefühl. Kein Wunder, dass viele Sozialarbeitende, wenn überhaupt, höchstens beklagend über Macht sprechen. Die Frage nach der Macht in der Sozialen Arbeit scheint eine Art Gretchenfrage zu sein, also eine Frage, die zwar zu einer klaren Entscheidung bzw. Positionierung aufruft, aber nicht so einfach zu beantworten ist, da sie als heikel und schwierig erlebt wird.

Betrachtet man aktuelle Publikationen im Kontext der Sozialen Arbeit, fällt auch auf, dass das Thema Macht selten explizit betrachtet wird. Löbliche Ausnahmen sind das „Fachlexikon der Sozialen Arbeit“ des Deutschen Vereins (2022), der Beitrag von Fabian Kessl zu Macht- und diskursanalytischen Perspektiven in May/Schäfer (2018) „Theorien für die Soziale Arbeit“, die fünf Bände von Kraus und Krieger zur Macht in der Sozialen Arbeit (2007, 2011, 2014, 2016, 2021), wie auch Engelke et al. (2009, 2016) in dem Werk „Die Wissenschaft Sozialen Arbeit“, in denen die Bedeutung der Macht für die Profession ausdrücklich erwähnt wird. Unbedingt zu nennen ist außerdem Staub-Bernasconi (2007, 2018), in deren prozessual-systemischer Theorie eine Auseinandersetzung mit der Macht mit ihren legitimen und illegitimen Wirkungen einen großen Raum einnimmt. Nicht umsonst trägt der Band, der zu ihrem 70. Geburtstag von Schmöcker (2006) herausgegeben wurde, den Titel „Liebe, Macht und Erkenntnis“.

Abgesehen davon stehen Fragen nach der Macht in der Sozialen Arbeit in den letzten Jahren – trotz hoher Relevanz in der Praxis – erstaunlich selten im Mittelpunkt professionsbezogener Diskurse, obwohl „von den gesellschaftlichen Machtbalancen und -beziehungen (...) sowohl die Entstehung und die Definition von sozialen Problemen als auch die Durchsetzung bestimmter Bewältigungsformen sowie die öffentliche Anerkennung der Sozialen Arbeit als Wissenschaftsdisziplin ab(hängen)" (Engelke et al. 2009, S. 50).

Warum also? Herwig-Lempp kommt zu einem ernüchternden Resümee: „Zum einen fühlen wir uns viel zu oft hilflos, ohnmächtig, den Rahmenbedingungen unserer Arbeit, den politischen Vorgaben, der Willkür unserer Vorgesetzten und den unvorhersehbaren Verhaltensweisen unserer Klient*innen ausgeliefert. Zum anderen verstehen wir ‚Macht' auch nicht unbedingt als etwas Positives. Wenn wir uns überwiegend der Macht anderer ausgeliefert sehen, scheint ‚Macht' zunächst wenig Gutes zu haben" (Herwig-Lempp 2009, S. 32). Und: „Fragt man Studierende oder Fachkräfte der Sozialen Arbeit, wie sie mit ihrer Macht umgehen, erntet man Erstaunen und Abwehr. Macht wird auf den ersten Blick mit Ausbeutung, Willkür, Unterdrückung, Ungerechtigkeit und Diskriminierung assoziiert" (Sagebiel/Domes 2018, S. 4). Sie scheint etwas Unheimliches, Beängstigendes an sich zu haben, denn sich selbst auf der Seite der ‚Guten' mit den Schwachen und Unterdrückten zu identifizieren fühlt sich ohnmächtig, der Macht ausgeliefert an. Na, das erklärt doch alles. Oder? Tja, leider nur dann, wenn man ignoriert, dass Sozialarbeiter*innen mehr Macht haben, als sie glauben und zu wissen scheinen: Schließlich entscheiden sie in vielfältiger Weise bei Klient*innen über zahlreiche Aspekte ihres Lebens. Allerdings zeichnen sie sich nicht oft durch einen „Willen zur Macht" (ebd.) aus, was sie ohnmächtiger macht, als sie es sein müssten – worüber sie sich dann wieder beklagen. Das scheint ein Teufelskreis zu sein. Doch welches Machtverständnis liegt dem zugrunde? Warum ist in der Sozialen Arbeit ein so ambivalentes, abwehrendes Verhältnis zur Macht anzutreffen? Wie hält es also *die* Soziale Arbeit mit *der* Macht? Da sich die Soziale Arbeit damit offensichtlich nicht gerne freiwillig beschäftigt, wird sie von der Macht kurzerhand vor Gericht gestellt.[1]

[1] Die Idee und die inhaltliche Grundlage dieser Gerichtsverhandlung verdanken wir Verena Schmidt, Absolventin des Masterstudiums Soziale Arbeit an der Katholischen Stiftungshochschule München, die diese in ihrer (unveröffentlichten) Masterarbeit mit dem Titel „Die Omnipotenz der Macht – Soziale Arbeit im Kreuzverhör mit ihrem blinden Fleck" (2012) entwickelt hat.

1.1 Soziale Arbeit hat nicht viel Macht – oder? Eine Gerichtsverhandlung

Angeklagte:	Die Soziale Arbeit
Wohnort:	International, v. a. in Wohlfahrtsstaaten
Ursprünge:	In jeder Kultur als Form des Helfens und Erziehens; regional, national und international unterschiedliche Ausprägung

Ursprünge der deutschen Sozialen Arbeit:

Theologisch:	Aquin, Morus, Kolping, Wichern u. a.
Pädagogisch:	Rousseau, Pestalozzi, Diesterweg, Natorp, Montessori, Bäumer, Nohl, Mollenhauer, Rössner, Thiersch u. a.

Sozial(arbeits)wissenschaftlich: Addams, Salomon, Arlt, Richmond, Klumker, Scherpner, Germain/Gitterman, Mühlum, Khella, Staub-Bernasconi, Thiersch, Böhnisch, Dewe/Otto, Scherr u. a.

Geburtsdaten:

Sozialpädagogik:	1848 (erstmals als Begriff von Karl Mager genannt)
Sozialarbeit:	1908 (Gründung der ersten Sozialen Frauenschule Berlin)

Soziale Arbeit: 1960er-/1970er-Jahre (als Überbegriff für Sozialpädagogik und Sozialarbeit)

Eine kurze Selbstbeschreibung:
„Soziale Arbeit ist eine praxisorientierte Profession und eine wissenschaftliche Disziplin, dessen bzw. deren Ziel die Förderung des sozialen Wandels, der sozialen Entwicklung und des sozialen Zusammenhalts sowie die Stärkung und Befreiung der Menschen ist."

Anklagevorwurf

Der Sozialen Arbeit wird von der Macht zur Last gelegt, dass sie als handlungsorientierte Wissenschaft und als Menschenrechtsprofession gegen ihren Code of Ethics verstoßen hat, indem sie ihr Verhältnis zur Macht entweder ignoriert oder zu einseitig wahrnimmt. Daraus leitet sich der Vorwurf ab, dass sie ihre eigenen Machtpotenziale unterschätzt mit der Konsequenz, dass sie ihr politisches Mandat nicht nutzt. Diese Unterlassung betrifft ihr eigenes Wohl als Profession wie auch das ihrer Klientel.

Zum Tathergang

Die Soziale Arbeit kann als eine Profession beschrieben werden, die über „Institutionen (…) in allen industrialisierten Ländern [verfügt und] gemeinsam mit dem Gesundheitswesen und der Alterssicherung die Grundlagen der sozialen Infrastruktur [bildet]" (Herwig-Lempp/Schwabe 2012, S. 2). Diese Grundlage „(…) sichert das für demokratische Gesellschaften notwendig erachtete Ausmaß an Massenloyalität und sozialem Frieden, (…) auch wenn die finanzielle Ausstattung und gesellschaftliche Wertschätzung dieser Infrastruktur im Rahmen politischer Strategien immer wieder wechselnde Konjunkturen erlebt" (ebd.).

Sie hat es im Verlauf ihrer Geschichte bis heute allerdings unterlassen, ein adäquates und tragfähiges Machtverständnis bzw. Machtbewusstsein zu entwickeln, um ihren Auftrag auch in Zeiten politischer und ökonomischer Zumutungen konsequent zu verfolgen. Vielmehr hat sie Macht zu einem blinden oder sogar zu einem Schandfleck ihrer Profession deklariert und damit die Macht verleugnet.

Die Verhandlung

Die Richterin erteilt der Macht das Wort. Diese stellt sich kurz vor.

Macht *(holt tief Luft)*: Ich bin „die Summe von Einflussmöglichkeiten in polit(ischer), wirtsch(aftlicher) und sozialer Hinsicht" (Meyer 2003, Band 14, S. 4488). Auch wenn Max Weber mich ganz allgemein als „die Chance, in einer sozialen Beziehung den eigenen Willen auch gegen Widerstreben durchzusetzen" (Weber 1984, S. 89) definiert, möchte ich hier Gehör dafür finden, dass ich von der Sozialen Arbeit nicht ausschließlich negativ gedacht werden sollte. Ich will allein aufgrund dieses nicht besonders elaborierten Vorurteils nicht mehr ignoriert werden. Ich bin ein wichtiger Teil der Sozialen Arbeit und will als solcher auch endlich einmal adäquat betrachtet, wertgeschätzt und genutzt werden!

Soziale Arbeit *(entspannt bis gelangweilt, selbstbewusst)*: Also, Macht, ich bin primär ein Instrument der Gesellschaft. Ich bin von der Gesellschaft aus gedacht. Ich lindere Not, löse soziale Probleme, ermögliche Bildung. Hinzu kommt, dass mir von der Gesellschaft bestimmte Aufgaben übertragen werden, wie z.B. Kinderschutz. Ich richte mich in meiner Arbeit nach den geltenden Gesetzen und denen meiner Profession. Mir ist wichtig zu betonen, dass wir die einzige Berufsgruppe sind, die Auskunft darüber gibt, wie das Zusammenleben in der Gesellschaft ohne Leiden und Not gelingen kann und welche sozialen, strukturellen und kulturellen

Bedingungen dafür erforderlich sind. Und wenn Du Dich über meine Prinzipien und Grundsätze informiert hättest, würdest Du verstehen, dass Du mit Deinem schlechten, aggressiven, brutal-bösen Beigeschmack einfach keinen Platz in meinem Denken und Handeln hast. Ich will mit so etwas wie Dir nicht in Zusammenhang gebracht werden! Schließlich stehe ich auf der guten Seite.

Staatsanwalt *(sachlich, mit Blick auf die Soziale Arbeit)*: Ich finde, dass Sie es sich ein wenig zu bequem und zu einfach machen. Wie wollen Sie Ihre Grundsätze wie Teilhabe an der Gesellschaft, solidarisches Miteinander, soziale Gerechtigkeit und Wahrung der Würde jedes Menschen, um hier nur einige zu nennen, durchsetzen, ohne Macht im positiven Sinne für sich zu nutzen?

Macht *(engagiert gestikulierend)*: Genau! Ich möchte mal wissen, warum Du eigentlich so viel Angst vor mir hast! Ich bin doch nicht nur brutal und aggressiv, wie Du es beschreibst! Es ist halt leider so, dass ich immer wieder missbraucht werde, z. B. für schreckliche und grausame Dinge wie Kriege, Unterdrückung, Erpressung, Bedrohung etc. Aber mein Image täuscht und deshalb fordere ich daher eine vorurteilsfreie und offene Sicht auf mich. Schließlich hat doch jeder eine Chance verdient. Und ich habe echt was zu bieten!

Verteidiger *(sachlich abwägend)*: Der Name, also allein der Begriff MACHT, wird nun mal häufig mit Synonymen wie Gewalt, Herrschaft, Beeinflussung, Fremd- statt Selbstbestimmung, Kontrolle, Steuerung, Beherrschung, Unterdrückung und Zwang verbunden. Dafür kann meine Mandantin nichts.

Soziale Arbeit *(nickt bestätigend)*: Genau diese Begriffe sind aber mit düsteren, teilweise menschenunwürdigen Bildern und Assoziationen verknüpft, die für die Soziale Arbeit Gift sind. Wenn dann noch Deine klassische Definition von Max Weber dazukommt, ist der unangenehme, abstoßende Beigeschmack schon wieder da, denn mir als menschenfreundliche Profession widerstrebt es, etwas gegen den Willen eines anderen durchzusetzen.

Staatsanwalt *(lächelt leicht verschmitzt)*: Und dennoch handeln Sie des Öfteren so. Bei Kindeswohlgefährdung oder bei selbst- und fremdgefährdendem Verhalten weisen Sie Menschen gegen ihren Willen in sogenannte totale Institutionen ein, wie auch bei Heimunterbringungen und Inobhutnahmen. Gut und freundlich sind Sie nur in Ihrem Idealbild!

Macht *(schlägt mit der Faust auf den Tisch)*: Genau! Übrigens beschreibt Goffman diese Institutionen als „(…) soziale Zwitter, einerseits Wohn- und Lebensgemeinschaft, andererseits formale Organisation (…)" (Goffman 1972, S. 23). Sie seien „Treibhäuser, in denen unsere Gesellschaft versucht, den Charakter von Menschen zu verändern" (ebd.), ohne sich darüber klar zu sein „was mit dem Ich des Menschen angestellt werden kann" (ebd.). Erkennst Du, dass diese Aussagen mit Machtstrukturen, -verfügung und -ausübung zu tun haben und sie bereits ein Teil von Dir sind? Ich gebe ja zu, dass mein Name mancherlei Missverständnisse hervorruft, z.B. Missverständnisse über meine Identität, Form und Einheit. Ich bin halt so vieles und schwer eindeutig zu beschreiben. Aber gerade deswegen sind die Wahrnehmung und Auseinandersetzung mit mir auch so immens wichtig. Bitte nimm mich differenziert wahr, mit all meinen Schatten-, aber auch meinen unverzichtbaren Sonnenseiten! Denn ich bin mehr als nur Regierungsmacht, Herrschaftssystem oder ein Unterwerfungs- und Unterdrückungsinstrument. Dann kannst Du meine „Vielfältigkeit von Kräfteverhältnissen, die ein Gebiet bevölkern und organisieren" (Foucault 1983, S. 93) endlich sehen, wertschätzen und nutzen!

Soziale Arbeit *(schreckt auf, nachdenklich)*: Hm ... irgendwie mag das ja stimmen. Aber hinsichtlich der Anmerkung, dass auch ich Handlungen gegen den Willen meiner Klientel unter Zwang durchführen muss, möchte ich zu bedenken geben, dass ich so nicht gerne handle und es deswegen nur in äußersten Notfällen tue, eben nur dann, wenn es gar nicht anders geht. Dafür gibt es klare Gesetze und Vorschriften, es ist keine Willkür wie bei der Macht. Aber zurück zu Dir: Wie soll es möglich sein, Dich nicht als ein übergeordnetes Ordnungssystem in Gesellschaften zu sehen mit Staatsgewalten, wie der Gesetzgebung, Rechtsprechung und Verwaltung, insbesondere der Polizei? Hinzu kommt noch Deine Form als Ordnungsmacht in Gestalt von psychiatrischen Anstalten und Gefängnissen. Wegen Dir werden Flüchtlinge, die aus Kriegsgebieten fliehen müssen oder schlechte Lebensbedingungen in ihren Heimatländern haben, zurückgeschickt, und nicht in die Gesellschaft integriert. Wegen Dir müssen 3 Mio. Menschen von Hartz IV leben, und noch mehr Kinder in Armut. Dort muss ich Dir gehorchen, auch wenn ich nicht will. Ich spiele nicht gerne diese ausführende Rolle, die dann zur sozialen Ausgrenzung aufgrund von Andersartigkeit, Diskriminierung und Stigmatisierung führt.

Verteidiger *(in seine Unterlagen blickend)*: „In Zeiten großer Pluralisierung scheint es mehr denn je an Bedeutung zu gewinnen, Sicherheiten für den Einzelnen zu finden, indem Vergleiche zwischen Normalität und Abweichung, gesund und krank gezogen werden. Es geht anscheinend darum, sich stets durch vorgegebene Normen vom Abnormen abzugrenzen und alle als abnorm geltenden Verhaltensweisen, Lebensgestaltungen und Denkweisen stören eine soziale Ordnung, die als gegeben angesehen wird und beschützt werden muss“ (Schmidt 2006, S. 20).

Macht *(selbstbewusst)*: Herr Verteidiger, glauben Sie nicht, dass diese Sicht der Dinge etwas einseitig ist und mir nicht gerecht wird? *(Zur Sozialen Arbeit gewandt:)* Du willst doch etwas bewirken, oder? Dann brauchst Du mich! In Wirklichkeit bin ich produktiv, indem ich Möglichkeiten und Chancen eröffne, u. a. auch Deine. Wie bist Du denn als Soziale Arbeit so wichtig in der Gesellschaft geworden, vor allem in der deutschen, von der wir hier reden? Indem Du Dich selbst mächtig gemacht hast, z. B. durch all dieses Wissen über Dich, das Du vor allem in den letzten 120 Jahren produziert hast und das Du seither in immer mehr Büchern, Studiengängen und Theorien verbreitest. Wissen ist Macht, hast Du das vergessen? Das hast Du auch ganz schön schlau – und vor allem mit meiner Hilfe – gemacht! Einer meiner Lieblingskumpel Michel Foucault, der mich so sieht, wie ich mich wirklich fühle, hat das mal so gesagt: Es gibt keine Machtbeziehung, „ohne dass sich ein entsprechendes Wissensfeld konstituiert, und kein Wissen, das nicht gleichzeitig Machtbeziehungen voraussetzt und konstituiert“ (Foucault 2001, S. 39).

Verteidiger *(nickend)*: Dem ist natürlich zuzustimmen. „Wissen ist Macht. Die Erfahrung lehrt jedoch auch, dass diese Aussage zumindest skeptisch hinterfragt werden sollte“ (Katzmair/Mahrer 2011, S. 19). Ist es nicht so, dass Wissen oft auch käuflich und somit auch ein Privileg jener ist, die über genügend monetäre Ressourcen verfügen? Aber davon hat die Soziale Arbeit vergleichsweise wenig.

Soziale Arbeit *(mit Leidensmiene und Tränen in den Augen)*: So ist es, denn „der bereits Mächtige kauft sich das Wissen in Form von Beratern, Mitarbeitern oder Lizenzen ein“ (ebd., S. 19). In dieser Hinsicht fühle ich mich nicht mächtig, auch wenn ich mich in den letzten Jahrzehnten schon ein bisschen mehr entwickelt habe. Ich fühle mich aber oft hilflos und ohnmächtig, wenn ich an die einschränkenden gesellschaftlichen Strukturen, politischen Entscheidungen bezüglich Finanzbudgets und an die anerkannteren Professionen, wie z. B. Medizin, Recht oder Psychologie denke. Dagegen bin ich doch als disziplinärer Jungspund eine kleine Nummer. Die haben noch viel Einfluss, mehr Bücher, mehr Geld und soziale Anerkennung.

Macht *(verdreht die Augen genervt und nuschelt kaum hörbar)*: Meine Güte, schon wieder das alte Jammertal, in dem Du Dich so bequem einrichtest. Du gefällst Dir anscheinend in der Opferrolle. Hör endlich auf damit, es nervt. Wann wird die Soziale Arbeit endlich mal aus dem dunklen Wald der Professionalisierungsdebatte herausfinden und sich der eigenen Kraft bewusster sein?

Staatsanwalt *(herausfordernd energisch)*: Wie können Sie, Soziale Arbeit, diese Aussage treffen? Sie wollen gar nicht sehen, dass Sie nicht so ohnmächtig sind, wie Sie vorgeben zu sein. Für mich ist das ein Indiz dafür, dass Sie bewusst Ihre Macht verleugnen. Wie wollen Sie denn Ihrem gesellschaftspolitischen Auftrag gerecht werden, den sozialen Wandel, die Lösung von sozialen Problemen und ein Mehr an sozialer Gerechtigkeit bewerkstelligen und Menschen befähigen und ermächtigen, ihr Leben in freier Entscheidung zu gestalten (vgl. internationale Definition der Sozialen Arbeit IFSW, Melbourne Juli 2014), wenn Sie die Macht ignorieren? Das erklären Sie uns doch bitte einmal. Sie jammern viel lieber, als ihr politisches Mandat wahrzunehmen. Wie stehen Sie zu diesen Fakten?

Soziale Arbeit *(kleinlaut)*: Ja, Sie haben ja recht: Ich muss zugeben, dass Ohnmacht ein beliebtes und Macht ein unbeliebtes Thema der Sozialen Arbeit ist. Deswegen benutzen wir auch andere Begriffe dafür, wenn wir uns damit beschäftigen: Wir sprechen von Hilfe und Kontrolle, was wir dann das doppelte Mandat nennen. Das klingt irgendwie netter, als zuzugeben, dass wir auch Macht ausüben (blickt hilfesuchend zum Verteidiger).

Verteidiger *(schweigt)*.

Staatsanwalt: Dabei haben Sie das Triple-Mandat vergessen, das Ihnen die Macht verleiht, nach den ethischen Grundsätzen Ihrer Profession auch gegen herrschende Normen zu handeln und lautstark die Rechte für ihre Klientel einzufordern, die Ihnen von den Mächtigen vorenthalten werden. Oder öffentlich auf Unzumutbarkeiten und Missstände hinzuweisen, wie die nach wie vor bestehende und wachsende Altersarmut von Frauen, die unmenschliche Behandlung von Flüchtlingen in den Auffanglagern. Die Liste ließe sich fortsetzen: Wenn Sie sich als Profession nicht Ihrer Macht bewusst sind, sich nicht gemeinsam organisieren, dann haben Sie keine Stimme und keine Macht, diese Verhältnisse zu verändern. Schließlich sind 2022 nur 6.000 von den gut 350.000 Sozialarbeiter*innen im Berufsverband organisiert und nur 10 % in der Gewerkschaft. Mir kommt das vor wie ein zahnloser Tiger. Was Ihnen also offensichtlich fehlt, ist ein reflektiertes Machtbewusstsein und Organisationsmacht.

Macht *(zustimmend und an die Soziale Arbeit gewandt)*: Und das ist auch meine positive Seite: „Macht entspringt der menschlichen Fähigkeit, nicht nur zu handeln oder etwas zu tun, sondern sich mit anderen zusammenzuschließen und im Einvernehmen mit ihnen zu handeln" und „Über Macht verfügt niemals ein Einzelner; sie ist im Besitz einer Gruppe und bleibt nur so lange existent, als die Gruppe zusammenhält" (Arendt 1970, S. 45).

Staatsanwalt *(spricht vermittelnd)*: Vielleicht sollten Sie Macht als „(…) das Vermögen, das Mögliche wirklich werden zu lassen" (Koslowski 1989, zit. n. Herwig-Lempp 2007, S. 36) erkennen? Warum also benutzen Sie die Macht nicht im konstruktiven Sinne und akzeptieren, dass sie Ihnen immanent ist?

Macht *(engagiert ermutigend)*: Ja, genau! Sei endlich mutig, und versuche nicht ständig, um mich herum oder mich klein zu reden. Versuche mich doch als „das Vermögen, sich gegen fremde Kräfte durchzusetzen" (Popitz 1992, S. 22) zu sehen – und zwar im Dienste von Dir selbst, der Sozialen Arbeit.

Soziale Arbeit *(erstaunt fragend)*: Bin ich denn wirklich mächtig? Ist das alles nicht eine Schönrederei?

Macht *(den Zeigefinger hebend)*: Es ist doch klar. „Die allgemeinste Kategorie, die dem Macht-Konzept [also mir] zugrunde liegt, ist die für alles menschliche Handeln konstitutive Fähigkeit des *Veränderns,* die Disposition unseres Handelns zum Andersmachen der Welt" (ebd.).

Soziale Arbeit *(aufatmend)*: Andersmachen der Welt klingt mir immer noch ein wenig zu mächtig, auch wenn es eines der Grundziele von mir ist. Aber genau, weil ich alles zum Besseren verändern will, wirft man mir so eine Argumentation gerne als Blauäugigkeit und Naivität vor. Aber Du hast schon Recht, ich als professionelle Soziale Arbeit trage dazu bei, den sozialen Wandel zu fördern und mich um Lösungen von Problemen in den vielfältigen und komplexen zwischenmenschlichen Beziehungen zu bemühen. Ich möchte die Menschen dazu befähigen (empowern), freie Entscheidungen zu treffen und die Bandbreite ihrer Fähigkeiten entwickeln zu können, damit sie möglichen Hindernissen im Leben vorbeugend entgegentreten können, um ihr Leben im digitalen Kapitalismus mit all seinen Widersprüchen zu bewältigen. Dabei stütze ich mich natürlich auf wissenschaftliche Erkenntnisse über menschliches Verhalten und soziale Systeme. Damit ist ein Schwerpunkt meines Daseins nicht nur die Problemlösung, sondern vor allem die Veränderung. Ich könnte mich auch als Anwältin der Veränderung bezeichnen, die auf der Basis der Individualität und Einzigartigkeit eines jeden Lebewesens Unterstützung, Beratung und Begleitung anbietet. Gestützt ist dies alles durch das Netzwerk bestehend aus Werten, Theorie und Praxis. Grundlegend dafür ist meine Orientierung an sozialer Gerechtigkeit und den Prinzipien der Menschenwürde (DBSH 2011). Stimmt, dafür ist Macht wirklich gut zu gebrauchen.

Macht: Und dann könntest Du Dich auch besser gegen den Griff der Ökonomie und des Neoliberalismus wehren. Die kennen sich gut bei mir aus und nutzen mich viel besser als Du. Sonst wirst Du noch mehr von ihnen dominiert und kannst Deine edlen Werte komplett vergessen. Ohne mich hast Du gegen Ökonomie keine Chance!

Staatsanwalt *(zustimmend)*: Na bitte. Noch ein Tipp: Damit Sie die Macht wirklich gut nutzen können, sollten Sie sich von dem Anspruch befreien, die Macht ganz und gar zu erfassen, erklären, analysieren und lokalisieren zu wollen. Die Macht können weder Bestimmte besitzen und andere nicht, noch ist sie nur im Politischen zu lokalisieren oder ausschließlich in einer bestimmten Produktionsweise mit ideologischer Wirkung (Foucault 1976, S. 114f.). Das mit zu bedenken hilft, die Macht in ihrer Vielfalt und in ihren Potenzialen zu erkennen. Und das macht wieder mächtig.

Richterin *(der Sozialen Arbeit wohlwollend zugewandt)*: Bevor ich nun das Urteil verkünde, muss ich Ihnen noch eine Frage stellen: Wo ist eigentlich Ihr professionelles Selbstbewusstsein im Hinblick auf die Macht, die Sie schon ausüben, aber sich partout weigern, zu sehen? Und warum ist Ihr Berufsverband so wenig mächtig? Sie haben als Angeklagte hierzu das letzte Wort.

Soziale Arbeit *(ratlos)*: Darauf weiß ich derzeit leider noch keine Antwort. Aber ich werde es herausfinden. Vielleicht kann mir die Macht ja dabei behilflich sein.

Das Gericht zieht sich zur Beratung zurück und verkündet dann das Urteil.

Das Urteil

Die Soziale Arbeit wird lebenslänglich dazu verurteilt, ihre Vertreter*innen – d. h. Sozialarbeiter*innen und Sozialpädagog*innen – im Hinblick auf Macht intensiv auszubilden und zu schulen. Alle Sozialarbeiter*innen sollen Machttheorien kennen und sie nutzen können, damit sie komplexe Situationen der sozialen Praxis mit ihren vielfältigen und sich überlagernden Problemen auf allen Ebenen kritisch reflektieren und somit Machtprozesse besser verstehen können. Damit haben sie die Möglichkeit, die verschiedenen Aspekte der Macht gut zu nutzen, Freude an der Macht zu haben und mit ihr ethisch verantwortlich umzugehen. Als Auflage wird der Sozialen Arbeit verordnet, sich immer wieder mit der eigenen Macht (selbst)kritisch und konstruktiv kritisch auseinanderzusetzen und neues Wissen dazu zu generieren, um sich gegen weitere Übergriffe und Kolonialisierungen (z.B. durch die Ökonomie, die Digitalisierung) wehren und diese Einflüsse fachlich produktiv nutzen zu können.

1.2 Was steht in diesem Buch und was warum nicht? Eine Gebrauchsanweisung

Die Soziale Arbeit ist also lebenslänglich dazu verurteilt, sich mit (ihrer) Macht auseinanderzusetzen, wofür wir mit diesem Buch einen Beitrag leisten wollen. Wir haben es für Studierende und Praktiker*innen der Sozialen Arbeit geschrieben, die sich unter dem Motto *Einfach, aber nicht simpel!* einen verständlichen, kompakten, und trotzdem theoretisch gehaltvollen Überblick über Fragen der Macht in der Sozialen Arbeit verschaffen wollen. Damit möchten wir einen Beitrag im Sinne des für die Soziale Arbeit so wichtigen Theorie-Praxis-Transfers leisten.

Unsere Ziele sind:

- Einen Überblick über Machttheorien zu geben, die für Studierende und Praktiker*innen in der Sozialen Arbeit hilfreich sein können,
- diese komplexen Theorien durch eine sprachlich verständliche Darstellung und viele Beispiele gut zugänglich zu machen,
- interessante Reflexionen zur Macht anhand von Praxisbeispielen zu entwickeln,
- höchst praktische Ableitungen aus Theorien anzubieten,
- auf erwünschte und unerwünschte Wirkungen von Macht hinzuweisen,
- Sozialarbeiter*innen zu unterstützen, ein konstruktives Bewusstsein für das Thema Macht zu entwickeln und zu vertiefen,
- durch ein reflektiertes und kritisches Machtbewusstsein einen klaren Standpunkt einnehmen zu können, um dadurch die eigenen Machtquellen (besser) zu nutzen und sich somit selbst zu ermächtigen – im Sinne eines Professionsempowerment,
- Lust auf die Originalliteratur zu machen und Hinweise anzubieten, in denen man weiterlesen und das Wissen vertiefen kann,
- und ganz einfach Lust auf Macht zu machen und sie verantwortungsvoll zu gebrauchen!

Wir selbst kommen aus der Praxis der Sozialen Arbeit und erleben seit den Anfängen unseres professionellen Handelns, wie wichtig und nützlich Wissen und Bewusstsein über Machtprozesse sind. Neben unserem

Interesse an der Praxis Sozialer Arbeit sind wir beide theoretisch interessiert und überzeugt von der Annahme, dass ‚gute' (i. S. v. erkenntnistheroretisch begründeten und handlungspraktisch anwendbaren) Theorien äußerst hilfreich sind, um die oben genannten Ziele reflexiv anzugehen, ganz nach dem Motto von Kurt Lewin: Nichts ist praktischer als eine gute Theorie. Dazu kommen eigene Erfahrungen, sich in das Getümmel der Macht *hineingeworfen* zu haben und die Spielregeln am eigenen Leib, aber auch im eigenen Handeln kennengelernt und erfahren zu haben. Ja, und wir geben es ganz offen zu: Wir beide mögen es, über Macht nachzudenken und sie verantwortungsvoll zu nutzen − in unseren verschiedenen Rollen als Hochschullehrerinnen, als Frauen in der Wissenschaft, als Supervisorinnen und Teamberaterinnen und in vielen anderen (auch ehrenamtlichen) Rollen. Dazu ist es unabdingbar, Machtwirkungen zu erkennen und sie kritisch reflektieren zu können. Das tun wir gerne und mit Freude. Hilfreich für uns war immer, dass wir gute Vorbilder im Umgang mit Macht hatten und haben – und vielleicht sind wir das auch für andere. Zumindest erleben wir das immer wieder in den Seminaren zum Thema Macht an unseren Hochschulen, dass Studierende sich selbst überraschen und anstecken lassen, Macht anders zu sehen und Lust auf konstruktive Macht zu entwickeln.

Der intensive Prozess des Denkens und Schreibens über Macht hat unsere eigenen Kenntnisse und Reflexionstiefe deutlich erweitert, was wir als echten Zugewinn erleben. Je mehr man aber weiß, desto schwerer wird es auch, zu entscheiden, was wirklich wichtig ist und wie der Inhalt nachvollziehbar systematisiert werden kann. Insofern war es für uns sehr herausfordernd, immer wieder Entscheidungen bezüglich der Auswahl der hier beschriebenen Theorien treffen zu müssen – wohl wissend, dass die Entscheidung immer auch unsere Perspektive auf die Macht widerspiegelt. Um unseren Lesern und Leserinnen einen orientierenden Überblick im Dickicht der Macht-Landschaft zu geben, haben wir uns für einen personenbezogenen Zugang – über Autor*innen der Macht – entschieden. Denn Theorien fallen nicht vom Himmel, sondern sind persönliche Lebensprodukte von Wissenschaftler*innen, die aus jeweils unterschiedlichen Perspektiven Antworten auf die Herausforderungen ihrer Zeit gesucht haben die in einem politischen, wirtschaftlichen und kulturhistorischen Kontext entstehen (vgl. Engelke et al. 2018, S. 21). Sicher wären auch eine Orientierung an wissenschaftstheoretischen Positionen oder ein soziologisch-historischer Zugang eine Option gewesen, aber im Hinblick auf die Nachvollziehbarkeit und Verständlichkeit des Machtgeschehens haben wir eben diese personenbezogene Darstellung gewählt.

Wohlwissend, „dass eine Person nicht einfach für eine Theorie steht“ (Hammerschmidt et al. 2017, 10), denn im Verlauf ihres Lebens können sich ihre Aussagen erweitern oder gar verändern. Und wir sind uns bewusst, dass unsere Auswahl an Theoretiker*innen etwas Willkürliches anhaften mag. So haben wir auch in der 2. Auflage z. B. auf die Darstellung der Machttheorien von Norbert Elias, Zygmund Bauman und Erving Goffmann verzichtet.

Nun endlich zum Buch: Es besteht aus mehreren Teilen, die miteinander verknüpft sind, aber auch einzeln gelesen werden können.

Als Erstes werden in Kapitel 2 zentrale Machttheorien und Machtkonzepte vorgestellt. Es handelt sich dabei um eine höchst pragmatische Auswahl meist soziologischer Machttheorien, die sich durch unterschiedliche Wissenschaftsverständnisse, Problemzugänge und Reichweiten auszeichnen. Aus unserer Sicht verfügen sie über ein hohes Erkenntnispotenzial für die Erklärung und Bewertung von Situationen und sind hilfreich bei der Betrachtung von Machtprozessen in der Sozialen Arbeit. Jede Machttheorie wird in ihren theoretischen Grundzügen dargestellt und kontextuiert, zentrale Begriffe herausgearbeitet, mit Beispielen angereichert und ihre Bedeutung für die Soziale Arbeit dargestellt. Außerdem wird jede Theorie kritisch gewürdigt. Wichtig war uns dabei, auch explizit feministische Ansätze aufzunehmen, sowie Machttheorien aus dem theoretischen Wissensfundus der Sozialen Arbeit vorzustellen.

Macht liegt in der Luft, man kann sie riechen und fühlen, aber nicht greifen. Um sie entdecken und verstehen zu können, braucht es verschiedene Zugänge und Blickwinkel. Deswegen bieten wir in Kapitel 3 unterschiedliche Systematiken an, wie Machtprozesse in der Sozialen Arbeit ganz praktisch erfasst und analysiert werden können. Wir bieten daher verschiedene, leicht anwendbare Instrumente, wie z. B. eine effektive Checkliste an, um der Macht auf die Spur zu kommen.

Wer suchet, der findet: In Kapitel 4 zeigen wir nach einer programmatischen Einführung anhand von realen, aber verfremdeten Fällen und Fragen aus der Praxis, wie sich auf den verschiedenen (Akteurs-)Ebenen Macht entwickelt und wirkt bzw. für wen sie welche Wirkung entfaltet. Dabei nutzen wir Perspektiven und Erklärungen aus den Machttheorien – allerdings ohne den Anspruch, damit wirklich alle möglichen Aspekte erfasst zu haben. Wir möchten hier vielmehr Ideen und Sichtweisen anbieten, wie diese Fälle als sozialarbeiterische Herausforderungen unter Machtaspekten gedeutet werden können.

In der Gerichtsverhandlung wurde bereits deutlich, dass sich die deutsche (auch das ist eine Einschränkung...) Soziale Arbeit als Profession und Wissenschaft nach wie vor mit dem Thema Macht schwertut. „Macht ist Thema und Macht ist doch kein Thema sozialer Arbeit“ konstatiert Kessl (2021, S. 26), denn Macht werde auf den einfachen Dualismus von „Macht gegen Ohnmacht“ (ebd., S. 27) reduziert. Wieso ist das so? Woher kommt das? Um dieser Frage auf den Grund zu gehen und die Machtpotenziale weiter auszuleuchten, unterziehen wir in Kapitel 5 einerseits die Soziale Arbeit selbst einer Machtanalyse hinsichtlich spezifischer Machtprozesse und Machtquellen innerhalb der Profession. Diese erhalten zwei neue Bühnen der Macht zu den Themen *Akademisierung* und *Generativität*. Wichtige gesellschaftspolitische Themen mit ihren unmittelbaren Machtauswirkungen auf die Soziale Arbeit werden am Beispiel von *Gender, Digitalisierung* und *Auswirkungen der Corona-Pandemie* diskutiert. Abschließend mündet das Kapitel 6 in den Aufruf: Die Macht ist besser als ihr Ruf, also: Nur Mut zur Macht!

2 With a little help from our friends: Machttheoretische Konzepte und ihr Nutzen für die Soziale Arbeit

Es ist immer gut, sich helfen zu lassen – nicht nur in der Sozialen Arbeit. Wir lassen uns bei den Suchbewegungen im Kontext der Fragen zur Macht sehr gerne helfen von Theoretiker*innen, die sich intensiv und aus sehr unterschiedlichen Perspektiven wie unterschiedlichen wissenschaftstheoretischen Zugängen damit auseinandergesetzt haben.

Alle theoretischen Modelle werden in einer ähnlichen Struktur skizziert: Nach einem biografischen Steckbrief folgt eine kurze Darstellung des jeweiligen historischen und erkenntnistheoretischen Zugangs und die Erklärung zentraler Begriffe der Theorie, die für ein Verständnis von Machtprozessen in der Sozialen Arbeit hilfreich sind. Außerdem würdigen wir die Bedeutung der Theorie für die Soziale Arbeit und diskutieren, wie und an welchen Punkten der Ansatz kritisiert werden kann.

Unser Ziel ist es, auch sehr komplexe Theorien gut verständlich darzustellen, um Lust auf die Originalliteratur zu machen. Daher empfehlen wir abschließend jeweils ein paar Quellen, die weiterführend oder zum vertieften Einstieg interessant sein können.

2.1 Allgemeine Machttheorien

2.1.1 Karl Marx: Befreiung aus Gewaltverhältnissen

(bearbeitet von Klaus Weber)

Karl Marx (1818–1883)

Marx ist das dritte von neun Kindern des jüdischen Anwalts Heinrich Marx und dessen Frau Henriette. Nach seinem Abitur (1835) studiert er Philosophie und Geschichte in Berlin. 1841 zieht er nach Bonn, wo er als Redakteur der radikaldemokratischen Rheinischen Zeitung bis zu deren Verbot arbeitet. Wegen seiner Pressetätigkeit wird Marx vom preußischen Staat verfolgt; im Jahr 1845 verliert er seine Staatsbürgerschaft und flüchtet – getrennt von seiner Frau Jenny und seinen Kindern – nach Belgien, Paris und schließlich nach London.

Krank und zermürbt durch seine ökonomische Situation und den Tod fast aller Kinder und Enkelkinder schreibt er sein wichtigstes Buch mit Unterstützung von Friedrich Engels: Das Kapital (1867). Marx stirbt in London im Jahr 1883, dort liegt er auch begraben.

Bei Karl Marx ist es genauso wie bei anderen Theoretiker*innen: Die Begriffe Macht und Machtverhältnisse kommen bei ihm (auf den wir uns im Folgenden in der Darstellung beschränken) und auch bei Friedrich Engels qua Definition nicht vor. Macht wird bei beiden Autoren von Herrschaft, Autorität und Gewalt nicht streng unterschieden. Marx hat also keine eigene Machttheorie entwickelt, sein großes Verdienst liegt aber darin, dass er die „Bedingungen von Macht, die Widersprüche von Herrschaftsverhältnissen und die Möglichkeiten von Machtverschiebungen sowie letztlich des Machtaufbaus aufzeigt" (Hösler 2012, S. 56). Dabei ist Macht für Marx nicht grundsätzlich verurteilenswert – im Gegenteil. Macht und auch Gewalt sind – betrachtet man die Geschichte – immer wieder notwendig gewesen, um historische Durchbrüche zu erreichen. Jedes Machtverhältnis muss deswegen historisch eingeordnet und gesellschaftskritisch betrachtet werden und sich daran messen lassen, inwieweit darin Unterdrückungs- und Ausbeutungsverhältnisse liegen. Denn diese Verhältnisse – so die Marxsche Zielperspektive – sollten vor allem dadurch beendet werden, dass es zu einen Abbau staatlicher Macht und einen Machtzuwachs für die Arbeiterklasse „an sich" (also das Proletariat) kommt. Eine solche Selbstregierung der unterdrückten Menschen in ihren Angelegenheiten (Gemeinwesen) wäre im politischen System des Kommunismus möglich – so seine theoretische Annahme (ebd., 64).

Soweit die zugegeben stark verkürzte Einführung in die marxschen Grundannahmen, die als Grundlage dienen soll, zwei (nicht zuletzt für die Soziale Arbeit) relevante Machtverhältnisse genauer darzustellen.

Machtverhältnis 1: Ökonomische Macht

Ausgangspunkt ist die Marxsche Annahme, dass alle sozialen Beziehungen als Herrschafts- und Gewaltverhältnisse verstanden werden müssen, in denen ökonomische Prozesse wirken.

Macht und Entfremdung

„Die Entäußerung des Arbeiters in seinem Produkt hat die Bedeutung, nicht nur, dass seine Arbeit zu einem Gegenstand, zu einer äußern Existenz wird, sondern daß sie außer ihm, unabhängig, fremd von ihm existiert und eine selbständige Macht ihm gegenüber wird, daß das Leben, was er dem Gegenstand verliehen hat, ihm feindlich und fremd gegenübertritt" (Marx 1990, S. 512).

Macht wird dabei zum einen als Verhältnis gedacht von Subjekten, die keine oder nur wenige Verfügungsmöglichkeiten über die Bedingungen ihres Lebens haben, und denjenigen, die aufgrund ihrer sozialen und ökonomischen Situation über diese Bedingungen wie über die darin arbeitenden Menschen verfügen. Besser bekannt ist dieses Verhältnis als dasjenige zwischen Proletariat (als Klasse der arbeitenden Menschen) und Kapitalisten (als Klasse der Besitzenden über die Produktionsmittel). Marx analysiert, wie in einer warenproduzierenden Gesellschaft die Kapitalseite als einzigen Zweck der Produktion die Erzeugung von Profit zum Maßstab hat, während die Lohnarbeiter ihre Arbeitskraft als Ware auf dem *freien* Markt verkaufen müssen: Nur darüber, dass die Ware Arbeitskraft mehr Wert erzeugen kann als für sie bezahlt wird, schafft dem Unternehmer Gewinne. Diesen Vorgang nennt Marx *Ausbeutung der menschlichen Arbeitskraft.*

Die ökonomische Macht zeigt sich jedoch nicht nur in den Herrschaftsverhältnissen zwischen Kapital und Lohnarbeit, sondern auch in der Macht der von den Menschen erzeugten Waren, die sie in der kapitalistisch verfassten Gesellschaft über ihn erringen. Am deutlichsten ist sie – bis heute – am Beispiel des Geldes als universelles Tauschmittel der Waren zu sehen. Marx kritisiert dieses Phänomen als *Entfremdung*: „Das Geld ist das dem Menschen entfremdete Wesen seiner Arbeit und seines Daseins, und dies fremde Wesen beherrscht ihn, und er betet es an" (Marx 1983, S. 375).

Die Kategorie der Entfremdung wird in zwei Dimensionen gedacht: Eine allgemeine Entfremdung, welche die „sozialen Beziehungen in der

Gesamtgesellschaft prägt“ (Oppolzer 1997, S. 463) und die besondere Entfremdung, die sich in der Arbeitswelt einer auf Warenproduktion ausgerichteten Ökonomie zeigt. In der ersten Dimension geht es Marx um die Kritik daran, dass alle menschlichen und gesellschaftlichen Produktivkräfte letztlich als *Produktivkraft des Kapitals* erscheinen und die Subjekte nur als Verwertungsmittel des Kapitals. Marx' auf die Arbeitswelt bezogene Kritik hat zum Mittelpunkt, dass die Produkte der Arbeiter (heute denken wir die Ausbeutung und Unterdrückung der Arbeiterinnen mit, nicht so in Marx‘ Zeiten, da galt die Frauenfrage als Nebenwiderspruch im Klassenkampf) in keinem unmittelbaren Verhältnis zu seinen Bedürfnissen und seinen Fähigkeiten stehen. Er selbst arbeitet für Fremde und produziert Waren, deren Zweck fremdgesetzt ist (zur Profitmaximierung) und entfremdet sich so von sich selbst und dem von ihm Gemachten. Als Gegenkonzept bietet Marx eine menschliche Gesellschaft an, in der der Mensch das „Spiel seiner eigenen körperlichen und geistigen Kräfte genießt“ (Marx 1979, S. 193) und Gebrauchswerte für seine allumfassenden Bedürfnisse erzeugt.

„Macht ist der Besitz an Produktionsmitteln und damit das Primat der Ökonomie über alle Gesellschaftsbereiche“ (Staub-Bernasconi 2018, S. 408).

Machtverhältnis 2: Ideologische Mächte

Macht wird von Marx und Engels jedoch nicht nur in Bezug auf die ökonomische Basis, sondern auch in Zusammenhang mit staatlicher Gewalt analysiert. Der Staat als „erste ideologische Macht über den Menschen“ (Engels 1984, S. 302) entwickelt sich aus der Gesellschaft heraus. „Seine Herausbildung und Verselbständigung ist notwendig, weil die Gesellschaft die zerfleischenden Klassenkämpfe ohne eine übergeordnete Macht nicht mehr regulieren kann“ (Rehmann 2008, S. 54). Was aber bedeutet das Wort *ideologisch*, wenn Marx und Engels von der ersten ideologischen Macht über den Menschen sprechen? Bei *Ideologie* denken viele an Werte, die als einzig *richtig* oder *falsch* gedacht werden. So gibt es in Deutschland konservative Politiker*innen, die Familienwerte als für alle bedeutsam hervorheben. Ist es nun sinnvoll, diese Werte (sozialer Zusammenhalt, heterosexuelle Paarbeziehungen in einer Ehe, gläubige Eltern etc.) als überkommen und falsch zu bezeichnen, nur weil sie nicht für alle gültig sind? Wichtiger als eine Einordnung und Etikettierung solcher ideologisch wirksamen Werte ist vielmehr das Verstehen um ihre Funktion. Der Ruf nach konservativen Werten (der immer dann laut wird, wenn die gesellschaftliche Ordnung gefährdet scheint) repräsentiert, „wie verzerrt auch immer, Sehnsüchte nach Zusammenhalt, Nähe und Zuverlässigkeit in einer zerrissenen Welt, nicht zuletzt bei vielen Verarmten und Destabilisierten, deren Lebenszusammenhänge zerbrochen und prekär sind" (ebd., 12).

Werte gehören wohl zu Ideologien, sind aber nicht ausreichend für eine Definition. Anstatt von Ideologie soll im Folgenden besser vom Ideologischen als einem „Ensemble von Apparaten (=Institutionen) und Praxisformen" gesprochen werden, „die das Selbst- und Weltverhältnis der Individuen organisieren" (ebd., S. 24). Dadurch wird Ideologie als eine wichtige Machtform für alle Menschen sehr konkret erleb- und erfahrbar.

Staats-Macht

„Im Staate stellt sich uns die erste ideologische Macht über den Menschen dar. Die Gesellschaft schafft sich ein Organ zur Wahrung ihrer gemeinsamen Interessen gegenüber inneren und äußeren Angriffen. Dies Organ ist die Staatsgewalt. Kaum entstanden, verselbständigt sich dieses Organ gegenüber der Gesellschaft, und zwar umso mehr, je mehr es Organ einer bestimmten Klasse wird, die Herrschaft dieser Klasse direkt zur Geltung bringt" (Engels 1984, S. 302).

*Dass und wie der Staat als wichtigste ideologische Macht (mit einer Vielzahl von Institutionen) das Weltverhältnis der Individuen organisiert, kann am Beispiel des Verhältnisses von Studierenden und Hochschulen erklärt werden: Hochschulen sind nicht nur Orte, an denen sich Student*innen einfinden, um zu einer wissenschaftlich fundierten Ausbildung zu gelangen; in Hochschulen existieren eine Vielzahl von (in Prüfungs- und Studienordnungen) festgelegten Praxisformen, die wiederum dazu beitragen, wie Student*innen sich selbst und die Welt erfahren und wie sie diese Erfahrung weitergeben. In Bayern bspw. sind fast alle zu studierenden Fächer mit einem benoteten Leistungsnachweis abzuschließen. Die Benotung legt ein Konkurrenzverhältnis zwischen den Studierenden nahe, weil Noten vergleichbar sind und nicht die je individuelle Leistung über qualitativ bedeutsame Feedbacks. Da die Noten (Credit Points) mit dafür ausschlaggebend sind, welche Chancen ein Student und eine Studentin nach dem Studium auf dem Arbeitsmarkt hat, kann er/sie – obwohl die Noten objektiv keine bedeutsame* Aussage *beinhalten – nicht einfach ignorieren.*

Er oder sie muss also wohl oder übel seine/ihre Lern-, Denk- und Praxisformen – im individuellen wie im Sozialverhalten – danach ausrichten, möglichst gute Noten zu bekommen.

An diesem Beispiel wird deutlich, wie machtvoll Ideologie in (staatlichen) Strukturen und Prozessen wirkt, woraus *Verhältnisse* und somit auch *Macht-Verhältnisse* entstehen. Dies ist nicht zuletzt für die Soziale Arbeit von hoher Relevanz.

Widerspruchsverhältnisse

1 Herrschaft und Befreiung

Wenn der marxistische Dichter Bertolt Brecht schreibt: „Die Widersprüche sind die Hoffnungen" (Brecht 1967, S. 139), dann deswegen, weil sich in den gesellschaftlichen und subjektiven Widersprüchen die „befreienden" Potenziale zeigen – nicht nur die schrecklichen Seiten von Macht und Herrschaft. Marxistische Machttheoretiker*innen wie Antonio Gramsci, Rosa Luxemburg und Louis Althusser (alle ausführlich erklärt in Rehmann 2008) entwickeln ihre Theorien vornehmlich aus einer methodischen Prämisse, die Marx und Engels in der *Deutschen Ideologie* zur Grundlage materialistischen Erkenntnisgewinns machten: Dass „die Menschen imstande sein müssen zu leben, um »Geschichte machen« zu können. Zum Leben aber gehört vor allem Essen & Trinken, Wohnung, Kleidung & noch einiges Andere" (Marx & Engels 2017, S. 26). Die Art und Weise, wie die Menschen in den jeweiligen gesellschaftlichen Verhältnissen leben, ist Grundlage aller Handlungsmöglichkeiten: Sie entscheidet über die Spielräume von Macht und Gegenmacht, von herrschaftsförmiger Unterdrückung oder möglicher gemeinsamer Befreiung aus ungerechten Verhältnissen. So ist der oder die Einzelne eingespannt in diese gesellschaftlichen Verhältnisse, aber nicht durch sie bestimmt: Die Menschen machen ihre Welt und damit ist sie auch veränderbar. Bei (leider auch blutigen) Kämpfen gegen ungerechte Herrschaftsverhältnisse für soziale Gerechtigkeit vergessen die auf Befreiung Orientierten nicht selten, dass ein zukünftiges gerechtes Gemeinwesen auch die Freiheit der Einzelnen beinhalten muss: „Jeder nach seinen Fähigkeiten, jedem nach seinen Bedürfnissen" (Marx 1982b, S. 21). Das Ziel jeglicher Befreiungsinitiativen ist es, *„alle Verhältnisse umzuwerfen*, in denen der Mensch ein erniedrigtes, ein geknechtetes, ein verlassenes, ein verächtliches Wesen ist" (Marx 1983b, S. 385); dass also die Menschen ihr Leben im Gemeinwesen selbst bestimmen – Marx und Engels nennen dieses Ziel: Kommunismus.

2 Bündnisse gegen die Vereinzelung

Die Einzelnen allein können meist nur wenig bewirken. Ohne sie wäre jedoch ein Bündnis zur Verwirklichung einer gerechten Gesellschaft unvorstellbar. Doch was sollen Bündnisse sein? Der Berliner Religionsphilosoph Klaus Heinrich – der Karl Marx und Sigmund Freud als die für jegliche Bündnispolitik zentralen Theoretiker betrachtet – versteht unter „Bündnis“ dreierlei: Das Bündnis mit dem Schicksal, das Bündnis mit der Natur und das Bündnis mit den subjektiv verdrängten Anteilen unserer Biografie. Die Zielrichtung seiner Gedanken beschreibt er folgendermaßen: Wir sollen uns nicht mit dem „Schicksal“ abfinden und auch nicht mit dem Gerede von einer menschlichen Natur. Vielmehr sei es nötig, sich den „Funktionären des Schicksals“ (Heinrich 2000, S. 72), dazu zählt er u.a. den Philosophen Martin Heidegger, zu widersetzen und unser Leben und die damit verbundenen „unverstandenen“ Einflüsse (Schicksal) kennen- und akzeptieren zu lernen, um sie in Hinblick auf ein für alle glückliches Leben zu verändern. Das Bündnis mit den „Triebschicksalen“, also den verdrängten Anteilen unserer Lebensgeschichte bedeutet nichts anderes als die mit analytischer Klarheit immer wieder zu erforschende Frage nach den „Zurichtungsmechanismen“ und -strukturen zu stellen, welche viele Menschen körperlich und psychisch leiden lassen: „Jedes Symptom ist ein Hilfeschrei und jeder Versuch von Symptomen zu reden, ein Stückchen Reflexion auf einen Prozeß, der (…) zu dem Punkt führt, an dem der Hilfeschrei endlich ausgestoßen werden kann“ (ebd., S. 30). Heinrichs Logik in Bezug auf Bündnisse kann für die Soziale Arbeit eine zentrale Aufgabe darstellen: Es geht nicht darum, sich mit den Verhältnissen und dem Leiden zu arrangieren, sondern gemeinsam nach den Gründen und Ursachen verunglückten Lebens zu suchen, um das Bedingungsgefüge (die Verhältnisse) zu ändern, das dieses Unglück der Menschen hervorruft.

3 Handlungsmacht von unten gegen Passivierung von oben

Handlungsmöglichkeiten für die Einzelnen (und in Bündnissen) haben weniger mit den individuellen Fähigkeiten der Subjekte zu tun, sondern vielmehr mit den Verhältnissen, in denen sie leben. Soziale Arbeit als Profession hat nicht nur die staatlich zugewiesene Aufgabe, die *vielen Reparaturarbeiten* am und im System des Kapitalismus zu leisten, sondern auch das selbstgesetzte Ziel, den Betroffenen aus ihrer Misere zu *helfen*. Nicht selten sind diese unwillig oder auch unfähig, aus eigenen Kräften und Ressourcen ihr Leiden zu beenden, weil sie, wie Thiersch formuliert, erledigungsorientiert in den Routinen des Alltags selbstzufrieden verstrickt sind (vgl. Thiersch 2016, S. 7). „Diese Alltäglichkeit (Alltagspragmatismus) ist geprägt durch Machtstrukturen, durch Herrschen und Beherrscht-Werden, durch Selbstdarstellung und Rücksichtslosigkeit, durch Unterdrückung, Scham, Resignation und aufbegehrende Wut“ (ebd.). All die smarten Mächte, wie TV, Streamingdienste, soziale Netzwerke, Onlinekonsum etc. entfalten ihre Wirkungen durch ideologische

Passivierung, die eine Befreiung aus den Widersprüchen und enttäuschten Hoffnungen verhindern.

Für die in der Sozialen Arbeit Tätigen ergibt sich für eine *befreiende* Arbeit das Dilemma, das Peter Weiss in der *Ästhetik des Widerstands* folgendermaßen beschreibt: „Die Befreiung kann uns nicht gegeben werden, wir müssen sie selbst erobern. Erobern wir sie nicht selbst, so bleibt sie für uns ohne Folgen. Wir können uns nicht befreien, wenn wir nicht das System, das uns unterdrückt, und die Bedingungen, aus denen das System erwächst, beseitigen. Wie aber soll die Befreiung nun von uns ausgehen, wie sollen die Umwälzungen vollzogen werden, wenn wir immer nur gelernt haben, uns zu fügen, uns unterzuordnen und auf Anweisungen zu warten" (1975, S. 226/27). Was Weiss bezüglich des Widerspruchs zwischen Befreiungsarbeit und der Sozialisation in einer bürgerlichen Lebens- und Denkweise formuliert, gilt für jegliche Befreiungsarbeit: Die Verinnerlichung von Haltungen, Denk-, Fühl- und Handlungsweisen in einer auf Konkurrenz, Neid und Ausbeutung basierenden Gesellschaft. Der Versuch, das ungerechte und unmenschliche System mit seinen sozialen und psychischen *Kollateralschäden in uns* zu überwinden, stellt ein scheinbar unüberwindbares Problem dar.

Handlungsansätze für die Soziale Arbeit

Als erstes die schlechte Nachricht: Aus der Theorie von Marx ist in direktem Wege kein Rezept für konkretes Handeln in der Sozialen Arbeit abzuleiten – auch wenn Rosa Luxemburg schreibt: „Laut zu sagen was ist, ist die revolutionäre Tat" (Luxemburg 1986, S. 36). Was die Lektüre der Schriften Marx' jedoch bietet, ist die Möglichkeit, die unmittelbar erfahrene Wirklichkeit mit anderen, kritischen Kategorien hinterfragen zu können. Dazu ist es allerdings nötig, seine theoretischen Arbeiten als im Prozess befindliche, in einem spezifischen historischen Kontext erstellte, als kritikwürdige und als zu aktualisierende Gedankenansätze zu verstehen (ausführlich im Kap. 2.2.5 in diesem Buch). Nicht nötig ist es aber, erst einmal Marxist*in zu werden, um von Marx lernen zu können.

Ist Marx wichtig?

„Marx ist kein ‚Muss', keine Voraussetzung, um politisch zu wirken, sondern er ist eine Chance. Man kann bei ihm einiges lernen (…) Marx bietet die Chance, falschen Gewissheiten mit Misstrauen zu begegnen. Er kämpft sein Leben lang gegen gedankenloses (…) Gerede an, wie es ist, sei nicht zu ändern. Es kann schon nicht so bleiben wie es ist, weil der Kapitalismus, die Springquellen allen Reichtums untergräbt'" (Marxhausen 2007, S. 410).

Also: Was genau können wir im Hinblick auf Macht von Marx und seinen Interpret*innen lernen? Es ermöglicht, so Hössler, „Zusammenhänge zwischen den ökonomischen und politischen Verhältnissen einer Gesellschaft zu analysieren, in den je besonderen Arbeits- und Lebensformen der Menschen die Grundbedingungen für Abhängigkeits-, Macht- und Herrschaftsverständnisse zu erkennen, die Wirkungsmächtigkeit von ökonomischen Interessen und Massenbewegungen zu untersuchen, die Unterdrückungspotenziale des Staats und den Schein seiner Mittlerfunktion aufzudecken sowie dessen institutionelle und ideologische Bedeutung für die Reproduktion und Aufrechterhaltung von Herrschaftsstrukturen einer Gesellschaft freizulegen“ (Hösler 2012, S. 67). Dies in den Blick zu nehmen, ist eine elementare Aufgabe von Sozialarbeiter*innen und Fachkräften im Gesundheitsbereich, die selbst ein Teil dieser Verhältnisse sind und sich dadurch auch an der Erzeugung, Aufrechterhaltung und in der Reparaturarbeit dieser Verhältnisse beteiligen. Frigga Haug stellt diesen Zusammenhang für die Soziale Arbeit ähnlich wie Marx her: „Woher kommen all die Reparaturarbeiten oder anders, wie ist diese Gesellschaft insgesamt geregelt und wie beteiligen wir uns am gesellschaftlichen Projekt, in dem die Sozialarbeitenden die schlimmsten Wunden verbinden, die die Gesellschaft schlägt und nicht ihr Schlagen verhindern können?“ (Haug 2009, S. 141).

Doch Soziale Arbeit ist nicht nur ein ohnmächtiges, angepasstes Mitmachen: Soziale Arbeit ist immer auch politisch – heute wie zu den Anfängen der Berufsgründung. Ein Blick in die international gültige Definition des IFSW von 2016 verweist auf diesen Grundsatz:
„Soziale Arbeit ist ein praxisorientierter Beruf und eine wissenschaftliche Disziplin, die den gesellschaftlichen Wandel und die Entwicklung, den sozialen Zusammenhalt sowie die Stärkung und Befreiung von Menschen fördert. Prinzipien der sozialen Gerechtigkeit, der Menschenrechte, der kollektiven Verantwortung und der Achtung der Vielfalt sind zentrale Elemente der Sozialen Arbeit. Gestützt auf Theorien der Sozialen Arbeit, Sozialwissenschaften, Geisteswissenschaften und indigenem Wissen, bindet Soziale Arbeit Menschen und Strukturen ein, um Herausforderungen des Lebens anzugehen und das Wohlbefinden zu steigern. Die obige Definition kann auf nationaler und/oder regionaler Ebene erweitert werden“ (IFSW 2014). Durch Reflexion und Bewusstwerdung von Machtprozessen mit einer marxistisch geprägten Gesellschaftskritik können Veränderungen erkannt, entwickelt und Alternativen entwickelt werden.

Indem sich kritische Menschen miteinander verbinden, erhöht sich die Möglichkeit der Veränderung der Verhältnisse durch die vielen

Einzelnen. Doch aus marxistischer Sicht genügt die Bewusstwerdung nicht: So schreibt Marx in den *Feuerbachthesen*, dass das Reden von den gesellschaftlichen Verhältnissen zumeist vergisst, „dass die Umstände von den Menschen verändert“ werden können. Weil aber „alles gesellschaftliche Leben wesentlich *praktisch*“ ist, kann das „Zusammenfallen des Änderns der Umstände und der menschlichen Tätigkeit oder Selbstveränderung … nur als revolutionäre Praxis gefasst und rationell verstanden werden“ (1983a, S.5ff). Kurz gefasst: Im Verändern der Verhältnisse verändern wir uns selbst und Selbstveränderung gelingt nur in Zusammenhang mit der politisch-gesellschaftlichen Arbeit für eine gerechte Welt – nicht durch das „Erdenken“ besserer Zustände.

Die Frage, die sich viele Sozialarbeitende stellen, ob und wie ihre Tätigkeit in der Bewusstseinsarbeit mit den Nutzer*innen zu einer Veränderung der Verhältnisse beitragen kann, ist damit als widersprüchliche Anordnung gefasst: Das eine ist ohne das andere nicht zu denken. Wer den Widerspruch nach einer Seite auflösen will, wird also immer scheitern: Entweder durch die Erfahrung, dass noch so gute Arbeit mit den Adressat*innen in kurzer Zeit durch übergeordnete Strukturen *(z.B. Hartz IV-Gesetzgebung; Aufenthaltsbestimmungen für Geflüchtete, Kostendämpfung im Sozialbereich etc.)* zunichte gemacht wird, oder durch die Erkenntnis, dass auch die beste Analyse gesellschaftlicher Verhältnisse und ihrer Veränderung nur durch die konkreten Menschen und ihre Handlungen bewerkstelligt werden können.

Von Marx zu lernen, heißt demnach, die gesellschaftlichen, institutionellen und persönlichen Widersprüche nicht nur zu denken und zu erklären, sondern sie vielmehr auch im täglichen Handeln zu berücksichtigen; und dies in einer Gesellschaft, in denen die meisten Menschen Ohnmachtsgefühle und Hilflosigkeit in Bezug auf Veränderung kennengelernt haben. Für konkrete Veränderungen in der konkreten beruflichen, sozialen und politischen Praxis gilt für Sozialarbeiter*innen, die verloren gegangenen, oft nur erahnten Zusammenhänge zwischen dem einzelnen Menschen und den gesellschaftlichen Verhältnissen immer wieder neu zu denken – und sich als Mensch dabei nicht zu vergessen.

Dieser Widerspruch ist nur schwer auszuhalten. Dass Marx im Hinblick auf Macht aber einiges zu bieten hat, darauf verweist Endreß: „Kein anderer Autor in der Geschichte sozialtheoretischen Denkens ist wohl wirkungsmächtiger gewesen als Marx mit seiner Analyse von Gesellschaft als Produktionsweise und Ungleichheitszusammenhang“ (Endreß 2013, S. 15).

Literaturempfehlungen

Marx, Karl/Engels, Friedrich (1848/2009): Manifest der kommunistischen Partei. Stuttgart. Reclam.

Marx, Karl (1979). Das Kapital. Kritik der politischen Ökonomie. Erster Band (Marx-Engels-Werke Band 23). Berlin. Dietz.

Hösler, Joachim (2012): Vom Traum zum Bewusstsein einer Sache gelangen – Analyse und Kritik von Macht und Herrschaft durch Karl Marx und Friedrich Engels. In: Imbusch, Peter (Hg.): Macht und Herrschaft. Sozialwissenschaftliche Theorien und Konzeptionen. Wiesbaden. Springer, S. 55–73.

2.1.2 Max Weber: Macht und Herrschaft

Max Weber (1864–1920)

Max Weber wurde 1864 in Erfurt geboren. Von 1882 bis 1886 studierte er Jura, Nationalökonomie, Geschichte und Philosophie. Promoviert 1889, habilitiert 1892, wurde er bereits mit 29 Jahren Professor für Handelsrecht in Berlin. Politisch engagierte er sich als nationalistischer Politiker im *Alldeutschen Verband*. Wegen eines schweren Nervenleidens gab er 1903 seine Professur auf. 1909 war er Mitbegründer der *Deutschen Gesellschaft für Soziologie*, 1918 nahm er die Lehrtätigkeit – inzwischen wegen einer Vielzahl von wichtigen Veröffentlichungen berühmt geworden – wieder auf. Er starb 1920 an einer Lungenentzündung in München.

Gesellschaft akzeptieren anstatt verändern

Max Weber ist als Soziologe und praktizierender Politiker mit den massiven Umbrüchen in den kapitalistischen Gesellschaften konfrontiert. Als er 1904 aus den USA – dem damals fortschrittlichsten Land in der westlichen Welt – nach Deutschland zurückkehrt, verarbeitet er seine Erfahrungen in zweierlei Hinsicht. Zum einen versucht Weber zu verstehen, wieso die USA technisch und in Bezug auf die Arbeitsintensität so weit fortgeschritten sind, wogegen die europäischen Länder und insbesondere Deutschland rückständig und gebremst in ihrer Entwicklung wirken (vgl. Rehmann 1998, S. 20 ff.). Zum anderen entwickelt er ein Modell über den Zusammenhang von Gesellschaft, Wirtschaft und religiösen Vorstellungen in seinem Werk „Die protestantische Ethik und der Geist des Kapitalismus“, das 1920 erschien. Es zählt bis heute zu den international anerkannten klassischen Lektüren der Soziologie.

Webers Leben ebenso wie seine wissenschaftlichen Konzepte sind in einer Zeit voller Widersprüche zu verorten, die sich darin ebenso niederschlagen wie in seiner politischen Denkweise: „Das Denken von Max Weber steht (…) mitten in jenen Widerspruchskonstellationen, die die Epoche des Umbruchs und des Übergangs zum Imperialismus – zumal im Deutschen Reich – charakterisieren. Er vertritt moderne und liberale Positionen, aber weiß um die Krise des Liberalismus (…). Er ist ein harter deutscher Nationalist, der die sozialdarwinistischen Prämissen für die internationale Machtpolitik voll akzeptiert, weiß aber gleichzeitig, dass Deutschland ohne eine Modernisierung des Überbaus und der Staatsapparate keine Chance in diesem Überlebenskampf hat. Er ist ein Angehöriger der bürgerlichen Klasse und verachtet gleichzeitig die Schwäche der deutschen Bourgeoisie, die innovations- und reformunfähig geworden ist. Er ist ein erbitterter Gegner des radikalen Sozialismus, aber er plädiert stets für eine Integrationspolitik gegenüber den kooperationsbereiten Führungsgruppen der deutschen Sozialdemokratie“ (Deppe 1999, S. 150).

Weber kommt bei der Frage nach der menschlichen Natur und ihrem Verhältnis zu den gesellschaftlichen Ordnungen und Mächten zu anderen Schlussfolgerungen als Karl Marx. Beide werden daher oft als Gegenspieler bezeichnet und interpretiert. Während es Marx und den marxistischen Theoretiker*innen darum geht, zu fragen, wie der moderne Kapitalismus die Menschen dazu bringt, ihm zuzustimmen, obwohl er ihnen schadet, arbeitet Weber daran, die bestehenden Herrschaftsverhältnisse wissenschaftlich so zu denken, dass die Zustimmung der Subjekte zu ihrer „Formung“ als normal erscheint und Befreiungs- und Rebellionstendenzen als gesellschaftszerstörend wahrgenommen werden.

„Klassiker“ Max Weber

„Der deutsche Soziologe Max Weber ist zum unbestrittenen Klassiker der internationalen Soziologie geworden. Kein Lexikon, keine Fachgeschichte und kein aktuelles Lehrbuch wird seinen Namen nicht an zentraler Stelle erwähnen und seinen maßgeblichen Einfluss auf die Entwicklung unserer Wissenschaft hervorheben. Unverändert bahnt sich der Siegeszug des wesentlich durch Talcott Parsons der Vergessenheit entrissenen frühen deutschen Soziologen seinen Weg“ (Käsler 1995, S. 256).

In Webers Theorie ist die Zustimmung zu den bestehenden gesellschaftlichen Verhältnissen impliziert. Dazu der Soziologe Ulrich Bielefeld: „Fragte Karl Marx, wie man an dieser Entwicklung, an der fortschreitenden Rationalisierung bzw. der Selbstentfremdung, etwas ändern könne, so fragte Max Weber, was aus ihr folgt, denn ändern könne man nichts“ (Bielefeld 2008, S. 10). Dass Webers Werk trotz seiner politisch konservativen Ausrichtung bis heute Bestand hat, erklärt Bielefeld folgendermaßen: „Der große materielle Umfang, die Unabgeschlossenheit des Werkes und die gleichzeitige rigorose Anstrengung, eine exakte Begrifflichkeit auszubilden, ermöglichen prinzipiell zwei verschiedene Umgangsformen mit dem Werk: Man konnte und kann es als Steinbruch nutzen oder systematisch interpretieren und eine ‚verstehende Soziologie‘, eine kulturvergleichende Sozialwissenschaft, eine historische Soziologie, eine rationale Handlungstheorie (…) anschließen“ (ebd., S. 3 f.).

Unterscheidung von Macht und Herrschaft

Immer wenn von Macht die Rede ist in soziologischen, politikwissenschaftlichen wie auch sozialarbeitswissenschaftlichen Abhandlungen, wird Bezug auf die klassische Machtdefinition von Max Weber genommen. Die sozialwissenschaftlichen Disziplinen kommen an der Dominanz des weberschen Machtbegriffs nicht vorbei, auch wenn viele andere Definitionen des Phänomens existieren. „Weber ist Macht" wie Antes es formuliert (in Analogie zu Francis Bacon) (Antes 2012, S. 55).

Folgen wir also dem Vorschlag Bielefelds und nutzen Webers Werk wie einen Steinbruch und schlagen aus ihm die machttheoretisch bedeutsamen Teile heraus. In seinem 1921 erschienen Hauptwerk „Wirtschaft und Gesellschaft" werden in den Kapiteln *Soziologische Grundbegriffe* und *Die Typen der Herrschaft* die Begriffe *Macht* und *Herrschaft* entwickelt. Für Weber ist *Macht eine soziale Tatsache mit Wirkungen in sozialen Beziehungen. Für Weber dient Macht „der Erklärung bestimmter miteinander korrespondierender Verhaltensweisen in sozialen Interaktionen, von denen vermutet wird, dass sie einem Gefälle von Chancen der Interessensdurchsetzung entspringen" (Kraus 2021, S. 11). Weber bestimmt das hierarchische Verhältnis als:* jede Chance, innerhalb einer sozialen Beziehung den eigenen Willen auch gegen Widerstreben durchzusetzen, gleichviel worauf diese Chance beruht" (Weber 1984, S. 89). Und er legt weiter fest: „Der Begriff Macht ist soziologisch amorph. Alle denkbaren Qualitäten eines Menschen und alle denkbaren Konstellationen können jemand in die Lage versetzen, seinen Willen in einer gegebenen Situation durchzusetzen" (ebd.).

Warum beschreibt Weber Macht als amorphen Begriff und was genau meint er damit? In seiner Machtdefinition bleibt offen, mit welchen Mitteln und womit jemand seinen Willen und seine Interessen durchsetzen kann: Mittels Drohungen, Gewalt, Autorität, charismatischer Überzeugungskraft oder Schmeicheleien. Weber nennt vier Kriterien, die es zu klären gilt: a) Die Chance, die Möglichkeiten, die Potenziale zur Realisierung von Macht, b) der personale Charakter – Macht als soziale Beziehung, c) den eigenen Willen als freiwillige Entscheidung und eigenes Vermögen, d) das potenzielle Widerstreben. Letzteres besagt, dass es möglich ist, dass jemand Macht gegen den Widerstand anderer ausüben kann, es aber keine zwingende Konstante im Machtverhältnis ist. Macht kann sich durchsetzen mit und ohne Zustimmung der Machtunterlegenen. In einem Beispiel: *Ein Professor kann seinen Willen, ein bestimmtes Thema im Seminar zu behandeln und als Prüfungsthema festzulegen, auch gegen den Wunsch (Willen) der Studierenden durchsetzen. Seine Chance beruht auf seiner Position, der Lehrfreiheit und der Prüfungsordnung (ebenso könnte das natürlich auch eine Professorin).*

Da Weber den Machtbegriff handlungstheoretisch konzipiert, verortet er ihn in einer sozialen Beziehung, in der Menschen sinnhaft aufeinander bezogen handeln. Sinn meint, dass es eine rationale Erklärung für das Handeln gibt, weil die Akteure etwas Bestimmtes meinen oder ausdrücken wollen.

Macht

„Macht bedeutet jede Chance, innerhalb einer sozialen Beziehung den eigenen Willen auch gegen Widerstreben durchzusetzen, gleichviel worauf diese Chance beruht. Herrschaft soll heißen die Chance, für einen Befehl bestimmten Inhalts bei angebbaren Personen Gehorsam zu finden“ (Weber 1921, S. 38).

Weber grenzt den vom ihm als amorph bezeichneten Machtbegriff gegen den präziser gefassten Begriff der Herrschaft ab: *Herrschaft* dagegen „soll heißen die Chance, für einen Befehl bestimmten Inhalts bei angebbaren Personen Gehorsam zu finden“ (Weber 1984, S. 89; 1985, S. 28). Entscheidend ist also, dass Macht ein Akt des sozialen Handelns und auf eine konkrete Situation bezogen − einer ungleichen, asymmetrischen sozialen Beziehung zwischen Personen – und sie nicht auf Zustimmung *der Machtunterlegenen* angewiesen ist. Macht ist eine diffuse, desorganisierte Größe des sozialen Lebens, die allgegenwärtig die Kommunikation zwischen Personen, Gruppen und Organisationen prägt. Sie kann sowohl von oben nach unten wie von unten nach oben funktionieren und existiert unabhängig von der Durchsetzung eines eigenen Willens.

Herrschaft hingegen ist ein transpersonales Verhältnis, welches unabhängig von Personen über Raum und Zeit hinweg existieren kann. Zentral in der Definition ist der Tatbestand einer Befehls- und Gehorsamsstruktur, die unabhängig von einer direkten sozialen Beziehung ihre Wirkungen in einer Gemeinschaft entfaltet. Für Weber ist das Herrschaftsverhältnis eine gesteigerte Form institutionalisierter, verfestigter Macht.

Den Begriff Herrschaft stellt Max Weber ins Zentrum seines Interesses, und er erweitert ihn zu einer *Soziologie der Herrschaft. Während Macht die diffuse, desorganisierte Größe darstellt, wirkt* Herrschaft auf der Ebene der Gesellschaft durch die Institutionalisierung von Recht und Ordnung. Ohne die Einhaltung von sozialen Regeln und deren Kontrolle wären soziale Gemeinschaften, der Staat und die Gesellschaft nach Weber nicht denkbar. Er war zutiefst davon überzeugt, dass Gesellschaften vor allem ein Ausdruck hierarchisch, etablierter Werte sind, die so lange Bestand haben, bis sie von anderen Werten abgelöst werden.

Legitime und illegitime Macht

Wie entsteht Herrschaft und wie entfaltet sie ihre Kraft? Wie und warum gehorchen, bzw. fügen sich Menschen den Befehlen der Herrschenden? Die Menschen orientieren sich am Nutzen, den die Form der Herrschaft für sie hat. „Das generelle Motiv von Herrschaft [scheint] zu sein: Gewährleistung von Überleben oder Wohlergehen gegen Herrschaftsunterwerfung", oder anders formuliert: „Der Pflicht der Beherrschten zum Gehorsam, zur Anerkennung, steht die Pflicht der Bewährung der Herrschenden gegenüber" (Haferkamp 1983, zit. n. Anter 2012, S. 282). Machtverhältnisse, die sich verfestigen, sich dauerhaft etablieren, münden in Herrschaft, die der Rechtfertigung bedarf, um den Unterschied zwischen Machthabern und Unterlegenen zu erklären. Der Übergang von Macht zur Herrschaft erfolgt an dem Punkt, wo Menschen die Gründe, die die Herrschaft legitimieren, annehmen. Es geht also zum einen um die Selbstrechtfertigung der Herrschaft und zum anderen um die Akzeptanz dieser Rechtfertigung. So wird Herrschaft auf Legitimität und Legitimität auf den Glauben an Legitimität zurückgeführt, denn jede Herrschaft versucht „den Glauben an ihre ‚Legitimität´ zu erwecken und zu pflegen. Je nach der Art der beanspruchten Legitimität aber ist auch der Typus des Gehorchens (…) grundverschieden" (Weber 1985, S. 122).

Herrschaft

„Herrschaft soll heißen die Chance, für einen Befehl bestimmten Inhalts bei angebbaren Personen Gehorsam zu finden" (Weber 1985, S. 28).

Weber unterscheidet drei Typen legitimer Herrschaft, die gegeben sein müssen, damit Menschen der Herrschaft zustimmen und ihren Befehlen gehorchen: Erstens müssen die Bürger*innen davon überzeugt werden, dass die „zur Herrschaft Berufenen" (ebd., S. 159) auf der Grundlage von Gesetz und Ordnung handeln *(rationaler Charakter – Rechtstaat),* zweitens kann es der Verweis auf die Tradition und Kontinuität von Autoritätsmustern sein, die zur Unterordnung der Bürger*innen beitragen *(traditionaler Charakter – Monarchien)* oder drittens die Vorbildlichkeit oder Heldenhaftigkeit einer Person, die glauben lässt, sie sei dadurch berechtigt, Ordnungen zu schaffen oder zu verändern *(charismatischer Charakter – Autoritarismus).*

Bei den drei Gehorsamkeitsmotiven handelt es sich um Idealtypen. Bis heute werden politische Systeme oder politische Gruppierungen nach diesen drei Motiven analysiert. Betrachtet man den historischen Kontext, in dem Max Weber seine Typologie entwickelt hat – zu Beginn des

20. Jahrhunderts –, konnte er nicht ahnen, dass sich in Europa Demokratien etablieren würden, deren Herrschaft sich auf demokratischen Verfassungen und demokratisch gewählten Regierungen gründen. Der Hamburger Soziologe Stefan Breuer ergänzt daher die Systematisierung Webers um die demokratische Herrschaft (vgl. Breuer 1994, S. 176–187).

Die Kriteri*en für die Akzeptanz legaler* Herrschaft – und hier spielt die bürokratische Verwaltung eine bedeutende Rolle, zu der auch (in der Sozialverwaltung) das Tätigkeitsfeld *der Sozialen* Arbeit gehört – bilden fünf zusammengehörige *Vorstellungen*:

- Die Rechtssetzungen sind von den Mitgliedern der Gemeinschaften und der ganzen Gesellschaft einzuhalten,
- die gesetzten Regeln sind von den Einzelnen einzuhalten,
- auch die *Vorgesetzten* müssen sich an die Regeln halten,
- das Gehorchen bezieht sich auf die Regeln und nicht auf Personen,
- außerhalb bestimmter Institutionen (z. B. Unternehmen, Gerichte, Ämter etc.) gelten andere Zuständigkeiten und Regeln, die von anderen Vorgesetzten vertreten werden.

Ein Beispiel mag das verdeutlichen: *Im Jugendamt gelten die Rechtssetzungen des SGB VIII, im Sozialamt Regelungen des SGB II oder in der Jugendgerichtshilfe das Jugendstrafrecht. Vorgesetzte und Fachkräfte halten sich an diese Regelungen und führen sie aus, die Klient*innen müssen sich diesen Regeln und Entscheidungen fügen. In der Politik im Bundestag wiederum gelten andere Regeln, an die sich die Abgeordneten zu halten haben, z. B. an das Rederecht und an Abstimmungsverfahren.*

Noch mal zur Unterscheidung von Macht und Herrschaft: Macht kann im Alltag ausgeübt werden gegen den Willen anderer, während Herrschaft die Chance ist, Gehorsam in einer *möglichen Welt* zu finden, d. h. unter außeralltäglichen Bedingungen, z. B., wenn der Staat von innen (Rechts-, Linksradikalismus) oder von außen (Cyberattacken, Handelskriege) bedroht ist. Weber verbindet den Herrschaftsbegriff mit politischer Herrschaft als einem militärisch-bürokratischen Befehlsverhältnis. Der Staat umfasst das Außeralltägliche, die Sicherung der Gemeinschaft, ihrer Gesundheit, die Abwendung von Gefahren und der Wahrung des Gemeinschaftsinteresses. *Beispiele sind der Lockdown und die Kontaktbeschränkungen während der Pandemie 2020/21.* Diese Funktion legitimiert den Anspruch des Staates auf Gewaltausübung. Und der Staat gehorcht der Formel: *Staat = Verwaltungsapparat plus Legitimationsanspruch.* Das heißt, der Staat kann nur das tun, was ihn sinngebend legitimiert mit Hilfe seiner bürokratischen Institutionen. Ohne den Glauben an seine Legitimität zerfällt der ganze Staat.

Entscheidend für den Bestand der Herrschaft ist nun, worauf sich der subjektive Legitimitätsglaube der Bürger*innen stützt, was sie begeistert am *Prestige* (Ansehen) und *Können* des politischen Herrschaftsverbandes: Welche Stellung hat der Staat in der internationalen Gemeinschaft, wie erfolgreich ist er in der Lösung von sozialen und soziokulturellen Spannungen, ökonomischen und politischen Problemen *(Finanzkrisen, Klimakrise, Pandemie, soziale Ungleichheit ...).* Sobald sich ein Prestigeverlust der politischen Herrschaft abzeichnet, läuft die Regierung Gefahr, abgewählt oder/und das System gestürzt zu werden. *Seit Aufnahme der Flüchtlinge 2015 und seit Ausbruch der Coronapandemie 2020 stehen beispielsweise demokratische Regierungen zunehmend unter Stress und Legitimationszwang. Sie werden von rechtspopulistischen „Volksvertretern", die über soziale Netzwerke (digitale Radikalisierungsmaschinen) Hass schüren gegen die Eliten und Fremden im Land und „das System" (die Demokratie), unverhohlen angegriffen – medial als auch durch tätliche Gewalt, siehe die Versuche, den Berliner Reichstag (2020) oder das amerikanische Kapitol (2021) zu stürmen.*

Bürokratie und Herrschaft

In seinem Hauptwerk *„Wirtschaft und Gesellschaft"* (1921) wendet sich Max Weber den Voraussetzungen und Grundlagen zu, die zur Herausbildung moderner, demokratischer, westlicher (okzidentaler) Staaten bedeutsam sind. Ein zentrales Charakteristikum von einem modernen Staat, der sich als Herrschaftstyp in der europäischen Geschichte vom 16. bis 19. Jahrhundert entwickelt hat, ist die Entstehung bürokratischer Strukturen. Sie dienen der Sicherung von rationaler, legitimer Herrschaft, übernehmen Ordnungsfunktionen und Rechtsprechung, garantieren Beständigkeit, aber gleichzeitig schränken sie Freiheitsrechte ein und erzeugen Abhängigkeiten. „Herrschaft wird demnach nur noch in staatlicher Lizenz ausgeübt" (Anter 2012, S. 69). Und diese Lizenz der Verstaatlichung der Ordnungsfunktion wurde der Bürokratie übertragen, die organisatorische Verkörperung des rationalen Geistes, der unter kapitalistischen Bedingungen zu einem stahlharten Gehäuse geworden ist, in dem Menschen eingeschlossen seien „bis der letzte Zentner fossilen Brennstoffs verglüht ist" (Weber 1952, zit. n. Hanke 2020, S. 592). Das politisch-administrativen System: Die Macht der Bürokraten, beruht auf den zwei Säulen des Wissens und der Strukturprinzipien. Die Beamt*innen verfügen über verwaltungstechnisches und juristisches Wissen, das sie in der Ausbildung gelernt haben, sowie über ein organisationspezifisches Dienstwissen, welches sie in der Verwaltung erwerben und das anderen, die nicht in diesem Apparat sozialisiert sind, unbekannt ist. Weber spricht von einer Art „Geheimwissen", von dem Zusammenspiel von Wissen und Macht. „Wissen als eine Ressource der Macht, und umgekehrt, ist jede Macht darum bemüht, das Wissen zu beeinflussen" (ebd., S. 70 f.), aber vor allem ist sie auf Wissen angewiesen. *Die Macht der Börsenmakler*innen beruht z.B. auf dem Wissen, unter welchen Bedingungen die Kurse steigen oder fallen, die Macht der Parteien auf dem Wissen über ihre Mitglieder und Wähler*innen, die Macht der Ärzt*innen auf ihrem medizinischen Wissen und die der Sozialarbeitenden auf ihren Ressourcen und ihrem gesetzlichen Auftrag.* Die zweite Säule der Bürokratie sind die Strukturprinzipien: fachlich ausgebildetes, hauptamtlich bezahltes Personal, Arbeitsteilung und festgelegte Zuständigkeiten, Berechenbarkeit durch standardisierte Verfahren, klare hierarchische Strukturen, die Trennung von Amt und Person und sachliche, unpersönliche, effektive Durchführung der Amtsgeschäfte. Das dürfte allen Fachkräften nur zu gut bekannt sein.

Neben Macht und Herrschaft definiert Max Weber in den soziologischen Grundbegriffen einen weiteren Begriff, der in unmittelbarer Nähe zu einer effektiven Herrschaftssicherung durch Bürokratie steht, den der Disziplin. „Disziplin soll heißen die Chance, kraft eingeübter Einstellungen für einen Befehl prompten, automatischen und schematischen Gehorsam bei einer angebbaren Vielheit von Menschen zu finden" (Weber 1984, S. 89). Genau das erreicht der Verwaltungsapparat: Die Disziplin der Beamt*innen und Angestellten und Disziplin der Bürger*innen.

Wer hier die Macht hat und Macht verwaltet, liegt auf der Hand: Die Bürokratie, denn die Herrschenden und Regierungen kommen und gehen – was bleibt und reibungslos funktioniert, ist die Verwaltung. Die Geschichte zeigt, dass selbst unter massiven politischen Veränderungen wie Revolutionen oder Regimewechseln die Verwaltung immer ordnungsgemäß arbeitet: Die Leitungen werden ausgetauscht, die Stäbe arbeiten weiter. Sie sichern die Macht der neuen Herrschaftselite und damit ihre eigene. *So geschehen: 1918 bei der Auflösung der Monarchie, 1933 bei der Gleichschaltung, 1945 in der BRD und in der DDR.* Es stellt sich die Frage, wer eigentlich die Macht im Staat hat, denn einen einmal bestehenden Verwaltungsapparat kann man weder entbehren noch ersetzen. Max Weber beantwortet die Frage so: „Wo die Bürokratisierung der Verwaltung einmal restlos durchgeführt ist, da ist eine praktisch so gut wie unzerbrechliche Form der Herrschaftsbeziehung geschaffen" (Weber 1985, S. 570).

Im Rahmen seiner Herrschaftssoziologie warnte Weber vor der Eigendynamik der Bürokratie als ein stahlhartes Gehäuse, dessen Kontrolle niemand entrinnen kann. Es regelt und optimiert das Verhalten einzelner Menschen, Gruppen und ganzer Bevölkerungsteile (Weber spricht von Massenabrichtung) und sichert so ein verlässlich erwartbares Sozialverhalten. Den eigenen Machterhalt reproduziert sie über fortgesetztes Verwaltungshandeln, wodurch sie die Herrschaft des Staates und der Herrschenden legitimiert und fortschreibt.

Die Macht des modernen Staates liegt also in den Händen der Mitglieder der Bürokratie, also auch den Sozialarbeiter*innen! Folglich sind sie nicht nur Machtausübende, sondern auch Machtträger, die Entscheidungen fällen. Sie verfügen über verwaltungstechnisches Wissen und über das Wissen, wie der Apparat funktioniert. Sie wissen, wie Gesetze und Dienstanweisungen anzuwenden sind und können ihr Handeln rational begründen, z.B. durch Verwaltungsakte. Luhmann hat diesen Prozess als: „Legitimation durch Verfahren“ (1969) beschrieben. Dallmann bringt es auf den Punkt: „Das alltägliche Gesicht der Macht ist der Verwaltungsakt” (Dallmann 2021, S. 124).

Handlungsansätze für die Soziale Arbeit

Die Trennung der Begriffe Macht und Herrschaft sind unzweifelhaft sinnvoll für alle Bereiche der Sozialen Arbeit, denn „[v]on den gesellschaftlichen Machtbalancen und -beziehungen hängen sowohl die Entstehung und die Definition sozialer Probleme als auch die Durchsetzung bestimmter Bewältigungsformen sowie die öffentliche Anerkennung der Sozialen Arbeit als Wissenschaftsdisziplin ab“ (Engelke et al. 2009, S. 50). Während Macht wirkmächtig die Interaktionsbeziehungen zwischen Sozialarbeiter*innen und Adressat*innen beeinflusst, wirkt Herrschaft in den Organisationen in Gestalt der Verwaltung und den politischen Rahmenbedingungen, die die Handlungsmöglichkeiten der Sozialen Arbeit begrenzen als auch ermöglichen. Diese Phänomene und ihre Wirkungen zu unterscheiden und einer kritischen Reflexion zu unterziehen gehört zum Qualitätsstandard der Profession.

Auch Staub-Bernasconi zitiert Max Webers Macht- und Herrschaftsbegriff, aber in ihren weiteren Überlegungen zur Macht spielt er so gut wie keine Rolle mehr. Sie nimmt auf seine Definition Bezug und verknüpft sie zu Begriffspaaren wie: „Macht und Besitz“, „Macht und Ressourcen“, „Macht und Durchsetzungsvermögen einer Gruppe“. Staub-Bernasconi überschreibt ihr Kapitel, in dem Max Weber und Michel Foucault zusammen erwähnt werden, mit „Macht als hierarchische Anordnung; Über- und Unterordnungsregeln zwischen Menschen; Kontrolle über ihr Denken und/oder Verhalten“ (Staub-Bernasconi 2007, S. 376) und gibt damit einen Hinweis auf die möglichen Potenziale, die aus Webers begrifflichen Anordnungen zu schöpfen sind.

Die Praxis der Sozialen Arbeit ist weitgehend davon bestimmt, dass Sozialarbeitende über die Möglichkeit verfügen, ihre Adressat*innen durch Belohnungen oder Sanktionen zu sozial erwünschtem Verhalten zu motivieren. Gleichzeitig kann eine subjektiv wirksame Veränderung im Verhalten der Klienten*innen nur dann erfolgen, wenn sie zum einen das Handeln des Sozialarbeitenden als legitim erachten und zum anderen die Person des Sozialarbeitenden als handlungs*mächtig* erlebt wird. Jegliche Unterstützung im Hilfesystem ist gebunden an die Handlungsmacht der oder des professionell Tätigen.

Macht als Gegensatz zur Hilfe zu denken wäre demnach schlichtweg falsch, denn der Begriff *Hilfe* allein schon impliziert ein Machtverhältnis (vgl. Sagebiel/Domes 2018, S. 4). Helfen und Macht bilden zwei Seiten einer Medaille, sie entspringen der gleichen Quelle: „Hilfe und Gewalt geben ein Ganzes/und das Ganze muss verändert werden“, heißt es bei Bert Brecht in den Badener Lehrstücken zum Einverständnis (Brecht 1967, S. 599).

Noch in einer anderen Hinsicht lassen sich Bert Brecht und Max Weber gemeinsam denken. Wenn Brecht in einem Gedicht von den „Mühen der Ebenen“ spricht („Die Mühen der Gebirge liegen hinter uns // Vor uns liegen die Mühen der Ebenen“), so ist Max Webers Satz vom „Bohren harter Bretter mit Leidenschaft und Augenmaß“ diesem durchaus verwandt. Auch wenn Weber seinen Satz auf die Arbeit der Berufspolitiker bezieht und Brecht über die Aufgaben nach einer revolutionären Situation spricht, so können beide Lehrsätze doch auch als Reflexionsmaximen für Sozialarbeiter*innen gelten. Nur wenn diese ihrer Arbeit mit theoretischer Genauigkeit, praktischer Leidenschaft und Gewissenhaftigkeit nachgehen, wenn sie die schweren Auseinandersetzungen um soziale Gerechtigkeit tagtäglich führen (*die Mühen der Gebirge*) und sich nicht entmutigen lassen von den z. T. schrecklichen und leidvollen Berichten aus der sozialen Wirklichkeit (*den Mühen der Ebenen*), nur dann werden sie von den anderen Berufsgruppen und von ihren Adressat*innen nicht als *Dünnbrettbohrer*innen* erlebt.

Auch die Ausführungen über den Zusammenhang von Herrschaft, Bürokratie und Verwaltung können für die Soziale Arbeit von Nutzen sein. Als

Angehörige der Verwaltung muss sich die Fachkraft den Regeln und Strukturen der Verwaltung anpassen und diese in ihren Fallbearbeitungen berücksichtigend anwenden. Gleichsam ist sie den berufsethischen Werten verpflichtet, die nicht selten in Spannung zur Rationalität der Verwaltung stehen. Dieser Widerspruch zwischen Hilfe, Berufsethik (Tripelmandat nach Staub-Bernasconi) und Kontrolle ist konstitutiv für die Soziale Arbeit – er lässt sich nach Weber auf die Formel bringen: Freiheit und relative Autonomie der Profession vs. Rationalität der Bürokratie. Die Frage ist nicht die eines Entweder-oder, sondern eines Sowohl-als-auch. Da soziales Handeln nicht in der Ausführung von Regeln aufgeht, variiert die Durchführung je nach Situation und Bedarf im Einzelfall. Professionelles Handeln verlangt da nicht selten einen, sagen wir, kreativen Umgang mit Verfahrensregeln. Weber verweist auf die Grenzen der Ratio am Beispiel der Musik, die bestimmten Regeln folgt, aber im freien Umgang mit diesen entsteht. Diese Freiheiten zu erkennen, z. B. Ermessenspielräume zu nutzen, führt zur Befreiung aus dem *Stahlgehäuse der Hörigkeit.* Denn nicht alles im Leben folgt rationaler Logik: Weder persönliche noch berufliche Beziehungen, nicht einmal politische oder wirtschaftliche Entscheidungen – vielfach sind es Emotionen, Leidenschaften, die auch fachliche Entscheidungen motivieren.

Sozialarbeitenden in der Praxis begegnet legitime Herrschaft heute in Gestalt digitalisierter Dokumentation und Diagnostik, Standardisierung von Arbeitsabläufen, wirkungsorientierter Steuerung u.v.a.m.

Kritische Würdigung

Die Kritik an Max Weber im soziologischen Diskurs bezieht sich auf die Konzeption seines Machtbegriffs, auf sein rationales Verständnis von Herrschaft und deren Legitimation.

Hans-Ulrich Dallmann, ein Vertreter der funktional-systemtheoretischen Perspektive, kritisiert den handlungstheoretisch konzipierten Machtbegriff bei Weber. Dieser sei auf ein personales Verhältnis reduziert und führe zu der Annahme, dass Macht eine Eigenschaft von Menschen sei, über die sie verfügen oder der sie unterworfen sind, und wenn durch Macht eine bestimmte Handlung vollzogen werde, diese danach verbraucht sei (vgl. Dallmann 2021, S. 119). Diese Argumentation überzeugt, denn die Macht endet nicht, wenn sie in einer sozialen Beziehung eingesetzt wird und der eigene Wille sich durchsetzen kann. Hinzu kommt, dass mit der Häufigkeit der Anwendung von Macht und der Zustimmung der Machtunterlegenen sich diese vervielfältigt und gebündelt in Organisationen stabilisiert.

Zudem verbirgt und manifestiert sich Macht in Strukturen (z.B. in Geschlechterordnungen), in Räumen (Städten, Architekturen) in sozialen Praktiken (Arbeitsteilungen) oder in Geschlecht und in Körpern, wie es andere Theoretiker*innen wie Foucault, Bourdieu, Butler oder Kraus beschreiben. Dieser strukturelle Blick auf die Macht fehlt bei Weber.

Vergegenwärtigen wir uns noch einmal die Definition von Webers Machtbegriff und übertragen ihn auf alltägliche oder berufliche soziale Beziehungen, dann handelt es sich weniger um ein machtvolles Willen-Durchsetzen, sondern eher um einen Dialog, das Abwägen gemeinsamer Interessen und die Suche nach konsensualen Lösungen. *So wird ein Vorgesetzter oder eine Vorgesetzte in ihrer Machtposition und ihrer Autorität umso mehr anerkannt, je mehr sie den Mitarbeiter*innen Handlungs- und Entscheidungsfreiheiten gewährt, statt diese einzuschränken und fortwährend zu kontrollieren.* Weber, ein Kind seiner Zeit, sah in der Macht ein Kampfverhältnis, aus dem der Stärkere als Sieger hervorgeht, eine Hard Power machiavellischer Prägung, während wir heute, demokratisch sozialisiert, eher ein kommunikatives, Soft-Power-Verständnis zur Macht haben (mit dem Fokus auf Kooperation und der Aushandlung von Kompromissen). Für den Bereich des Gemeinwesens und den der Politik formulierte Habermas die Idee des herrschaftsfreien Diskurses.

Wenn Weber von der Legitimation formal-legaler Herrschaft spricht, die sich auf bürokratische Verfahren stützt, dann wissen wir aus der Geschichte, dass über diese Verfahren auch inhumane Ziele legitimiert und realisiert werden können wie Rassendiskriminierung, Ausschluss bestimmter Gruppen in der Gesellschaft von gerechter Teilhabe (geflüchtete Menschen, Asylbewerber*innen), Verfolgung Andersgläubiger oder Minderheiten, bis hin zu Landnahmen (Annektionen, Siedlungspolitik etc.). Weber erklärt nicht, wie Herrschaft als soziale Ordnung entsteht und wie und warum sie sich verändert. Denn Herrschaft steht im Spannungsverhältnis von individueller Freiheit und sozialer Ordnung, die sich im Zuge der Individualisierungs- und Singularisierungprozesse (Reckwitz 2017) in der Gesellschaft, einer zunehmenden Beschleunigung der Zeitstrukturen (Rosa 200, 2020), Veränderungen der Kommunikation und Information durch digitale Technik (Nassehi 2020) und der weltweiten Klimaveränderung deutlich verschärfen wird. Wie lassen sich die gestiegenen Optionen des Individuums mit der Stabilität der Gesellschaft vereinbaren? Sind die Institutionen flexibel genug, sich den Anforderungen anzupassen?

Zu fragen ist, ob Webers These, Herrschaft allein an die Legitimation eines Staatsapparates zu binden, heute noch gelten kann. In den großen urbanen Zentren der Welt und in Regionen einzelner Staaten bilden sich zunehmend parallele, lokale Herrschaftsstrukturen aus, deren Legitimation nicht von der Mehrheit, sondern von Minderheiten getragen wird. Deren Rechtfertigungsordnung und sozialen Praktiken orientieren sich an anderen Kategorien z. B. an Profitmaximierung (Mafia, Drogenkartelle, Big-Data), an der Religion (islamistische, fundamentalistische Organisationen), an ethnischer Zugehörigkeit, an nationalistischen-völkischen Überzeugungen (Antidemokrat*innen) und am Alter (Jugendgangs) etc. Werden sich hier ein neues Verhältnis und neue Strukturen von Staat und Recht entwickeln?

Eine weitere, und dies soll der letzte Punkt der kritischen Würdigung sein, wird von Neuenhaus-Luciano vorgetragen. In seiner Fixierung auf Macht und Herrschaft, die er als einzige Zweckbestimmung des Staates sieht, vergebe Weber die Chance, „seine Soziologie zum Instrument kritischer Analyse der Herrschaft zu entwickeln, und bleibt bei der Beschreibung des Faktischen stehen“ (Neuenhaus-Luciano 2012, S. 109). Hätte Weber den Machtbegriff von der Bindung an Individuen gelöst und den Blick auf strukturelle Bedingtheiten ausgeweitet, wäre ihm eine Präzisierung und Konkretisierung des Machtbegriffs gelungen, mit dem eine Analyse kapitalistisch rationaler Herrschaftsstrukturen möglich gewesen wäre. Seine Konzentration auf den Tatbestand der Herrschaft habe es ihm nicht erlaubt, in diese Richtung weiterzudenken (vgl. ebd., S. 111). Nun kann man diese Tatsache bedauern und oder kritisieren, gewiss ist: Weber wird weiterhin zitiert, rezipiert und in verschiedene Richtungen weitergedacht.

Literaturempfehlungen

Weber, Max (2019): Soziologische Grundbegriffe. Stuttgart. Philipp Reclam jun. Verlag.

Kaesler, Dirk (2014): Max Weber: Eine Einführung in Leben, Werk und Wirkung. Frankfurt a. M./New York. Campus Verlag.

2.1.3 Heinrich Popitz: Prozesse der Machtbildung

Heinrich Popitz (1925–2002)

Heinrich Popitz wurde am 14. Mai 1925 als Sohn des preußischen Finanzministers und Widerstandskämpfers Johannes Popitz geboren. Sein Vater wurde von den Nationalsozialisten ermordet, als er 19 Jahre alt war. In Heidelberg, Göttingen und Oxford studierte er Philosophie, Geschichte und Ökonomie. Nach seiner Promotion 1949 habilitierte er 1957 und arbeitete anschließend in der Sozialforschungsstelle an der Universität Münster. 1959 wurde er Professor der Soziologie in Basel. Fünf Jahre später wurde er Gründungsdirektor des neu geschaffenen Instituts für Soziologie an der Albert-Ludwigs-Universität Freiburg im Breisgau, in welchem er bis zu seinem Tod am 1. April 2002 lehrte. Popitz steht in der Reihe der wichtigsten deutschen Soziologen.

Macht fällt nicht vom Himmel, noch ist sie gottgegeben oder naturbedingt, vielmehr hat sie sich im Verlauf der Geschichte als von Menschen gemachte soziale Ordnung herausgebildet. Genau damit beschäftigt sich der deutsche Soziologe Heinrich Popitz in seiner Machttheorie, die er 1968 unter dem Titel „Phänomene der Macht“ veröffentlichte. Diese Analyse hat keineswegs an Aktualität eingebüßt. In einer Ausgabe der FAZ (Nr. 151 vom 03.07.2006, S. 44) lautet das Resümee zu einer Neuauflage von Popitz Schriften: „Mit einem Popitz unterm Arm versteht man die Welt besser.“ Na, das ist doch wirklich ein Versprechen!

Popitz knüpft in seiner Theorie an die von Max Weber vorgelegte Machtdefinition an, Macht als „das Vermögen, sich gegen fremde Kräfte durchzusetzen“ (Weber 1921, S. 38), zu fassen. Auf dieser Annahme aufbauend entwickelt er einen anthropologischen und phänomenologischen Zugang zu Machtprozessen, der das Verhältnis von Macht und menschlicher Natur in den Blick nimmt.

Ausgehend von der These, dass Macht das Wesen menschlicher Vergesellschaftung bestimmt, skizziert er im ersten Teil seines zentralen Werkes „Phänomene der Macht“ drei historische Prämissen zur Entstehung von Macht, indem er den Fragen nachgeht: Wie und warum konnte Macht entstehen und worauf beruht sie? Ausgehend von den Handlungsfähigkeiten und „vitalen“ (existenziellen) Abhängigkeiten des Menschen unterscheidet Popitz im zweiten Teil vier Grundformen der Machtausübung, die sich im Verlauf der Evolution herausgebildet haben. Die zentrale Frage lautet: „Wie geschieht es, daß wenige Macht über viele gewinnen? Daß ein geringer Vorsprung, den einige erreicht haben, ausgebaut werden kann zur Macht über andere Menschen“ (Popitz 1992, S. 187). Im letzten Teil beschreibt er soziale Prozesse, über die sich Macht stabilisiert und institutionalisiert als Herrschaft. Im Folgenden stellen wir diese Prämissen vor.

Problematisierung von Macht

Die Art, wie Menschen Macht erleben, sie erleiden und in Frage stellen, führt Popitz auf drei historische Voraussetzungen zurück. Die erste grundlegende Prämisse ist „der Glaube an die Machbarkeit von Machtordnungen" (ebd., S. 12). Dabei ist es ihm wichtig, im Rückgriff auf die Antike die Idee des Politischen als eine übergreifende, verbindliche, politische Ordnung herauszustellen, um zu zeigen, dass der Glaube an die Machbarkeit der Macht schon immer vorhanden war, seit Menschen über Formen sozialer Ordnungen nachdenken. Macht ist also ein Produkt menschlichen Könnens, sie kann immer wieder verändert und neu, im Sinne einer besseren, guten Ordnung, entworfen werden. Forderungen nach mehr Gerechtigkeit, Gleichheit vor dem Gesetz, Freiheit und Würde lassen sich verwirklichen. Im Zuge der bürgerlichen Revolutionen der Neuzeit wird der Glauben an die Machbarkeit von Machtverhältnissen mit dem Glauben an die Vernunft neu entdeckt. Es ist „die Gewissheit des Anders-machen-Könnens, des Besser-machen-Könnens" (ebd., S. 15), die Repression und Gewaltherrschaft überwinden lässt.

War im Absolutismus die Macht ausschließlich auf den Souverän und die Institutionen des Staates konzentriert, etablierten sich im Zuge der bürgerlichen und sozialen Bewegungen des 18. und 19. Jahrhunderts durch die Bildung neuer Klassen andere Machtpotenziale in der Gesellschaft. Das Bürgertum setzt auf die Macht der Rede, der öffentlichen Meinung, der Vernunft und der Erziehung, die Kapitalisten auf die Macht des Geldes und der Produktionsmittel, das Proletariat bildet die Gegenmacht der Volksmassen. Die Unvereinbarkeit gegensätzlicher Interessenlagen stellt die absolute Macht des Staates in Frage, Machtkonflikte ergreifen alle Klassen der Gesellschaft. „Das Spannungsfeld von Machtkonflikten durchdringt die gesamte Gesellschaft" (ebd., S. 16), sie vergesellschaftet sich. Diesen Entwicklungsverlauf bezeichnet Popitz als die zweite, historische Prämisse: Macht ist omnipräsent, sie ist allgegenwärtig, sie wird in allen sozialen Beziehungen unterstellt: Als Genderfrage zwischen den Geschlechtern, als Erziehungsfrage zwischen Eltern und Kindern, als Kontroll- und Verfügungsmacht zwischen Sozialarbeitenden und Adressat*innen, als Kontroll- und Diskriminierungsmacht zwischen gesellschaftlichen Gruppen und Ethnien. Je offener, diverser eine Gesellschaft für vertikale Machtverschiebungen ist, desto häufiger wird die individuelle Biografie durch gewonnene oder verlorene Machtkämpfe definiert. Macht verbirgt sich in allem, ihre Existenz wird überall vermutet und sie mischt sich überall ein, denn es gibt keinen machtfreien Raum in der Gesellschaft.

Die dritte Prämisse „beruht auf der Konfrontation von Macht und Freiheit: Alle Machtanwendung ist Freiheitsbegrenzung. Jede Macht ist daher rechtfertigungsbedürftig“ (ebd., S. 17). Mit den sozialen Bewegungen bricht sich ein sensibles Freiheitsbewusstsein Bahn. Machtverhältnisse werden in Frage gestellt und die Idee der Selbstbefreiung aus selbstverschuldeter Unmündigkeit, wie es Kant formuliert, fordert zum Umsturz und zu Machtkämpfen gegen die bestehenden Verhältnisse auf. *Emanzipationsbestrebungen und Befreiungskämpfe finden sich mannigfach in der neueren Geschichte: Klassenkämpfe, Frauenemanzipationsbewegungen, Befreiungskämpfe aus kolonialer Unterdrückung, antirassistische Bewegungen (z.B. Black Lives Matter) und zivilgesellschaftlich organisierter Widerstand gegen autokratische Regierungen.* Immer ist es die Konfrontation von Macht und Freiheit, die jede Form der Machtausübung als Eingriff in die Selbstbestimmung und Freiheitsbeschränkung entlarvt. Da alle Macht fragwürdig ist, bedarf es ihrer Rechtfertigung und Begründung: „Macht in allen Zusammenhängen, in allen Formen ist unlösbar verknüpft mit der Frage nach dem Warum“ (ebd., S. 20).

Das Konzept Macht

„Macht ist machbar, Machtordnungen sind veränderbar, eine gute Ordnung entwerfbar: es kann getan werden. Macht ist omnipräsent, eindringend in soziale Beziehungen jeden Gehalts: sie steckt überall drin. Macht ist freiheitsbegrenzend, als Eingriff in die Selbstbestimmung anderer begründungsbedürftig: alle Macht ist fragwürdig“ (Popitz 1992, S. 20).

Diese Prämissen sind Ergebnisse eines historischen Prozesses, die als allgemeingültiges, universales Element menschlicher Vergesellschaftung verstanden werden können. „Universal ist die Machbarkeit der Macht, universal ihre Wirksamkeit (…) und universal ist damit auch die Gefährdung der Selbstbestimmung“ (ebd., S. 21).

Grundformen der Macht

Wie diese Prämissen als Denkvoraussetzung mit der Wirksamkeit von Macht zusammenhängen, beschreibt Popitz entlang der Unterscheidung von vier anthropologischen Grundformen der Macht.

Die historisch erste Machtform (die Geschichte der Macht ist die Geschichte menschlichen Handelns) ist die *Aktionsmacht*, das Vermögen, sich gegen fremde Kräfte durchzusetzen. Wir können hier den Bezug zu

Max Webers Machtdefinition deutlich sehen. Aktionsmacht entspricht dem Bild des Jägers, der mit Kraft, Schnelligkeit und List Tiere und Menschen überwältigt, sie in seine Gewalt bringt und auch töten kann. Die Effizienz seiner Aktionen vermag er zu steigern, indem er Waffen benutzt oder sich mit anderen zum Kampf organisiert. Der Schwächere unterliegt, weil er verletzbar ist; alles Lebendige kann verletzt oder vernichtet werden. In Kriegen werden Menschen getötet, gefoltert, vergewaltigt, entführt, vertrieben, psychisch verletzt und ihrer ökonomischen Existenz beraubt. Auch psychosozial sind Menschen verletzbar durch Ausgrenzung, Diskriminierung und Entzug sozialer Teilhabe. *Bei Trauma-Opfern und Opfern sexueller Gewalt, häuslicher Gewalt, emotionaler Vernachlässigung oder Kriegsopfern findet sich z. B. eine Verknüpfung und Verdichtung aller menschlichen Verletzungsbereiche.* Aktionsmacht ist immer auf einzelne Handlungen begrenzt, die sich wiederholen können, aber letztlich einzelne Kämpfe bleiben, die immer wieder neu ausgefochten werden müssen. „Verletzungsaktionen setzen keine Methoden dauerhafter Kontrolle und keine organisierte Ausbeutung voraus, sie sind buchstäblich aus dem Handgelenk ausführbar“ (ebd., S. 25).

Wie kann nun ein Sieg dauerhaft gefestigt werden? Diese Frage führt zur zweiten Stufe der Evolution, der *instrumentellen Macht.* Im Gegensatz zur Aktionsmacht ist sie wesentlich ökonomischer und effizienter, weil sie von der direkten körperlichen Anwesenheit des Mächtigen unabhängig wirkt: Durch Androhung von Strafen und Belohnung bei Gehorsam kann das Verhalten von Menschen langfristig beeinflusst werden. Die Strategie folgt dem schlichten Muster Entweder-oder. „Die Wirkung von Drohungen und Versprechungen ist über Zeit und Raum dehnbar. (...) Eine glaubhafte Gefahr und eine glaubhafte Chance können instrumentalisiert werden zur Begründung permanenter Unterwerfung“ (ebd., S. 26). Menschen lassen sich von Drohungen einschüchtern und durch Versprechungen locken, weil sie Angst vor Sanktionen haben und Hoffnungen auf eine sichere Zukunft. Drohungen, offen ausgesprochen, kommen einer Erpressung gleich, verdeckt geäußert als Warnung, Rat oder Empfehlung, mögliche Gefahren zu vermeiden. Versprechungen funktionieren nach dem gleichen Muster wie Bestechung: Es werden Vorteile in Aussicht gestellt, sei es ein Sprung auf der Karriereleiter, ein Titel oder Geld. Das Machtkalkül Drohen und Belohnen, Nehmen und Geben beruht auf der Ausnutzung der Zukunftsängste und Hoffnungen der Menschen. Und diese Praktiken wirken so lange machterhaltend, wie sie glaubwürdig erscheinen. So werden die Opfer instrumenteller Macht dauerhaft zum Instrument eines fremden Willens, indem sie ihr Verhalten an den Erwartungen der Mächtigen ausrichten, sie stützen und so zu Multiplikatoren der Macht werden. „Die instrumentelle Macht des Drohens und Versprechens ist die typische Alltagsmacht, die konventionelle Form der Durchsetzung gegen fremde Kräfte. Zugleich ist sie ein notwendiges Element aller dauerhaften Machtausübung“ (ebd., S. 27).

Aktionsmacht und instrumentelle Macht als äußere Macht motivieren nur Änderungen im Verhalten, innere Macht hingegen wirkt auf einer tieferen Ebene, „die willentliche, einwilligende Folgebereitschaft erzeugt“ (ebd., S. 28). Es ist die *autoritative Macht*, die ohne äußere, grobe Mittel auskommt. Ihre Effizienz beruht auf der im Menschen verinnerlichten Kontrolle, sie steuert Einstellungen, Sichtweisen und Bewertungen.

Ob das Gesetz, die Ordnung oder das Konterfei des Mächtigen – sie sind es, die den Menschen normative Orientierung geben, Maßstäbe setzen, an die Menschen glauben und die ihnen Handlungssicherheit geben. Autoritative Macht kann ihre Wirkung nur entfalten, weil Menschen Bedürfnisse nach Orientierung, Identität und Wertsetzungen haben, weil sie anerkannt werden wollen und dazugehören möchten. Durch die Akzeptanz einer sinnstiftenden Überlegenheit – seien dies Personen, Gruppen oder Institutionen als Repräsentant*innen politischer oder/und religiöser Ideologien – entsteht eine soziale Beziehung, die auf psychischen Abhängigkeiten beruht. Diese Autoritätsbindung verspricht soziale Anerkennung, befriedigt das Maßstabsbedürfnis und vermittelt ein positives Selbstwertgefühl.

Die vierte Grundform der Macht, die Popitz im Verlauf der Evolution beschreibt, ist die *datensetzende, faktensetzende Macht des Herstellens*. Sie beruht auf der Fähigkeit des Menschen, durch technisches Handeln sowohl die Natur umzugestalten als auch Artefakte, künstliche Dinge herzustellen, die zu seiner „zweiten Natur“ werden. *Aktuelle Beispiele: Straßen und Verkehrsmittel ermöglichen Mobilität, Social Media eine zeit- und raumunabhängige Kommunikation und nicht zuletzt bequemer Konsum mittels Onlineshopping und sogar Geld wird bei Bitcoins rein virtuell.* Jeder technische Fortschritt fügt der Wirklichkeit eine neue Tatsache, ein Datum hinzu, für das die Datensetzenden als Hersteller*innen verantwortlich sind. Und er oder sie übt als solche*r „eine besondere Macht über andere Menschen aus, über alle ‚Datenbetroffenen‘“ (ebd., S. 30). Er oder sie kann nicht nur die Umwelt mit Artefakten gestalten – als zweite Natur des Menschen – sie können sie auch mit technischen Erfindungen zerstören. „In den Endlagerungsstätten des radioaktiven Abfalls sprengt diese *datensetzende* M. [Macht] alle zeitlichen, räumlichen und generationalen Grenzen bisheriger menschlicher M.“ (von Trotha 2015, S. 170). *Artifi-*

zielle Veränderungen eröffnen einerseits neue Freiheiten (Mobilität, Transparenz, Entlastung von Routinen durch Künstliche Intelligenz, IoT (Internet of Things), Streaming-Dienste), andererseits schränken sie diese aber auch ein (Datensammlung, IT-Überwachungssysteme, Cancel Culture, HateSpeach, Cyber War). Technisches Handeln als datensetzende Macht wird dann zu einem Akt der Machtausübung, wenn darüber die Lebensbedingungen und Freiräume der Menschen eingeschränkt werden. *So fordert die Digitalisierung Nutzer*innen zur Online-Lebensführung auf, sie kolonialisiert den Alltag (IoT, Internet der Dinge), strukturiert, kontrolliert die Arbeitsbedingungen (Lieferdienste) und kommerzialisiert zwischenmenschliche Beziehungen* (vgl. Sagebiel/Pankofer 2021, S. 55). Die heutige Macht der Digitalgiganten, ihrer Plattformökonomie und disruptiven Geschäftsmodelle – sie gehören zu den Profiteuren der Coronapandemie (s. Kap. 5) – kann trefflicher nicht beschrieben werden als mit diesem zukunftsweisenden Zitat von Popitz: „Wer für dieses neue Datum verantwortlich ist, übt als ‚Datensetzer' eine besondere Macht über andere Menschen aus, über alle ‚Datenbetroffenen'" (Popitz 1992, S. 30). *Was oft vergessen wird: Die schöne neue Welt von Big Data hat auch einen ökologischen Aspekt, weil die benötigten Rohstoffe für die Herstellung der Hardware, der Energiebedarf zur Datenspeicherung und -verarbeitung, der stetig wachsenden Bedarf und Verbrauch die Klimakrise verschärft und damit global soziale Ungleichheiten produziert und weiter reproduziert.*

Die Risiken und Gefahren, die im digitalen Netz eingebaut sind, können sich zu einem späteren Zeitpunkt zu tödlichen „Macht-Minen" entpuppen. „*Da*s Kernproblem ‚jeder Machtkontrolle in modernen Gesellschaften ist die Kontrolle technischen Handelns'" (ebd., S. 180, zit. n. Anter 2012, S. 82). *Kein Wunder, dass Cyberangriffe als neue Kriegsform gefürchtet werden.*

Popitz spricht vom doppelten Machtcharakter der datensetzenden Macht: Der Macht über die Kräfte der Natur und der objektvermittelten Machtentscheidung, die in den Dingen eingebaut ist (s. *digitale Technologien und ihre Infrastrukturen – Algorithmen) und die Menschen zwingt, ihr Leben an die Dinge anzupassen, z. B. durch die Internetnutzung. Wie die Nutzung des Internets zu digitaler Ungleichheit führt und digital erstellte Personenprofile die Nutzer*innen als „digitale Schatten" verfolgen, beschreiben Iske und Kutscher (2020, S. 115 ff.) im Kontext Soziale Arbeit.*

Zusammenfassend lassen sich die vier anthropologischen Formen der Macht nach Popitz folgendermaßen darstellen:

Formen der Macht

Machtform	Menscheneigene Fähigkeit	Existenzielle[2] Abhängigkeit	Durchsetzungsform
Aktionsmacht	Verletzen können	Verletzbarkeit, Verwundbarkeit	Physische und psychische Gewalt
Instrumentelle Macht	Ängste und Hoffnungen erzeugen	Sorge um die Zukunft	Drohen und erpressen, versprechen
Autoritative Macht	Maßstäbe setzen	Anerkennungs-, Zugehörigkeits-, Identitätsbedürfnis	Autoritätsbindung
Faktensetzende Macht	Technisches Handeln	Angewiesenheit auf eine artifiziell veränderte Objektwelt	Herstellen und Verändern

Tabelle 1: Formen der Macht

Prozesse der Machtbildung

Die einzelnen Formen der Macht erweisen sich in Kombination als durchsetzungsfähiger, denn dann können sie sich in dramatischer Weise verschärfen und potenzieren, so „als ob alle Ausgänge, die sich für die Betroffenen bieten könnten, gleichzeitig versperrt werden sollten" (Popitz 1992, S. 37). Man ist wie gefangen, der Situation ausgeliefert, kann nicht einfach weggehen oder flüchten, auch der Zusammenschluss mit anderen in der gleichen Lage bietet keinen Ausweg. Denn die wenigen, die die Macht haben, setzen sich gegen die vielen, die machtlos sind, durch. *So agiert z. B. das Finanzkapital gegen Regierungen und Staaten, die EU-Politik in der Finanzkrise mit Sparauflagen gegen die Bedürfnisse der Bevölkerung in den südlichen Ländern der EU, Vorstände gegen ihre Belegschaft, restriktive Asylpolitik gegen Flüchtlinge, Entscheidungen, Kriege zu führen u. v. m. – alles machtvolle Entscheidungen von wenigen gegen viele. In der Literatur finden sich weitere anschauliche Beispiele wie in William Goldings Roman „Herr der Fliegen", in dem Roman von José Saramago „Stadt der Blinden" oder in der Dystophie „Der Report der Magd" von Magret Atwood.* Immer wieder sind es die gleichen Fragen: Wie konnte es dazu kommen, dass eine Minderheit Macht über viele gewinnt, oder was besitzen sie und über welche Chancen verfügen sie, dass es ihnen gelingt, viele zu unterwerfen? Diese Frage stellte sich auch schon vor 200 Jahren David Hume (1777): „Nothing appears more surprising to those, who consider human affairs with a philosophical eye, than the easiness with which the many are governed by the few."

2 Popitz spricht von vitalen Abhängigkeiten und erfasst darüber alle organisch-biologischen und alle psychosozialen Bedürfnisse des Menschen.

Um diese Machtbildungsprozesse zu analysieren, entwirft Popitz drei Situationen, in die Menschen unter anfangs gleichen Voraussetzungen „gleichsam mit leeren Händen hineinkommen" (Popitz 1992, S. 187), und wenige an die Macht gelangen, die sie zu ihrem Vorteil auf Kosten der Mehrheit ausüben. Die Geschichten spielen sich in geschlossenen, kasernierten Situationen – auf einem Passagierschiff, in einem Gefangenenlager und in einem Erziehungsheim – ab. Die Beispiele zeigen, wie Macht entsteht, wie sie praktiziert wird, sich stabilisiert und legitimiert, und wie sie sich in Ordnungssicherheit institutionalisiert.

Beispiel 1

Auf einem Schiff gibt es für je drei Passagiere einen Liegestuhl. Da das Gut knapp ist, arrangieren sich die Leute so, dass keiner die Liege zu lange belegt oder reserviert. Mit dieser Regelung hat jeder die Chance, einen Liegestuhl zu bekommen. Als neue Passagiere zusteigen, verändert sich diese Ordnung radikal. Die Neuen belegen die Liegestühle den ganzen Tag und reservieren auch die freien Nachbarstühle für sich. Sie gebärden sich als deren Besitzer*innen und verteidigten die Stühle gegenüber den Nichtbesitzenden. Schließlich stellen sie die Stühle eng wie wehrhafte Wagenburgen zusammen (vgl. Popitz 1992, S. 188). Die neue Ordnung etabliert sich in einer Zwei-Klassen-Struktur: Die positiv Privilegierten, die ihre exklusive Verfügungsgewalt gegen die Interessen der Mehrheit durchsetzen und die negativ Privilegierten, denen der Zugang verwehrt ist. Wie kommt es zu dieser unfairen Machtordnung?

Popitz findet zwei Erklärungen: a) Die überlegene Organisationsfähigkeit der Privilegierten, b) Legitimität des Machtanspruchs aus dem Gegenseitigkeitsprinzip.

Warum wenige über viele Macht haben

„Weil und insofern die Wenigen die Besitzenden sind und weil der Besitz – die Verteidigung des Besitzes, das gelöste Problem der Verteilung und damit der Ordnungsconsensus – eine überlegene Organisationsfähigkeit vermittelt" (Popitz 1992, S. 196).

Indem die Neuankömmlinge sich schnell mit anderen Gleichgesinnten solidarisieren, haben sie eine größere Chance, sich wirkungsvoll zu organisieren und verschieben so die Machtverhältnisse zu ihren Gunsten. „Ihr gemeinsames Interesse ist nicht notwendig intensiver, aber *organisationsfähiger*" (ebd., S. 191). Indem sie ihre Interessen bündeln, sichern sie sich das Privileg der dauerhaften Verfügung, indem sie das ohnehin schon knappe Gut noch mehr verknappen. Und sie festigen ihre exklusive

Position innerhalb der Schiffsgesellschaft durch Androhung von Gewalt (Aktionsmacht) bei unerlaubter Benutzung oder Widerstand – also durch instrumentelle Macht, indem sie bei Gehorsam nach Gutdünken Zutritt zu den Stühlen gewähren. Durch die Verknüpfung der Machtformen etabliert sich ein neues Ordnungssystem. Hier werden Organisationsfähigkeit und die gegenseitige Versicherung, legitime Rechte (Privilegien) wahrzunehmen, kombiniert. Die neue (ungerechte) Machtordnung kann Legitimität und damit Anerkennung beanspruchen, weil ihr der Prozess der wechselseitigen Bestätigung des Anspruchs zwischen Gleichgesinnten vorausgegangen ist.

Beispiel 2

Ein Gefangenenlager – auch hier gibt es wieder wenige Gewinner und viele Verlierer, und wieder ist es die Organisationsfähigkeit, die eine Gruppe zu Siegern macht. Was passiert? In einem Lager werden die Lebensmittel nur als Rohprodukte an die Häftlinge verteilt. Es ist verboten, Feuer zu machen, um die Nahrung zu verarbeiten. In dieser Situation schließen sich ein Koch, ein Klempner, ein Sprachkundiger und ein körperlich starker Mann zu einer Solidargemeinschaft zusammen. Sie vertrauen sich gegenseitig, helfen einander und bilden mit ihren Fähigkeiten eine produktive Kooperation. Sie bauen gemeinsam einen Herd, mit dem sie warme Mahlzeiten zubereiten können. Über dieses Monopol etablieren sie sich im Lager zu einer „Wohlstandsaristokratie“, der es gelingt, jede mögliche Konkurrenz zu verhindern. Da es keinen zweiten Herd im Lager gibt, können sie den anderen Gefangenen eine Dienstleitung offerieren, im Tausch mit einer Gegenleistung. Schrittweise entwickelt sich um die Solidargemeinschaft (Solidaritätskern) eine vertikal gestaffelte Struktur von abhängigen Gruppen, die dem Machtzentrum nahestehen und am Erfolg der Gruppe teilhaben: Die Gruppe der Zulieferer und Blechwarenhersteller, dann die Gruppe der Neutralen, die vorgeben, mit all dem nichts zu tun haben und schließlich die Gruppe der Unterprivilegierten. Was macht die Macht aus und welche Mechanismen wirken stabilisierend? Zum einen ist es die produktive Überlegenheit und Organisationsfähigkeit von Solidaritätskernen, „die Gesamtleistung der Gruppe über die Summe möglicher Einzelleistungen hinaus zu steigern“ (ebd., S. 204). Zum anderen ist es der Mechanismus, der eine Gegenkoalition verhindert. „Die Machtbeziehungen entwickeln sich erst mit der zunehmenden Abhängigkeit Außenstehender – ihre Angewiesenheit auf die Gunst der Gruppe – und verfestigen sich dann mit der Durchsetzung des Produktionsmonopols“ (Popitz 1976, S. 23).

Machtnahme durch Staffelung

„Die Machtstrategie der Staffelung beruht ihrerseits wieder auf der Ausnutzbarkeit und Manipulierbarkeit eines Vergesellschaftungsdefizits der anderen“ (Popitz 1992, S. 215).

Der erste Schritt im Prozess der Machtnahme gelingt durch die produktive Überlegenheit, der zweite durch Staffelung, d. h. die Außenstehenden werden in ihrer Beziehung zum Machtzentrum differenziert und abgestuft. Durch diese Aufteilung entstehen unterschiedliche Interessenlagen, die ausgenutzt und manipuliert werden können. Popitz nennt diesen Prozess der Teilhabe oder Abhängigkeit von der Macht – die Politik des Teilens und Herrschens – Machtnahme durch Staffelung. Es sind die Sieger, die das Sagen haben und bestimmen können, wer der Macht nah und wer ihr fern ist.

Beispiel 3

Ein Erziehungsheim, in dem sich 13 Jugendliche selbst verwalten sollen. Schon zu Beginn der Geschichte existiert bereits eine Staffelung unter den Jugendlichen: Vier Chefs, die das Machtzentrum bilden, drei Helfer als Einsatzkommando und sechs unterdrückte Jungen, die von den Helfern kontrolliert und sanktioniert werden. Was passiert? Das Machtzentrum diktiert, wer wieviel Brot bekommt und das Einsatzkommando überwacht die Einhaltung der Regeln. Jeder erhält zum Frühstück zwei Brotscheiben, die Unterdrückten müssen je eine Brotscheibe an die Chefs abgeben, für deren Eintreibung die Hilfstruppe sorgt. Zur Belohnung erhalten diese je eine Brotscheibe. Verweigert ein Jugendlicher die Abgabe, wird er bestraft (Entzug der Schlafdecke, Schläge in der Nacht). Diese soziale Schichtung verändert sich nicht, wenn neue Jugendliche aufgenommen werden. Soweit die Schilderung des Beispiels.

Ordnungswert der Ordnung als Basislegitimität

„Die innere Anerkennung einer Machtordnung durch die Unterdrückten (...) ist ein weiterer Machtprozeß, ein Prozeß der Absicherung und ‚Vertiefung´ von Machtverhältnissen, der sich gegen die ‚zutage liegenden‘ Interessen, ja zweifellos auch gegen den ursprünglichen Willen der Mehrheit vollziehen kann“ (Popitz 2004, S. 222).

Hier lautet die erste Frage: Welche Prozesse sind dafür verantwortlich, dass sich die gegebene Machtverteilung reproduziert, denn „Jede Machtordnung muß als ein System gesehen werden, in dem die Macht, die die Ordnung ordnet, sich ständig neu bildet“ (Popitz 1992, S. 218). Das gestaffelte System funktioniert durch Androhung und Ausüben von Aktionsmacht (physische Gewalt) und der Kontrolle über die Verteilung eines knappen Gutes. Der fortlaufende Prozess des Gebens und Nehmens (instrumentelle Macht) sichert Gehorsam, festigt das Machtsystem und schafft eine sichere, verlässliche Ordnung, von der alle Gruppen, wenn auch unterschiedlich, profitieren: Die Chefs können Druck ausüben und sich bereichern, die Hilfstruppe kann durch Entlohnung an der Macht partizipieren und sich Strafen entziehen, und die Schwächsten können sich auf die repressive Ordnungsstruktur verlassen – sie wissen, was sie erwartet, sollten sie Widerstand leisten. Damit wäre schon die zweite Frage beantwortet: Warum erkennen die Unterdrückten die Ordnung an? Sicher, weil die instrumentelle Macht wirkt, aber Popitz findet eine auf den ersten Blick absurde Antwort: „Es kommt zu einer inneren Anerkennung einer Machtordnung, weil auch den Unterdrückten die Ordnung als Wert an sich erscheint! (...) Die Unterdrückten wissen, woran sie sind – das ist die einzige Gewissheit, die sie haben" (Abels 2004, S. 278). Die Hoffnung auf eine sichere Zukunft bei den Unterprivilegierten kann dann entstehen, wenn es den Machthabern gelingt, eine auf Dauer verlässliche Ordnung zu garantieren, die Sicherheit bietet, Regeln setzt, die „Ordnung schafft". Und wenn keine Aussicht mehr auf Veränderung besteht, gerinnt die bestehende Ordnung, wenn auch ungerecht und repressiv, zu einem Wert an sich, in den die Benachteiligten ihre Interessen investieren (vgl. Popitz 1992, S. 224). Sie passen sich an, sie hoffen, sie richten sich ein und verstricken sich mehr und mehr in das Tauschgeschäft: Anpassung gegen Ordnungssicherheit. Ihre „Investitionen vermehren sich mit der schieren Dauer dieser Ordnung" (Popitz 1976, S. 36). *Das könnte eine Erklärung sein, warum sich autoritäre Regime, trotz aller Unterdrückungsmaßnahmen, über lange Zeit an der Macht halten können.*

Stufen von Macht und Herrschaft

Herrschaft in der historischen Entwicklung als institutionalisierte Macht zu verstehen – darin stimmt Popitz mit Max Weber überein. Aber die spezifischen Beziehungen zwischen Machtausübendem und Machtabhängigem will Popitz mit drei sogenannten „ordnungsbildenden Tendenzen" genauer fassen (vgl. Popitz 1992, S. 233). So beobachtet er erstens eine *Entpersonalisierung* der Machtverhältnisse, d. h., Macht ist nicht mehr an eine konkrete Person gebunden, sondern an eine bestimmte Funktion, die mit einer Position verbunden ist. *Ein Präsident oder eine Kanzlerin sind beispielsweise in der Regierungsverantwortung, ihre Position ist verfassungsrechtlich legitimiert und es gibt Vorgänger*innen und Nachfolger*innen.* Die zweite Stufe der Institutionalisierung von Macht ist die zunehmende *Formalisierung.* Die Macht orientiert sich an Regeln,

Verfahrensweisen und ist an Rituale gebunden. *Die Regierungen werden in demokratisch verfassten Staaten entsprechend den geltenden Wahlgesetzen gewählt, Präsident*innen werden vereidigt, das Einbringen von Gesetzesvorlagen und deren Abstimmung erfolgt nach bestimmten Verfahrensregeln.* Die dritte Stufe ist die *Integration* des Machtverhältnisses in eine übergreifende Ordnung. *Um im Beispiel zu bleiben: In die übergeordnete Struktur der Europäischen Union, der Nato, der UNO etc.* Auf diese Weise kann die Macht auf Dauer gestellt, nach innen und außen gesichert und stabilisiert werden.

Institutionalisierung als Machtsteigerung kann am treffendsten mit „Verfestigung" beschrieben werden. „Macht setzt sich fest, nimmt feste Formen an, wird fester" (Popitz 1992, S. 234).

Institutionalisierung von Macht

„Institutionalisierung von Macht gehört zu den fundamentalen Prozessen der ‚Verfestigung', ‚Festlegung', ‚Feststellung' sozialer Beziehungen und damit zu den fundamentalen Prozessen, die für die Verfaßtheit menschlichen Zusammenlebens, so wie wir es kennen, konstitutiv sind" (Popitz 1992, S. 234).

Die historische Entwicklung der Institutionalisierung von Macht zeichnet Popitz in einem Fünf-Stufen-Modell nach, die eine gewisse Nähe zu den Grundformen der Macht aufweisen. Auf der ersten Stufe ist die Macht auf singuläre Situationen beschränkt. Sie tritt als *sporadische Macht* auf, die wie die Aktionsmacht nur von kurzer Dauer ist. Die zweite Stufe nennt er *normierende Macht.* Der Machtausübende kann seine Forderungen unter Einsatz von Drohungen und Sanktionen in gleichartigen Situationen durchsetzen: *z. B. wenn Einkommen erzielt wird, werden Steuern gezahlt, immer wenn ein* öffentliches Verkehrsmittel benutzt wird, muss ein Ticket gelöst werden. Solche Verhaltensstandardisierungen (immer wenn, dann) etablieren sich zunehmend als Gewohnheiten und Verhaltensroutinen, weil die Betroffenen sich dem Machtraum nicht entziehen können oder wollen (vgl. Popitz 1992, S. 239), *man ist an das Arbeitsverhältnis gebunden und auf die Benutzung der öffentlichen Verkehrsmittel angewiesen.* Die Nähe zur instrumentellen Macht liegt hier auf der Hand.

Die Prozesse der Normierung stabilisieren die Macht, weil sie „dahin tendieren, die Wiederholbarkeit, Voraussehbarkeit, Regelmäßigkeit von Verhaltensabläufen zu erhöhen" (ebd., S. 244). Doch zur dauerhaften Verdichtung bedarf es eines weiteren Schrittes: Der *Positionalisierung* von Macht. Erst auf dieser dritten Stufe der Machtentwicklung entsteht für Popitz Herrschaft, wenn bestimmte Funktionen normierender Macht sich zu einer personenunabhängigen Machtstellung verdichten (vgl. ebd.,

S. 244). *So eine Machtstellung kann z. B. das Amt der Richterin oder des Bürgermeisters sein, oder der Sitz in einem Aufsichtsrat, die Position eines Abteilungsleiters oder einer Chefärztin, die verbeamtete Lehrerin oder der zuständige Sozialarbeiter.* Sie alle haben sich für die Position – in welcher Weise auch immer – qualifiziert, aber ihre Tätigkeit ist nicht an ihre Person, sondern an die Funktion, die sie ausüben, gebunden. Damit die Machtposition (autoritative Macht) auch erkennbar ist, wird sie mit entsprechenden Attributen des sozialen Feldes habituell (worauf Bourdieu hinweist, s. Kap. 2.1.7) ausgestaltet. *Der Vorstandsvorsitzende trägt Maßanzug, die Ärztin den weißen Kittel, der Leiter der Abteilung für Wirtschaftsförderung stattet sein Büro mit moderner Kunst aus und die Sozialarbeiterin im Jugendamt drapiert auf ihrem Schreibtisch Aktenstapel oder der berühmt gewordene besonders lange weiße Tisch, an dessen entgegengesetzten Ende Wladimir Putin seine Besucher*innen platziert.*

Die Macht verdichtet sich in einem Positionsgefüge, das sich um die zentralen Machtpositionen gruppiert (vgl. Anter 2012, S. 85). Was auf der vierten Stufe des *Positionsgefüges der Herrschaft* entsteht, ist das stahlharte Gehäuse (siehe Max Weber) der Bürokratie und des Verwaltungsapparats. Doch damit nicht genug: Die fünfte und letzte Stufe staatlicher Herrschaft bezeichnet Popitz als *„die Veralltäglichung zentrierter Herrschaft“* (Popitz 1992, S. 258). Sie tritt als Vereinheitlichung der geltenden Normen (Gesetzgebung) und ihrer Kontrolle (Rechtsprechung) auf und sie „wird begleitet durch eine Zentralisierung der Versorgung mit Gütern zivilisierter Lebensführung“ (ebd., S. 259). *Das zeigt sich in unserem Leben folgendermaßen: Die Allgegenwart monopolisierter Herrschaftsinstanzen (datensetzende Macht) bestimmt unser tägliches Leben. Wir stehen auf, wenn der Wecker klingelt, wir nutzen die Wasser- und Energieversorgung mit zentral kontrollierten Preisen, wir führen unsere Beziehungen im Rahmen des Ehe- und Familienrechtes, auf dem Weg zur Arbeit achten wir auf die Straßenverkehrsordnung. Wir nutzen soziale Medien,* um *mit unseren Freund*innen zu kommunizieren. Und so geht das tagein tagaus.*

Popitz schließt seine Abhandlung über die Institutionalisierung der Macht mit den Worten: „Diese Einbindung jedes einzelnen in ein einheitliches, umfassendes Netz institutionalisierter Macht kann man sich beliebig weiter ausmalen, hoffnungsvoll oder wohl eher angstvoll, mit einem zunehmend geringeren Aufwand an Phantasie“ (Popitz 1992, S. 260). *Das bereits in China praktizierte, alle Bürger*innen umfassende sog. Social Scoring System mit Punkten für wünschenswertes bzw. dem Entzug bei negativem Verhalten bietet erste Anhaltspunkte, wie weit die Überwachung und Machtausübung gehen kann.*

Handlungsansätze für die Soziale Arbeit

Mit Popitz die Welt besser verstehen – dieses Versprechen gilt auch für die Soziale Arbeit. Seine Beschreibungen der Entstehungsbedingungen von Macht und Herrschaft sind für die Praxis und professionelles Handeln außerordentlich nützlich.

Die historischen Prämissen verweisen auf die Tatsache, dass Macht von Menschen gemacht ist und sie daher auch verändert werden kann. Der relativ niedrige Status der Profession Soziale Arbeit im Vergleich zu technischen Berufsgruppen drückt ein Machtgefälle aus, das sich in deutlichen Einkommensunterschieden und dem Grad sozialer Anerkennung zeigt – eine Tatsache, die über Solidarisierung und Lobbyarbeit der Profession verändert werden könnte. Die schwache Position der Adressat*innen könnte durch engagierte, aufklärende Soziale Arbeit über den Zusammenhang gesellschaftlich verursachter Probleme und individuellem Leiden gestärkt und der medialen, wie politischen Stigmatisierung und Dramatisierung von vermeintlichen Sozialschmarotzern entgegengewirkt werden.

Das Wissen um die Omnipräsenz der Macht entmystifiziert die Annahme, dass die Fachkräfte mit den Adressat*innen auf *Augenhöhe* in Beziehung treten. Professionelle genießen immer einen Machtvorsprung durch die Entscheidungsbefugnisse über Hilferessourcen, ihre Deutungsmacht und ihre Organisationsmacht. Drohen und Bedrohen, in Form von Hinweisen, Anweisungen und Warnungen bis hin zu Sanktionen, z. B. bei vermuteter Kindeswohlgefährdung oder mangelnder Mitwirkungspflicht sind Formen instrumenteller Macht, die in der Praxis von Fachkräften angewendet werden.

Im Blick auf die datensetzende Macht sind die Fachkräfte gefordert, ihre fachlichen Standards z. B. im Prozess der Digitalisierung zu wahren und weiterzuentwickeln, kritisch die Chancen und Risiken der Digitalkultur zu reflektieren und Konzepte für Nutzung und Einsatz der Technik aktiv mitzugestalten (ausführlich Kutscher et al. 2020). Denn wir wissen, dass sich strukturelle Probleme nicht technisch lösen, sondern nur mit Hilfe von Technik bearbeiten lassen. Über einen interdisziplinären und interprofessionellen Bezug von Informatik und Betriebswirtschaft könnte die Soziale Arbeit dem Entleiblichen des Sozialen – und das nicht nur in pandemischen Zeiten – entgegenwirken.

Interessant für die Profession ist der Hinweis von Popitz auf die Machtwirkungen von Solidarität und Organisationsfähigkeit. Bei einem Organisationsgrad von nur 5 % (auch 2020 nur 6.000 Mitglieder) im Berufsverband für Soziale Arbeit (DBSH e. V.) wundert es nicht, dass Soziale Arbeit kaum über Definitionsmacht verfügt, um für ihre Adressat*innen bessere Konditionen auszuhandeln. Gleiches gilt auch für die Disziplin: Zwar konnte die Deutsche Gesellschaft für Soziale Arbeit von 2014–2020 mit nun 800 Mitgliedern ihre Mitglieder verdoppeln, aber nicht annähernd alle Fachkräfte, Lehrenden und Forschenden sind dort organisiert. Es stellen sich weiter strukturelle Fragen: Warum ist die Ausbildung immer noch nicht an Universitäten platziert, warum werden Hochschulen für Angewandte Sozialwissenschaften (vormals Fachhochschulen) nicht mit den gleichen finanziellen und personellen Ressourcen ausgestattet wie die Universitäten? Warum hat die Profession immer noch kein eigenes Promotionsrecht? Die Liste ließe sich fortsetzen. Eine Antwort finden wir bei Popitz: Weil die Soziale Arbeit ihr Wissen, ihr Können nicht bündelt zu einem Solidaritätskern, sich nicht genug organisiert und ihre Zuständigkeit für das Soziale zu wenig reklamiert. Da ist noch viel Luft nach oben.

Kritische Würdigung

Popitz‘ Verdienst ist unzweifelhaft die Darstellung der historischen Bedingungen zur Entstehung von Machtprozessen und die Systematisierung der Machtformen. In den Beispielen zeigt er anschaulich, wie überlegen Organisationsmacht ist und welche Wirkungen sie zu entfalten vermag. Die immer wiederkehrende Frage, wie es sein kann, dass wenige Macht über viele gewinnen, wie sich ungerechte und unterdrückende Ordnungen und Schichtungen dauerhaft etablieren und warum die stille Mehrheit nicht aufbegehrt, kann damit beantwortet werden, auch wenn es dem Gerechtigkeitsempfinden widerspricht. Und Popitz korrigiert die gängigen Annahmen, dass

- Macht das Ergebnis einer allgemeinen Übereinkunft, eines Konsenses ist,
- Macht von Autoritätspersonen ausgeübt wird,
- Macht überlegene Gewalt einer schon bestehenden Macht ist.

Aber es gibt auch Einwände und Anfragen. Die von ihm erfundenen Beispiele sind idealtypischer Natur und werden unter dem Aspekt der Machtentwicklung und Machtstabilisierung beleuchtet, „in denen sich eine Minderheit gegen die Interessen und Intentionen der Mehrheit durchsetzt“ (Popitz 1976, S. 6). Der Vorteil für die in der Analyse abgebildeten Prozesse in den Geschichten liegt darin, dass es sich um kasernierte Vergesellschaftungen handelt, in denen alle mit leeren Händen unter gleichen Voraussetzungen anfangen und der Prozess der Vergesellschaftung immer neu beginnt. Dieser Annahme darf widersprochen werden, denn die Protagonisten haben vorher schon eine Sozialisation erfahren. Was sie wollen, denken, sprechen und tun, haben sie in vorangegangenen Prozessen erlernt und erfahren. Das, was sie schon vorher dachten und vermochten, realisieren sie jetzt unter günstigen Bedingungen. Den Tatbestand der Entwicklung eines Solidaritätskerns, wie im Gefangenenlager beschrieben, könnte man auch als Gruppenfindungsprozess oder gar als einen Schritt in Richtung Empowerment bezeichnen. Und wer bei Popitz gar nicht auftaucht, sind Frauen. Die Genderperspektive findet keinerlei Erwähnung, obgleich sie bei der Bildung von Machtkonstellationen eine nicht zu vernachlässigende Größe darstellt und bereits zur Lebenszeit Popitz viele (feministische) Positionen dazu entwickelt waren. Wer arbeitet eigentlich auf dem Passagierschiff? Warum befinden sich nur Jungen im Resozialisierungsheim, die Macht ausüben?

Für die Soziale Arbeit als eine immer noch mehrheitlich von Frauen besetzte Profession ließe sich fragen, wie es sein kann, dass seit 120 Jahren Frauen die Basisarbeit verrichten und Männer vorzugsweise Leitungs- und Managementpositionen besetzen? Welche Vor- und Nachteile resultieren aus dieser geschlechterspezifischen Staffelung in Organisationshierarchien? Und wie werden diese gestaffelten Anordnungen legitimiert, etwa durch die stillschweigende gegenseitige Anerkennung der privilegierten, gleichgesinnten Männer? Und ist es die Mehrheit der weiblichen Sozialarbeiter*innen, die diese patriarchalische Ordnung anerkennt und in sie investiert? Deutlich ist: Viele Fragen bleiben offen.

Literaturempfehlungen

Popitz, Heinrich (1992): Phänomene der Macht. 2. stark erweiterte Aufl. Tübingen. J.C.B. Mohr.

Anter, Andreas (2012): Theorien der Macht zur Einführung. Hamburg. Junius Verlag.

2.1.4 Hannah Arendt: Macht und Gewalt sind Gegensätze

Hannah Arendt (1906–1975)

Hannah Arendt ist die Tochter assimilierter jüdischer Eltern. Sie studiert 1924 in Marburg Philosophie bei Martin Heidegger, mit dem sie eine kurze Liebesbeziehung hat. Danach geht sie nach Heidelberg und promoviert 1928 bei Karl Jaspers. 1933 emigriert sie nach Paris, wo sie als Sozialarbeiterin und für jüdische Organisationen arbeitet. 1941 verlässt sie Frankreich und geht mit ihrem Mann Heinrich Blücher und ihrer Mutter in die USA. Sie lehrt bis zu ihrem Tod 1975 politische Philosophie in New York. Ihre wichtigsten Werke sind: „Vita Activa", „Elemente und Ursprünge totaler Herrschaft" und ihr 1964 veröffentlichter Bericht über den Eichmann-Prozess in Jerusalem, der mit dem Begriff der „Banalität des Bösen" auf heftige Kritik stieß.

Macht – Stärke – Autorität – Gewalt

Und damit sind wir bei unserer ersten Frau angelangt: Hannah Arendt, die einen ganz neuen, positiven Zugang zur Macht entwickelt. Eine Philosophin, die keine sein wollte, sondern nur ein Mensch, der versteht und immer gewusst hat, dass man nur in der Liebe wirklich existieren kann (vgl. Prinz 2012, S. 47). Sie entwickelt ein ganz anderes Verständnis von Macht: Für sie ist Macht die menschliche Fähigkeit, sich zusammenzuschließen und einvernehmlich gemeinsam zu handeln: „Über Macht verfügt niemals ein Einzelner; sie ist im Besitz einer Gruppe und bleibt nur solange existent, als die Gruppe zusammenhält" (Arendt 2000, S. 45). Wenn davon gesprochen wird, dass eine Person *Macht* hat, so meint das im Sinne von Arendt nur, dass diese Person von einer Gruppe ermächtigt ist, „in ihrem Namen zu handeln" (ebd., S. 45). Entzieht die Gruppe ihm oder ihr die Macht, z. B. durch Abwahl aus einem Amt oder einer Funktion, dann „vergeht auch seine Macht" (ebd., S. 45). Der Begriff *Stärke* dagegen verweist auf individuelle Eigenschaften einer einzelnen Person, etwa die Fähigkeit, sich von anderen unabhängig zu machen. „Stärke hält der Macht der vielen nie stand; der Starke ist nie am mächtigsten allein, weil auch der Stärkste Macht gerade nicht besitzt" (ebd.).

Das „begrifflich am schwersten zu fassende Phänomen" (ebd., S. 46) stellt wohl *Autorität* dar. Macht kann sowohl einem Menschen als persönliche Autorität zugesprochen werden als auch einem Amt. So ist z. B. ein Kapitän kraft seines Amtes berechtigt, eine rechtsgültige Eheschließung auf See zu vollziehen. „Autorität bedarf zu ihrer Erhaltung und Sicherung des Respekts entweder vor der Person oder dem Amt" (ebd., S. 46). Wenn andere einer Autorität gegenüber Respekt und Anerkennung zollen und ihren Anweisungen Folge leisten, dann heißt das: Sie vertrauen ihr, ohne dass Zwang oder Überredung nötig wäre. Autorität, so könnte man sagen, wäre somit die Variante einer guten, verantwortungsvollen Macht. Missbraucht die Autorität jedoch das ihr entgegengebrachte Vertrauen, *wie z. B. durch sexuelle Gewalt an Kindern in katholischen und reformpädagogischen Internaten oder durch Priester und Nonnen oder Trainer*innen geschehen,* gefährdet bzw. zerstört sie ihr Ansehen. *Wie schwer dieser Autoritätsverlust wiegt und welche Macht dadurch freigesetzt wird, zeigen die Forderungen von Betroffenen nach Öffentlich-Machen der Skandale und nach Entschädigung.* Arendt stellt daher pointiert fest: „Wo Autorität verloren ist, tritt Macht an ihre Stelle" (ebd., S. 47).

Den Gegenpol zur Macht bildet nach Arendt jedoch die *Gewalt.* Sie hat instrumentellen Charakter, da sie auf der Fähigkeit beruht, Werkzeuge herzustellen. Menschen setzen Gewaltmittel – Waffen, Drohungen etc. – ein, um einen bestimmten Zweck zu erreichen. Nackte „Gewalt tritt auf, wo Macht verloren ist" (ebd., S. 55), und selbst „die größte Macht kann durch Gewalt vernichtet werden" (ebd., S. 54).

Macht und Handeln

„Macht entspringt der menschlichen Fähigkeit, nicht nur zu handeln oder etwas zu tun, sondern sich mit anderen zusammenzuschließen und im Einvernehmen mit ihnen zu handeln." Und: „Über Macht verfügt niemals ein Einzelner; sie ist im Besitz einer Gruppe und bleibt nur solange existent, als die Gruppe zusammenhält" (Arendt 2000, S. 45).

Was motiviert Arendt, solche Begriffe, die doch im allgemeinen Sprachgebrauch oft synonym gesetzt werden, dezidiert zu unterscheiden und wie begründet sie ihre Unterscheidung? Geht es nicht in der Politik und in vielen anderen Gesellschaftsbereichen, in denen unterschiedliche Interessen ausgehandelt werden, immer um die Frage: „Wer herrscht über wen? Macht, Stärke, Kraft, Autorität und Gewalt – all diese Worte bezeichnen nur die Mittel, deren sich Menschen jeweils bedienen, um andere zu beherrschen" (ebd., S. 45). Sicher – aber nur, wenn man Politik auf die Herrschaft über andere beschränkt. Arendt will diese „verhängnisvolle Reduktion des Politischen (…) eliminieren" (ebd.) und die Begriffe historisch und in Bezug zu den menschlichen Tätigkeiten spezifizieren. Ihr Anliegen ist es, den Raum des Politischen in seiner Vielfalt (Pluralität) und mit seinen Möglichkeiten, Neues in die Welt zu setzen, vom instrumentellen Charakter, den er in der Moderne angenommen hat, zu befreien.

Macht und Gewalt

„Macht und Gewalt sind Gegensätze: wo die eine absolut herrscht, ist die andere nicht vorhanden“ (ebd., S. 57). Wie kommt sie darauf? Um ihr Verständnis der Begriffe Macht und Gewalt besser zu verstehen, kann ein Blick in Arendts Biografie aufschlussreich sein.

In der Studienzeit nimmt sie die philosophischen Gedanken ihrer Lehrer Heidegger und Jaspers auf und entwickelt diese weiter zu einer politischen Handlungstheorie. Sie will verstehen, warum der Mensch in der Welt ist und was seine Existenz ausmacht. Von Heidegger lernt sie, dass zweckfreies, leidenschaftliches Denken, das kein vorgegebenes Ziel verfolgt, diejenige Tätigkeit des Menschen ist, die seine Existenz begründet. Von Jaspers lernt sie, dass der Mensch nur in Beziehung zu anderen Menschen wirkliche Freiheit erlangen kann, indem er gemeinsam mit ihnen und im gegenseitigen Respekt vor ihrer Verschiedenheit (Pluralität) seine Fähigkeit zu denken, zu sprechen und zu handeln nutzt, um Welt zu gestalten. In ihrer Dissertation über den Liebesbegriff bei Augustinus entdeckt Arendt, dass „Gebürtlichkeit“ den Ausgangspunkt der menschlichen Existenz bildet: Der Mensch wird in die Welt geboren und verfügt über die Fähigkeit, zu denken, zu sprechen und gemeinsam mit anderen tätig zu werden. Im Respekt vor der Freiheit und Verschiedenheit des/der anderen erfährt er Freiheit, und im Zusammenschluss mit anderen besitzt er das Potenzial, Macht zu entwickeln. Ebenso verfügt er aber auch über die Fähigkeit, instrumentell zu handeln und Gewalt in die Welt zu bringen.

Bis 1933 gelingt es Arendt, „sich ganz unpolitisch und ausschließlich philosophisch denkend in der Welt einzurichten“ (Heuer 1997, S. 25). Doch die Ereignisse in Nazi-Deutschland konfrontieren sie mit der Tatsache, sich als Jüdin definieren und politisch-historisch denken zu müssen. „Denn“, so schreibt sie, „nun war die Zugehörigkeit zum Judentum mein eigenes Problem geworden. Und mein eigenes Problem war politisch“ (ebd., S. 30).

Unter dem Eindruck des Antisemitismus und der totalitären Bewegungen in Europa und der Sowjetunion untersucht sie die „Elemente und Ursprünge totalitärer Herrschaft“ (1951 im amerikanischen Original, deutsch 1955). Sie will verstehen, wie es zur existenziellen Verlassenheit des modernen Massenmenschen kommt – eine Verlassenheit, die sie selbst erfährt –, in der der Mensch seine Freiheit und seine Denk- und Erfahrungsfähigkeit verliert. Es gibt keinen öffentlichen Raum mehr, in dem gemeinsames, zweckfreies Handeln noch möglich wäre. Die Einzelnen werden gesellschaftlich normiert, als Masse von der Bürokratie beherrscht und ihrer Möglichkeit zur „Existenzerhellung“ beraubt. Das Politische, die Macht im Sinne Arendts, wird zur Ideologie und mündet schließlich in Terrorherrschaft.

Gewalt und Herstellen

„Gewalt schließlich ist (...) durch ihren instrumentellen Charakter gekennzeichnet. Sie steht dem Phänomen der Stärke am nächsten, da die Gewaltmittel, wie alle Werkzeuge, dazu dienen, menschliche Stärke bzw. die der organischen ‚Werkzeuge‘ zu vervielfachen, bis das Stadium erreicht ist, wo die künstlichen Werkzeuge die natürlichen ganz und gar ersetzen“ (Arendt 2000, S. 47).

In „Elemente und Ursprünge totaler Herrschaft“ (1953) benennt Arendt deutlich den Unterschied zwischen Macht und Gewalt: „Gewalt tritt auf den Plan, wo Macht in Gefahr ist“ (Arendt 2000, S. 57). Als Verständigung unter Gleichen entfaltet Macht sich sichtbar im öffentlichen Raum. Nur hier kann nach Arendt Freiheit erlebt, gestaltet und verwirklicht werden. Sie denkt Öffentlichkeit als politischen Raum im Sinne der griechischen Polis, dem Platz, wo Menschen (genauer: Männer) sich öffentlich versammeln und frei von existenziellen Nöten (für deren Beseitigung Frauen und Sklaven zu sorgen haben) zweckfrei denken, sprechen und handeln.

Wenn aber Macht nicht als Verwirklichung von Zwecken gedacht wird, wozu dient sie dann, und wie äußert sie sich? Sie zeigt sich als Selbstzweck und dient der Erhaltung der freien Rede, aus der sie sich entwickelt hat (und umgekehrt). Sie verdichtet sich in Institutionen der politischen Praxis, die die Lebensformen der Gemeinschaft sichern. Und sie manifestiert sich in Ordnungen, die die politische Freiheit schützen, im Widerstand gegen Kräfte, die diese Freiheit bedrohen, und in sozialen Bewegungen (Arendt spricht von revolutionären Akten), die neue Freiheiten begründen (vgl. Habermas 1978, S. 106). Entgegen der Behauptung, Macht bilde sich frei von Zwecken, kann nun doch festgehalten werden, dass ihr ein Zweck zugewiesen wird, derjenige nämlich, die Freiheit zu schützen.

In dem berühmten Interview mit Günter Gaus (vgl. RBB 1964) antwortet Hannah Arendt auf die Frage, was sie mit ihrer Arbeit bewirken wolle, Folgendes: Durch Analyse die Ursprünge des Totalitarismus verstehen, welche Bedingungen also diesen überhaupt erst ermöglichen; in welchem Verhältnis Macht und Gewalt zu menschlichen Tätigkeiten stehen; wie es dem Menschen gelingt, mit anderen Welt zu gestalten; und was Menschen tun, wenn sie tätig sind. In ihrem zweiten Hauptwerk „Vita activa oder Vom tätigen Leben“ (2019, deutsche Erstausgabe 1967) geht sie genau diesen Fragen weiter nach, indem sie drei Formen von Tätigkeiten voneinander abgrenzt und ihnen unterschiedliche Räume zuweist.

Arbeiten – Herstellen – Handeln

Arbeiten als Tätigkeit sichert den Fortbestand und Erhalt der biologischen Natur des Menschen: „Die Tätigkeit der Arbeit entspricht dem biologischen Prozess des menschlichen Körpers, der in seinem spontanen Wachstum, Stoffwechsel und Verfall sich von den Naturdingen nährt, welche die Arbeit erzeugt und zubereitet, um sie als die Lebensnotwendigkeiten dem lebendigen Organismus zuzuführen. Die Grundbedingung, unter der die Tätigkeit des Arbeitens steht, ist das Leben selbst“ (Arendt 2019, S. 16). Der Charakter der Arbeit entspricht dem biologischen Kreislauf von wiederkehrenden, lebenserhaltenden Tätigkeiten, die keinen Anfang und kein Ende haben, *wie z. B. die primär von Frauen geleistete Kinderpflege und -erziehung, Hausarbeit, Nahrungszubereitung und andere Care-Tätigkeiten. Sie alle finden im privaten Raum und daher unsichtbar für die Öffentlichkeit statt.*

Auch das *Herstellen* als Produktion von Gegenständen und Werkzeugen, die der Mensch zum Leben benötigt, findet nicht im öffentlichen Raum statt. Es geht hierbei um alle Produkte, die handwerklich oder künstlerisch hergestellt werden, eine längere Lebensdauer *als etwa Fahrzeuge oder Computer* besitzen und sich durch Anfang und Ende des Herstellungsprozesses zeitlich erfassen lassen. Das Resultat körperlicher Arbeit mit Material „verfestigt die schier endlose Vielfalt von Dingen, deren Gesamtsumme sich zu der von Menschen erbauten Welt zusammenfügt“ (ebd., S. 161). Ebenso wie der Mensch in der Lage ist, schöne Objekte zu produzieren, ist er allerdings auch imstande, Waffen herzustellen, die seine Werke wieder vernichten.

Das *Handeln* schließlich „ist die einzige Tätigkeit der Vita activa, die sich ohne Vermittlung von Materie, Material und Dingen direkt zwischen den Menschen abspielt. Die Grundbedingung, die ihr entspricht, ist das Faktum der Pluralität, nämlich die Tatsache, dass nicht ein Mensch, sondern viele Menschen auf der Erde leben“ (ebd., S. 17). Die Verschiedenheit der Menschen macht es notwendig, dass sie sich sprechend miteinander verständigen, Verantwortung übernehmen, Macht bilden und politisch handelnd auf der Bühne der Welt in Erscheinung treten, denn nur so kann die Welt verändert werden.

Handeln und Sprechen

„Handelnd und sprechend offenbaren die Menschen jeweils, wer sie sind, zeigen aktiv die personale Einzigartigkeit ihres Wesens; treten gleichsam auf die Bühne der Welt, auf der sie vorher nicht sichtbar waren, solange nämlich, als ohne ihr eigenes Zutun nur die einmalige Gestalt ihres Körpers und der nicht weniger einmalige Klang der Stimme in Erscheinung traten" (Arendt 2006, S. 181).

Hannah Arendt wird vor allem im Dialog – der Verständigung zwischen den verschiedenen Menschen und dem Austausch ihrer unterschiedlichen Sichtweisen – die Welt verständlich. „Diese Verschiedenheit anzuerkennen, ist angewiesen auf die *Liebe zur Welt*, die sich in der Verantwortlichkeit für die von verschiedenen Menschen bewohnte Welt zeigt, einer Welt, die den verschiedenen Menschen Heimat geben soll" (Thürmer-Rohr 2000, S. 50).

Macht entsteht nach Arendt also immer dann, wenn Menschen sich zusammentun und gemeinsam miteinander handeln. Ihr Machtanspruch legitimiert sich nicht über die Ziele und Zwecke, die sich eine Gruppe setzt, sondern er begründet sich ausschließlich „aus dem Machtursprung, der mit der Gründung der Gruppe zusammenfällt" (Arendt 2000, S. 53) durch Berufung auf die Vergangenheit. Hingegen rechtfertigt sich Gewalt durch die in der Zukunft angestrebten Zwecke und Ziele. Hierin liegt der Unterschied zwischen instrumentellem Handeln und kommunikativem Handeln: Gewalt wird hergestellt mit der Rechtfertigung einer besseren Zukunft *(im Krieg zwischen Russland und der Ukraine beziehen sich zu Kriegsbeginn beide Kriegsparteien gleichermaßen, wenngleich mit völlig anderen Zielen, im Hinblick auf Angriff und Verteidigung darauf)*, während Macht sich ausschließlich über gemeinsames Handeln legitimiert. Bürokratien rechnet Arendt dem instrumentellen Handeln zu. Hinter ihrer gewaltigen Fassade, dem „Samthandschuh, unter dem sich entweder die eiserne Faust oder eine Art Papiertiger befindet" (ebd., S. 48), verschwindet der Mensch im Verwaltungsakt.

Kommunikativ handelnd werden Gemeinwesen gegründet und erhalten, sodass die Kontinuität des Sozialen und Kulturellen über Generationen hinaus gesichert ist. „Macht gehört in der Tat zum Wesen aller staatlichen Gemeinwesen, ja aller irgendwie organisierten Gruppen, Gewalt jedoch nie" (ebd., S. 52). Alles Handeln findet im öffentlichen Raum statt, nur hier ist es nach Arendt möglich, dass der Mensch in Erscheinung tritt, seine Existenz verwirklicht und die Freiheit in Beziehung zu anderen Menschen erleben kann. *In unserem digitalen Hightech-Zeitalter wären dann die sozialen Netzwerke, Chatrooms, Zoom, YouTube & Co. die virtuelle Polis, in der sich die Netz-Community trifft. Welche Macht hier in* *rasanter Geschwindigkeit entsteht, wie sie die Mächtigen in Politik, Wirtschaft und Kultur angreifen kann, wie Hass im Netz und Fake News die Demokratie bedrohen können (s. Kap. 5), wie die Architektur des Internets soziale Ungleichheiten vertieft, Stigmatisierungen und Diskriminierungen fortschreibt und unsichtbare Algorithmen als digitale Schatten die Nutzer*innen verfolgen, ist derzeit in den Konsequenzen nur zu erahnen. Autoritäre Regime wie China beobachten die Bevölkerung über das Social-Score-System, honorieren soziales Wohlverhalten, bestrafen Fehlverhalten oder sperren kritischen Stimmen den Internetzugang* – lauter Akte der Gewalt als Mittel zur Erhaltung der Macht, die nach Arendt längst verloren ist.

Handlungsansätze für die Soziale Arbeit

Wie kann nun dieses positive Verständnis von Macht im Sinn von Hannah Arendt auf die Soziale Arbeit übertragen werden? Wir meinen in vielfältiger Weise.

Die Dreiteilung der menschlichen Tätigkeit in Arbeiten, Herstellen und Handeln und deren Zuordnung zu den Phänomenen Macht und Gewalt legen die Schlussfolgerung nahe, die Interaktionsbeziehung zwischen Helfenden und Hilfeabhängigen als Ungleichheitsverhältnis zu interpretieren. Jede sozialarbeiterische Intervention wäre demnach eine hergestellte, die unter Einsatz bestimmter Mittel ein bestimmtes Ziel oder einen Zweck verfolgt: Eine ambulante Erziehungshilfe, eine Inobhutnahme, eine materielle Leistung etc. Alles, was Soziale Arbeit tut oder unterlässt, wäre dann tendenziell gewalttätig. Eine solche Interpretation scheint auf den ersten Blick zu passen, denn Soziale Arbeit agiert immer im Spannungsverhältnis von Hilfe, Kontrolle und Professionsmandat.

Doch gibt es hier auch noch einen zweiten Blick: Macht und Gewalt können gleichzeitig auftreten, denn Macht kann auch entstehen, wenn Gewaltverhältnisse im Spiel sind und Ungleiche gemeinsam sprechen und handeln. Der Fokus liegt dann nicht auf der Asymmetrie der Beziehung, sondern auf dem gemeinsamen Handeln – der Verständigung über die Welt, in der beide Akteur*innen in gegenseitigem Respekt ihre eigene Perspektive einbringen.

Das führt uns zu Hannah Arendts Aussage, die „soziale Frage" sei kein Inhalt der Politik. Diese Feststellung mag irritieren, weil sie dem geläufigen Verständnis widerspricht, Politik als strategische Aushandlung von Interessen und Verteilungsfragen zu sehen, die zur Daseinsversorgung für das menschliche Leben notwendig sind. „Der Sinn von Politik ist

Freiheit“ (Arendt 2006, S. 79). Freiheit folgt jedoch dem Prinzip der Pluralität, sie entsteht nur im Bezug zu anderen und „bedeutet nicht den Verlust der individuellen (…) Freiheit, sondern garantiert sie erst“ (Emcke 2016, S. 193). Das Soziale hingegen ist Zwang, der Bereich der Notwendigkeit und der existenziellen Bedürftigkeit. Kommt das Soziale also in die Politik, bedeutet das das Ende der Freiheit und mündet, wie sie es am Beispiel der Französischen Revolution aufzeigt, in Gewalt. Die soziale Frage kommt daher in der Logik des Politischen bei Arendt nicht vor, vielmehr ist sie eine Frage administrativer Verwaltung und des Rechts. Warum? Weil der Kampf um die eigenen Lebensbedingungen das gemeinsame Handeln in Freiheit verhindert (vgl. Ermert 2021, S. 434).

Wie kann diese trennende Unterscheidung überwunden und für die Soziale Arbeit produktiv interpretiert werden? Einen Versuch in dieser Richtung unternimmt Rahel Jaeggi (2008). Sie konzentriert ihre Argumentation nicht darauf, *ob* Themen politikfähig sind, sondern auf die Art und Weise, *wie* diese Themen behandelt werden. Entscheidend ist, dass „das Politische bei Arendt ein Modus der Thematisierung“ ist (Jaeggi 2008, S. 13). Wenn soziale Ungerechtigkeit, Unterdrückung, Armut und Gewalt oder auch die Klimakrise als von Menschen gemachtes Unrecht erkannt werden, eröffnet sich ein Freiheits- und Handlungsraum. Denn: „Was von Menschen gemacht ist, muss nicht so sein, wie es ist; es kann von Menschen – handelnd – verändert werden“ (ebd.).

Soziale Arbeit als machtvolles politisches Handeln: Das hieße, das politische Mandat der Profession als Gegenmacht wahrzunehmen und als Gruppe ermächtigend zu agieren. Jaeggi entwickelt entlang des Politikverständnisses von Arendt folgende Kriterien zum politischen Handeln (ebd., S. 8–12), die zwar keine konkreten Schrittfolgen, aber sicher Anregungen bieten können, um:

- soziale Angelegenheiten in kommunikativer Praxis am Gemeinwohl zu orientieren, andere durch Worte zu überzeugen;
- einen neuen Anfang zu setzen, kreativ und innovativ „eine gegebene Ordnung zu unterbrechen“ (ebd., S. 9);
- den Möglichkeitsraum des Handelns zu nutzen und Maßstäbe zu setzen;
- miteinander im öffentlichen Raum zu handeln im Respekt vor der Verschiedenheit, sich entfalten zu können und sichtbar zu werden;
- gemeinsam aus Sorge um die Welt darüber nachzudenken, wie wir leben wollen, wie Welt gestaltet werden kann.

Ein solches Nachdenken kann nur in Gegenwart anderer funktionieren, indem man sich gleichsam „an deren Stelle (…) denkt“ (Bernstein 2020,

S. 111) und sich bewusst ist, dass man sich mit ihnen auf irgendeine Art einigen muss, um urteilen zu können, denn: „Die Macht des Urteils beruht auf einer potentiellen Übereinstimmung mit anderen“ (ebd., S. 110).

Damit ist der Kern professioneller Interaktionsverhältnisse beschrieben: Die Beteiligten sind sich bewusst, dass sie eine Einigung finden müssen und, dass das über Zuhören, Reden, Einfühlen, Deuten und Urteilen (Bewerten) gelingt. Schließlich können gemeinsam mögliche Perspektiven entworfen werden, die in Hilfepläne münden (können). Der Denkprozess des Unterscheidens und Urteilens ist nach Arendt kein Ausdruck eines subjektiven Gefühls – in Zeiten emotional aufgeladener Twitter-Gewitter ein provozierender Gedanke. Für die Soziale Arbeit dürfen wir die Aussage so interpretieren: Die Meinung der Fachkraft ist ihre Privatangelegenheit, als Professionsangehörige hat sie sich am Tripelmandat und den ethischen Codes der Profession (IFSW) zu orientieren. So übernimmt sie Verantwortung für sich, die Adressat*innen und die Welt, in der wir leben, denn „was allein uns wirklich helfen kann (…) ist Nachdenken“ (Arendt 1973, o. S.).

Gedankenlosigkeit als *Abwesenheit des Denkens* ist damit der Verlust der Unterscheidungsfähigkeit und der Urteilskraft. Pluralität wird dann auf ein kollektives Ganzes reduziert, in dem der Einzelne einem *Wir* untergeordnet wird und *Andere* als Fremde ausgeschlossen werden. Zu welch schrecklichen Konsequenzen das in Nazideutschland geführt hat, konnte Arendt im Verlauf des Eichmannprozesses 1961 beobachten. Auch aktuell, seit der sog. Flüchtlingskrise 2015, ist die Nichtanerkennung menschlicher Pluralität zur programmatischen Ideologie rechter Kräfte und zu einer Bedrohung der Demokratie geworden. Auch Fachkräfte der Sozialen Arbeit sind mit entsprechenden Äußerungen ihrer Klientel konfrontiert, seit der Corona-Pandemie zunehmend auch mit Verschwörungstheorien (s. Kap. 5).

Die Abhängigkeit von sozialpolitischen und ökonomischen Konjunkturen und die Orientierung am Ideal einer Menschenrechtsprofession bilden das Spannungsfeld, in dem tagtäglich Soziale Arbeit geleistet wird. Sozialarbeitende haben es zum einen mit realer Politik als spürbarem Zwang zu tun, und gleichzeitig haben sie die Idee einer Politik, durch die in Übereinstimmung mit anderen Macht als Ermächtigung entstehen kann. Nutzen wir also Arendts Idee des Politischen als Anleitung zum aktiven Engagement gegen politische und gesellschaftliche Missstände! Denkbar wäre etwa folgendes zukünftige Szenario: Soziale Arbeit als anerkannte Profession ist verbandlich und berufsständisch organisiert, ihre Vertreter*innen werden als Fachkräfte zu vielen sozialpolitischen Fragen gehört, sie erstellen Expertisen zu sozialen Problemen und deren Lösung, und sie haben Einfluss auf Arbeitsbedingungen und Ressourcenausstattung. Soziale Arbeit würde somit öffentlich sichtbar und hörbar ihr politisches Mandat artikulieren. Das muss keine Utopie bleiben. Denn: Die Eigenschaft des Menschen, mit anderen zusammen politisch handeln zu können, befähigt ihn, „sich Ziele zu setzen und Unternehmungen zuzuwenden, die ihm nie in den Sinn hätten kommen können, wäre ihm nicht diese Gabe zuteilgeworden: etwas Neues zu beginnen“ (Arendt 2000, S. 81).

Hannah Arendt geht also davon aus, dass Macht sowohl auf der intersubjektiven als auch auf der strukturellen Ebene auf das subjektive Erleben einwirkt. Strukturen und Institutionen bedingen somit, an welchen Orten und wie Menschen gemeinsam handeln; und umgekehrt hat das Handeln Einfluss auf die Gestaltung dieser Strukturen und Institutionen. Nur wenn öffentliche Räume der politischen Beteiligung für alle Mitglieder einer Gesellschaft gleichermaßen existieren, kann von politischer Freiheit gesprochen werden. Angesichts der Flüchtlings- und Migrationsbewegungen, der Wanderarbeiter*innen und (Kriegs-)Flüchtenden in der globalisierten Welt, der Menschen, die keine Arbeitserlaubnis, keinen Zugang zu den Sozialversicherungssystemen und staatlicher Wohlfahrt haben, gewinnen die kritischen Gedanken von Hannah Arendt brisante Aktualität. Mit ihrer These der „Weltlosigkeit durch Überflüssigkeit“ in „Elemente und Ursprünge totaler Herrschaft“ (1953) beschreibt sie Prozesse und Formen des Überflüssigmachens von Menschen, die als irrelevant gelten. Ihnen wurde der Bezug zur Welt gewaltsam geraubt, sie sind auf ihre nackte Existenz zurückgeworfen, sind nur noch Menschen, aber ohne „das Recht, Rechte zu haben“ (Arendt 2006, S. 50). Deren Exklusion von gesellschaftlicher Teilhabe und politischen Gestaltungsprozessen stellt für sie „die größte Gefahr und das größte Übel der modernen Gesellschaft“ dar (Meints-Stender in *taz* vom 14.10.2006, S. 21). Millionen Menschen auf der Welt werden so behandelt, als seien sie lebende Leichname, jeglicher Fähigkeit beraubt, Überzeugungen zu haben und zu handeln (vgl. Arendt 1986, S. 613). Man denke an die Flüchtlingslager auf Lesbos oder in Libyen und Ankerzentren, in denen Menschen eingeschlossen und nur mangelhaft versorgt werden. „Dort, wo es keine Räume zum gemeinsamen Handeln mehr gibt, sind Menschen einerseits nicht mehr in der Lage, sich zu ‚empowern‘, andererseits können sie ihre individuellen Geschichten, ihre Narrationen, nicht erweitern und teilen und werden so nach und nach handlungsunfähig“ (Arendt 1960, zit. n. Nelson 2014, S. 394).

Im Anschluss an die Kritik Hannah Arendts und einer machttheoretischen Erweiterung des Empowerment-Konzepts schlägt Nelson eine neue Professionalität des Anstiftens, Anregens und Ermächtigens vor. So könnten Sozialarbeiter*innen Räume und soziale Bedingungen schaffen, in denen Andersartigkeit erlaubt, gewünscht und wertgeschätzt wird. Sie könnten Formen des demokratischen Dialogs praktizieren, soziale Bedingungen (behindernde Machtverhältnisse) kritisch hinterfragen und im pluralen Dialog eine politische Bühne für Erfahrungen der Selbstermächtigung ermöglichen (Nelson 2014, S. 395).

Kritische Würdigung

Auf den ersten Blick sehen wir bei Hannah Arendt – mal wieder – ein faszinierendes, impulsgebendes Gedankengebäude. Die Person und ihr Werk erleben seit einigen Jahren eine regelrechte Renaissance: Im Film (2012), in Ausstellungen (Berlin 2020, Bonn 2021, München 2022), Graphic Novels, Essays, Vorlesungen u. v. m. Kein Wunder, denn Arendt eröffnet mit ihren an Aristoteles anknüpfenden Definitionen einen Denkraum, der über das Beschreiben und Erklären von Macht und Gewalt weit hinausreicht. Sie will verstehen, wie es zu unhaltbaren gesellschaftlichen Zuständen kommt, wie sie wirken und wie sie durch gemeinsames Handeln verändert werden können, weil – so Arendts handlungstheoretische Kernaussage – wir Menschen in der Lage seien, dies zu tun. Arendts persönliche Erfahrungen von Verfolgung, Flucht und Heimatlosigkeit haben ihr Politik-, Macht- und Freiheitsverständnis zweifellos geprägt. Ihre Gedanken ermutigen dazu, einen Diskurs über politische und soziale Missstände zu beginnen, denn es ist nicht damit zu rechnen, dass dieser von den politisch Verantwortlichen ausgehen wird. Als prominente Beispiele für gelungene Selbstermächtigungen seien hier die Bewegungen Fridays for Future, Black Lives Matter und #MeToo genannt. Wie diese im Verlauf ihrer Existenz instrumentalisiert wurden und werden, fällt nach Hannah Arendt in die Kategorie des Herstellens, der Gewalt.

Es gibt allerdings auch Kritik an Arendt. So wird ihr vielfach der Vorwurf gemacht, sie habe kein begriffliches Instrumentarium für die soziale Frage und vertrete eine – auf das Denken der Antike zurückgehende – Polarisierung von Politik und Sozialem, um die positive Fassung ihres Machtbegriffs zu rechtfertigen. Die Politikwissenschaftlerin Judith Shklar (2020) etwa meint, Arendts politisches Denken sei romantisierend, idealistisch und snobistisch elitär, weil sie „den Verlust von Individualität" (Bajohr 2020, S. 141) als größeres Übel betrachte als Gewalt und Grausamkeit. Arendt entwerfe in der *Vita activa* eine heroische Konzeption von Politik, in der sie vor allem das Handeln und weniger dessen Folgen im Blick habe. Denn der Preis der Freiheit in der griechischen Antike war die Sklavenwirtschaft, die Unfreie und Frauen zwang, sich durch körperliche Arbeit um die Lebensnotwendigkeiten der Freien (wohlgemerkt ausschließlich Männer) in der Polis zu kümmern. Das ist richtig, aber dem Vorwurf, Arendt habe die Ausbeutung von Sklaven übersehen, ist aus unserer Sicht nicht zuzustimmen. Ihr waren sehr wohl die Bedingungen der Gewalt bewusst, „mit der man Andere zwang, einem die Sorge um das tägliche Leben abzunehmen“ (Arendt 2006, S. 76).

Auch Frigga Haug (2003) kritisiert Arendt: Deren Machtbegriff stehe *im Banne der Polis,* weit entfernt vom Zweck-Mittel-Denken des *homo faber* und der Bedürftigkeit des Menschen. Die Kategorie des Sozialen, der menschlichen Nöte und Leiden komme in Arendts Macht- und Politikverständnis nicht vor. Im Gegenteil – sobald das Soziale ins Spiel komme, zerstöre es die Politik. Die Politisierung des Massenelends sei daher auch ein Grund, warum die Französische und die Russische Revolution nicht in Freiheit mündeten. Haug bezieht sich hier auf Arendts Aussage, dass die „Invasion sozialer und ökonomischer Angelegenheiten in den politischen Raum (…) und die Verwandlung der Regierung in einen Verwaltungsapparat“ (Arendt 1963, S. 115) jede Pluralität und Freiheit zerstören würden. Das Gerinnen von Notwendigkeiten, Mitleid und Moral zur politischen Tugend führe schließlich zur Rechtfertigung von Gewalt und Terrorherrschaft.

Die Dichotomie der antiken Vorstellung, das Politische auf den öffentlichen (hellen) Raum einzugrenzen und das Soziale in den privaten (dunklen) Raum zu verbannen, kann heute nicht mehr gelten. Dass Privates auch politisch ist, wissen wir spätestens seit der 68er-Revolte und der zweiten Frauenbewegung. Dieser Bereich hat aber bereits mit Beginn der Neuzeit eine positive Aufwertung erfahren. Er ist es, der für Freiheit und Individualität steht, während Öffentlichkeit, vor allem der virtuelle Raum von Social Media, als Bereich des Zwangs wahrgenommen und erlebt wird, der individuelle Freiheiten einschränkt und das soziale Miteinander nur über Regeln lebbar macht. Und genau an dieser Stelle entstehen aus Arendts Sicht die Probleme, die zum Verlust der Freiheit führen können. Ihr geht es nicht darum, die reale Politik zu verteufeln, ihr geht es um die Wiederentdeckung des Macht- und Freiheitspotenzials des antiken Politikbegriffs, mit dessen Hilfe ein kritischer Blick auf die Versäumnisse und Defizite aktueller Politik geworfen werden kann, als Inspiration für politisches Handeln (vgl. Bernstein 2020, S. 112).

Der Vorrang von Autonomie und Selbstbestimmung der Subjekte steht heute dem Gemeinwohl entgegen, denn nahezu alle Lebensbereiche sind kommerzialisiert, digitalisiert und der/die Einzelne ist auf sich selbst zurückgeworfen: Eine „Gesellschaft der Singularitäten" – so beschreibt es der Kultursoziologe Andreas Reckwitz (2017) – im virtuellen Raum der sozialen Netzwerke. Arendt betont immer wieder, dass der Verlust der antiken Idee von Freiheit und Machtentfaltung letztlich mit einem Bedeutungsverlust des politischen Raums verbunden ist und Politik nur noch die verwaltungstechnische, ökonomische Bearbeitung von Problemen ist. Wenn Macht als Freiheit unter vielen mit vielen verloren geht, dann öffnen sich – wie man heute beobachten kann – die Einfallstore für antidemokratische Kräfte, die sich laut mit Lügen, Fake News und Verschwörungstheorien der Mehrheit bemächtigen wollen. Das stellt eine dramatische Bedrohung für die Demokratie und unser freiheitliches Leben dar. Wir sollten Hannah Arendts Warnungen angesichts solcher Veränderungen in der politischen Kultur schon sehr ernst nehmen.

Ein letzter Punkt ist uns noch wichtig: Hannah Arendts Verhältnis bzw. Nichtverhältnis zum Feminismus bzw. zur Geschlechterfrage. Die amerikanische Politikwissenschaftlerin Seyla Benhabib schrieb 2000 am Anfang ihres Artikels „Der empörende Unterschied" über Hannah Arendt und den Feminismus: „Für die zeitgenössische feministische Theorie bleibt Hannah Arendts Denken verwirrend, provokativ und bisweilen empörend" (Benhabib 2000, S. 40). Hannah Arendt selbst antwortet im Interview mit Günter Gaus 1964 (RBB 1964) auf die Frage, ob es für sie je ein Problem war, Philosophin zu sein, dass das doch eine höchst männliche Beschäftigung sei. Abgesehen davon, dass sie sich nicht als Philosophin sehe, stellte sie fest, dass das Problem schon existiere, sie aber sei altmodisch und der Meinung, dass es bestimmte Beschäftigungen gebe, „die sich für Frauen nicht schicken, die ihnen nicht stehen (…). Es sieht nicht gut aus, wenn eine Frau Befehle erteilt." Für sie stelle sich das Problem der Frauenemanzipation nicht: „Ich habe einfach gemacht, was ich gerne machen wollte." In der Tat war sie die erste Frau, die im Frühjahr 1959 eine Gastprofessur an der renommierten Princeton University erhielt. Frauen- und Feminismus- oder gar Genderfragen haben sie jedoch nie interessiert, und ihre unsensible, ja ignorante Haltung gegenüber der Arbeitsteilung, der strukturellen Gewalt in den Geschlechterverhältnissen und deren Opfern – Kindern und Frauen – wurde von Feministinnen als enttäuschend und arrogant kritisiert. Hannah Arendts *Liebe zur Welt* ist auf dem Auge der Frauenemanzipation tatsächlich eindeutig blind gewesen.

Literaturempfehlungen

Arendt, Hannah (2000): Macht und Gewalt. München Zürich. Piper Verlag.

Bernstein, Richard J. (2020): Denkerin der Stunde über Hannah Arendt. Suhrkamp Verlag.

Prinz, Alois (2021): Hannah Arendt oder Die Liebe zur Welt. Suhrkamp Insel Verlag.

2.1.5 Niklas Luhmann: Macht als symbolisch generalisiertes Kommunikationsmedium

Niklas Luhmann (1927–1998)

Luhmann studierte Jura in Lüneburg. Er arbeitete sechs Jahre in der Verwaltung und studierte dann Soziologie in Harvard bei Talcott Parsons. 1968 trat er eine Professur für Soziologie an der neu gegründeten Universität in Bielefeld an. Innerhalb von dreißig Jahren konzipierte er eine moderne Gesellschaftstheorie, die für sich in Anspruch nimmt, alles Soziale in der Welt zu erklären. Er starb 1998 in Oerlinghausen an einer Krebserkrankung.

Macht ist codegesteuerte Kommunikation

Damit sind wir bei einem weiteren sehr einflussreichen Klassiker der deutschsprachigen Soziologie angekommen – Niklas Luhmann. Seine Systemtheorie wird mittlerweile weltweit rezipiert. Warum? In seiner soziologischen Systemtheorie erhebt er den universellen Anspruch, alles Soziale in der Welt zu erklären, nicht nur Ausschnitte und Teilbereiche, wie z.B. Schichtung, Mobilität, Rollen etc. (vgl. Luhmann 1987, S. 9). Kein Wunder, dass seine Theorie hochkomplex und ungewöhnlich abstrakt daherkommt, denn wie auch die komplexe moderne Welt muss eine Theorie des Sozialen ein Spiegel dieser Komplexität sein. Die Theorie verlangt den Lesenden daher nicht nur Geduld, Abstraktionsvermögen und Neugier ab, sondern stellt, so formuliert es Luhmann selbst, eine Zumutung für die Leser*innen dar (vgl. Luhmann 1987, S. 13, 14). Den Erkenntnisprozess seiner Theoriearchitektur beschreibt Luhmann als einen Flug über den Wolken „und es ist mit einer ziemlich geschlossenen Wolkendecke zu rechnen“ (ebd., S. 13). Er beobachtet die Welt aus einer distanzierten Perspektive ganz von oben, wie aus einem Krähennest. Was da in den Wolkenlöchern zu sehen ist, ist eine Welt, die aus einem dichten Netz von Kommunikation besteht, dem Rauschen in der Welt. Und das Funktionieren dieses Netzes garantiert den Zusammenhalt alles Sozialen. Damit wäre eigentlich alles schon gesagt ... natürlich nicht! Denn jetzt geht es erst richtig los.

In der Grundannahme, dass Gesellschaft aus Kommunikation besteht und aus nichts anderem, liegt der entscheidende Unterschied zu anderen (soziologischen) Theorien, die den Menschen, sein Handeln und die Werte im Mittelpunkt der Gesellschaft verorten, wie z.B. Marx, Weber, Popitz, Arendt. Die Kommunikation erfolgt durch soziale Systeme, namentlich

Funktionssysteme wie Wirtschaft, Recht, Liebe (Intimsystem), Politik, Religion, Kunst, Wissenschaft, Medien. Sie funktionieren nach dem Konzept der Autopoiesis, heißt: Sie erzeugen sich selbst aus den Elementen, aus denen sie bestehen und kommunizieren über (binäre) *Codes*, die eine höchstmögliche Garantie bieten, dass ihre Kommunikationsangebote von der Umwelt verstanden und beantwortet werden. Ein Code ist „eine binäre Leitdifferenz (...) zur Erzeugung von binären Unterscheidungen. Codes sind immer zweiwertig, [sie] haben einen positiven und einen negativen Wert" (Krause 2001, S. 114). Der positive Wert vermittelt die Anschlussfähigkeit an die Umwelt und der negative Wert die Möglichkeiten des Systems, auf Unvorhergesehenes zu reagieren oder nicht zu reagieren (Kontingenzreflexion). So kommuniziert das System Wirtschaft über den Code Zahlung/Nicht-Zahlung, das System Wissenschaft über wahr/unwahr, das System Recht über rechtmäßig/unrechtmäßig und das System Politik über Macht/keine Macht.

Macht

„Macht ‚ist' eine codegesteuerte Kommunikation. Und ein symbolisch generalisiertes Kommunikationsmedium" (Luhmann 1988, S. 15).

Luhmann konzipiert, wie auch Foucault, einen zirkulierenden Machtbegriff, der nicht als ein Über- und Unterordnungsverhältnis zu verstehen ist. Er „verweist lediglich darauf, dass Personen und soziale Systeme in der Verfügungsgewalt von Macht sind, und dass sich Machtdynamiken verändern können" (Miller 2012, S. 123). In der Systemtheorie von Luhmann bezeichnet Macht das generalisierte Kommunikationsmedium des Funktionssystems Politik, das sich über die Differenz von Macht/keine Macht generiert. Macht wird der Regierung zugeschrieben, keine Macht der Opposition. Macht hat die Funktion, kollektiv bindende Entscheidungen zur Sicherung der sozialen Ordnung bereitzustellen und entsprechende Erwartungen in der Umwelt zu steuern. „Unter diesem Gesichtspunkt ist Macht gesellschaftstheoretisch von Interesse" (Luhmann 1988, S. 16), denn ohne Macht wäre weder Gesellschaft noch Systembildung möglich. Was ist damit gemeint? Durch machtgesteuerte Kommunikation werden Entscheidungen möglich, die die Vielfalt an Möglichkeiten (Kontingenz) auf ein überschaubares Maß reduzieren – übrigens eine Eigenschaft, die alle Kommunikationsmedien auszeichnet – und die die Akzeptanz einer Entscheidung des Systems wahrscheinlich werden lassen. Luhmann bezeichnet generalisierte Kommunikationsmedien als Erfolgsmedien, denn sie garantieren ein Höchstmaß an Anschlussfähigkeit in der Umwelt. Das ist insofern bedeutsam, weil soziale Systeme aus Kommunikation bestehen und sich über diese reproduzieren. Folglich sind sie in ihrer Existenz auf fortwährende Kommunikation mit der Umwelt angewiesen. Dafür setzen sie jeweils spezifische Medien ein. Das Wirtschaftssystem operiert mit dem Medium Geld, das Religionssystem mit dem Medium Glaube, das System Massenmedien über Information und Unterhaltung, das System Wissenschaft über Wahrheit und das Politiksystem über Macht. „Alle Aktivitäten eines Systems finden in den Grenzen und der Sinnlogik des Systems statt, und sie ziehen damit ihre jeweils spezifischen Grenzen zur Umwelt" (Sagebiel 2012, S. 81). Sinn darf in dieser soziologischen Perspektive als das Ziel, der Zweck, als die Funktion, die ein System verfolgt, verstanden werden. Ein System kann nur die Anteile der Umwelt wahrnehmen und auf sie reagieren, die seiner eigenen Sinnlogik entsprechen, *vergleichbar mit der Software eines Computerprogramms oder einer App.*

Das Politiksystem kann nur verstehen, was seine Macht stützt oder seine Macht gefährdet. Es kann nur solche Entscheidungen treffen, die für die Machterhaltung Sinn ergeben und so weitere Kommunikation erwarten lassen, denn nur die fortlaufende Kommunikation sichert den Fortbestand des Systems. *Vor diesem Hintergrund werden unverständliche politische Entscheidungen systemverständlich, wie die Debatten zur Klima-, Corona-, Integrations- und Asylpolitik – um nur einige Beispiele zu nennen.* „Die Wirklichkeit wird also nicht durch eine allgemeine Logik, sondern durch (...) systemimmanente Logik bestimmt" (Miller 1999, S. 54).

Kommunikationsmedien

„Unter Kommunikationsmedien soll nach all dem verstanden werden eine Zusatzeinrichtung zur Sprache, nämlich ein Code generalisierter Symbole, der die Übertragung von Selektionsleistungen steuert" (Luhmann 1988, S. 7).

Macht ist demnach codegesteuerte Kommunikation – nicht mehr und nicht weniger. Wenn eine politische Partei die Macht verliert, existiert machtcodierte Kommunikation weiter und generiert einen Machtkreislauf – aber nicht unbedingt eine sachliche Veränderung von politischen Überzeugungen und Entscheidungen. Demokratien als politisches System funktionieren nach Luhmann als dreistelliger Kreislauf-Gegenkreislauf (vgl. Krause 2001, S. 169) zwischen der Politik im System von Parteien, Verbänden, Gewerkschaften, der Verwaltung, den Ministerien in Kombination mit der Regierung und dem Rechtsystem und dem Publikum (das sind wir). Die Politik hat Macht und Einfluss auf die Verwaltung, *z.B., indem sie die Höhe der Sozialabgaben festlegt, Programme für familienbezogene Leistungen verabschiedet* und so für die Verwaltung Handlungs- und Entscheidungsräume vorgibt. Die Verwaltung wiederum hat Macht über die Bürger*innen, indem sie die Entscheidungen der Politik in Verwaltungsakte umformuliert. Und die Macht des Publikums fließt wieder als Wahlentscheidung in die Politik zurück.

Macht und Gewalt

Wie Hannah Arendt unterscheidet Luhmann die Begriffe Macht und Gewalt, wenn auch aus einer anderen erkenntnistheoretischen Perspektive. Die Macht sei da am größten, wo sie ohne Gewalt auskommt, und dort am geringsten, wo sie sich mit Gewalt durchzusetzen versucht. Im Verlauf der Geschichte hat sich das Gewaltmonopol auf den Staat verlagert und seine Anwendung wurde rechtlich legitimiert. Die primäre Machtquelle ist für Luhmann die „Kontrolle über sicher überlegene physische Gewalt" (Luhmann, zit. n. Anter 2012, S. 124). Für die Ausübung der Staatsgewalt sind die Polizei und das Militär zuständig. Sowohl der Staat wie auch das gesamte, geordnete gesellschaftliche Leben beruht auf der Kontrolle physischer Gewalt. Doch Luhmann räumt ein, dass die Drohung von Gewaltanwendung allen anderen Machtmitteln überlegen ist: Sie sei universell verwendbar, die Grenze der Fügbarkeit bei Machtunterlegenen ist abschätzbar, und sie ist in allen sozialen Systemen anwendbar, heißt kommunizierbar, *z. B. in Unternehmen, Wohlfahrtsverbänden, Kirchen, Sportverbänden, Hochschulen, der Familie.* Doch sobald Gewalt oder Repressionen realisiert werden, gibt es keine Alternative mehr, andere Machtmittel einzusetzen. Was sich im Moment der Gewalt offenbart, ist nicht Macht, sondern Schwäche. Um diese zu vermeiden, sind sowohl der/die Machtüberlegene (z. B. ein*e Vorgesetzte*r) als auch der/die Machtunterlegene (z. B. ein*e Mitarbeiter*in) daran interessiert, die Androhung von Sanktionen (Abmahnung, Kündigung) nicht zu realisieren. Die machthaltige Kommunikation besteht nur so lange, wie die Drohung realistisch erscheint und nicht ausgeführt wird.

Es ist somit die stille, unscheinbare Macht, die die höchste Wirkung erzielt, die, die sich im Verborgenen symbolisch vermittelt und sinnbildlich einprägt (vgl. Anter 2012, S. 126), *z. B. das Logo eines Unternehmens, die Figuren/Farben eines Wappens einer Flagge, die Architektur etc.* Diese Argumentation finden wir auch im Konzept der symbolischen Macht bei Bourdieu und bei Han: „Je mächtiger die Macht ist, desto stiller wirkt sie. Wo sie eigens auf sich hinweisen muß, ist sie bereits geschwächt" (Han 2005, S. 9). Eine Führungskraft gewinnt also Macht und Einfluss, wenn sie offen kommuniziert, dem Team Entscheidungen überträgt, Orientierung gibt und von den Mitarbeiter*innen in seiner/ihrer Funktion

(Autorität) anerkannt ist. Verstärkt wird diese Macht durch symbolische Medien (*großes Büro, exklusive Möbel, Kunst, etc.*), aber nicht durch „vollständige Kommunikationskontrolle“ (Luhmann 2012, S. 68). *Lautstark propagierte, personifizierte Macht wirkt eher lächerlich und verweist auf den Verlust der Autorität.*

Macht als Selektionsofferte

Im Unterschied zu klassischen Machttheorien (Marx, Weber, Popitz), die von einem kausalen Machtverständnis und einem ressourcenbezogenen Machtbegriff ausgehen, verzichtet Luhmann auf substanzielle Zuschreibungen zugunsten einer funktionalen Interpretation des Machtbegriffs. Er beobachtet Macht nicht als Eigenschaft oder Ressource einer Person oder einer Gruppe, die sich organisiert und im Besitz der Macht ist (vgl. Popitz, Arendt), sondern als „eine soziale Beziehung, in der auf beiden Seiten anders gehandelt werden könnte“ (Luhmann, zit. n. Anter 2012, S. 122). Macht ist das Medium, das in einer Interaktionssituation zur Wirkung kommt als machthaltige Kommunikation, wenn diese *kontingent* ist. Mit dem Begriff der Kontingenz bezeichnet Luhmann Situationen, die durch Ungewissheit und Unbestimmtheit charakterisiert sind. „Kontingent ist etwas, was weder notwendig ist noch unmöglich ist; was also so, wie es ist (war, sein wird), sein kann, aber auch anders möglich ist“ (Luhmann 1987, S. 157). Und genau das ist die Grundbedingung seiner Machttheorie: Es bestehen immer Wahlmöglichkeiten auf beiden Seiten auch anders zu handeln.

Im Falle der Macht als generalisiertes Kommunikationsmedium ist zu fragen: Wie gelingt die Übertragung von Selektionen (Wahlmöglichkeiten)? Wie kann eine Seite die andere zur Annahme ihrer Wahl motivieren, oder anders gefragt: Wie gelingt es A, B zu dirigieren? (s. dazu auch Kraus in Kap. 2.2.2 mit seiner Machttheorie). Nicht, indem A seinen Willen gegen Bs Widerstreben durchsetzt, so wie Weber es in seiner Definition beschreibt, sondern nur darüber, dass beide Seiten ihr Verhalten dem Code Macht zuordnen, und die Situation als machthaltig wahrnehmen.

Macht und Handlung

„(...) im Falle von Macht interessiert Luhmann primär diese Übertragung von Selektionsleistungen und nicht etwas das konkrete Bewirken bestimmter Wirkungen (...)“ (Luhmann 1988, S. 11).

Dazu Luhmann: „Auch im Falle von Macht interessiert primär diese Übertragung von Selektionsleistungen und nicht etwa das konkrete Bewirken bestimmter Wirkungen (…). Typischer ist es und ausreichend, Macht wie jedes andere Kommunikationsmedium als Beschränkung des Selektionsspielraums des Partners zu sehen“ (Luhmann 1988, S. 11). Jedes Kommunikationsmedium, so auch die Macht, konstituiert sich über soziale Situationen, die Wahl-, bzw. Selektionsmöglichkeiten bieten und diese ständig neu reproduzieren. Sie ordnen soziale Situationen mit doppelter Selektivität (vgl. ebd., S. 8), d.h. für beide Partner*innen stehen mehrere Optionen der Entscheidung zur Wahl und keiner der Beteiligten kann sicher sein, wie der/die andere sich entscheidet. Es besteht eine Situation doppelter Kontingenz, eine „auf Dauer gestellte wechselseitige Unbestimmtheit und Unbestimmbarkeit der Beziehungen zwischen Sinnsystemen“ (Krause 2001, S. 121). Ist Macht im Spiel, heißt das nichts anderes, als dass einer der beiden – *Alter* (konventionell der/die Sender*in) – über mehr Alternativen und einen größeren Handlungsspielraum verfügt als *Ego* (konventionell der/die Empfänger*in). Das heißt, die Wahlmöglichkeiten von *Ego* sind beschränkt, er oder sie ist in der Situation machtunterlegen und unsicher, wie *Alter* sich entscheiden wird. Er oder sie kann mit der Wahl einer Entscheidung (Selektion) Unsicherheit bei *Ego* erzeugen, steigern oder beseitigen. „Diese Umleitung über die Produktion und Reduktion von Unsicherheit ist Machtvoraussetzung schlechthin“ (Luhmann 1988, S. 8).

Luhmann markiert auch den Unterschied zwischen Macht und Zwang. Beim Zwang reduzieren sich die Wahlmöglichkeiten eines/einer Partner*in gegen null, der Zwang fordert etwas Bestimmtes, während im Falle machthaltiger Kommunikation Optionen bestehen, die die Selektivität, das Handeln und Erleben des/der Partner*in steuern. Eine machtcodierte Kommunikation verweist auf die Verdopplung des Handlungsverlaufes, heißt: Es gibt neben dem gewünschten Ablauf einen zweiten, den beide Seiten nicht wünschen, der aber im Ergebnis für den Machtunterlegenen nachteiliger ist. Im Unterschied zu anderen Machttheorien wird hier die Macht nicht im Verhalten des oder der Unterworfenen identifiziert, dessen/deren Willen gebrochen wird, oder sie ist auf eine bestimmte Situation beschränkt, sondern Macht wird neutralisiert. „Es geht nur um eine mögliche und nicht eine vorhandene Diskrepanz zwischen dem Machthaber und dem Machtunterworfenen“ (Brodocz 2012, S. 253).

Macht: Sanktion vermeiden

„Macht beruht mithin darauf, daß Möglichkeiten gegeben sind, deren Verwirklichung vermieden wird. Das Vermeiden von (möglichen und möglich bleibenden) Sanktionen ist für die Funktion von Macht unabdingbar“ (Luhmann 1988, S. 23).

Macht als codegesteuerte Kommunikation kommt in allen Interaktionen von sozialen Systemen vor, wenn es um die Reduktion von Komplexität geht, wenn also mehrere Optionen möglich sind. Macht gewinnt dann die Funktion, die Wahlmöglichkeiten in einer Situation zu verringern und „mögliche Wirkungsketten sicher unabhängig vom Willen des machtunterworfenen Handelnden – ob er will oder nicht (zu beeinflussen, Anm. d. V.)" (Luhmann 1988, S. 11).

Wie dürfen wir uns das praktisch vorstellen? *Eine Sozialarbeiterin und ihre Leitung führen ein Zielvereinbarungsgespräch. Beide kommunizieren miteinander und bilden ein Interaktionssystem. Jede von ihnen kann nur handeln, weil die andere auch handelt, und für beide Beteiligte gilt, es gibt unterschiedliche Optionen, Entscheidungen zu treffen. Die Kriterien für die Auswahl der Entscheidung sind beiden bekannt: Gute Leistungen/schlechte Leistungen, angenehm/unangenehm. Das gilt besonders für solche Entscheidungen, die eine der beiden unbedingt vermeiden will. Nehmen wir an, die Leitung möchte die Fachkraft dazu bewegen, ein weiteres Arbeitsgebiet zusätzlich zu übernehmen, will aber vermeiden, sie dazu zu zwingen. Die Sozialarbeiterin hingegen will gute Arbeit leisten, aber keine zusätzlichen Aufgaben übernehmen. Mit dieser Vermeidungsalternative verringert sich ihr Verhandlungsspielraum, sie muss befürchten, dass auf eine Ablehnung ihrerseits möglicherweise negative Karrierekonsequenzen folgen. Am Ende bleibt ihr höchstwahrscheinlich nur die Wahl, die Selektionsofferte der Leitung anzunehmen, und sie reproduziert sich in Form des Gehorsams.* Macht ist demnach die Differenz zwischen Gehorsam und Sanktion – der zu vermeidenden Alternative. „Die Form der Macht ist nichts anderes als (…) die Differenz zwischen Ausführung der Weisung und der zu vermeidenden Alternative" (Luhmann 1997, S. 356).

Angenommen die Sozialarbeiterin weigert sich, das unattraktive Angebot der Leitung anzunehmen, ist diese gezwungen, ihre Sanktionen wahr zu machen, und damit endet ihre Macht (in dieser Situation). „Die Grenze der Macht liegt also dort, wo Ego beginnt, die Vermeidungsalternative zu bevorzugen, und selbst die Macht in Anspruch nimmt, Alter zum Verzicht oder zur Verhängung der Sanktionen zu zwingen" (ebd.).

Zur Machterhaltung muss die Vermeidung von Sanktionen – Luhmann spricht von einer symbiotischen Verknüpfung zwischen Macht als Kommunikationsmedium und physischer Gewalt (Luhmann 1988, S. 60) – die bevorzugte Alternative bleiben, denn Gewalt reduziert die Auswahl von Handlungsmöglichkeiten. *Dass mit der Mächtigkeit von Machtinhabern gleichsam Machtlosigkeit verbunden ist, erkannte und nutzte Gandhi, um*

*Indien von der Kolonialherrschaft zu befreien wie auch die Menschen in der DDR, die mit ihrem gewaltlosen Protest ein Regime stürzten. Bei der Beobachtung politischer Gewaltverhältnisse zwischen Souverän (autoritativ regierender Machthaber) und Bürger*innen (z.B. in Polen, Ungarn, Türkei, Weißrussland, Russland, China etc.) zeigt sich, dass die (männlichen) Machthaber ihren Machtanspruch durch Androhung von Sanktionen (denen man sich nicht entziehen kann) und realisierter physischer Gewalt durchsetzen können, wie im Krieg Russlands gegen die Ukraine.*

Hier kommt der Machtbegriff von Weber zum Tragen, während bei Luhmann Macht als Modus der Einflussnahme im Fokus steht, also der Möglichkeit, Gewalt anzuwenden.

Macht und Organisation

Luhmann war als ehemaliger Verwaltungsbeamter und Oberregierungsrat ein intimer Kenner der Verwaltung. Eine seiner vielen und umfangreichen Publikationen titelte er „Organisation und Entscheidung" (2006). Auch in seinem Werk „Macht" (1988) widmet er der organisierten Macht ein eigenes Kapitel. Für ihn bilden Organisationen die Machtquelle schlechthin: „Organisationen bilden durch den zielgerichteten Zusammenschluss und die Bündelung von Kräften Handlungspotenziale aus, die individuellen Machtaspirationen durch die Verfügung über größere und andere Ressourcen weit überlegen sind" (Imbusch, zit. n. Anter 2012, S. 128, 129). Ähnlich wie bei Popitz, nur unter anderen Prämissen, muss sich die Person, die an die Macht will, organisieren oder sich einer Organisation, ihrer Strukturen und Ressourcen bemächtigen. Was Luhmann interessierte im Zusammenhang von Organisationen, war neben ihrer Funktion und ihren Eigengesetzlichkeiten die Frage, wie Macht in Organisationen strukturiert ist, wie sie gesteigert werden kann und wie sie nach innen und außen kommuniziert wird: „Macht steigt mit Freiheiten auf beiden Seiten" (Luhmann 1988, S. 10), vor allem aufseiten der Machtunterlegenen. Denn: „Indem den Machtunterworfenen ein immer größerer Handlungs- und Entscheidungsraum zugestanden wird, etabliert und reproduziert sich Macht auf Dauer als erwartbare und verlässliche soziale Ordnung" (Sagebiel 2012, S. 124). *Um auf unser Beispiel zurückzukommen: Würde die Leitung die Frage der Aufteilung des Arbeitsgebietes im Team verhandeln und die Zielvereinbarung mit der Sozialarbeiterin an ihren Kompetenzen und Entwicklungsmöglichkeiten orientieren, wäre ihre Macht in der Funktion als Leitung gestärkt und erwartbare Sicherheit gewährleistet.* Diese machterhaltende und machtgewinnende Entscheidung liegt in der Kombination von Organisationsmacht und Personalmacht: „Beide Machtformen fallen letztlich in der Vorgesetzten-Hierarchie zusammen" (Luhmann 1988, S. 106). Hierarchien z.B. in einer Verwaltung sind – und die Erfahrung werden wir alle schon gemacht haben – außerordentlich beständig und unflexibel, denn Hierarchien verstärken Macht, und Macht stabilisiert Hierarchien.

Macht in Organisationen

„Machtbasierte Kommunikation ist die Kommunikation in hierarchischen Organisationen. Von der Perfektion bis hin zur Perversion können hier alle Systemsteuerungen durch Macht beobachtet werden" (Willke 1998, S. 147).

Um diese sowohl nach innen an die Mitglieder als auch nach außen ans Publikum (relevante Umwelt) zu kommunizieren, muss sich die Macht an der Spitze konzentrieren. Ob sie tatsächlich so mächtig ist, oder ob ihr diese Macht nur zugeschrieben wird, beantwortet Luhmann mit der Aussage, in Wahrheit sei die Machtlage komplex und schwer durchschaubar, denn der Chef oder die Chefin ist in seinen/ihren Entscheidungen auf die Mitarbeit der Untergebenen angewiesen, die mit ihrem Wissen Macht auf die Führung ausüben. So kann es zu einer Umkehrung der Machtausübung kommen, „denn ihre Macht beruht strukturell auf ihrer Stellung als Untergebene und auf der relativen Impotenz ihres übermächtigen Vorgesetzten" (Luhmann 1988, S. 109). Um diese potenzielle Gegenmacht zu domestizieren und zu legitimieren, entwickeln Organisationen Partizipations- und Mitbestimmungssysteme, die den Mitarbeiter*innen suggerieren, sie seien an den Entscheidungen gleichberechtigt beteiligt. „So wird ‚Emanzipation' zum letzten Trick des Managements: den Unterschied von Vorgesetzten und Untergebenen zu leugnen und damit dem Untergebenen seine Machtbasis zu entziehen. Unter Vorgabe eines Machtausgleichs wird aber nur die Macht reorganisiert, die die Untergebenen im großen und ganzen schon haben" (ebd.). Und er schlussfolgert weiter, dass die Erhaltung der impotenten Übermacht des oder der Vorgesetzten die Machtbedingung des Untergebenen ist. Damit die Organisation funktionsfähig bleibt, sie also nach innen wie nach außen kommunizieren kann, muss der Mythos der Machtspitze gepflegt werden. Die organisationsspezifische Machtsymbolik muss immer wieder neu in Form gebracht und sichtbar gemacht werden, durch den Einsatz symbolischen Kapitals *z.B. durch eine prestigeträchtige Büroausstattung, Kunstgegenstände, Autos, Bonis, Privilegien, öffentliche Auftritte etc.* Thomas Hobbes beschreibt dieses Phänomen als „Im Ruf der Macht stehen ist Macht" (Hobbes zit. n. Anter 2012, S. 131).

In jeder Organisation, sei es das Jugendamt, die Schule, das Jobcenter, ein Wohlfahrtsverband oder eine Universität, sichert machtbasierte Kommunikation die Hierarchie, die der Logik einer funktionierenden Ordnung folgt, die Erwartungen der Umwelt zu befriedigen, bei Einhaltung der Sinnlogik des Systems. *Ein Jugendamt verfügt über Programme zur Entscheidung über die Gewährung Ambulanter Erziehungshilfen, nicht aber über Programme zur Eheschließung. Von Schulen darf erwartet werden, dass sie Kindern und Jugendlichen Bildung vermitteln, nicht aber über Baugenehmigungen entscheiden.* Um diese Erwartbarkeit sicherzustellen, bedarf es Formen der Systemsteuerung durch das Medium der Macht. „Hierarchien folgen der Logik funktionierender Ordnung, die nur deshalb funktioniert, weil sie sich von den in ihr handelnden Personen weitgehend unabhängig gemacht hat" (Sagebiel 2012, S. 127). Egal, ob Herr Meier oder Frau Huber Jugendhilfeanträge bearbeiten, die Struktur des Jugendamtes definiert die Spielregeln für die Entscheidung über die Anträge.

Macht relativiert sich in hierarchisch strukturierten Organisationen, keine Führungskraft, keine Mitarbeiter*in kann machen, was er oder sie will. Um die Erhaltung und Reproduktion immer größerer und unüberschaubarer nationaler wie internationaler Organisationen auf Dauer sicherzustellen, bedarf es gelingender Steuerungsmedien, denn Sprache allein reicht nicht aus, komplexe Systeme zielorientiert zu lenken. Und genau hier liegt das Problem, denn machtbasierte Kommunikation und Kontrolle sind nicht nur kosten-, zeit- und personalintensiv, sondern ineffektiv für die Steuerung. Es scheint, als sei das Problem in großen, komplexen Organisationen – politischen wie wirtschaftlichen – nicht zu viel Macht, sondern zu wenig Macht (vgl. Willke 1998, S. 156). Da Macht darauf angewiesen ist, sich durch Sanktionen zu legitimieren, ist sie gezwungen, diese auf allen Ebenen, in jedem Winkel der Organisation als machtgestützte Kontrolle sichtbar werden zu lassen. An dieser Stelle verwandelt sich die Macht in ihr Gegenteil, sie offenbart ihre Schwäche bis hin zu Ohnmacht. Machtbasierte Kommunikation verliert in der Organisation an Anschlussfähigkeit. Je mehr Mitarbeiter*innen der Kontrolle ihres oder ihrer Chef*in ausgesetzt sind, je mehr besteht die Chance, dass ihre Motivation sinkt. Anstelle von Macht garantieren heute in komplexen Organisationen Geld und Wissen als Steuerungsmedien viel sensibler und nachhaltiger ihr Funktionieren (vgl. Sagebiel 2012, S. 128).

Handlungsansätze für die Soziale Arbeit

Wie lassen sich die Grundannahmen der Machtkonzeption von Luhmann nun auf das System Soziale Arbeit beziehen? Welchen handlungstheoretischen Nutzen gewinnen wir zur Beschreibung und Erklärung von Machkonstellationen, Machtprozessen und ihren Wirkungen? Wir konzentrieren uns im Folgenden auf zwei Systemreferenzen machthaltiger Kommunikation, auf die professionelle Interaktionsbeziehung und auf das Handeln in Organisationen.

Machtformen

„Die Macht muß ständig in Formen gebracht, muß ständig gezeigt werden, sonst findet sie niemanden, der an sie glaubt und ihr von sich aus, Machteinsatz antizipierend, Rechnung trägt" (Luhmann 2000, S. 32).

Sozialverwaltungen entscheiden über die Gewährung oder Ablehnung von Hilfeleistungen auf der Grundlage rechtlicher Rahmenbedingungen. Sie entscheiden ebenfalls über Zuständigkeiten und darüber, ob das Anliegen des oder der Klient*in ein Fall ist oder nicht. Professionelle können diese Rahmenbedingungen und ihren Ermessenspielraum in Gestalt machtförmiger Kommunikation nutzen, indem sie ihre Adressat*innen zu bestimmten Verhaltensweisen motivieren und bei Nichtbefolgen mit Sanktionen drohen: z. B. einen jungen Erwachsenen auffordern, an einer Arbeitsförderungsmaßnahme teilzunehmen und ihm mit Leistungskürzungen drohen, sollte er sich der Aufforderung verweigern. Ein systemtheoretischer Blick auf die professionelle Interaktionsbeziehung liegt in der Beobachter*innenperspektive. Zum einen zu reflektieren, dass es sich um eine machthaltige Kommunikation handelt und eben nicht um eine Beziehung auf Augenhöhe, und zum anderen, dass die Fachkraft immer über mehr Alternativen und Ressourcen verfügt, eine Situation zu beeinflussen, als die abhängigen Klient*innen. Im Wissen, dass die Macht der Fachkraft endet, sobald sie die angekündigte Drohung umsetzen muss, gibt ihr die Möglichkeit zu entscheiden, ob sie ihr Drohpotenzial in die Kommunikation einfließen lässt oder nicht. Diese Entscheidung kann professionellen (zeitlichen) Präferenzen folgen mit Blick auf die Notwendigkeit des Aufbaus einer längerfristigen Hilfebeziehung, sie kann dem Verhältnis zum Machtanspruch des Arbeitgebers folgen, und dem Verhältnis der Klientel zum erwarteten Machtanspruch der Behörde bzw. des/der Sozialarbeiter*in. Ist es ein enges Verhältnis, wird der/die Adressat*in bemüht sein, sein/ihr Verhalten den Erwartungen anzupassen, ist es eher distanziert wird er/sie sich den Angeboten eher skeptisch, wenn nicht ablehnend gegenüber verhalten, womit er/sie die Optionen der Fachkraft reduziert und sie dazu *zwingt*, mit Sanktionen zu drohen. Die Macht bewegt sich, die Pole Macht und Ohnmacht sind in Bewegung, die höhere Position muss nicht die mächtigste sein, und die niedrige nicht die schwächste. Der zirkulierende Machtbegriff von Luhmann „eröffnet die

Reflexion von Handlungsoptionen selbst unter schwierigen machtstrukturellen (institutionellen) Kontexten“ (Miller 2012, S. 124).

Auf die hierarchische Ebene Führungskraft und Fachkraft lassen sich diese Beschreibungen ohne Einschränkungen übertragen. Zu wissen, dass der/die Chef*in über mehr Alternativen verfügt, aber in seiner/ihrer Position von den Mitarbeiter*innen abhängig ist, dass *die Spitze* gepflegt und in Form gebracht werden muss, „daß die Erhaltung der impotenten Übermacht des Vorgesetzten Machtbedingung des Untergebenen ist“ (Luhmann 1988, S. 110). Und „dass die faktische Macht in Organisationen in der Regel nicht mit der formalen Hierarchie übereinstimmt. Hinzu kommt, dass hierarchische Strukturen auf der Seite der ‚Untergebenen‘ gerade durch die Hierarchie Gegenmacht konstituieren“ (Dallmann 2021, S. 129). All dieses Wissen könnte das Machtbewusstsein von Fachkräften stärken und sie ermutigen, in Widerspruch zur Führung zu gehen und sich gegen Entscheidungen zu positionieren, die den ethischen Standards der Profession widersprechen.

Ein weiterer Nutzen dieser Machttheorie darf in der Beschreibung der Funktionsweise von Organisationen, der Logik ihrer Hierarchien und der Bedeutung machtbasierter Kommunikation liegen. Organisationen funktionieren deshalb, weil sie sich von den in ihr handelnden Personen weitgehend unabhängig machen. Sie verfügen über eine Geschichte im Sinne von „Das sind wir, so haben wir das immer gemacht“, über eine Koordinations- und Ablaufstruktur, über Entscheidungsprogramme (vgl. Sagebiel 2012, S. 68–73), d. h. über Ausschluss- und Einschlussverfahren, die erwartbare Leistungen produzieren. Das bedeutet für die Beispiele, die wir anfangs nannten: *Das Jugendamt bietet Jugendhilfe, die Schule Bildung, das Gericht Rechtsprechung etc.* Erwartbarkeit meint, dass von Seiten der Umwelt, in unserem Fall den Adressat*innen, der Behörde die Macht unterstellt wird, ihre Anliegen professionell zu bearbeiten. Diese Wechselseitigkeit im Blick verortet das professionelle Interaktionsverhältnis in einem umfassenderen, komplexeren Zusammenhang, nämlich der Organisationsmacht. In ihren Entscheidungen spiegelt sich die strukturelle Kopplung zum Politiksystem, zum Rechts- und zum Wirtschaftssystem wider: „Die räumliche, zeitliche und hierarchische Organisation wirkt selbst reglementierend, sie weist Plätze und Rollen zu und produziert auf diese Weise erst die Beteiligten als Hilfeempfänger und Professionelle“ (Dallmann 2011, S. 177). Ein machttheoretisches Organisationsverständnis heißt, die Fachkraft ist sich bewusst, dass sie immer in hierarchischen Strukturen agiert, diese die Entscheidungsprogramme und Zuständigkeiten festlegen, die Hierarchie beachtet und gepflegt werden muss und der

Einfluss auf Veränderungen in einer Organisation von fast allen Mitgliedern begrenzt ist. Hierarchien sind außerordentlich unflexibel und beständig und Organisationen sind, sofern es die öffentliche Verwaltung und die von ihr abhängigen Dienstleister (z. B. Wohlfahrtsverbände) betrifft, ein Mechanismus der Differenzierung der Machtverteilung.

Kritik an Luhmann

Luhmanns abstrakte und distanziert wirkende Systemtheorie genießt hohen Respekt und dient mittlerweile mehreren Disziplinen als relevante Beschreibungs- und Erklärungsfolie. Allerdings ist seine kausaltheoretische Sichtweise sozialer Wirklichkeit nicht darauf angelegt, Interventionsstrategien und Handlungsansätze für die Soziale Arbeit zu liefern, um Probleme zu lösen (vgl. Miller 2001, S. 131). Das mag ein Grund für den Vorwurf sein, Luhmanns Gesellschaftstheorie berge die Gefahr eines sozialen Neutralismus oder abgeklärten Realismus. Kritik und Widerspruch kommt auch aus der gesellschaftskritischen Perspektive. Die Frankfurter Schule, vor allem Habermas, attestierte Luhmann, eine Theorie vorgelegt zu haben, die sozialtechnologisch sei und sich durch eine distanzierte Beobachterrolle unkritisch und herrschaftskonform gegenüber der Gesellschaft verhalte. Damit könne alles erklärt, aber nicht legitimiert werden. Er fordert, in der Tradition der Neomarxisten stehend, die moralische Verpflichtung von Gesellschaftstheorie ein, die Übergriffe der Systeme von Wirtschaft und Politik auf die Lebenswelt als Ursache moderner Sozialpathologien zu kritisieren. Luhmanns Position befände sich jenseits der Errungenschaften der Aufklärung. Weitere Vorwürfe der Inhumanität, Selbstgefälligkeit und Machtblindheit kommen auch von Seiten der Sozialen Arbeit, z. B. von Obrecht und Staub-Bernasconi. Sie unterstellen Luhmanns Systemtheorie *Machtblindheit und Machtvollkommenheit* und verweisen auf die blinden Flecken seiner Konzeption. In ihrem Beitrag „Machtblindheit und Machtvollkommenheit Luhmannscher Theorie" (2000) kritisiert Staub-Bernasconi in dezidierter und engagierter Form Luhmanns Machtkonzept als (zu) wertneutral, unpolitisch und nicht subjektbezogen. Mit der Beschränkung der Machtthematik auf das politische System verkenne Luhmann auf groteske Weise die realen Machtgegebenheiten und Herrschaftsverhältnisse in den verschiedenen Gesellschaftsbereichen, wie z. B. Bildung und Wirtschaft. Außerdem ignoriere er das Leiden der Menschen an illegitimen Machtverhältnissen, wie z. B. Macht das Geschlechterverhältnis durchdringt. Luhmann verzichte auf eine Erklärung von Machtstrukturen, wie sie als (vorläufiges) Ergebnis von Interaktionen in sozialen Systemen entstehen, z. B. in Familien, Schulklassen,

Vereinen, Arbeitsgruppen, Parteien etc. Diese Vernachlässigung verleite zu der Vorstellung, die Bedeutung des Machtcodes sei allen beteiligten Akteur*innen bekannt, was jedoch eine schlichte Missachtung empirischer Befunde sei, denn diese belegen, dass die Machtunterworfenen den Machtcode nicht kennen und ihre Situation als Schicksal, Pech, Unglück oder individuelles Versagen deuten. Und umgekehrt werde der Code von den Machthabern in der Regel ebenfalls nicht benutzt, sondern durch Begriffe wie Verantwortung, Freiheit und Pflicht, Solidarität umgedeutet oder durch Metaphern wie *sitzen im gleichen Boot* ersetzt. Menschen, die unter Ungerechtigkeiten, Ausbeutung, Herrschaft und Machtwillkür leiden, werde kein Respekt gezollt (Staub-Bernasconi 2002, S. 228).

Bezogen auf Hierarchien in Organisationen und der in Form gebrachten Macht ließe sich argumentieren, dass der Nutzen für das Erkennen und für den Umgang mit Machtstrukturen wenig hilfreich ist, sondern eher kontraproduktiv wirken kann: Unter dem Differenzkriterium *nützlich/nicht nützlich* für die Funktion der Organisation könnte jegliche Form von Machtausübung zum Funktionszweck gerinnen und Machtausübende – Leitungskräfte ebenso wie Sozialarbeiter*innen – aus der Verantwortung für misslungene Interventionen und der Anwendung menschenverachtender Entscheidungsprogramme entlassen werden – im Sinne von: *Wir können daran nichts ändern, wir sind den Verhältnissen ausgeliefert*. Derartig gedeutete *Misserfolge* und Handlungen können dem autopoetischen System zugeschrieben werden und lassen Rechenschaft für die Folgen professionellen Handelns obsolet erscheinen. Alle sind nur noch Marionetten dieser organisierten Macht. Und da Macht *nur* ein Kommunikationscode ist, über den die Organisation und ihre Subsysteme sich selbst steuern, kann die moralische und ethische Verpflichtung gegenüber den Adressat*innen schlicht ausgeblendet werden, salopp formuliert: m(M)acht auch nichts. Denn, so bringt es Dallmann auf den Punkt: „Das alltägliche Gesicht der Macht ist der Verwaltungsakt“ (Dallmann 2021, S. 124). Aber: Allein das zu wissen, macht bereits wieder einen Unterschied und erlaubt ein reflektierteres Selbstverständnis, wie es Miller zusammenfassend formuliert: „Die Herausforderung für die Soziale Arbeit (besteht) darin, (…) sich als strukturell wenig mächtiges System Positions- und Diskursmacht anzueignen, um die Belange ihrer Adressaten wie auch ihre eigenen Belange zu vertreten“ (Miller 2012, S. 125).

Literaturempfehlungen

Brodocz, André (2012): Mächtige Kommunikation – Zum Machtbegriff von Niklas Luhmann. In: Imbusch, Peter (Hg.) (2012): Macht und Herrschaft. Sozialwissenschaftliche Theorien und Konzeptionen. 2., aktualisierte und erweiterte Aufl. Wiesbaden. Springer VS. S. 247–263.

Luhmann, Niklas (2012): Macht im System. Berlin. Suhrkamp Verlag.

Miller Tilly (2001): Systemtheorie und Soziale Arbeit. Entwurf einer Handlungstheorie. Stuttgart. Lucius und Lucius Verlag.

2.1.6 Michel Foucault: Die Macht der Macht

Michel Foucault (1926–1984)

Michel Foucault wurde in Piotiers/Frankreich als Sohn eines angesehenen Arztes geboren. In seinem Studium der Philosophie, Psychologie und Psychopathologie beschäftigte er sich ausführlich mit Heideggers, Freuds und Nietzsches Schriften. Nach seinem Studium war er kurz Mitglied der Kommunistischen Partei Frankreichs, trat aber bald aus, denn seine sich entwickelnden Gedankenmodelle waren nicht vereinbar mit einem Parteikommunismus. Er arbeitete als Dozent in mehreren Ländern Europas, aber auch in Nordafrika, bis er am Collège de France auf dem renommierten Lehrstuhl zur Geschichte der Denksysteme zumindest beruflich sesshaft wurde.

Die Erfahrungen des Krieges politisierten Foucault lebenslang. Er war politisch weiter sehr aktiv und setzte sich für viele unterdrückte Gruppen, vor allem Homosexuelle, ein. Er starb am 25. Juni 1984 in Paris an den Folgen einer HIV-Infektion.

Kritische Einführung

Geht es um Foucault, lässt es sich sofort trefflich streiten – über ihn als Person und über das Thema Macht. Ist er etwa ein Popstar der Philosophie, ein genialer Denker, der „fruchtbare Perspektivenverschiebungen“ und „‚produktive‘ Justierungen des Machtbegriffs (...) neben einer reichhaltigen Machttypologie“ (Ricken 2004, S. 131 ff.) entwickelt hat? Oder ist er eher ein „hochfliegender Kopf“, dem man sich „mit Vorsicht nahen (muß), sowie nach gründlicher Präparation“ (Amery 2004, S. 221), da er „ein Rebell gegen einen höchst ungesunden Menschenverstand, (ein) Verächter der cartesianischen Vernunft und Verleugner des bürgerlichen Humanismus?“ (ebd., S. 205) ist, dessen Gedanken „ebenso mitreißend wie esoterisch“ (ebd., S. 221) sind? Allein diese zwei Statements deuten an, dass Foucault und sein Werk ambivalent bewertet werden. Aber festzustellen ist auch: Foucault ist definitiv *in* und ohne ihn ist seit den 1980er-Jahren keine machttheoretische Auseinandersetzung mehr denkbar – wenn auch oft kontrovers und als „Ausdruck theoretischer Unzufriedenheit mit tradierten Machtbegriffen“ (Ricken 2004, S. 128).

Macht ist Erfahrung

„Für uns jedenfalls ist Macht keineswegs nur eine theoretische Frage, sondern Teil unserer Erfahrung“ (Foucault 2005, S. 242).

Foucault entwickelte in seiner wissenschaftlichen Laufbahn eine Vielzahl an Zugängen und Diskussionen zu dem für ihn zentralen, immer quer liegenden Thema Macht. Er diskutierte es an einer Vielzahl von Themen durch, z. B. in Bezug auf den Wahnsinn und den dazu gehörenden Diskursen (Psychologie, Medizin) und Institutionen (Kliniken, Psychiatrie), sowie der Frage, wie und wodurch Menschen innerhalb und außerhalb von Gefängnissen und Kliniken diszipliniert werden. Vor allem gegen Ende seines Lebens setzte er sich intensiv mit der Machtfrage im Hinblick auf die Sexualität bzw. die Diskurse darüber auseinander. Insgesamt hinterließ er 729 (!) publizierte Texte (einen Überblick bietet Ruoff 2018), fast alle direkt oder indirekt zum Thema Macht, denn diese interessierte ihn sein Leben lang in jeder Hinsicht: Ob theoretisch oder im Einsatz für Opfer der chilenischen Militärdiktatur, sowjetische Dissidenten, psychisch Kranke und Gefängnisinsassen.

Bei dieser Menge und Vielfalt von Gedanken zum Thema Macht wundert es kaum, dass rückblickend nicht von der einen homogenen, in sich abgeschlossenen Machttheorie Foucaults gesprochen werden kann − was eine Rezeption natürlich nicht einfach, sondern eher interessant macht (vgl. Kneer 2012, S. 281). Dieses Ideal der Homogenität strebte er als Ziel seines Schaffens allerdings selbst gar nicht an – im Gegenteil. Für ihn waren genau die Suchbewegungen das Interessante: „Ich denke niemals völlig das gleiche, weil meine Bücher für mich Erfahrungen sind, Erfahrungen im vollsten Sinne, den man diesem Ausdruck beilegen kann. Eine Erfahrung ist etwas, aus dem man verändert hervorgeht. (...) Ich schreibe nur, weil ich noch nicht genau weiß, was ich von dem halten soll, was mich so sehr beschäftigt“ (Foucault 1996, S. 24). Dies kann, neben der Komplexität der Sprache und der Gedankengänge („er spricht eine dichterisch gehobene Geheimsprache, die man nicht ohne Mühsal erlernt“, so Améry 2004, S. 221), als ergiebiger Quell und Erklärung dafür gedeutet werden, warum sein Werk und seine Person wissenschaftlich so vielfältig diskutiert, rezipiert, kritisiert, aber vor allem auch bewundert werden. Kneer beispielsweise schreibt ihm „Einfallsreichtum, gedankliche Tiefenschärfe und Originalität“ (Kneer 2012, S. 281) zu, während das einer seiner scharfen Kritiker, Jean Améry, anders sieht. Doch sogar dieser kommt zu dem Schluss: „Man soll also Michel Foucault lesen. Aber unerlässlich bei der Lektüre ist, so meine ich, der innere Widerstand, die Entschlossenheit, sich weder einschüchtern noch bezaubern zu lassen“ (Améry 2004, S. 231), denn „Widerspruch schließt Anerkennung nicht aus“ (ebd., S. 218). In diesem Sinne: Packen wir es an!

Theoretische Einordnung: Poststrukturalismus

Eine eindeutige theoretische Verortung des Ansatzes von Foucault ist nicht zuletzt aufgrund der oben angesprochenen Suchbewegungen herausfordernd. Am ehesten und üblicherweise wird sein Ansatz dem Poststrukturalismus zugeordnet. Foucault selbst war nicht sehr an Einordnungen interessiert und verweigerte sich den meisten *Ismen*, die ihm als Etikett angeheftet werden sollten, konnte aber mit dieser Einordnung leben.

An dieser Stelle kann im Unterschied zu anderen Quellen (z. B. Stäheli 2000) nur ansatzweise dargestellt werden, was unter dem Begriff Poststrukturalismus alles verstanden werden kann. Kurz gesagt werden darunter verschiedene geisteswissenschaftliche und philosophische Ansätze und Methoden zusammengefasst, die sich seit den 1960er-Jahren vor allem in Frankreich entwickelten. Dies geschah in Abgrenzung zum damals gängigen Ansatz des Strukturalismus. Auch das ist ein Sammelbegriff für eine wissenschaftliche Denkweise, die darauf ausgerichtet ist, zu betrachten, wie komplexe Ganzheiten strukturiert sind und wie diese Strukturen im Hinblick auf Einheiten und Beziehungen wirken und funktionieren, z. B. im Hinblick auf das Ganze und seine Teile (die Nähe zur Systemtheorie ist nicht zufällig). Im strukturalistischen Denken steht die Betrachtung der Strukturen an sich im Vordergrund. Schlagwortartig zusammengefasst könnte man sagen, die Strukturalisten fragen sich, wie die Struktur funktioniert. Dies versuchen sie, so eindeutig wie möglich zu beschreiben.

Dagegen werden im Poststrukturalismus Strukturen und Diskurse stärker von den Konstruktionsbedingungen von Strukturen betrachtet, sowie ihre Veränderung und Entwicklung vor dem Hintergrund von historischen Diskontinuitäten. Die Poststrukturalisten fragen also auch nach der Struktur, aber eher dahingehend, unter welchen (historischen) Bedingungen sich welche Struktur wie und warum entwickelt hat. Da dies eine komplexe Frage ist, braucht es auch mehrere, ebenfalls komplexe Zugänge: Im Poststrukturalismus werden psychoanalytische, diskursanalytische, semiotische (zeichentheoretische) und sprachphilosophische Methoden und Zugänge verwendet. Wobei auch diese Methoden wieder dahingehend betrachtet werden, warum und wie sie wann entwickelt wurden und was sie für wen bedeuten. Deutlich wird hier eine gewisse Zirkularität des Denkens: Der Poststrukturalismus ermöglicht dadurch einen immer wieder neuen Blick auf Prozesse des Werdens und deren Reflexion. Dieses zirkuläre Denken lässt sich gut erkennen bei einem wichtigen Thema des stark durch die französische Philosophie geprägten Poststrukturalismus: Das Verständnis des Menschen an sich. Wer ist eigentlich diese Spezies

Mensch, die über genug Bewusstsein verfügt, über sich selbst nachzudenken und abstrakte Aussagen über sich zu machen? Und was denkt der Mensch über den Menschen? Und vor allem: Was ist ihm wann möglich oder auch nicht möglich zu denken?

Mit diesen Fragen befinden wir uns ganz in der Tradition des aufklärerischen Denkens von René Descartes, der mit dem Satz „Cogito ergo sum – Ich denke, also bin ich" berühmt geworden ist.

Was meint er damit? In diesem aufklärerischen Modell ist der Mensch kein von Gott geschaffenes Objekt, sondern ein Subjekt, das sich aus sich selbst heraus rational verhält. Der über sich nachdenkende Mensch ist dadurch zugleich Subjekt und Objekt seines Denkens und Handelns und somit nicht isoliert zu verstehen. Subjektivität und Objektivität sind nicht getrennt betrachtbar, sondern eng miteinander verbunden.

Dies wird durch die französische Bedeutung des Wortes *sujet* verstärkt, das auf Deutsch einerseits *Subjekt,* aber auch *Unterwerfung* bedeutet. Mit einem solchen Verständnis erscheint die Existenz eines abgegrenzten, unabhängigen Subjekts unmöglich. Als Folge dessen wird auch bestritten, dass die Vernunft und ihre *Wissenschaft* – die Philosophie und somit ein Produkt des Menschen, der gleichzeitig Subjekt und Objekt ist – eine objektive, zuverlässige und universelle Begründung des Wissens liefern könnten. So verstanden gibt es *die* sogenannte *Wahrheit* nicht – es kann sie nie geben, da sie immer bereits von Menschen gedacht und gesprochen wird. Die Wissenschaft wird somit in ihrem Wahrheitsanspruch kritisiert, denn auch sie ist nur Ausdruck spezifischer Logiken.

Zirkuläres Verständnis von Macht

Warum ist das alles so wichtig für unsere Fragestellung? Ganz einfach: Die gleichen Fragen gelten auch für die Macht. Wer ist denn im Hinblick auf die Macht das Subjekt und wer das Objekt? Wer ist denn der/die Mächtige oder der/die Ohnmächtige? Schnell wird deutlich, dass das – poststrukturalistisch verstanden – gar nicht so einfach zu benennen ist. Und ist das nicht schon kompliziert genug, kommt bei Foucault eine weitere Schwierigkeit hinzu: Sein Machtbegriff ist nicht nur *kreiselnd* konzipiert, sondern auch noch sich ständig verändernd. In fast jeder neuen Publikation definiert er Macht etwas anders oder sogar widersprüchlich. Ein Beispiel: Während er mit dem Begriff Machtausübung zunächst eine Einwirkung auf die Physis eines Menschen verstand (in „Überwachen und Strafen", vgl. Kahl 2004, S. 67), verwendet er die Bezeichnung später für eine

„Beeinflussung des individuellen Willens zur Verhaltenssteuerung freier Handlungssubjekte“ (in „Wahnsinn und Gesellschaft“, vgl. ebd., S. 68).

Fakt ist: Foucault selbst wollte keine Theorie der Macht schreiben. Ihm ging es nicht um die Ergründung, was Macht ist, sondern darum, herauszufinden, wie Macht ausgeübt wird (vgl. Foucault 2005, S. 240). Es interessiert ihn also weder, was Macht genau ist, noch wie sie entsteht, sondern *nur*, wie sie wie wirkt. Dies lässt sich im folgenden Zitat gut erkennen: „Wenn man versucht, eine Theorie der Macht aufzustellen, wird man immer gezwungen sein, sie als an einem gegebenen Ort, zu einer gegebenen Zeit auftauchend anzusehen“ (Foucault 1978, S. 126).

Macht erzeugt Wirklichkeit

„Man muß aufhören, die Wirkungen der Macht immer negativ zu beschreiben, als ob sie nur ‚ausschließen', ‚unterdrücken', ‚verdrängen', ‚zensieren', ‚abstrahieren', ‚maskieren', ‚verschleiern' würde. In Wirklichkeit ist die Macht produktiv; und sie produziert Wirkliches“ (Foucault 1976, S. 250).

Michel Foucault entwirft daher ein Konzept einer strategisch-produktiven Machtvorstellung. Macht wird – so verstanden – nicht von einer gesellschaftlichen Instanz (sei sie Individuum oder Gruppe) besessen und ausgeübt, sie existiert vielmehr im heterogenen Verhältnis der Instanzen, also zwischen z.B. Herrscher und Beherrschtem *und* andersherum. Diese Machtbeziehungen sind daher überall da, wo es Menschen und Gesellschaft gibt: „*Die* Macht gibt es nicht. (...) Bei der Macht handelt es sich in Wirklichkeit um Beziehungen, um ein mehr oder weniger organisiertes, mehr oder weniger koordiniertes Bündel von Beziehungen“ (Foucault 1978, S. 126). Damit betont er die Interaktivität oder, wie er es später bezeichnet, Zirkularität der Macht: „Die Ausübung von Macht ist keine bloße Beziehung zwischen individuellen oder kollektiven ‚Partnern‘, sondern eine Form handelnder Einwirkung auf andere. Das heißt natürlich, dass es so etwas wie die Macht nicht gibt, eine Macht, die global und massiv oder in diffusem, konzentriertem oder verteiltem Zustand existierte“ (Foucault 2005, S. 251).

Moderne Macht ist somit nicht einfach damit zu charakterisieren, dass sie auf Ausschließung, Unterdrückung, Ausgrenzung und Negation beruht, sondern sie ist auch wesentlich zur Produktion von Erfahrungen imstande. Macht findet *immer* in menschlichen Gesellschaften – je nach historischer Situation und in verschiedenen Machtformationen – statt und sie wird ausgeübt.

Foucaults Beschreibungen von Macht beschäftigen sich intensiv damit, wie Machtformen, Institutionen und Machtpraxen historisch und zeitdiagnostisch betrachtet werden können. Er versteht sich als *Ahnenforscher der Macht*, indem er genealogisch vorgeht und versucht, „Macht als grundlegendes Entwicklungs- und Integrationsprinzip moderner Gesellschaften zu entlarven" (Kneer 2012, S. 267). Unter Genealogie kann eine historische Methode verstanden werden, mit der die historische Entwicklung verschiedener Sachverhalte der Gegenwart erfasst und beschrieben werden kann. Von Interesse sind für ihn in diesem Zusammenhang z. B. die Geschichte der Strafe und des Strafvollzugs, die Psychiatrie und die dazugehörenden Wissenschaften Medizin und Psychologie. In jeder Phase entwickeln sich neue Formen. Nach Ricken belegt Foucault damit den „Wandel von der souveränen Macht, die qua Normierung und Repression überwiegend verbietet und ausschließt, über die Disziplinar- und Integrationsmacht, die qua Normalisierung reguliert und einschließt, bis hin zur Bio- und Pastoralmacht, die unter der Maßgabe einer produktiven Lebensermöglichung ebenso Bedingungen wie Selbsttechnologien zu figurieren suchen" (Ricken 2004, S. 130). Foucaults historische Formationen der Macht lassen sich nach Ricken als eine Typologie der Macht lesen (ebd.).

Zusammenfassend lassen sich fünf Machtvorstellungen darstellen:

1. Macht ist kein Privileg einer einzelnen Person, sondern ist vielmehr „ein vielschichtiges, multidimensionales Kräfteverhältnis mit einer Pluralität von Manövern, Techniken, Verfahrensweisen und Taktiken" (Kneer 2012, S. 268).
2. In der Gesellschaft herrscht kein machtfreier Raum − nirgends. Sie formt alle Beziehungen, ob in den Strukturen des Staates, zwischen den Menschen oder auch im Menschen selbst: Sie ist überall und allgegenwärtig.
3. Für Foucault bedeutet Wissen Macht: „Wenn es keinen Zustand außerhalb der Macht gibt, dann existiert auch kein Wissen außerhalb der Machtbeziehungen. Wissen beginnt somit nicht an einem Punkt, an dem die Macht aufhört, sondern Wissen und Macht sind intern miteinander verschränkt. (…) Kurz gesagt: Keine Macht ohne Wissen und kein Wissen ohne Macht" (ebd., S. 269).
4. Foucaults Konzept richtet sich gegen eine Gleichsetzung von Macht mit Zwang, Gewalt und Unterdrückung – im Gegenteil! Für ihn ist Freiheit sogar ein zentraler Aspekt von Macht: „In diesem Verhältnis

ist Freiheit die Voraussetzung für Macht" (Foucault 2005, S. 257). Mit dieser Annahme schließt er an andere Machtkonzeptionen, wie z. B. der Soziologen Norbert Elias und Georg Simmel, an, die auf die Komplexität der Über- und Unterordnungsverhältnisse hinweisen. Macht ist – so verstanden – nur durch die „Mitwirksamkeit des untergeordneten Subjektes" möglich und Über- und Unterordnung müssen demnach als „komplizierte Wechselwirkungen" verstanden werden, „so dass auf beiden Seiten Aktivität und Passivität sich ineinander verschränken" (Ricken 2004, S. 128). So verstanden, wird Macht produktiv und ist eine „Führung der Führungen" und ein „Handeln auf Handeln (...) in einem Möglichkeitsfeld" (Foucault 1994, S. 254 f.). Und so wundert es nicht, dass er feststellt: „Macht wird nur auf ‚freie Subjekte' ausgeübt und nur sofern diese ‚frei' sind" (ebd.).

5. Erst spät, kurz vor seinem überraschenden Tod Anfang der 1980er-Jahre unterscheidet Foucault zwischen Macht und Herrschaft: „Dort, wo Determinierungen gesättigt sind, existiert kein Machtverhältnis" (ebd.). Und so lässt sich feststellen: „Während Macht als etwas Bewegliches, Dynamisches und Veränderbares gedacht wird, gilt Herrschaft ihm nun als etwas Stabiles, Irreversibles, Starres. (...) Herrschaft ist somit *geronnene, erstarrte* Macht" (Kneer 2012, S. 279).

Mit einem solchen Machtverständnis grenzte sich Foucault von anderen, gängigen Machttheorien ab, die quasi kontext- und zeitlos gedacht sind, wie z. B. auch die Machttheorie von Max Weber. Für ihn gehört zu einer Auseinandersetzung mit dem Thema Macht immer auch eine Gesellschaftsdiagnose. Im Fokus steht für ihn die Frage, in welchen Formen sich Macht in welcher Machtformation in welcher Phase moderner Gesellschaften wie zeigt. Damit vollzieht er eine „machttheoretisch angeleitete Diagnose der modernen Gesellschaft" (Kneer 2012, S. 270).

Im Folgenden stellen wir wichtige Themen und Ergebnisse dieser Diagnosen anhand zentraler Begriffe vor, die Foucault in diesem Zusammenhang entwickelt hat. Diese sind wichtig, denn nur wenn man einen Begriff von und für etwas hat, kann man etwas begreifen.

1. Wissensbildung als Machtprozess

Unter Wissen lassen sich die „in einem bestimmten Moment und in einem bestimmten Gebiet" (Foucault 1992, S. 32) akzeptablen Erkenntnisprozesse und deren Wirkungen verstehen. Produktivität von Macht ist stets vom Wissen abhängig. *Niedergelegtes Wissen ist z. B. das, was der Mensch als Wissenschaft definiert – sozusagen festgehaltener Diskurs, allerdings meist ohne Hinweis darauf, dass dies ein Diskurs ist.* Dabei wird so getan, als ob das, was in der Wissenschaft niedergelegt ist, *wirklich* ist. Sie wirkt dabei machtvoll.

Es gibt aber eine untrennbare Verknüpfung von Macht und Wissen: Die Produktivität von Macht ist stets vom Wissen abhängig. Vor allem in den Humanwissenschaften, in denen der Mensch Subjekt und Objekt gleichzeitig ist, ist dies eklatant: Eine Konstitution des Individuums kann nur im Zusammenhang mit der Entwicklung der Humanwissenschaft erfolgen.

Foucault selbst betont den Zusammenhang von Wissen und Macht folgendermaßen:
„Niemals darf sich die Ansicht einschleichen, daß ein Wissen oder eine Macht existiert – oder gar das Wissen oder die Macht selbst agieren würden. Wissen und Macht − das ist nur ein Analyseraster. Und dieser Raster ist nicht aus zwei einander fremden Kategorien zusammengesetzt – dem Wissen einerseits und der Macht andererseits (wie die gerade gebrauchten Formulierungen nahelegten). Denn nichts kann als Wissenselement auftreten, wenn es nicht mit einem System eines bestimmten wissenschaftlichen Diskurses in einer bestimmten Epoche, und wenn es nicht andererseits, gerade weil es wissenschaftlich oder rational oder einfach plausibel ist, zu Nötigungen oder Anreizungen fähig ist. Umgekehrt kann auch nichts als Machtmechanismus funktionieren, wenn es sich nicht in Prozeduren und Mittel-Zweck-Beziehungen entfaltet, welche in Wissenssystemen fundiert sind" (Foucault 1992, S. 33).

Deutlich wird, dass *Wissen* nicht nur wertfrei quasi im Raum schwebend, sondern immer handfest und machtvoll wirkt. So werden vor allem auf der Basis des Wissens machtvolle Entscheidungen getroffen. Wissen ist laut Foucault Macht – und muss als solches betrachtet und bewertet werden, allerdings nicht normativ, worauf er explizit hinweist:
„Es geht also nicht darum, zu beschreiben, was Wissen ist und was Macht ist und wie das eine das andere unterdrückt oder mißbraucht, sondern es geht darum, einen Nexus von Macht-Wissen zu charakterisieren, mit dem sich die Akzeptabilität eines Systems – sei es das System der Geisteskrankheit, der Strafjustiz, der Delinquenz, der Sexualität usw. − erfassen läßt" (Foucault 1992, S. 33).

So verstanden kann Macht nach Ricken als eine Art „Beobachtungsbegriff für soziale Konditionalität" (Ricken 2004, S. 134) zur Betrachtung der *Macht der Macht* verstanden werden. Außerdem lassen sich mit dieser Zugangsweise auch alle wissenschaftlichen *Ergebnisse* dechiffrieren. Auch dieses Wissen wiederum ist machtdurchtränkt und vielleicht eine

Begründung dafür, dass die Ansätze von Foucault so gerne und intensiv diskutiert werden.

2. Diskurse und Dispositive

Diskurs und Macht

Der Diskurs „ist dasjenige, worum und womit man kämpft; er ist die Macht, deren man sich zu bemächtigen sucht" (Foucault 1974, S. 250).

Immer wieder spricht Foucault von der Bedeutung der Diskurse im Kontext der Produktion von Machtverhältnissen. Als Diskurs lässt sich „ein Netzwerk von textlichen Äußerungen, in dem auf gesellschaftlicher Ebene über einen längeren Zeitraum hinweg ein Thema verhandelt wird", bezeichnen (Meier-Schuegraf 2005, S. 9). Der Diskurs kann somit als eine Ansammlung alles bereits Gedachten, Gesagten, Geschriebenen, Gefühlten, aber auch das noch zu Sagende, das Wegzulassende, das zu Denkende – also von Wissen – beschrieben werden. Foucault erweitert dieses Diskursverständnis noch, indem es für ihn keine Trennung zwischen einem scheinbar objektiv Gedachten und einem subjektiv Gedachten gibt – alles ist Subjekt und Objekt gleichzeitig. Insofern ist auch der Diskursbegriff an sich etwas, was gleichzeitig als Ergebnis und Produzent verstanden werden kann. Und schon kreiseln die Gedanken wieder ...

Nicht überraschend ist für Foucault die Sprache mit ihren normativen Aussagen wichtig. Ganz in der Tradition der Poststrukturalisten stellt er aber auch fest, dass die Sprache ebenfalls bereits dem Denken untergeordnet ist, denn Denken besteht ja aus Sprache – eine Henne-Ei-Problematik. Um dies theoretisch fassbar zu machen, entwickelte er den Begriff des *Dispositivs*:
„Was ich unter diesem Titel festzumachen versuche, ist ein entschieden heterogenes Ensemble, das Diskurse, Institutionen, architekturale Einrichtungen, reglementierende Entscheidungen, Gesetze, administrative Maßnahmen, wissenschaftliche Aussagen, philosophische, moralische oder philanthropische Lehrsätze, kurz: Gesagtes ebensowohl wie Ungesagtes umfaßt. Soweit die Elemente des Dispositivs. Das Dispositiv selbst ist das Netz, das zwischen diesen Elementen geknüpft werden kann" (Foucault 1978, S. 119 f.)

Anders gesagt: Ein Dispositiv bildet die Gesamtheit aller Institutionen, Diskurse und Praktiken. In ihm sind Machtstrategien und Wissenstypen verbunden, es muss in sich nicht stabil sein und es entwickelt sich erst unter der Vorgabe seiner Funktion in der historischen Anordnung, sowie im Spiel von verschiedenen Positionswechseln und Funktionsveränderungen (vgl. Ruoff 2018, S. 119f).

Machtmechanismen: Disziplinarmacht, Gouvernementalität, Biomacht

Auf der Basis Foucaults genealogischer Untersuchungen lassen sich historisch verschiedene Arten solcher Dispositive und Machtmechanismen erkennen, die auf Menschen (er beschreibt hier vor allem den europäischen Kulturraum) wirken und von ihnen erzeugt werden.

Drei Beispiele:

1. Disziplinarmacht

Diese Form der Macht erkannte Foucault in seinen Untersuchungen der Gefängnisse und der Methoden, wie Menschen bis Anfang des 19. Jahrhunderts bestraft wurden. Nachdem lange auch in Europa Körperstrafen als disziplinierende Kontrollprozeduren üblich waren, wurde dann die Freiheitsstrafe eingeführt. Warum ist das für unser Thema wichtig? Foucault behauptet, „dass die Durchsetzung der Haftstrafe (als übliche Strafe, Anm. d. V.) für das Verständnis der Gegenwartsgesellschaft einen paradigmatischen Stellenwert besitzt“ (Kneer 2012, S. 270): Eine Einschränkung der Freiheit ist nur für die relevant, für die Freiheit etwas Wichtiges ist. Die Strafe wirkt also nicht mehr direkt, wie die Körperstrafen, sondern sie wirkt nur in einem Kontext, in dem Freiheit einen Wert hat. *Ein Beispiel: Es gibt tatsächlich Menschen, für die der durchstrukturierte, ‚sichere' Rahmen des Gefängnisses angenehmer ist als ihr chaotisches Leben ‚draußen'. Mit einer solchen Haltung provozieren sie z.B. solche Fragen wie: Ist ein Haftaufenthalt dann für sie überhaupt noch Strafe? Muss Strafe immer wehtun? Und was ist Strafe denn eigentlich?* Genau an diesen Fragen setzt Foucault an, wenn er einen Zusammenhang mit den Strafformen und gesellschaftlichen Prozessen herstellt.

Mit der Veränderung der Strafformen veränderte sich auch die Gefängniskultur im Hinblick auf ihre Architektur: Es wurden Gefängnisse im Stil des sogenannten Panoptikums gebaut, einer architektonischen Bauweise, die eine ständige Kontrolle vieler durch wenige ermöglicht. All das führt, wie Foucault sagt, zu immer feiner wirkenden Disziplinartechniken im Gefängnis, aber auch außerhalb: Mittels ständiger Kontrolle der Bewegungen, aber auch der Überwachung des Verhaltens wird das Gefängnis quasi ein Abbild einer beginnenden Disziplinargesellschaft. Foucault fasst es folgendermaßen zusammen: „Wir sind nicht auf der Bühne und nicht auf den Rängen. Sondern eingeschlossen in das Räderwerk der panoptischen Maschine, das wir selber in Gang halten – jeder ein Rädchen“ (Foucault 1977, zit. n. Kneer 2012, S. 272).

Dadurch entstehen vier verschiedene Formen der Macht, die bis heute – *und ganz aktuell mit Blick auf Digitalisierung und auch in einer globalen Pandemie (s. Kap. 5)* – hochwirksam sind:

a) Machtmechanismen der minutiösen Überwachung, Kontrolle und Dressur, die absichtlich und gleichzeitig – so Kneer „nicht-subjektiv“ sind: Sie „verfolgen also Pläne bzw. Absichten, insofern es ihnen darum geht, die Individuen mittels fortdauernder Abrichtung zugleich nützlich und gefügig zu machen. (...) Mit dem Übergang der klassischen Souveränitäts- und Abschreckungsmacht zur modernen Disziplinarmacht bleibt die Macht nicht länger an einzelne Personen gebunden, sondern hat sich zu einem pluralen Feld von vielfältigen und beweglichen Kräfteverhältnissen versachlicht“ (ebd., S. 273). Erkennbar ist das beispielsweise daran, dass man oft gar nicht mehr weiß oder merkt (oder wissen und merken will), wie diese Kontrolle erfolgt: Was über uns wo an Informationen gespeichert und miteinander vernetzt ist, entzieht sich unserer Kenntnis. ‚Das Netz vergisst nie‘ – das haben alle diejenigen bereits erlebt, die im Netz verbreitete Informationen löschen wollen.

b) In dieser modernen Disziplinarmacht existiert nichts außerhalb der Macht – hier wird die Macht ubiquitär, d.h. überall wirksam mittels Kontroll- und Überwachungsmechanismen, die noch viel präziser sind als ein Panoptikum. *Als Beispiel dafür lassen sich die Videoüberwachungen in öffentlichen Räumen, als auch die Datenvorratsspeicherung, wie auch die Sammlung von Daten, z.B. durch Google oder scheinbar harmlose Rabattsysteme, wie Payback, nennen; vom Social Scoring in China ganz zu schweigen.*

c) Kneer stellt fest: „In der modernen Disziplingesellschaft kommt es zu einer Intensivierung des Macht-Wissens-Zusammenhanges (...). Die ununterbrochene Überwachung und Kontrolle der Individuen bringt ein systematisches Wissen hervor (*Was kauft wer ein, wer telefoniert mit wem, wer sucht nach welchen Internetseiten etc., Anm. d. V.)* und umgekehrt dient dieses Wissen der fortlaufenden Machtsteigerung“ (ebd., S. 273). *Insbesondere Wissenschaften wie die Psychologie als auch die Soziale Arbeit beobachten, erforschen und analysieren den Menschen und entwickeln immer differenzierteres Wissen.* Foucault entlarvt diese Wissensentwicklung als nie wert- und nie zweckfrei – egal, wie gut es die Wissenschaftler*innen und Praktiker*innen meinen: Die Humanwissenschaften ermöglichen „eine Vervielfältigung der Machtwirkungen dank der Formierung und Anhäufung neuer Erkenntnisse“ (Foucault 1977, zit. n. Kneer 2012, S. 273 f.). *Der berühmte Whistleblower Snowden bringt diesen Zwiespalt im Hinblick darauf, dass es manchen Menschen sogar völlig egal ist, was mit ihren Daten passiert, so auf den Punkt: „Zu argumentieren, dass Sie keine Privatsphäre brauchen, weil Sie nichts zu verbergen haben, ist so, als würden Sie sagen, dass Sie keine Freiheit der Meinungsäußerung brauchen, weil Sie nichts zu sagen haben“ (Snowden o.J.).* Festzustellen ist: Jede neue Erkenntnis (nicht nur der Wissenschaften) hat einen doppelten Charakter, sie ist Fluch und Segen gleichzeitig. Gerade in der Reproduktionsmedizin mit ihren vielfältigen ethischen Fragen *(z. B. Social freezing, biologische und soziale Elternschaft etc.)* und den dazu gehörenden psychologischen Themen wird das deutlich.

d) Nach Foucault besitzen diese modernen Disziplinierungsverfahren alle auch eine „produktive Wirkung“: In der Moderne geht es darum, „den Körper zu kontrollieren, zu überwachen, zu dressieren und zu manipulieren. Resultat der minutiösen Körperarbeit ist das geübte, trainierte und gelehrige Individuum“ (ebd., S. 274), das gar nicht mehr von außen diszipliniert werden muss, sondern das nun selbst tut, indem es durch einen „inneren Gewissenszwang“ (ebd.) ganz praktisch die Kontrolle selbst übernimmt. Nach Foucault ist damit die „Transformation eines äußeren in ein *inneres* Disziplinarverhältnis (vollzogen). Oder besser: Mit der Produktion der menschlichen Seele tritt zu dem gesellschaftlichen *Fremd*zwang ein innerpsychischer Selbstzwang hinzu. Das moderne Individuum trägt somit zur Verfestigung der Macht über den Körper bei – und ist nichts anderes als eine Wirkung der Macht“ (ebd., S. 274). Foucault selbst sagt es noch drastischer: „Der Mensch, von dem man uns spricht und zu dessen Befreiung man einlädt, ist bereits in sich das Resultat einer Unterwerfung, die viel tiefer ist als er. Eine ‚Seele‘ wohnt in ihm und schafft ihm eine Existenz, die selber ein Stück der Herrschaft ist, welche die Macht über den Körper ausübt. Die Seele: Effekt und Instrument einer politischen Anatomie. Die Seele: Gefängnis des Körpers“ (Foucault 1977, zit. n. Kneer 2012, S. 274). *Ein Beispiel dafür sind die beliebten Fitnessarmbänder oder Smartphones, die ständig und gewollt Daten erheben – aktuell ‚nur‘ für sich selbst (wie lange noch?), aber immer auch an Optimierungs- und Verwertungsideen gekoppelt. Heute, im digitalen Zeitalter, das Foucault nicht mehr erlebte, werden im Gegensatz zum Disziplinarregime nicht Körper und Energien mehr ausgebeutet, sondern Informationen und Daten.*

„Entscheidend für den Machtgewinn ist nun nicht der Besitz an Produktionsmitteln, sondern der Zugang zu Informationen, die zur psychopolitischen Überwachung, Verhaltenssteuerung und -prognose eingesetzt werden" (Han 2021, S. 7).

2. Gouvernementalität

An genau diesem Verinnerlichungsprozess von Machtverhältnissen setzt ein weiterer wichtiger Begriff Foucaults an, dem der Gouvernementalität. Der 1978 das erste Mal verwendete Begriff der Gouvernementalität ist ein – wie Foucault selbst sagte (welch' Einsicht ...) – „häßliches Wort" (Foucault 2006, S. 173). Er ist zusammengesetzt aus den beiden Begriffen des *Gouvernements* – also dem Wirken eines Staates – und der *Mentalität* des Menschen, quasi seinem psychischen Mechanismus, in dem die gerade beschriebenen Disziplinierungskräfte wirken. Warum ist er im Hinblick auf Macht so wichtig? Indem er den Begriff bildete, wollte Foucault darstellen, wie sich Machtausübungen des Staates bzw. der Regierung und die *Mentalität* von Menschen verschränken und dadurch nochmal hochwirksamer werden. Unter Gouvernementalität versteht er demnach ein spezifisches Machtsystem wie auch die dazugehörende historische Entwicklung, in deren Verlauf der zu diesem Machtsystem gehörige Machttypus – die Regierung – zur dominierenden Form der Machtausübung geworden ist. Dieses Machtsystem besteht aus komplexen Regierungstaktiken und -institutionen, die die Bevölkerung als Ziel, die politische Ökonomie als Wissensform und die Sicherheitsdispositive als Instrument haben. Es konnte sich in Europa im 18. Jahrhundert installieren und damit die Regierung gegenüber der Souveränität und der Disziplin als dominanten Machttypus durchsetzen (vgl. Pfeiffer 2007). Zentral war dafür erneut die Entwicklung der Humanwissenschaften, in denen immer genaueres und spezifischeres Wissen erzeugt und gesammelt wird, um den Menschen zu disziplinieren – und diszipliniert zu werden. Je mehr man über den Menschen weiß, desto leichter ist er durch die Regierung zu steuern. Dieses Wissen lagert sich wiederum *(z. B. durch Erziehung)* in der Mentalität der Menschen ab und wirkt dabei erneut disziplinierend, weshalb die Regierung nun immer seltener direkt eingreifen muss.

Ein Beispiel: Jeder weiß, was passiert, wenn man ein Verbrechen begeht und erwischt wird. Die meisten Menschen verhalten sich nicht kriminell, auch wenn sie manchmal Impulse dazu haben. In ihnen wirkt quasi die Gouvernementalität, d. h. sie haben die Machtmechanismen verinnerlicht. Die Regierung muss ‚nur' noch durch gezielte Machthandlungen (wie z. B. durch spektakuläre Prozesse) sichtbar machen, was passiert, wenn man kriminell wird. Insofern sind große Strafprozesse, wie z.B. der Prozess gegen die RAF-Mitglieder in den späten 1970er-Jahren sowie der langjährige NSU-Prozess oder der Prozess gegen den/die Mörder des Kasseler Regierungspräsidenten Walter Lübcke wichtige Faktoren der Gouvernementalität.

3. Biomacht

Ab 1977 entwickelte Foucault in mehreren Büchern zum Thema *Sexualität und Wahrheit* den Begriff der Biomacht, um damit eine historisch neue Art von Machtmechanismus zu beschreiben, der sich im 18. Jahrhundert entwickelte. Die Biomacht zielt mit ihren Machttechniken nicht auf den Einzelnen, sondern auf die gesamte Bevölkerung. Das Ziel der Biomacht ist laut Foucault die Regulierung der Bevölkerung, insbesondere ihrer Fortpflanzung, Geburten- und Sterblichkeitsrate, des Gesundheitsniveaus oder auch der Wohnverhältnisse. Zentral ist in diesem Zusammenhang die Sexualität als Eingriffspunkt der Macht: „Die Sexualität liegt letztlich genau an der Verbindungsstelle zwischen der individuellen Disziplinierung des Körpers und der Regulierung der Bevölkerung (...) Die Sexualität ist das Bindeglied zwischen anatomischer Politik und Biopolitik; sie liegt am Kreuzungspunkt der Disziplinierungs- und Regulierungsformen, und in dieser Funktion wird sie Ende des 19. Jahrhunderts zu einem erstrangigen politischen Instrument“ (Foucault 2005, S. 231 f.).

Auch hier lässt sich als aktuelles Beispiel die Hochleistungs-Reproduktionsmedizin nennen, die exakt diesen Punkt trifft: Welche Rolle wird z.B. Social Freezing in einer überalternden Gesellschaft spielen? Wann kommen in Deutschland Diskussionen darüber auf, dass Menschen, die keine biologischen Kinder haben, mehr Steuern zahlen müssen? Aber auch andere Bereiche des Privatlebens rücken mehr und mehr in den gesellschaftlichen Fokus: Wie wird Diversität im *Sinne von* LSGBTQI *(s. Kap. 5) in welchen Kontexten bewertet? Dürfen* LSGBTQI-*Personen Kinder adoptieren? Sind Transfrauen ‚wirkliche‘ Frauen?*

Bedeutung des Machtkonzeptes für die Soziale Arbeit

Auch im Kontext der Sozialen Arbeit sind Foucaults Ansätze zur Macht verstärkt populär (Baader 2017; Kessl 2018), wenn auch kritisiert aufgrund ihrer relativen Komplexität und ihrer großen Abstraktion. Doch können einzelne Aspekte praktisch hilfreich sein, z.B. in der Deutung von Situationen, in denen Klient*innen dadurch Macht über Professionelle ausüben, indem sie sich verweigern oder aus Sicht der Sozialarbeiter*innen nicht kooperativ zeigen und widerständig sind. Man könnte diesen

Widerstand als deren Gegenmacht verstehen: Ausgehend von Foucaults Verständnis der Prozesse *Macht – Widerstand – Gegenmacht* kann eine Verweigerung von Hilfe bzw. Unterstützung als die vielleicht letzte, aber durchaus als äußerst kraftvolle Machterfahrung von sich ohnmächtig fühlenden Klient*innen gedeutet werden, indem sie die professionellen Helfer*innen mit ihren Angeboten einfach auflaufen lassen. In einem solchen Verständnis sind und bleiben die Adressat*innen nicht nur Zielscheibe von Macht (wie bei der Repressionshypothese), sondern sehr aktive und mächtige Akteur*innen.

Darüber hinaus lassen sich Prozesse der Disziplinierungsmacht durchaus auch im System wohlfahrtstaatlicher Macht erkennen und analysieren: Immer mehr und differenzierteres Wissen wirkt auf Sozialarbeiter*innen und Klient*innen, führt zu immer genaueren Aussagen über Menschen, z. B. in Form von sozialpädagogischen Diagnosen oder auch in digitaler Aktenführung plus verstärkter digitalisierter Kontakte, erst recht pandemiebedingt. Niemand kann dem entgehen – weder Sozialarbeiter*in noch Klient*in. Einer der Grundkonflikte professioneller Sozialarbeit – das Wechselspiel zwischen Hilfe und Kontrolle – lässt sich mit Foucaults Ansatz wunderbar erklären und verstehen, wenn auch nicht auflösen. Es wird aber zu einer besprechbaren diskutierbaren Frage, woran und auf welche Weise sich Soziale Arbeit beteiligt und damit können auch Potenziale sichtbar werden. Kessl konstatiert außerdem: „Machttheoretische bzw. machtanalytische Positionen ermöglichen theoretische Perspektiven auf Soziale Arbeit, die es ermöglichen, die Frage von unterschiedlichen Einflussmöglichkeiten einerseits (klassischer Machtbegriff) und historisch-spezifischer Kräfteverhältnisse (machtanalytischer Begriff) andererseits systematisch aufzuwerfen und zu bearbeiten“ (Kessl 2018, S. 110). Das führt dann zu folgenden Fragen: „Warum denken wir in der Sozialen Arbeit bestimmte Dinge in der Weise, wie wir sie heute denken, und haben andere zu anderen Zeitpunkten anders gedacht. Erst wenn wir dies tun, verstehen wir, welche Machtwirkungen, welche Deutungs- und Denkmuster wann wie Einfluss gewonnen haben, und wie Alternativen dazu aussehen können“ (ebd., 123). Ein naiver Umgang mit Macht wird damit obsolet. Mehr noch: Es entwickeln sich wieder neue, andere Handlungsmöglichkeiten, die allerdings wieder ganz spezifisch mächtig wirken. Kurz und gut: Macht entwickelt sich immer wieder neu – gleich und anders gleichzeitig.

Kritische Würdigung

Diskurs

„Ich akzeptiere, daß mein Diskurs erlischt wie die Gestalt, die bis hier seine Trägerin war" (Foucault 2002, S. 296).

Wie schon einleitend dargestellt, erfreuen sich die Ansätze Foucaults in verschiedener Hinsicht großer Beliebtheit: Einerseits wird er – als er noch lebte, vor allem aber nach seinem Tod – harsch kritisiert, z. B. im Hinblick auf die an vielen Stellen dokumentierte theoretische Inkonsistenz, also die Widerspruchsfreiheit seines Werkes, die er selbst nicht anstrebte. Auch der Umgang mit historischen Quellen und deren Deutung ist ein häufiger Kritikpunkt, vor allem in Historikerkreisen. Im Hinblick auf die Machttheorie werden Foucault vor allem eine „normative Überanstrengung des Machtbegriffs selbst" und eine „enorme Ausweitung des Machtbegriffs" vorgeworfen (Ricken 2004, S. 131), was in dem Vorwurf einer „Metaphysik der Macht" (ebd., S. 132) oder in der Behauptung „Das Problem ist, dass Foucault zu viele Dinge Macht nennt" (Fraser 1994, zit. n. Ricken 2004, S. 132) endet. So sei – laut Habermas, einem prominenten Kritiker Foucaults − der untergründige Gestus der Entlarvung der Machtprozesse selbstwidersprüchlich und laufe schlicht ins Leere (vgl. Ricken 2004, S. 132). Auch Judith Butler kritisiert Foucault, wird aber durch ihn inspiriert und versucht, dessen theoretische Schwächen, z. B. im Hinblick auf das Verhältnis von Subjekt und Objekt, durch die Entwicklung einer neuen Theorie der Subjektivation zu ergänzen. Auch von marxistischer Seite kommt die Kritik, dass Foucault „das Ideologieproblem zunächst ins ‚Wissen' und in den ‚Diskurs' verlagert" hat (Rehmann 2008, S. 140), dabei das Ideologische auflöste und somit hinter den Stand der Ideologietheorie weit zurückfällt (ebd., S. 144), was sie in die Nähe neoliberaler Ideologie rückt (vgl. ebd., S. 152). Andererseits kann z. B. für Ricken die Machtkonzeption Foucaults durch eine produktive Justierung des Machtbegriffs und durch die Entwicklung einer reichhaltigen Machttheorie nahezu unumstritten Geltung beanspruchen, trotz einiger theoretischer Oberflächlichkeiten (vgl. Ricken 2004, S. 133), was eine intensive Rezeption in vielen Wissenskontexten (z. B. Psychologie, Pädagogik, auch Kunst) zeigt. Wie auch immer: An Foucault kommt man in der Frage der Macht nicht vorbei – ob man will oder nicht.

Literaturempfehlungen

Foucault, Michel (1978): Dispositive der Macht. Berlin. Merve.

Kessl, Fabian (2018): Macht- und diskursanalytische Perspektiven. In: May, Michael/Schäfer Arne (Hg.): Theorien für die Soziale Arbeit. Baden-Baden. Nomos. S. 107–125.

Ricken, Norbert (2004): Die Macht der Macht – Rückfragen an Michel Foucault. In: Ricken, Norbert/Rieger-Ladich, Markus (Hg.): Michel Foucault: Pädagogische Lektüren. Wiesbaden. VS-Verlag. S. 119–143.

Ruoff, Michael (2018): Foucault-Lexicon. Entwicklungen – Kernbegriffe – Zusammenhänge. Paderborn. Brill Fink.

2.1.7 Pierre Bourdieu: Macht und ihre verborgenen Mechanismen

Pierre Bourdieu (1930–2002)

Aus einfachsten Verhältnissen stammend, entwickelte sich der Franzose Pierre Bourdieu zu einem der wichtigsten Soziologen und Sozialphilosophen des späten 21. Jahrhunderts mit Wirkungen weit über Frankreich hinaus – wenn auch in Deutschland mit deutlicher Verzögerung. Bourdieu studierte bis 1954 Philosophie an einer Elitehochschule und lehrte später auch an verschiedenen Elite-Universitäten, u. a. an der Sorbonne sowie am Collège de France. Bourdieu war von 1962 bis 1983 verheiratet und hat drei Kinder. 2002 starb er an einer Krebserkrankung.

Warum gehen einige Menschen gern in die Oper oder besuchen Kunstausstellungen, während andere lieber Comedy sehen oder sich beim Bowling vergnügen? Wie kommt es, dass Menschen ein intuitives Gespür dafür haben, wo sie hingehören und wohin nicht? Und was hat das alles mit Macht zu tun? Diesen spannenden Zugang und daraus resultierende spannende Gesellschaftsanalysen zu den „Formen subtiler Machtausübung" (Steinrücke 2005, S. 8) entwickelte der französische Soziologe Pierre Bourdieu seit den 1960er-Jahren. Dabei versteht er Macht als Mechanismus, dessen Aufbau und Wirkung verborgen sind – so auch der Titel eines in Deutschland 1992 erschienenen Buches, in dem Artikel, Interviews und Briefe zu diesem Thema zusammengefasst wurden. Diese Machtmechanismen gilt es, z.B. durch die Soziologie, zu entschlüsseln und aufzudecken – und zwar möglichst so, dass sie von jedem/jeder verstanden werden können, denn das Verstehen und Nichtverstehen (können) ist ebenfalls bereits eine Machtfrage.

Die oben gestellten Fragen sind für Bourdieu also deswegen hochrelevante Machtfragen, da sie aufzeigen, dass und wie durch die individuelle und klassenspezifische Form der Wahrnehmung, des Denkens, Auftretens und Handelns Grenzen zu anderen Klassen gezogen werden und sich darüber soziale Unterschiede in der Gesellschaft reproduzieren und dauerhaft stabilisieren. Genau diese Themen haben Bourdieu zeit seines Lebens beschäftigt. In seinen empirischen Studien und in seinen theoretischen Konzepten weist er daher höchst überzeugend nach, dass der ureigene persönliche Geschmack und die eigenen Vorlieben eben überhaupt nicht individuell sind, sondern eine gesellschaftlich vermittelte Prägung ausdrücken und dass darin ein verborgener Mechanismus der Macht liegt. Insofern ist die Frage nach dem Geschmack immer auch eine Machtfrage.

Macht durch Habitus

Damit kommen wir bereits zu einem seiner für die Frage nach der Macht zentralen Begriffe: Dem Habitus bzw. den Habitusformen, verstanden als Dialektik von individuellem Verhalten und objektiven Strukturen. Der Habitus stellt somit das Bindeglied, die Relation zwischen der historischen Entwicklung und der gesellschaftlichen Zugehörigkeit und dem konkreten, verinnerlichten individuellen Verhalten dar, das im Prozess der Sozialisation erworben wird. Erkenntnistheoretisch überwindet Bourdieu mit dem Habitus-Ansatz die Spaltung in der Soziologie zwischen Subjektivismus und Objektivismus.

Doch was ist genau unter Habitus zu verstehen? In den Schriften von Bourdieu findet sich leider keine eindeutige und durchgängige Definition des Habitusbegriffes, vielmehr umkreist er diesen und differenziert ihn, wie andere zentrale Begriffe seiner theoretischen Arbeiten auch, immer wieder kontextbezogen. An einer Stelle beschreibt er bereits 1979, „in dem der Habitus als ein zwar subjektives, aber nicht individuelles System verinnerlichter Strukturen, als Schemata der Wahrnehmung, des Denkens und Handelns angesehen wird, die allen Mitgliedern derselben Gruppen oder Klasse gemein sind“ (Bourdieu 1989, zit. n. Treibel 1997, S. 207).

In einem anderen Interview antwortet er auf die Frage, ob sich aus der Fülle seiner empirischen Studien über individuelle Gewohnheiten Schlussfolgerungen auf ein System der Lebensstile ergeben: „Mein Versuch geht dahin zu zeigen, daß zwischen der Position, die der Einzelne innerhalb eines gesellschaftlichen Raumes einnimmt, und seinem Lebensstil ein Zusammenhang besteht. Als Verbindungsglied zwischen Position oder Stellung innerhalb des sozialen Raumes und spezifischen (…) Praktiken, Vorlieben usw. fungiert das, was ich ‚Habitus‘ nenne, das ist eine allgemeine Grundhaltung, eine Disposition gegenüber der Welt, die zu systematischen Stellungnahmen führt. Es gibt mit anderen Worten tatsächlich – und das ist meiner Meinung nach überraschend genug – einen Zusammenhang zwischen höchst disparaten Dingen: wie einer spricht, tanzt, lacht, liest, was er liest, was er mag, welche Bekannte und Freunde er hat usw. All das ist eng miteinander verknüpft“ (ebd.). Und wer den Habitus einer Person kennt, der spürt intuitiv, welches Verhalten für diese Person angemessen oder unangemessen ist. Mit anderen Worten: Der Habitus ist ein System von Grenzen, durch den objektive Klassenlagen reproduziert werden (vgl. ebd.).

Soziale Felder als Kampfarenen

„Die sozialen Felder bilden Kraftfelder, aber auch Kampffelder, auf denen um Wahrung oder Veränderung der Kräfteverhältnisse gerungen wird" (Bourdieu 1982, zit. n. Endreß 2013, S. 12).

Der Habitus markiert somit soziale Unterschiede, reproduziert objektive Klassenlagen und erzeugt damit soziale Ungleichheiten. *Wer z.B. zur Oberschicht gehört, schickt seine Kinder auf Privatschulen und teure Internate, in denen sie den Habitus ihrer Klasse erlernen und verinnerlichen, der sich dann im Verhalten, im Auftreten, im ästhetischen Geschmack bis hin zur Sprache von anderen Klassen unterscheidet – wie schon in den einleitenden Fragen dargestellt. Auch in der Sozialen Arbeit wirken Geschmacksfragen* in Form von berufsbedingten Deutungsmustern, d.h. was z.B. Sozialarbeitenden bzw. ihren Nutzer*innen gefällt – und ob und wie das zusammenpasst oder auch nicht (vgl. Scheller/Rohloff (2022).

Soweit zum Habitusbegriff. Wir werden später noch auf ihn zurückkommen und schauen, was hinter jenen Praxisformen und ihren kulturellen Selbstbeschreibungen steckt (vgl. Nassehi/Nollmann 2004, S. 10), wenn wir das Konzept des sozialen Raums und der Kapitalsorten erörtern.

Forschungs- und wissenschaftlicher Zugang

Soziologie als Wissenschaft über Macht

„Die Soziologie wäre nicht eine Stunde Mühe wert, wenn sie ein für Experten reserviertes Wissen von Experten wäre" (Bourdieu 1992, S. 7).

Zunächst kommen wir noch einmal zur Frage zurück, wieso sich ein Soziologe detailliert mit Geschmacksfragen und Lebensstilen befasst und wie er daraus Schlussfolgerungen über Macht und Herrschaft ableitet. Die Antwort findet sich in seiner Biografie, seiner akademischen Karriere und den Charakteristika seines wissenschaftlichen Denkens. Bourdieu stammt aus einfachen Verhältnissen, er wurde in der Provinz geboren und schaffte den Eintritt in die renommierte französische Eliteschule Ecole Normal Supérieure, in der herausragende Intellektuelle wie z.B. Jean-Paul Sartre und Michel Foucault studierten. Dieser Karriereweg an die Spitze des hierarchischen französischen Bildungssystems ist für jemanden, der aus der rückständigen Provinz kommt, unüblich, die Eliteschulen sind in der Regel Angehörigen der intellektuellen Oberschicht vorbehalten. Diese biografische Erfahrung der Diskrepanz zwischen seiner bäuerlichen Herkunft und seiner Ausbildung prägen seine wissenschaftlichen Arbeiten, sein zwiespältiges Verhältnis gegenüber der akademischen Welt – ja, mehr noch entwickelte er „einen Widerwillen gegen die ‚Schwindeleien der intellektuellen Anmaßung'" und die „Posen des ‚großen Stils'" (Bourdieu 2002, zit. n. Krais 2004, S. 181).

Immer wieder reflektiert er dabei in seinen Schriften selbstkritisch seine eigene Position als Wissenschaftler und Soziologe, aber ebenso scharf kritisiert er den akademischen Betrieb mit seinem Gerangel um Prestige und wissenschaftliche Reputation und dem Anspruch auf Definitions- und Deutungsmacht. Das (französische) Bildungssystem entlarvt er als die zentrale gesellschaftliche Institution, die die Fortsetzung der herrschenden Machtordnung ermöglicht – wobei wir erneut bei dem schon angesprochenen wichtigen Aspekt der Machtfragen bei Bourdieu angekommen sind: Seine Studien zeigen auf und belegen empirisch die komplizierte Frage, durch welche sozialen Praxen, Rituale und Strukturen Macht aufgebaut und vor allem erhalten und tradiert wird. Dabei befindet er sich in guter Gesellschaft mit anderen Theoretiker*innen, die den Machtbegriff weder präzise definieren noch exakt abgrenzen von ähnlichen Begriffen. Dennoch gelingt ihm eine höchst anschauliche Darstellung, wie durch Segregation und Erzeugung sozialer Ungleichheit Macht entsteht, wie sie sich darstellt oder anfühlt, und wie sie sich tief in die Vorlieben und in die Lebensstile der Menschen und Strukturen verankert.

Spannend bei Bourdieu ist, dass er nicht nur theoretisch, sondern auch breit empirisch zum Thema Macht forscht: Er beginnt seine wissenschaftliche Laufbahn in Algerien, wo er eine ethnologische Feldstudie zu den Veränderungen in der Kultur eines Berberstamms durch den Einfluss der französischen Kolonialherrschaft durchführt. In dieser Zeit entwickelt er seine spezifische Art der Forschung und des theoretischen Zugangs, indem er empirische Daten (Statistiken, ethnographische Beschreibungen, Fotografien) mit theoretischen Begriffen und Konzepten verbindet und diese weiter zu neuen, passenderen *Erkenntniswerkzeugen* weiterentwickelt. Da seine Forschungen fast immer von der sozialen Praxis der Individuen ausgingen und er diese Handlungen zu den historischen und objektiv vorfindlichen Bedingungen in Relation setzt, kann seine Erkenntnisweise als praxeologisch bezeichnet werden. Diese Art des Forschungszugangs und der daraus abgeleiteten Theorieentwicklung sind beispielhaft und wegweisend, vor allem für handlungsorientierte Wissenschaften, wie es z. B. auch die Soziale Arbeit ist.

Seine Theorie, von der er übrigens nie als solche sprach, ist somit eine Theorie der Praxis. Insofern ist auch eine wissenschaftstheoretische Einordnung Bourdieus schwierig. Wollte man seine Arbeiten in eine der gängigen Ordnungsschubladen der Soziologie oder der Philosophie packen, würde man seiner Vielfalt und Kreativität nicht gerecht werden. Weder verfolgt er den Objektivismus des strukturalistischen Ansatzes noch den des Subjektivismus oder gar den Existenzialismus Jean-Paul Sartres, vielmehr verknüpft er beide Perspektiven in einem Relationismus: Das Subjektive bedingt das Objektive und umgekehrt. Menschen denken, verhalten und empfinden, wie objektive Strukturen sich ihnen darstellen, und durch ihre soziale Praxis generieren sie wiederum die objektiven Strukturen. Er bezeichnet diese Dialektik als „Doppelnatur" der sowohl realhistorischen als auch sozial konstruierten Wirklichkeit (vgl. Wehler 2013, S. 47), die der Grund für die Entstehung großer sozialer Ungleichheiten, Machtchancen und schließlich der Klassenstruktur in der Gesellschaft sind. *Es ist wie im Monopoly-Spiel: Wer die Schlossallee erwirbt, verhält sich dementsprechend, bebaut diese mit Hotels und dominiert damit das Spiel. Wer ‚nur' auf der Badstraße sitzt, hat deutlich schlechtere Chancen und verliert in der Regel. So ist es auch im echten Leben.*

Soziale Ungleichheiten, symbolische Macht und Herrschaft

Gesellschaft ist für Bourdieu ein Geflecht von Verhältnissen, das gemäß einer historischen Logik und den sozialen Praktiken der Akteure Verteilungsstrukturen entstehen lässt, die Macht- und Privilegienhierarchien hervorbringen und stabilisieren. Sein Interesse gilt nun der Aufdeckung genau dieser verborgenen Machtverhältnisse und der Logik ihrer Reproduktion. Dabei sah sich Bourdieu nicht als distanzierter Beobachter der sozialen Welt, wie z. B. Niklas Luhmann, sondern als engagierter politischer Soziologe, der im Sinne der Aufklärung gesellschaftliche Verhältnisse kritisierte, wie z. B. das Bildungssystem, die Wissenschaft und die männliche Herrschaft. Obwohl er dabei den Kapitalismus, die Auswirkungen der Globalisierung und der neoliberalen Ökonomie in seiner Studie „Das Elend der Welt" (1997) vehement kritisierte, unterließ er interessanterweise jeglichen Vorschlag, wie die Welt besser sein könnte. Sein Anliegen war es, eine möglichst realitätsnahe, theoretisch abgeleitete und empirisch fundierte Erfassung der sozialen Wirklichkeit vorzulegen, die es ermöglicht, ausgeprägte Ungleichheitsstrukturen, namentlich die Entstehung von Macht und Herrschaft, zu erklären – nicht mehr und nicht weniger.

Was sind und wie entstehen nun soziale Ungleichheiten? Ganz allgemein gesprochen sind sie Ergebnisse von Verteilungsstrukturen, die den Zugang zu knappen Gütern in einem sozialen Raum auf Dauer verlässlich regeln. Die Verteilungsregeln sind hierarchisch gestaffelt und umfassen das gesamte Spektrum von materiellen wie ideell begehrten Gütern – zu

Letzteren gehören z. B. Ehre, Ansehen, Macht, Privilegien, Titel etc. Die Art der Regeln und deren Durchsetzung haben sich historisch als Resultat des Zusammenwirkens von Wirtschaft, Kultur und Herrschaft entwickelt. Es handelt sich dabei um symbolische Macht, von der Gesellschaften durchdrungen sind: „Die prinzipielle Dichotomie von Gesellschaften besteht danach zwischen Herrschenden und Beherrschten, da Besitz von Macht strukturelle Vorteile, Ausschluss von Macht in aller Regel strukturelle Nachteile mit sich bringt" (Wehler 2013, S. 55). Am Beispiel der Schule weist Bourdieu nach, wie ungleich die tatsächlichen Chancen auf gleiche Bildung trotz gesetzlich festgeschriebener Bildungsgleichheit verteilt sind. Der Grund liege in den Wirkungen des „kulturellen Erbes", der sozialen Herkunft der Schüler*innen – das über die zukünftigen Lebenschancen entscheidet. Keine Reform wird diese symbolische Macht außer Kraft setzen, es sei denn, es findet ein völliger Wechsel der politischen Kultur statt, *wie z. B. in den ehemals sozialistischen Ländern, in denen Arbeiterkinder Akademikerkindern bei der Zulassung zum Studium vorgezogen wurden.* Jede Gesellschaft ist über die Institution Bildung bestrebt, ihre jeweils legitimen Ideen in kommenden Generationen fortzuschreiben. In dieser Argumentation erweist sich der Gedanke, Bildung als zweckfreien und herrschaftsfreien Raum zu beschreiben als Illusion, denn in der Erziehung werden die Fundamente für die Sichtweisen auf die Welt vermittelt, die als legitime, anerkannte Kultur gelten, die die symbolische ungleiche (Herrschafts-)Ordnung stützen. Damit bezeichnet Bourdieu „Formen und Modi der Herrschaft, die über Kultur, das heißt über die Sichtweisen der Welt, über Selbstverständlichkeiten unseres Denkens vermittelt sind" (Krais 2004, S. 185).

Aber nicht nur über die Schule werden legitime Benennungen *(Farbige*r statt Schwarze*r; Kund*in statt Klient*in; ausländische*r Mitbürger*in statt Migrant*in etc.)* und legitime Bedeutungen *(aktivierender Sozialstaat, Wirkungsorientierung, Bedarfsgemeinschaft, Selbstunternehmer*in)* transferiert, auch in anderen Kulturproduktionsinstitutionen wie Kirche, Rechtsprechung, Medien, Kunst, Wirtschaft, Wissenschaft, Politik, Verbände, NGOs, soziale Netzwerke etc. In diesen sozialen Feldern wird die Wahrnehmungsweise der sozialen Welt konstruiert, organisiert und legitimiert: Hier wird um legitime Macht – Definitionsmacht – gekämpft; hier werden Positionen und Privilegien vergeben oder vorenthalten, Bewertungssysteme kreiert – hier wird symbolische Macht gehandelt – „eine Macht, die derjenige, der ihr untertan ist, in demjenigen, der sie ausübt, anerkennt und ihm zuerkennt" (Bourdieu 1981, zit. n. Endreß 2013, S. 218). Es ist ein sich gegenseitig bedingendes Wechselspiel von konstruierten Deutungen und deren Anerkennung als legitime Bedeutungen. Symbolische Macht ist „Worldmaking“, „eine Macht, Dinge mit Wörtern zu schaffen“ (ebd.).

Macht und Worte

„Tatsächlich üben Worte eine typisch magische Macht aus: sie machen sehen, sie machen glauben, sie machen handeln“ (Bourdieu 1992, S. 83).

Nicht zuletzt in den Diskussionen über gendersensible Sprache oder dem Benennen von Intersektionalität (‚Alte, weiße Männer‘, s. Kap. 5) zeigt sich die ganze Kraft von Definitionsmacht. Herrschaft – das sind Symbolische Ordnungen, die über die Medien Sprache und Bilder vermittelt werden und richtungsweisend sind für unsere Wahrnehmung und Empfindung, was richtig, was schön, was cool, was gut oder was auch immer ist. *So wissen wir alle (oder werden wissend gemacht), dass Bioprodukte gesünder sind als Fastfood. Indem wir immer mehr Produkte dieser Art konsumieren, entstehen und manifestieren sich Grenzen zu jenen Gruppen, die ungesund essen und leben. Dadurch entsteht ein Lebensstil, der der Unterschicht zugeschrieben wird, während die Mittel- und Oberschicht den legitimen Biolifestyle lebt. Das haben auch die großen Discounter erkannt und bieten dort – vergleichsweiser günstiger – eigene Biomarken an, um weitere Zielgruppen der Mittelschicht zu erreichen.*

Wir sehen an diesem scheinbar harmlosen Beispiel, wie symbolische Macht – die Durchsetzung von Bedeutungen und den institutionellen Bedingungen ihres Gebrauchs *(Bioläden, Fachliteratur, Kochkurse etc.)* – die Wahrnehmung organisiert, sich in ein *natürliches* Verhalten transferiert und unbewusst als legitim und selbstverständlich wahrgenommen und anerkannt wird. Ähnlich ist das Bedürfnis von ausgegrenzten Gruppen, durch Sprache sichtbarer zu werden, indem neue Begriffe bzw. Abkürzungen wie LGBTQIA2S+ entwickelt werden, die die Vielfalt an geschlechtlichen Orientierungen und Lebensformen abbilden soll und damit Identitätspolitik – ein ebenso neuer wie schillernd-kontroverser Begriff – gemacht wird. Heftige Konflikte um die ‚richtige‘ Sprache, *wie diese seit ca. 2020 bzgl. gendergerechte Sprache passieren*, zeigen, dass es wirklich um etwas geht: So funktioniert – und dominiert! − symbolische Macht, denn vermittelt wird dies alles durch Sprache als dem zentralen Medium symbolischer Herrschaft. In Zeiten des digitalen Kapitalismus verlagert sich die Macht der Worte auf die Macht der Zahlen. Es sind die Daten, die wir Nutzer*innen freiwillig und aus gedankenloser Bequemlichkeit den Digitalgiganten zur Verfügung stellen und damit zahlengestützte Bewertungssystem etablieren und legitimieren, die soziale Ungleichheiten verfestigen und vertiefen. Der Soziologe Steffen Mau analysiert die Folgen der Quantifizierung des Sozialen und fragt, „Welches Ungleichheitsregime bildet sich mit der wachsenden Macht der Zahlen und dem Aufstieg des metrischen Wir heraus?" (Mau 2018, S. 20). Bourdieu würde darauf antworten: Die symbolische Dimension dieser neuen sozialen Hierarchie, der die quantitative Rangbildung zugrunde liegt, wird einfach von den Nutzer*innen angenommen und nicht weiter hinterfragt. Wenn sie als angemessen, evident und selbstverständliche erlebt wird, sind wichtige Schritte einer Naturalisierung (das ist eben so) sozialer Ungleichheit vollzogen (ebd., S. 15). Welche Konsequenzen sich für die Soziale Arbeit durch den „Kult des Allesmessens, der Omnimetrie" (Dueck 2013, zit. n. Mau 2021, S. 21) ergeben können, erörtern wir in Kapitel 5. Zurück zur Sprache und den großen Machtpotenzialen, die in ihr liegen: Wer Worte und Sprache(n) beherrscht, hat Macht, denn „jeder sprachliche Austausch enthält die Virtualität eines Machtaktes" (Bourdieu in Endreß, 2013, 218.). Hierbei geht es nicht (nur) um Fremdsprachenkenntnisse: Es gibt Alltagssprache(n) und Fachsprache(n). Nicht jeder oder jede kann (und soll) mit jedem sprechen (können). Durch verschiedene Sprachen gelingt die Abgrenzung und Signalisierung disziplinärer und gruppenspezifischer und identitärer Zugehörigkeit. So wirbt eine Partei im Wahlkampf 2021 um Wähler*innenstimmen mit den Worten: „Deutsch statt Gender" oder: „Deutschland – aber normal". Verwaltungsentscheidungen, juristische Stellungnahmen, medizinische Gutachten, soziologische Texte, Wirtschaftsanalysen, aber auch spezifische Sprachen von Teilgruppen der Gesellschaft *(Jugendsprache wie z. B. Kanak-Sprak, epidemiologische Fachsprache in einer Pandemie)* können meist nur von Angehörigen des jeweiligen Feldes verstanden werden, anderen bleibt der Zugang tendenziell verschlossen. Hinzu kommt, dass in Behörden und Unternehmen zusätzlich die Hierarchie die Interaktionsstruktur regelt. Insofern ist der Habitus ein wichtiges Element der Reproduktion von Macht im *sozialen Raum* – ein weiterer wichtiger Begriff Bourdieus: „Dieser soziale Raum besitzt, wie der geographische, eine Struktur – es gibt so etwas wie eine gesellschaftliche Topologie: Einige Menschen stehen ‚oben', andere ‚unten', noch andere ‚in der Mitte'" (Bourdieu 1992, S. 35). Im sozialen Raum agieren und handeln viele Individuen, die wie auf einem Markt ihre Eigenschaften und ihr Kapital zum Einsatz bringen und damit einen hohen Gewinn erzielen wollen, um sich möglichst gut in der Gesellschaft zu platzieren. Die Position Einzelner im sozialen Raum hängt einerseits von deren Kapitalvolumen ab und andererseits von der spezifischen Zusammensetzung der Kapitalarten. Damit sind wir auf der materiellen Ebene von Macht angekommen: Macht entsteht auch durch die Verfügbarkeit von

Kapital. Bourdieu erweitert dabei den klassisch marxschen Kapitalbegriff deutlich und differenziert ihn dahingehend, dass er zwischen ökonomischem, kulturellem und sozialem Kapital unterscheidet, um den Komplexitäten gerecht zu werden. Nicht zufällig tauchen hier erneut die oben bereits angesprochenen Aspekte auf – ein Hinweis darauf, wie verschränkt das Theoriegeflecht Bourdieus ist.

Macht und Kapitalsorten

Als grundlegendes Kapital bezeichnet Bourdieu das ökonomische Kapital. Es umfasst – wie bei Marx – Einkommen, Geld und das gesamte finanzielle Vermögen, über das Menschen verfügen können. Der Zugang dazu und die Verteilung ist in spätkapitalistischen Gesellschaften aus seiner Sicht ein zentraler Machtfaktor. Bourdieu erweitert den Kapitalbegriff jedoch entscheidend, auch, weil er sich viel mehr für subtilere Formen der gesellschaftlichen und politischen Macht interessiert – dem sozialen Kapital, das er trotz aller Wichtigkeit der ökonomischen Macht für das Wichtigere hält (vgl. Treibel 1997, S. 208 f.).

Das Feld der Macht

„Das Feld der Macht (…) ist kein Feld wie die anderen: Es ist der Raum der Machtverhältnisse zwischen verschiedenen Kapitalsorten oder (…) zwischen Akteuren, die in ausreichendem Maße mit einer der verschiedenen Kapitalsorten versehen sind" (Bourdieu 1994, zit. n. Endreß 2013, S. 213).

Das soziale Kapital ist keine nur individuelle Größe, sondern es umfasst „alle Ressourcen, die auf der Zugehörigkeit zu einer Gruppe beruhen, sei es ein Familienhintergrund, die Ausbildung in einer Eliteanstalt oder die Zugehörigkeit zu einflussreichen Kreisen" (Rehberg 2020, S. 139), also die Beziehungen, über die ein Mensch verfügt: „Der Umfang des Sozialkapitals, das der einzelne besitzt, hängt demnach sowohl von der Ausdehnung des Netzes von Beziehungen ab, die er tatsächlich mobilisieren kann, als auch von dem Umfang des (ökonomischen, kulturellen oder symbolischen) Kapitals, das diejenigen besitzen, mit denen er in Beziehung steht" (Bourdieu, zit. n. Baumgart 1997, S. 225). Das soziale Kapital ist somit eng mit dem Habitus verbunden. Es wird durch Bildungsprozesse – der Gesellschaft, aber auch des Einzelnen – immer wieder neu reproduziert, vor allem mittels des ökonomischen Kapitals, ganz nach dem Prinzip: Wer hat, dem wird gegeben.

Aufgrund seines Interesses an diesen komplexen Prozessen differenzierte Bourdieu das Phänomen des kulturellen Kapitals als zentralem Machtfaktor weiter aus. Das kulturelle Kapital kann demnach in drei Formen existieren: In Form des inkorporierten, objektivierten und institutionalisierten Kapitals.

- Das inkorporierte, verinnerlichte Kapital ist die Bildung, die man – bewusst oder unbewusst – in der Familie, in der Schule oder in der Universität erworben hat. Der Erwerb hat Zeit gekostet und ist zu einem festen Bestandteil der Person und damit auch des Habitus geworden.
- Im objektivierten Zustand existiert das kulturelle Kapital „in Form von kulturellen Gütern, Bildern, Büchern, Lexika, Instrumenten“ etc. (Bourdieu, zit. n. ebd., S. 218).
- Institutionalisiertes Kulturkapital sind Zeugnisse, Diplome, Titel. Hiermit wird dem inkorporierten Kulturkapital eine institutionelle Anerkennung verliehen.

Die beiden letzten Kapitalarten sind besonders eng mit dem ökonomischen Kapital verbunden. Das kulturelle Kapital kann ebenso wie das soziale Kapital in ökonomisches Kapital (und umgekehrt das ökonomische in kulturelles oder soziales Kapital) konvertiert, umgetauscht werden und unterliegt dabei den Regeln des sozialen Raumes. *Ein paar Beispiele: Es gibt Menschen mit viel ökonomischem und wenig kulturellem Kapital, z. B. ein Mobiltelefonverkäufer, der vielleicht nur einen Hauptschulabschluss hat, aber viel Geld mit dem Verkauf neuer Mobiltelefone verdient. Gesellschaftlich wird diese Form des schnellen, neuen Reichtums vor dem Hintergrund des sozialen Kontextes deutlich anders bewertet (‚ein Neureicher‘) als das sogenannte alte Geld, das zwar deutlich weniger sein kann, aber tendenziell in bestimmten sozialen Räumen anders (höher) bewertet wird. Umgekehrt gibt es Personen, die viel kulturelles und wenig ökonomisches Kapital besitzen, z. B. eine Person mit einem Hochschulabschluss und/oder Doktortitel, die sich im Wissenschaftssystem von einem befristeten Vertrag zum nächsten hangelt. Oft befinden sich gerade Nachwuchswissenschaftler*innen lange in prekären Arbeitsverhältnissen an Universitäten und verfügen jahrelang über wenig finanzielle Ressourcen, würden sich aber selbst nicht als arm oder bedürftig bezeichnen (bzw. von anderen so gesehen werden), auch wenn es manche faktisch sind. Das kulturelle Kapital wirkt hier in der Selbst- und Fremdwahrnehmung: Die Phase der prekären, zeitlich begrenzten Arbeitsverträge wird als notwendige Karriere-Durchgangssituation wahrgenommen und gedeutet, auch wenn sie bei vielen faktisch einen großen Teil der Berufsbiografie einnimmt, da vor allem diese Berufsgruppen dazu neigen, aufgrund von hohen Abhängigkeitsbeziehungen und eines eingeschränkten Stellenmarktes wenig Forderungen zu stellen (vgl. ZEIT 03/2014). Genauso ist die Studienzeit für viele eine Phase im Leben, in der sie zwar relativ wenig Geld haben (ob* *real oder zugeschrieben), aber einen deutlich höheren gesellschaftlichen Status im Selbst- und auch Fremdbild als Hartz IV-Empfänger*innen, die auch nur über geringe finanzielle Ressourcen verfügen.*

Zu den relevanten Kapitalsorten, zählen auch symbolisches Kapital (soziale Anerkennung) „sowie, nicht zu vergessen, Körper-Kapital, das in Form von Gesundheit, Fitness, Attraktivität, Stressfähigkeit usw. in der Spätmoderne immer wichtiger zu werden scheint" (Rosa 2021, S. 198). Ein Machtfaktor, den Staub-Bernasconi als Körpermacht bezeichnet.

Wie kann die Soziale Arbeit von Bourdieus Ansätzen angeregt werden?

Soziale Arbeit befindet sich mitten in der Frage, wie welches Kapital in der Gesellschaft verteilt ist. Soziale Arbeit ist eine Wissenschaft und Profession, die mit der Erzeugung und den Auswirkungen von sozialer Ungleichheit intensiv befasst ist. Insofern prägte Bourdieu mit seinen Aussagen und mehr noch nach seinem Tod 2002 intensiv den gesellschaftstheoretischen Diskurs. Für die deutsche Soziale Arbeit erlangte er erst in den letzten 20 Jahren größere Bedeutung. So stellt Husi 2010 in seiner Rezension eines Bourdieu-Handbuches immer noch fest: „Bourdieus Gedankenwelt hat Sozialer Arbeit indessen (noch) viel mehr zu bieten, und diese Welt gilt es noch auszukundschaften" (Husi 2010).

Was hat er unserer Profession also zu bieten? Sein Machtkonzept und seine Analysen zeichnen den Alltag und die Ausgrenzungsmechanismen derjenigen deutlich nach, die zu dem Adressatenkreis der Sozialen Arbeit gehören. Sein Forschungszugang war und ist stilbildend für die sich immer weiter entwickelnden Forschungszugänge in Deutschland (das im Hinblick auf forschende Sozialarbeiter*innen im Gegensatz zu vielen anderen vergleichbaren Industrieländern deutlich hinterherhinkt). Es braucht trotz deutlich verstärkter Forschungstätigkeiten noch viel mehr empirisch fundierte Theoriebildung und deren Rückkopplung in die Praxis. *So ist es ein interessanter Schritt, mit dem Bourdieuschen Konzept Präferenzsysteme des Geschmacks von Sozialarbeiter*innen zu erforschen, die gerne Punk und Metal hören – „und was das mit der Praxis der Sozialen Arbeit zu tun haben könnte" (Rohloff 2022) bzw. zum Thema des Stellenwertes der Konzepte ‚Habitus' und ‚Geschmack' in der Sozialen Arbeit Forschungsbefunde und Forschungslücken zu eruieren und z. T. zu schließen (Scheller/Rohloff 2022).*

Eine Auseinandersetzung dient somit der Bewusstseinsschärfung, verlangt aber auch daraus abgeleitete Handlungsweisen: Für die Soziale

Arbeit sind seine Ausführungen und Schlussfolgerungen zu den Konzepten Kapital, Habitus, soziale Felder und Praxis implizit und explizit unabdingbares Handwerkszeug, um komplexe Prozesse der Machtproduktion und des Machterhalts besser zu verstehen – unter anderem auch im Hinblick auf die Verhältnisse zwischen Sozialarbeiter*innen und ihren Klient*innen, die ja auch durch alle Machtformen gekennzeichnet sind, wie auch die gesellschaftlichen Verhältnisse, innerhalb derer sich Sozialarbeitende bewegen. Bourdieu zeigt ihnen, dass alle sozialen Felder Kampfarenen sind, in denen es um symbolische Macht, Deutungsmacht und Verteilung von Kapital jeglicher Art geht. Gerade Sozialarbeiter*innen müssen sich in diesen machthaltigen und machtgebenden Verhältnissen bewegen können, indem sie die verborgenen Mechanismen der Macht, die sie oft quasi am eigenen Leib erleben und spüren, erkennen und decodieren können. Oft lösen Sozialarbeiter*innen diese Erfahrungen einseitig auf und erleben sich hierarchisch, ökonomisch und statusbezogen nur unterlegen. Dabei verfügen auch sie – als eine zahlenmäßig nicht wirklich kleine Gruppe (2022 sollen ca. 350.000 Sozialarbeiter*innen in Deutschland tätig sein) – über viel mehr Man- und Womanpower, als das oft mit der Aussage suggeriert wird, dass überall Sozialarbeiter*innen fehlen – weil beides stimmt. Was aber oft vielmehr fehlt, sind ein strategisches Vorgehen und das Selbstbewusstsein darüber, tatsächlich über attraktive Kapitalsorten zu verfügen, die in den Kampfarenen zum Tausch angeboten werden können. Von Bourdieu lernen heißt also auch, ein aktiveres und offensiveres Kapitalbewusstsein zu entwickeln und mit der scheinbar hochdominanten ökonomischen Kapitalmacht durch kämpferisches Handeln konkurrieren zu können.

Darüber hinaus wirkt reflexives Nachdenken auch psychohygienisch, indem das Erleben von Widersprüchen besser durchschaut werden kann und nicht einseitig individualisierend oder selbststabwertend („Ich schaffe es einfach nicht, die anderen schon") gegen sich gerichtet wird. Die verborgenen Mechanismen zu erkennen, heißt nicht, alles sofort verändern zu können. Es verhilft aber zu mehr Gelassenheit und kühlem Kopf in den Arenen, Teams, Gremien, Sitzungen etc., in denen mit Kapitalsorten als Waffen gekämpft wird. Das gilt auch für das Verhältnis zwischen Sozialarbeiter*innen und ihren Klient*innen, in denen die Sozialarbeitenden immer die mächtigere Rolle einnehmen – ob sie wollen oder nicht. Alleine durch das unvermeidliche mindestens doppelte Mandat stehen sie ihren Klient*innen sehr wirkungsmächtig gegenüber – auch wenn sich viele oft nicht so fühlen, worauf Herwig-Lempp (2007) hochberechtigt hinweist. Eine Reflexion der Kapitalsorten im Hinblick auf die eigene Biografie kann auch sehr erkenntnisreich sein: Tendenziell sind viele Sozialarbeiter*innen aus der Mittelschicht mit idealistischen Helferkonzepten und Vorstellungen von *gelingendem Leben* ausgestattet, die bei ihren Klient*innen auf Menschen mit Biografien treffen, die sich in vielerlei Hinsicht deutlich von den ihren unterscheiden (vgl. Scheller/Rohloff 2022). Bleibt dies unberücksichtigt, wird die Deutungsmacht der Sozialarbeiter*innen zur scharfen Waffe. Ein zentraler Ansatzpunkt ist es beispielsweise, sich der eigenen Sprache und der Haltung gegenüber der Klient*innen bewusst zu sein. Dazu gehört auch das hochkonflikthafte Thema der gendersensiblen Sprache. Eine differenzierte Aneignung der bourdieuschen Konzepte ermöglicht es, sich dieser und anderer *Machtverhältnisse* bewusst zu werden und dadurch trotz des Erlebens von hoher Widersprüchlichkeit handlungsfähig zu bleiben. Denn, so Sabine Hering „[es gilt], mit den nicht aufhebbaren Widersprüchen zu leben – und zwar nicht resignativ, sondern optimistisch, weil Widersprüche stets zu aktuellen Analysen und neuen Problemlösungen herausfordern" (Hering 2013, S. 8).

Kritische Würdigung

Was lässt sich an Bourdieu kritisieren bzw. was wird an seinen Konzepten und Kategorien kritisiert? Nicht viel, so ist festzustellen, denn es scheint nicht zuletzt für die Sozialwissenschaften ein nach wie vor sehr ergiebiges, schlüssiges, theoretisch und empirisch begründetes Theoriegebäude zu sein. Mittlerweile gehört Bourdieu zu den Klassikern der Soziologie. Von Wehler wird sein Werk in Verbindung mit der modernen Stratifikationsforschung als weltweit einer der anregendsten Köpfe der Sozialwissenschaft bezeichnet (vgl. Wehler 2013, S. 47).

In Deutschland wird vor allem seine aus den 1980er-Jahren stammende Annahme kritisiert, dass der Geschmack Ausdruck und Garant von Milieu- und Klassenzugehörigkeit ist. Zutreffender hingegen wäre die Annahme, dass die Unterscheidung von Hoch- und Populärkultur hinfällig sei, da sich die Klassengeschmäcker in einer Konsumentenkultur auflösen (vgl. Resch 2012). Ein weiterer Kritikpunkt ist die Frage nach der Übertragbarkeit der in der französischen Gesellschaft empirisch erfassten Ergebnisse auf andere Länder und Kulturen (Endreß 2013, S. 221). Endreß wie auch Krais (2004, S. 173) stellen fest, dass eine zentrale Schwierigkeit der Rezeption seines Werkes darin begründet sei, dass er seine Begrifflichkeiten immer im Zug empirischer Studien entdeckt, entwickelt und verändert hat, „so dass diese immer im Kontext ihres Verwendungszusammenhangs verstanden werden müssen" (Endreß 2013, S. 222). Allerdings ist dieser Kritikpunkt aus Sicht einer anwendungsorientierten Forschung wenig nachvollziehbar, denn muss nicht jeder Begriff im Kontext seiner Entstehung betrachtet werden? Gibt es kontextlose Begriffe? Aus unserer Sicht nicht.

Wir messen dabei Bourdieu an einem strengen Maßstab, den Max Weber einmal entwickelte: Er beklagte damals heftig, dass einige Theoretiker seiner Zeit „pseudowertfreie Propheten“, andere dafür wiederum „Wertscharlatane“ und „Kathederpropheten“ wären, die nur die eigenen Glaubensvorstellungen und politischen Überzeugungen zum Gegenstand ihrer Lehre und ihrer Theorie machen würden (Weber 1988, S. 492 ff.). Lassen sich Bourdieu, der ja immer klare und auch bewertende Positionen einnimmt, diese Vorwürfe machen? Wir denken nein, dazu sind die Theorien empirisch und wissenschaftstheoretisch zu gut gesättigt, wenngleich aufgrund des empirischen Zugangs nicht falsifizierbar. Auch eine feministische Kritik würde ins Leere laufen, übrigens „ein verbreitetes Defizit soziologischer Untersuchungen“ (Krais 2004, S. 187), denn Bourdieu analysiert das Geschlechterverhältnis als Herrschaftsverhältnis, dass sich durch die symbolische Gewalt männlicher Herrschaft tief in sozialen Praktiken niederschlägt. Interessant ist, dass seine präzise Kritik hegemonialer männlicher Macht von der feministischen Debatte kaum zur Kenntnis genommen wurde, vielleicht, so Krais, aus dem Grunde, „weil er [Bourdieu] so scharf analysiert und damit immer auch den letzten Rest an Illusionen zerstört“ (ebd.). Was bleibt an Kritik, die, wie zitiert, sich eher in den akademischen Kampfarenen abspielt und wenig Bezug zur Sozialen Arbeit hat?

Würdigend lässt sich also feststellen: Eine reflexive, kritische Praxis der Sozialen Arbeit ist ohne die Kenntnisse der verborgenen Mechanismen der Macht kaum möglich. Zur theoretischen Beschreibung und Erklärung sozialer Ungleichheit, sozialer Probleme und der für die Soziale Arbeit konstitutiven Widersprüche lassen sich die Kategorien von Bourdieu fruchtbar heranziehen und bezogen auf die Profession finden sich hinreichende Analyseinstrumente, um die niedrige Position der Sozialen Arbeit in der Hierarchie der Professionen zu erklären, und die der Wissenschaft Soziale Arbeit in der wissenschaftlichen Community.

Literaturempfehlungen

Bourdieu, Pierre (2005): Die verborgenen Mechanismen der Macht. Schriften zu Politik & Kultur 1. Hamburg. VSA (Erstausgabe 1992).

Krais, Beate (2004): Soziologie als teilnehmende Objektivierung der sozialen Welt: Pierre Bourdieu. In: Moebius, Stephan/Peter, Lothar (Hg.):

Französische Soziologie der Gegenwart. Konstanz. UVK Verlagsgesellschaft. S. 171–210.

Scheller, Gitta/Rohloff, Sigurður (Hg.)(2022): Habitus und Geschmack in der Sozialen Arbeit. Weinheim. Beltz Verlagsgruppe.

2.1.8 Judith Butler: Macht durch Diskurse

Judith Butler (*1956)

Geboren in einer amerikanisch-jüdischen Akademikerfamilie in Ohio mit ungarisch-russischen Wurzeln, studierte Judith Butler ab 1982 Philosophie an verschiedenen Universitäten (u. a. auch in Heidelberg, aber vor allem an der Eliteuniversität Yale). Bereits ein Jahr nach ihrem Abschluss übernahm sie eine Assistenzprofessur für Literatur und promovierte parallel zum Begriff der Begierde bei Hegel. Judith Butlers sicherlich wichtigstes Buch heißt „Das Unbehagen der Geschlechter" (1991, Orig.: „Gender Trouble"), in dem sie eine bis heute höchst kontrovers diskutierte poststrukturalistische Sicht auf die Geschlechterfrage entwickelte. Sie gilt als eine der wichtigsten wissenschaftlichen, interdisziplinären Impulssetzerinnen der letzten Jahrzehnte und wurde 2012 als erste Frau in Frankfurt mit dem Adorno-Preis ausgezeichnet.

Warum gibt es eigentlich so wenige Frauen, die sich *theoretisch* mit dem Thema Macht auseinandersetzen? Das ist insbesondere deswegen verwunderlich, weil das Thema Macht in den letzten fünfzig Jahren vor allem während der sogenannten zweiten Frauenbewegung ab den 1970er-Jahren weltweit eines der zentralen Themen in der feministischen Diskussion und auch Theoriebildung wurde (vgl. Sauer 2012). Und warum interessieren sich eigentlich so wenige Männer explizit für das Thema *Macht und Geschlecht*? Fast alle männlichen Machttheoretiker sprechen immer nur vom Menschen und nicht von Frauen und Männern, obwohl dies nun einmal eine der zentralen Kategorien ist, mit denen Menschen weltweit unterschieden werden. Nicht umsonst ist die erste Frage nach der Geburt eines Kindes immer und überall, ob es ein Mädchen oder ein Junge ist. Heute gibt es darüber hinaus die weitere offizielle Kategorie *divers* – für Butler ein Fort-, wenn auch nur ein Zwischenschritt in der Anerkennung der Existenz von mehr als zwei Geschlechtern.

Sind das Zufälle oder haben diese Fragen schon etwas mit dem Thema Macht und Geschlecht zu tun? Und inwieweit ist das, was wir unter Geschlecht verstehen, vielleicht sogar schon ein Ausdruck eines Machtverhältnisses? Damit sind wir bereits mitten in den Fragen, die sich Judith Butler in ihrer Auseinandersetzung mit Macht stellt. Zwei davon wollen wir hier genauer vorstellen, da sie aus unserer Sicht für die Soziale Arbeit relevant bzw. fruchtbar sind: Die Aspekte *Geschlecht und Macht* und die *Psyche der Macht* – neben dem sprach- und diskurstheoretischen Programm ihr weiterer zentraler Ansatz.

Geschlecht und Macht

Erneut wird es herausfordernd, sich dieser Theorie zu nähern, denn das, was Butler anbietet, ist komplex, aber aus unserer Sicht für ein Verständnis von Macht in der Sozialen Arbeit unverzichtbar. Das Thema Gender und Macht kann in doppelter Hinsicht wichtig für die Soziale Arbeit sein, denn sie ist eine Profession, deren Wurzeln untrennbar mit vielfältigen Genderfragen verbunden sind (s. dazu das Vorwort von Engelke, sowie Kap. 5). Butler liegt jedoch auch dazu noch quer, indem sie in einer ihrer Hauptthesen vehement vertritt, dass die (auch in den Diskursen der Sozialen Arbeit) übliche Trennung von Sex – verstanden als biologischem Geschlecht (weiblich und männliche genetische Grundausstattung) – und Gender – verstanden als sozial konstruiertes Geschlecht (weibliche und männliche Rollen und Stereotypen) – gar nicht besteht. Auch das biologische Geschlecht ist Konstruktionsprozessen unterworfen und das scheinbar so eindeutige biologische – so beschreibt es Sauer – ebenfalls eine „vordiskursiv gegebene dualistische Kategorie“ (Sauer 2012, S. 391). Alleine diese Unterscheidung zu treffen, die nach Butler vor allem durch Diskurse geschieht, ist bereits eine vor allem heterosexuell geprägte Matrix, mit der jeder Mensch betrachtet und eingeordnet wird. Für Butler ist bereits die Anerkennung dieser Matrix eine Art von Unterwerfung und damit eine Machtfrage. So nennt sie eines ihrer wichtigsten Bücher im Original auch *Gender Trouble* (1991). Interessanterweise ist diese Unterwerfung aber nicht nur repressiv gedacht, sondern beinhaltet auch eine aktive Unterwerfung – ein Aspekt, auf den viele Machttheorien ebenfalls hinweisen (z.B. Bourdieu, Foucault und Luhmann), aber eben nicht mit einer Perspektive auf die Geschlechterfrage. Butler präzisiert damit „die Ausgangsannahme feministischer Machtansätze, dass nämlich Geschlecht selbst ein Herrschaftssystem ist“ (Sauer 2012, S. 391). Wichtig ist ihr aber auch, „dass Geschlechter- und Herrschaftsverhältnisse nicht statisch und starr sind“ (ebd., S. 394). *Trouble* bedeutet ja auch nicht nur Ärger, sondern auch, dass ein Tatbestand aufgewühlt und in Bewegung ist.

Theoretische Grundlagen

Um diesen, zugegeben etwas sperrigen, Ansatz besser verstehen zu können, ist es hilfreich, seine theoretischen Wurzeln näher zu betrachten.

Butler baut auf den Ansatz von Foucault auf und lehnt sich stark seiner Machtanalyse an. Ihr Ansatz basiert auf dessen Subjektverständnis und der poststrukturalistischen Sicht auf Diskurse. Diesen Ansatz entwickelt sie weiter – leider nicht in Richtung bessere Verstehbarkeit, sondern in Richtung Ausweitung der Komplexität.

Macht und Subjekt

„Verstehen wir aber mit Foucault Macht auch als das, was Subjekte allererst bildet oder formt, was dem Subjekt erst seine schiere Daseinsbedingung und die Richtung seines Begehrens gibt, dann ist Macht nicht einfach etwas, gegen das wir uns wehren, sondern zugleich im strengen Sinne das, wovon unsere Existenz abhängt und was wir in uns selbst hegen und pflegen. Dieser Prozess wird gewöhnlich so verstanden: Die Macht drängt sich uns auf, und geschwächt durch sie verinnerlichen und akzeptieren wir schließlich ihre Bedingungen. Dabei wird jedoch übersehen, dass ‚wir', die wir diese Bedingungen annehmen, in ‚unserer' Existenz durch und durch von ihnen abhängig sind" (Butler 2001, S. 8).

Butler entwickelt ihr Verständnis von Macht – wie schon gesagt – vor allem anhand des für sie zentralen Aspektes des Geschlechts. Dabei erweitert sie den foucaultschen Machtbegriff um eine psychologische Dimension, indem sie untersucht, wie Macht im Subjekt entsteht – eine Frage, die Foucault elegant weggelassen hat bzw. die ihn nur am Rande interessierte. Aber dazu später mehr.

Ausgangspunkt von Macht ist somit das Subjekt, dem ein Geschlecht zugeschrieben wird. Machttheoretisch ist dabei relevant, wie ein solches Subjekt gedacht und verstanden werden kann.

Subjekt und Individuum

„Über ‚das Subjekt' wird oft gesprochen, als sei es austauschbar mit ‚der Person' oder ‚dem Individuum'. Die Genealogie des Subjektes als kritischer Kategorie jedoch verweist darauf, dass das Subjekt nicht mit dem Individuum gleichzusetzen, sondern vielmehr als sprachliche Kategorie aufzufassen ist, als Platzhalter, als in Formulierungen begriffene Struktur. Individuen besetzen die Stelle des Subjekts (als welcher ‚Ort' das Subjekt zugleich entsteht), und verständlich werden sie nur, soweit sie gleichsam zunächst in der Sprache eingeführt werden: Das Subjekt ist die sprachliche Gelegenheit des Individuums, Verständlichkeit zu gewinnen und zu reproduzieren, also die sprachliche Bedingung seiner Existenz und Handlungsfähigkeit. Kein Individuum wird Subjekt, ohne zuvor unterworfen/subjektiviert zu werden oder einen Prozess der ‚Subjektivation' (...) zu durchlaufen" (Butler 2001, S. 15f).

Damit sind wir erneut an einer großen Frage der Philosophie und auch der Psychologie angelangt. In diesen Disziplinen existiert eine Vielzahl von unterschiedlichen theoretischen Perspektiven auf den Begriff des Subjekts, die diskutiert werden. Kurz zusammengefasst lässt sich sagen: Im Subjektverständnis gibt es eine Vielzahl von sich ergänzenden und widersprechenden Konzepten und Unterscheidungen. Ohne ins Detail gehen zu wollen, stellen wir fest: Foucault und Butler kritisieren gleichermaßen die

Tradition des klassischen Subjektbegriffs der Moderne. Hier wird zumeist von einem autonomen, mit sich selbst identischen Subjekt ausgegangen, das den gesellschaftlichen Macht- und Herrschaftsverhältnissen vorgelagert ist (vgl. Villa 2003, S. 45). In so einem Verständnis ist ein Subjekt etwas, was unabhängig von Macht gedacht werden kann. Macht wäre dann nur etwas, was *dazu* kommt und was dann auf dieses stabile Subjekt wirkt. In so einem Verständnis besteht also eine klare Trennung zwischen Subjekt und Macht.

Foucault und auch Butler verstehen das jedoch ganz anders: Für sie sind *Mensch* und *Subjekt* – theoretisch gesehen – nur Formationen in einer diskursiven Ordnung. Was meint das? Das Subjekt an sich existiert nicht, es ist quasi nur das Objekt von Diskursen, die in ihm und durch ihn wirken und sprechen.

Das Subjekt ist somit nicht der Ursprung der Erkenntnis einer Wahrheit, die man gemeinhin als *Objektivität* bezeichnet – die es – so Butler – gar nicht gibt. Was es gibt, sind nur Diskurse.

Sie versteht darunter „Systeme des Denkens und Sprechens, die das, was wir von der Welt wahrnehmen, konstituieren, indem sie die Art und Weise der Wahrnehmung prägen" (Villa 2003, S. 20). So gedacht sind alle Menschen, seit sie denken und Sprache benutzen können, von diesen Diskursen geprägt, sie repräsentieren diese und *werden* damit quasi selbst zum Diskurs.

So betrachtet, ist eine Außensicht auf Diskurse (und damit auch auf Subjekte) schwierig, eigentlich unmöglich. Butler hat aber eine Idee von Foucault aufgegriffen, wie man diese Diskurse kritisch betrachten kann, nämlich mittels der sogenannten „genealogischen Kritik" (Butler 1991, S. 9). In Anlehnung an Foucault wird unter Genealogie eine Abkehr von der Suche nach einer *eigentlichen, ursprünglichen* oder sonst wie ontologischen Wahrheit einer Kategorie (z. B. des Subjektes) verstanden. Ontologische Theorien (z. B. die von Popitz, Arendt, Staub-Bernasconi) setzen voraus, dass Dingen eine immanente Wesensart innewohnt und eine unveränderbare Essenz. Gegen solche ontologisierenden Annahmen argumentiert Butler in allen ihren Schriften.

Ein spannender Diskurs ist eben der um das Subjekt. In ihren Schriften macht sie sich auf die Suche nach dem Mechanismus der Produktion der Idee des Subjektes: „Sie will nachvollziehen, wie sich jenes Subjekt bildet, welches von sich selbst glaubt, es sei im Kern autonom, beständig, und mit sich selbst identisch" (Villa 2003, S. 43). Und sie will wissen, wie es sich materialisiert, wie das Subjekt eben genau durch Diskurse *produziert* wird. Diesen Prozess der Subjektwerdung nennt sie (im Original) *subjection*, ein kaum ins Deutsche zu übertragener Begriff, der in der Übersetzung *Subjektivation* genannt wird. Er „bezeichnet den Prozess des Unterworfenwerdens durch Macht und zugleich den Prozess der Subjektwerdung“ (Butler 2001, S. 8).

Vereinfacht kann dieser zirkuläre Gedankengang so zusammengefasst werden: Der Mensch glaubt (als Wirkung des Diskurses) ein Subjekt zu sein. Im Diskurs wiederum werden Denkmodelle entwickelt, die zu dieser Annahme passen, was der Mensch wiederum als Bestätigung seiner Deutung interpretiert. Nach Foucault und Butler aber (die wiederum selbst ja auch nur Sprecher des Diskurse sind) ist das allerdings nur ein weiterer Diskurs im Diskurs.

Ein Beispiel: Ab dem Moment der Geburt, bei der zuerst nach dem Geschlecht des Kindes gefragt wird, wird jeder Mensch mit dem Geschlechterdiskurs betrachtet und entsprechend sozialisiert. So werden Mädchen und Jungen ‚gemacht', der Diskurs der Zweigeschlechtlichkeit wird dadurch festgeschrieben und zur ‚Realität', was von den Individuen wiederum in den Diskurs eingespeist wird („Ich bin ein Mädchen/Junge!“). Daraufhin orientieren sich alle daran, was über Mädchen und Jungen gesagt, gedacht und von ihnen erwartet wird. Sie denken in diesen Kategorien und besetzen die Worte mit Bedeutungen, die aus den Diskursen gewonnen werden – und stabilisieren damit wiederum den Diskurs.

Knipp (2002) verweist in diesem Zusammenhang auf einen sprachlich ebenso interessanten Aspekt, der bei der Übersetzung des französischen Begriffes *sujet* oder auch des englischen Begriffes *subject* in den deutschen Begriff *Subjekt* passiert: „‚Subjection‘ bedeutet ‚Unterwerfung‘, und der englische Begriff lässt eine Bedeutung erkennen, die das deutsche Wort ‚Subjekt‘ gnädig verschweigt. ‚Subjekt‘ kommt von lateinisch ‚subjectum‘, ‚das Unterworfene‘. Die Subjektwerdung des Subjektes kennt also schon in rein etymologischer [d. h. im Hinblick auf die Wortentwicklung, Anmerk. d. V.] Sicht nicht nur eine aktive, sondern auch eine passive Seite“ (Knipp 2002, o. S.). Indem Butler diese Worte mit genau diesen Bedeutungen benutzt, verweist sie darauf, dass es im Hinblick auf die Subjektwerdung – genauso wie im Hinblick auf Macht – immer diese Paradoxie gibt. Einerseits wirkt sie repressiv, andererseits enthält sie aber immer auch einen aktiven Anteil der Unterwerfung. Hierin liegt ein zentraler Aspekt ihrer Machttheorie, den sie unter anderem auf die Kategorie Geschlecht überträgt. Immer wieder unterwerfen sich Menschen aktiv der

Kategorie *Geschlecht: männlich/weiblich,* und erzeugen und stabilisieren damit gleichzeitig diese Kategorie als *wahr*. Alle sind daran beteiligt, können sich nicht entziehen und erzeugen und stabilisieren darüber Geschlechter-Herrschaftsverhältnisse. Diese Wechselwirkung theoretisch zu reflektieren und damit die „Dialektik von Struktur und Handlung, von Opfer und Täter, von Unterdrückung und Widerstand" (Sauer 2012, S. 394) sichtbar und so kritisierbar zu machen, stellt aus unserer Sicht den zentralen Erkenntniszuwachs dieser Machttheorie dar – und nicht nur für die Soziale Arbeit.

Aus diesen Ausführungen wird deutlich, wie wichtig in einem solchen erkenntnistheoretischen Konstrukt die Sprache ist. Hier sind sich Butler und Foucault, aber auch Bourdieu ganz nahe: In allen poststrukturalistischen Theorien ist Sprache der Ort, an dem soziale Wirklichkeit entsteht bzw. *gemacht* und *organisiert* wird. Durch Sprache werden Diskurse produktiv, da sie nur das, was sich überhaupt sinnvoll formulieren lässt, ermöglichen. „Metaphorisch gesprochen, ist ein Diskurs der Nährboden für die konkreten Formen der Sprache – wobei dann die Flora, die auf dem diskursiven Nährboden gedeiht, alle zu einer bestimmten Zeit und an einem bestimmten Ort verständlichen Begriffe umfassen soll" (Villa 2003, S. 20.) Diese Metapher beschreibt anschaulich, warum sich wann welche Begriffe entwickeln, *wie z. B. das in Deutschland jährlich bestimmte sog. Unwort des Jahres (z. B. 2004 Humankapital, 2007 Herdprämie, 2013 Sozialtourismus, 2014 Lügenpresse, 2020 Corona-Diktatur, 2021 Pushback).* Diese Aufzählung sagt viel aus, über was wie geredet wird. Jeder Begriff und jeder Diskurs übt dabei Macht aus. Jedes dieser Worte ist gewachsen auf einem *Humus des Denkens,* also von Diskursen, die in einer bestimmten historischen und gesellschaftlichen Zeit entstehen und *mächtig wirken* – im wahrsten Sinne des Wortes.

Alle Begriffe (dies lässt sich am Beispiel der sog. Unwörter gut nachvollziehen) funktionieren immer nur im Rahmen spezifischer Diskurse. Dort werden sie in einer bestimmten Weise durch das diskursive Feld, in dem sie gedeutet werden, geformt, oder – wie Butler es ausdrückt, „konfiguriert" (Butler 1993, S. 99) – und vor diesem Hintergrund deutbar, mit allen politischen, kulturellen und vor allem sozialen Konsequenzen. Meist merken wir das als Menschen gar nicht, denn wir werden in ein symbolisches Feld von Diskursen hineingeboren und können uns auf dieser Welt nicht anders als mit der uns zur Verfügung gestellten Sprache beziehen. *Erst wenn wir z. B. von People of Color auf unsere tiefe Verwobenheit in eine weiße, mitteleuropäische Kultur hingewiesen werden, ganz im Sinne des Konzeptes der Intersektionalität (s. Kap. 5), merken wir diese, ansonsten erleben wir diese als Normalität und nehmen an, dass diese auch für andere genauso existiert, was aber nicht so ist.*

Dabei sind nicht nur die Sprache und das soziale Miteinander diskursiv konfiguriert, sondern auch materielle Dinge – um auf die am häufigsten kritisierte und diskutierte These von Judith Butler zurückzukommen. Ihre Annahme ist, dass der Diskurs auch die materielle Realität aufgrund seiner sprachlichen Repräsentanz prägt, denn Diskurse erzeugen laut Butler genau die Wirkungen, die sie benennen, und produzieren dadurch auch materielle Realitäten: Begriffe und Diskurse erzeugen somit richtiggehend Körperlichkeiten.

Ihre Hauptthese hier ist, dass Konstruktionen sich auch auf die Körper auswirken. Als Ergebnis ihrer „Genealogie der Geschlechter" (Butler 1991, S. 60) mit dem Fokus auf diskursive Naturalisierungen stellt sie fest, dass auch das angeblich natürlich gegebene *Sex* in Wirklichkeit materialisierte Geschichte und damit Effekt von Machtverhältnissen und Ausdruck von Gender ist. Sie stellt klar, dass Sprache und Materialität dennoch verschiedene Realitäten, allerdings immanent miteinander verzahnt sind (vgl. Butler 1995, S. 100).

Ein Beispiel: Das Schönheitsideal von und für Frauen tendiert immer mehr zu einer fast androgynen, sehr dünnen Körperform, in der das Weibliche aufgrund der Schlankheit verschwindet, dafür aber künstlich (z.B. durch Implantate in Busen, Po, Lippen) stereotyp geformt wird. Ein anderes Ideal (propagiert von einflussreichen Instagram-Models) geht genau in die gegenteilige Richtung: Ebenfalls durch Schönheitsoperationen wird eine extreme Kurvigkeit erzeugt. Die Idee, was sexuell attraktiv ist und wie sich Mädchen betrachten, hat sich in westlichen Gesellschaften sehr verändert. Sexsymbole der 1960er-Jahre wie Marilyn Monroe wirken dadurch aus heutiger Sicht zwar immer noch attraktiv, aber ihre Proportionen entsprechen nicht mehr dem Geschmack, Monroe wirkt fast dick. Die Bedeutung von *Schönheitsoperationen* (allein der Begriff ist interessant!) zur *Optimierung des Körpers* (worin auch immer die Optimierung besteht) hat enorm zugenommen und wird noch weiter zunehmen – es ist quasi unmöglich, sich diesem Ideal nicht zu unterwerfen, auch wenn man keine dieser Operationen an sich vornehmen lässt. Auch eine Abgrenzung dagegen erzeugt die Wirklichkeit des Ideals. *So lassen sich in vielerlei Hinsicht auch körperliche Veränderungen von heutigen Frauen im Vergleich zu den 1960er-Jahren feststellen, auch wenn keine Operation vorgenommen wurde. Die ‚normalen' Körperformen haben sich sehr verändert. Das hat auch Auswirkungen auf Selbstkonstruktionen und die*

sozialen Beziehungen, sowie darauf, den Körper als Ort zu sehen, der – je nach finanzieller Ressource – ,frei' (worin auch immer die Freiheit gesehen wird ...) gestaltbar wird. Ästhetische Operationen werden immer häufiger auch von noch sehr jungen Frauen und mehr und mehr auch von Männern angestrebt und durchgeführt. Der Körper wird also immer häufiger zum direkten Ort von Konsum – und damit ein perfekter Ort kapitalistischer Prozesse, worauf die israelische Soziologin Eva Illouz seit mehreren Jahren kritisch hinweist (vgl. Illouz 2011).
*Darüber hinaus entwickeln sich ganz neue nonbinäre Identitäten, in denen optisch mit Kennzeichen von Weiblichkeit und Männlichkeit gespielt wird. Ein*e Vertreter*in dafür ist z. B. der Aktivist und Influencer Jonathan van Ness, der bärtig und langhaarig Frauenkleider trägt und sich für mehr Sichtbarkeit für nonbinärer Personen und Toleranz einsetzt. Viele nonbinäre Personen möchten dabei nicht mit sie/er angesprochen werden, allerdings gibt es in Deutschland kein geschlechtsneutrales Pronomen. Das Kunstwort ,em' hat sich noch nicht durchgesetzt.*

Nicht nur am Beispiel des Geschlechts lassen sich die machtvollen Wirkungsmechanismen diskursiver Gewohnheiten darstellen. *Nehmen wir einmal den Begriff ,Hartz IV'. Zuerst war ,Hartz' der Name eines zuständigen Ministers, dessen Namen (sicher nicht zufällig) als Etikett für ein Gesetz benutzt wurde, das die Sozialleistungen für sozial Schwache und Arbeitslose in mehreren Ausführungen (daher ,Hartz IV') regeln sollte. In Folge wurde der Begriff mehr und mehr zu einer Zuschreibung für eine bestimmte Gesellschaftsgruppe, dann zu einer Selbststigmatisierung und schließlich zu einer Art Lebensweise bzw. Lebensrealität. Dazu passt die Antwort mancher junger Menschen, wenn sie gefragt werden, was sie einmal beruflich machen wollen: „Ich werde Hartzer." Menschen mit einem solchen Selbstverständnis entwickeln spezifische Verhaltensweisen (z. B. hinsichtlich Sprache, Aussehen, Kleidung, Freizeitverhalten, Mediennutzung) und Lebensweisen (z. B. Ernährung, Gesundheitsvorsorge, Körperhaltung, psychische Verfasstheit, Partnerwahl), die sie dann tatsächlich zu ,Hartzern' machen. Dies geht beispielsweise bis hin zur schichtspezifischen Wahl des Vornamens der Kinder (z. B. ,Janine-Chantale', ,Kevin-Pascale'), da Personen mit niedrigem Sozialstatus und wenig Ressourcen bestimmte Namen besonders häufig wählen. Durch diese Wahl oder andere ,typische' Hartz IV-,Eigenschaften' werden sie zum Mitglied der ,Hartz IV-Gruppe' und z. B. bei Bewerbungen auf Ausbildungsplätze und Arbeitsstellen benachteiligt. So werden Menschen erneut immer mehr zu ,Hartz IV', denn* „je spezifischer Identitäten werden, desto mehr wird eine Identität eben durch diese Besonderheiten totalisiert" (Butler 2001,

S. 96). An diesem Beispiel wird die Macht der produktiven Diskurse bis in den Körper hinein deutlich, denn hier wirkt Macht und es wird gleichzeitig Macht entwickelt. *Nicht umsonst versucht der rot-grüne Teil der Regierungskoalition das Konzept und den Begriff des Bürgergeldes einzuführen, um gegen Stigmatisierungsprozesse von Benachteiligten vorzugehen.*

Psyche der Macht

In dem Buch „Psyche der Macht“ (2001) geht Judith Butler dem, wie sie meint, vor allem von Foucault vernachlässigten Aspekt nach, wie der vorher beschriebene Prozess der Unterwerfung unter die Macht psychologisch (bzw. psychoanalytisch) zu beschreiben sei. Sie kritisiert, er ginge nicht weiter auf die spezifischen Mechanismen der Subjektbildung in der Unterwerfung ein. Über Foucault hinausgehend will sie daher zeigen, dass und wie die Theorie der Macht und die Theorie der Psyche einander erhellen und befruchten können. Ihr zentraler Bezugspunkt bleibt dabei stets Foucault, an dessen Theorie der Subjektgenese sie eine psychoanalytisch begründete Kritik oder besser gesagt Korrektur vornimmt, da sich die Subjektivation – vor allem der Vorgang, bei dem das Subjekt zum *Prinzip seiner eigenen Unterwerfung* wird – aus ihrer Sicht ohne Zuhilfenahme einer psychoanalytischen Erklärung nicht verstehen lasse. Dabei bezieht sie sich zum einen auf die Objektbeziehungstheorie von Kleinkindern von Melanie Klein, als auch auf die Theorie der Melancholie nach Sigmund Freud, die sie objektbeziehungstheoretisch und vor allem dahingehend deutet, welche psychologischen Aussagen sich im Hinblick auf Macht und mit der poststrukturalistischen Perspektive erkennen lassen.

Psyche der Macht

„Wenn Unterwerfung eine Bedingung der Subjektbildung ist, stellt sich die Frage: Welche psychische Form nimmt die Macht an? Diese Frage erfordert es, eine Theorie der Macht zusammen mit einer Theorie der Psyche zu denken, eine Aufgabe, der Autoren sowohl Foucaultscher wie psychoanalytischer Orthodoxie ausgewichen sind. Die vorliegende Arbeit verspricht zwar keine große Synthese, sie sucht aber die vorläufigen Perspektiven zu erkunden, aus der jede Theorie die andere erhellen kann. Das Projekt beginnt weder, noch endet es bei Freud und Foucault“ (Butler 2001, S. 8).

Für die Soziale Arbeit ist diese Überlegung insofern relevant und interessant, da der Prozess der Unterwerfung, der in vielerlei Hinsicht erfolgt, ständig und unbewusst passiert. *Ein Beispiel: Wann wird aus einem Menschen ein Fall? Dann, wenn sich die Fachkraft und der Mensch – nun Klient*in – beide, ohne darüber zu sprechen, in eine hierarchische Beziehung begeben, in der sie beide aufeinander angewiesen sind. Anscheinend* *ist die Macht ja klar verteilt – nämlich auf der Seite der Professionellen der Sozialen Arbeit. Aber was wäre ein Profi ohne Klient*innen? Und was wäre, wenn die Klient*innen den Profi nicht als solchen ‚anerkennen'? Insofern ‚unterwerfen' sich beide einander, wobei dieser Aspekt, wie auch die damit verbundenen Gefühle, vor allem im Hinblick auf die Professionellen im Dunkeln bleiben und unbedingt bleiben müssen, um die machtvolle Anordnung ‚Profi-Klient*in' nicht zu gefährden.* Gleichzeitig sind genau diese verdeckten Empfindungen zentrale Aspekte der Macht.

Wie erklärt nun Butler diesen Prozess?

Bezugnehmend auf die Objektbeziehungstheorie Kleins stellt Butler dar, dass in den dort thematisierten Themen *Subjekt* und *Objekt, Liebe, Schuld, Aggression, Verlust, Melancholie* und *Begehren* der Doppelaspekt von Macht als Unterwerfung und gleichzeitiger Erzeugung von Macht psychologisch sichtbar gemacht werden kann. Vor allem die Freudsche Theorie zur Melancholie und den zugrundeliegenden Verlusterfahrungen erscheint ihr ergiebig, um diesen Prozess psychologisch zu erklären. Dabei bezieht sie sich auf psychoanalytische Konzeptionen der Ich-Entwicklung in Abhängigkeit von (mächtigen) Objekten (z. B. des Kindes von Mutter und Vater). Erfahrungen von Verlust und Ohnmacht (z. B. durch die Trennung der symbiotischen Beziehung, hier vor allem der Mutter), aber auch Anerkennung der Objekte (hier: Eltern) als mächtige Objekte sind entsprechend der psychoanalytischen Theorie notwendig, um ein unabhängiges, autonomes und psychologisch gesehen stabiles Ich zu entwickeln, um Macht als *gut* und produktiv erleben zu können.

Butler beschreibt diesen komplizierten Prozess folgendermaßen:
Ein Verlust (z. B. die Symbiose mit der Mutter) geht dem Prozess der Subjektvierung nicht nur voraus, sondern er macht überhaupt das Subjekt als psychologisches Ich erst möglich, indem die Trennung und damit der Verlust erfolgte. Sobald sich ein Ich als solches erkennt und sich dadurch eine gewisse Identität aneignet („ich bin der oder die, die geprägt ist durch …"), hat es – und muss es! – bereits Verluste erlitten haben. Diese Verluste sind dem selbstreflexiven Ich nicht immer bewusst, im Gegenteil. Genau darauf basiert die Melancholie, die sich nach Freud von der Trauer deutlich unterscheidet. „In der Trauer, sagt Freud, ist am Verlust nichts unbewusst. In der Melancholie dagegen ‚ist der Objektverlust dem Bewusstsein entzogen': Nicht nur das Objekt ist verloren, der Verlust selbst ist verloren" (Butler 2001, S. 170).

Villa fasst das Ganze folgendermaßen zusammen: „Das melancholische Ich ist also unfähig zu trauern, weil es den Verlust gar nicht kennt, den es erlitten hat und der es zu dem oder derjenigen gemacht hat, der oder die man ist. Gleichzeitig ist man auf diesen Verlust angewiesen, um zu wissen, wer man ist. Der Verlust bleibt also unbewusst, gleichzeitig aber präsent (‚gesperrt'). Dies gilt für die Geschlechtsebene so wie für alle anderen Arten der Identität. Für Butler ist nicht klar, dass das Ich schon vor seiner Melancholie existieren kann. (...) Mehr noch: das Ich ist zwangsläufig melancholisch – zumindest in einer Welt, in der Subjektivikation als Identitätsbildung verläuft und in der Identität durch präreflexive Verwerfungen gebildet wird (...). [Die Melancholie] ist eine Art ‚Selbstzerknirschung' (...), bei der sich der melancholische Mensch quasi selbst vorwirft, etwas oder ein anderer nicht sein zu können oder zu dürfen" (Villa 2003, S. 53).

Kritische Analyse der Subjektivation

„Zu einer kritischen Analyse der Subjektivation gehören (1) eine Darstellung der Art und Weise, wie die regelmentierende Macht Subjekte in Unterordnung hält, indem sie das Verlangen nach Kontinuität, Sichtbarkeit und Raum erzeugt und sich zunutze macht; (2) die Einsicht, dass das als kontinuierlich sichtbar und lokalisiert hervorgebrachte Subjekt nichtsdestoweniger von einem nicht anzueignenden Rest heimgesucht wird, einer Melancholie, die die Grenzen der Subjektivation markiert; (3) eine Erklärung der Iterabilität des Subjekts, die aufweist, wie die Handlungsfähigkeit sehr wohl darin bestehen kann, sich zu den gesellschaftlichen Bedingungen, sie die erst hervorbringen, in Opposition zu setzen und sie zu verändern" (Butler 2001, S. 32).

An diesem Beispiel ist der Doppelaspekt von Macht als Unterwerfung und gleichzeitiger Erzeugung von *Freiheit* im Sinne der *Subjektivation* psychologisch deutbar. Auch hier zeigt sich erneut das Paradoxon, das die Rezeption der Butlerschen Gedankengänge nicht einfach macht: „Die Geschichte der Subjektivation ist notwendig zirkulär und setzt ebendas Subjekt schon voraus, das sie erst erklären will" (ebd., S. 16).

Diese etwas sperrige Argumentation ist im Hinblick auf Butlers Machtverständnis zentral, da sie eine der wenigen Versuche ist, dieses schwierige und kreiselnde Machterleben psychologisch zu erklären. Denn so kann wiederum erklärt werden, warum und wie Macht produktiv erlebt werden kann und welche psychologischen Voraussetzungen es dafür braucht. Für die Soziale Arbeit fruchtbar mag diese Erklärung sein, zu erkennen, dass viele Machtbeziehungen *re-inszeniert* werden, *z. B. in der Kinder- und Jugendhilfe, aber auch zwischen Sozialarbeiter*innen und erwachsenen Klient*innen.* Macht ist so verstanden ein ständig kreiselnder Prozess zwischen den Menschen – auch auf der psychologischen Ebene. Einseitige Opfer- und Täter-Zuschreibungen erscheinen im Lichte dieser Erklärungen obsolet und die notwendige Beteiligung aller an diesem innerpsychischen, aber auch interaktiven Prozess wird sichtbar. Letztlich lässt sich damit psychologisch die Gleichzeitigkeit von Unterwerfung und Freiheit denken und erklären. Was erklärbar ist, lässt sich besser verstehen – und was verstehbar ist, erlaubt andere Handlungen und Diskurse. Und die Diskurse gestalten wieder die Verhältnisse, was wir anhand des Aspektes des Geschlechtes darstellt haben und womit sich der – aufgrund der Kürze der Darstellung zugegeben etwas sperrige – Kreis schließt.

Bedeutung für die Soziale Arbeit

Im Kontext der Sozialen Arbeit haben die Arbeiten Butlers trotz aller Kritik an ihrem besonderen Blick auf die Geschlechterfrage an Bedeutung gewonnen. Im Hinblick auf eine Machttheorie und dies explizit im Kontext der Sozialen Arbeit scheint sie allerdings noch deutlich weniger rezipiert zu werden als in anderen wissenschaftlichen Diskursen. Das ist ein Versäumnis, das wir mit unseren Ausführungen zumindest im Ansatz beheben und anregen wollen, ihre Gedanken als relevantes Bezugswissen in den sozialarbeitswissenschaftlichen Diskurs aufzunehmen.

Warum können die Gedanken von Butler trotz ihres hohen Abstraktionsgrades und ihrer Komplexität attraktiv sein für die Soziale Arbeit?

Zentraler Aspekt ist ihre kritische Reflexion des Gender-Themas, das in der Sozialen Arbeit hohe Relevanz hat – im Hinblick auf Klient*innen, die Praktiker*innen und die Forschung in der Sozialen Arbeit (s. Kap. 5).

In ihrer Machtanalyse stellt sie genau dazu liebgewonnene Selbstverständlichkeiten in Frage und eröffnet damit die Möglichkeit, andere Blickwinkel auf gängige Diskurse zu entwickeln. Butler bietet eine produktive Perspektive auf Macht und unterstützt kritische Positionen, indem sie anregt, weiterführende Fragen aufzuwerfen. Ein zentraler Aspekt für die Soziale Arbeit ist sicherlich der Blick auf die (psychische) Funktion der Unterwerfung durch ihren Subjektbegriff, der den Prozess des Unterworfenwerdens durch Macht und zugleich den Prozess der Subjektwerdung" (Butler 2001, S. 8) bezeichnet. Daran ist u. a. auch das Empowerment-Konzept anschlussfähig und viele Machtprozesse und -konstellationen im Kontext der Sozialen Arbeit lassen sich anders denken.

Butlers scharfe Analyse der Bedeutung der Sprache in Form von Diskursen bietet der Sozialen Arbeit, wie unsere Beispiele hoffentlich gezeigt haben, ebenfalls ein kritisches Reflexionsinstrument sowie die Aufforderung an, sich in Diskurse einzumischen und die darin verborgenen Mechanismen der Macht aufzudecken, ohne allerdings der naiven Idee zu verfallen, die Soziale Arbeit könnte sich außerhalb der Diskurse bewegen. Auch die Soziale Arbeit ist ein machtvoll und paradox wirkender Diskurs, was in den Fallbeispielen (Kap. 4) immer wieder sichtbar wird.

Ziel der Butlerschen Analyse ist es, auf komplexe Wechselspiele hinzuweisen: „Meiner Arbeit geht es in gewisser Weise darum, die Grausamkeiten, durch die Subjekte produziert und differenziert werden, zu entlarven und zu verbessern (...) Zu diesem Zweck ist es entscheidend, den Bereich der Machtbeziehungen neu zu denken, und einen Weg zu entwickeln, um politische Normen in Anschlag zu bringen, ohne zu vergessen, dass ein solches In-Anschlag-Bringen immer auch ein Ringen um die Macht sein wird" (Butler 1993, S. 131 f.). Und das meint Butler ganz praktisch: Sie ist nicht nur eine Theoretikerin, sondern eine durch und durch politische Frau, die sich immer mit politischen Fragestellungen, die auch für die Soziale Arbeit relevant sind, beschäftigt wie z. B. der Benachteiligung von homosexuellen Menschen oder anderen Randgruppen in der Gesellschaft. So fragt sie im Buch *Psyche der Macht*: „Wie ist in Begriffen der Wiederholung Widerstand zu denken?" (Butler 2001, S. 17). Damit ist sie ganz nah an der Sozialen Arbeit.

In einer neueren Arbeit entwickelt Butler den neuen, für die Soziale Arbeit ebenfalls interessanten Aspekt: „Die Macht der Gewaltlosigkeit" ist der Titel ihres 2021 erschienenen Buches. Dort arbeitet sie heraus, wie Gewaltlosigkeit eine sehr aktive, ja sogar aggressive und sehr mächtige Machtform ist. Dies ist für Sozialarbeitende nicht neu, da dies ein zentraler Ansatzpunkt der Profession ist (siehe Definition der IFSW). Butler unterfüttert diese Perspektive mit radikalen Forderungen nach mehr sozialer Gleichheit, die sich an Fragen wie „Wer sind wir und in welcher Welt wollen wir leben?" orientieren (Butler 2021).

Kritische Würdigung

Mehrfach wurde bereits auf Kritikpunkte hingewiesen, denen sich Judith Butler inhaltlich auch immer wieder stellt.

Für ihre Thesen zur Geschlechterfrage erntete sie viel Kritik von Feministinnen, die differenzorientiert sowie essentialistisch argumentierten. Wenn nicht einmal mehr die biologische Kategorie eindeutig ist, wie kann frau dann gemeinsam feministisch denken und kämpfen? Ihre de-naturalisierte Perspektive wurde als Angriff auf die feministische Solidarität gedeutet, denn vor allem das naturalistische Konzept *Sex* hielt (und hält bis heute) weite Teile der heterogenen Gruppe der Feministinnen zusammen. In diesen Zusammenhang sind auch die kritischen Diskussionen von Feministinnen, wie z.B. Alice Schwarzer, bzgl. der Frage einzuordnen, ob Trans-Frauen auch ‚echte' Frauen sind. Aus Sicht Butlers ist auch der Feminismus bzw. die dort entwickelten Feminismen nur ein produktiver Diskurs. Auch feministische Positionen sind aus ihrer Sicht nur Teile der diskursiven Machtverhältnisse, denn „es gibt keinen reinen Platz außerhalb der Macht" (Villa 2003, S. 38).

Daneben wird ihr ein buntes Potpourri an Kritikpunkten vorgeworfen, wie beispielsweise der Mangel an Empirie, Diskursontologie, Verrat des Feminismus, Beliebigkeit aufgrund des Begriffes der Performanz und vieles andere mehr. Ihre Bücher trafen trotzdem den Zeitgeist und regten viele Diskussionen an. Keine andere feministische Autorin der letzten Jahrzehnte wurde so intensiv und kritisch diskutiert wie Butler, was sie zu einer der erfolgreichsten (Sozial-)Wissenschaftlerinnen der letzten 40 Jahre machte – und dies, obwohl ihre Texte wahrlich schwer zu lesen und zu verstehen sind. Nicht umsonst beinhaltet jedes Buch seit „Gender Trouble" antwortende und kommentierende Teile als Reaktion auf vorherige Publikationen. Die breite Wirkung ihrer Geschlechtertheorie (vor allem im Kontext der Queer Politics) reicht ihr jedoch noch lange nicht aus. Sie ist politisch sehr aktiv und beteiligt sich an vielen wichtigen internationalen Debatten, nicht nur zum Geschlechterthema. Sie gilt mittlerweile als Vordenkerin der Geschlechterforschung und der Vorstellung des Geschlechts als Herrschaftsprinzips, da sie die feministische Machtkonzeptionen „enorm beflügelte und sie wieder offener für einen kritischen Herrschaftsbegriff" (Sauer 2012, S. 389) machte. Allerdings lassen sich den abstrakten Darstellungen, die theoretisch zwar sauber sind, aber eben doch sehr wissenschaftlich, im Hinblick auf Machtfragen nur wenige druckvolle politische Handlungen ableiten. So kritisiert Knipp, dass sich das Buch *Psyche der Macht* zwar als „beeindruckende, aber akademisch, allzu akademisch anmutende Gedankenkunst" (Knipp 2002, o. S.) liest.

Ihr späteres, sehr politisches Werk zur Macht der Gewaltlosigkeit (Butler 2021) dagegen ist voller Ansatzpunkte des aktiven Handelns (und natürlich auch der Reflexion) für Sozialarbeitende in der Praxis und bietet viele Hinweise für eine politische, kritische Sozialarbeit.

Literaturempfehlungen

Butler, Judith (1991): Das Unbehagen der Geschlechter. Frankfurt a. M. Suhrkamp.

Butler, Judith (2001): Psyche der Macht. Das Subjekt der Unterwerfung. Frankfurt a. M. Suhrkamp.

Butler, Judith (2021): Die Macht der Gewaltlosigkeit. Berlin: Suhrkamp Verlag.

Villa, Paula-Irene (2003): Judith Butler. Frankfurt a. M./New York. Campus Verlag.

2.2 Machttheorien der Sozialen Arbeit

2.2.1 Silvia Staub-Bernasconi: Umgang mit Machtquellen

Silvia Staub-Bernasconi (*1936)

Nach dem Studium der Sozialen Arbeit in Zürich erhielt Staub- Bernasconi ein UNO-Stipendium in den USA. Im Anschluss studierte sie in Zürich Soziologie, Sozialethik und Pädagogik. In ihrer Dissertation 1983 legte sie das Fundament für eine eigene Theorie der Sozialen Arbeit. Sie arbeitete als Sozialarbeiterin mit Jugendlichen, Migrant*innen und Frauen. Ihr besonderes Interesse liegt in der wissenschaftlichen Fundierung der Sozialen Arbeit, der Professionalisierung und der Frage, wie sich theoretisches Wissen in die Praxis transferieren lässt. 1998 erhielt sie nach ihrer Habilitation eine Professur an der Technischen Universität in Berlin. Für ihr internationales und politisches Engagement wurden ihr mehrere Preise verliehen.

Macht und Ermächtigung

„Macht ist Thema und Macht ist doch kein Thema Sozialer Arbeit“ (Kessl 2021, S. 25). Mit diesem Zitat bringt Kessel den Tatbestand der Gleichzeitigkeit von Machtverschleierung und Machtdämonisierung trefflich auf den Punkt. So sehen sich Sozialarbeitende eher auf Seiten der Schwachen und Unterdrückten und wollen nicht zu den Mächtigen gehören (vgl. Heiner 1994, zit. n. Stövesand/Röh 2015, S. 35). Befragt man Studierende oder Fachkräfte der Sozialen Arbeit wie sie mit ihrer Macht umgehen, erntet man Erstaunen und Abwehr. Macht wird auf den ersten Blick mit Ausbeutung, Willkür, Unterdrückung, Ungerechtigkeit und Diskriminierung assoziiert. Sie scheint etwas Unheimliches, Beängstigendes zu haben. Man sieht sich eher auf Seiten der Schwachen und Unterdrückten, die der Macht ausgeliefert sind. Doch welche Haltung verbirgt sich hinter diesen Aussagen, Macht als Gegensatz zur Hilfe zu denken – wobei der Begriff *Hilfe* allein schon ein Machtverhältnis impliziert? Es scheint die Überzeugung vorzuherrschen, dass Macht – aktiv von einer Person ausgeübt, über Gesetze oder als strukturelle Rahmenbedingungen in der Sozialen Arbeit wirkend – negativ, wenn nicht gar böse ist. Die Soziale Arbeit steht im Spannungsfeld zwischen den Interessen und Rechten ihrer Adressat*innen, denen sie verpflichtet ist, aber auch den normierenden Interessen der Gesellschaft und ihrer Ordnungsinstanzen. Dieser Widerspruch zwischen Hilfe und Kontrolle wird häufig argumentativ herangezogen. Macht wird vor allem als Ohnmacht erlebt, indem Soziale Arbeit insbesondere im Hinblick auf die fortschreitende Ökonomisierung und Wirkungsorientierung in der Sozialverwaltung und in den Verbänden den Verhältnissen der kapitalistischen Verwertungslogik ohnmächtig ausgeliefert sei. Diese typischen Aussagen verorten und bewerten die Macht als etwas Schlechtes, was außerhalb der Sozialen Arbeit existiert, demgegenüber sie als Angehörige der Profession als die Guten dastehen. Doch dieser Vergleich übersieht die Macht der Sozialen Arbeit, die sie im Wohlfahrtsstaat strukturell und qua ihres professionellen Mandats als Menschenrechtsprofession hat, um im Sinne sozialer Gerechtigkeit eine Gegenmacht gegen Unterdrückung, Ausbeutung und Diskriminierung und Gewalterfahrungen der Adressat*innen aufzubauen und zu etablieren. So verstanden kann es nicht nur um die Frage gehen, wer die Guten und wer die Bösen sind, sondern es braucht eine kritische, differenzierte und theoretische Analyse von Macht und Ohnmachtsbeziehungen sowie ethischen Begründungen, wann und wie die Soziale Arbeit ihre eigenen Machtquellen wahrnimmt und sie verantwortungsvoll einsetzt.

Genau an diesem Punkt setzt der Ansatz von Silvia Staub-Bernasconi an, die im Sinne eines wissenschafts- und ethischen Professionsverständnisses dafür plädiert, über Macht „theoretisch, sozialdiagnostisch und handlungstheoretisch (…) als einer der wichtigsten Aspekte des ‚Sozialen' nachzudenken" (Staub-Bernasconi 2018, S. 406).

Theoretische Grundannahmen

Die Soziale Arbeit ist für Staub-Bernasconi eine „sozial gebündelte, reflexive wie tätige Antwort auf bestimmte Realitäten, die als sozial und kulturell problematisch bewertet werten" (Staub-Bernasconi 1991, zit. n. Engelke et al. 2018, S. 447). Damit definiert Staub-Bernasconi in ihrer Handlungstheorie der Sozialen Arbeit diese als Profession (sozial gebündelte Antwort), als Disziplin (reflexive Beschäftigung) und als Praxis (tätige Antwort), deren gemeinsames Anliegen der „Umgang mit leidenden Menschen, den damit zusammenhängenden Organisationsformen, mit Dingen/Ressourcen und mit Ideen" (ebd., S. 450) ist. Der paradigmatische Rahmen, in dem sich diese Theorie bewegt, folgt einem integrierten und transdisziplinären Realitätsverständnis – dem systemphilosophischen Werk von Mario Bunge, sowie der Bedürfnistheorie und der Theorie sozialer Probleme von Werner Obrecht. Sie steht mit ihrer wissenschaftlichen Auffassung in der Tradition der frühen Theoretikerinnen der Sozialen Arbeit wie Jane Addams, Ilse von Arlt und Alice Salomon. Um den Gegenstand der Sozialen Arbeit – soziale Probleme – in seiner Komplexität angemessen zu erfassen, bedarf es aus ihrer Sicht eines prozessual-systemischen Zugangs zur Wirklichkeit und zum Menschen in der

Gesellschaft, denn alles was existiert, ist entweder ein System oder Teil eines Systems. Bezogen auf den Zeithorizont (prozessual) sind Systeme beweglich, vergänglich und veränderbar, sie stehen zueinander in Beziehung (systemisch) und grenzen sich durch bestimmte, unverwechselbare Eigenschaften gegenüber dem Rest der Welt ab (vgl. Staub-Bernasconi 1995, S. 127). „Im Rahmen des systemischen Paradigmas sind Individuen für die Befriedigung ihrer Bedürfnisse und Wünsche, die Entwicklung ihrer Pläne und Fähigkeiten existentiell auf soziale Mitgliedschaften in sozialen Systemen angewiesen" (Staub-Bernasconi 2018, S. 210).

Menschen sind Mitglieder/Komponenten von sozialen Systemen, die durch ihre Aktivitäten die interne Sozialstruktur im Sinne von geordneten und gesetzmäßigen Prozessen ausbilden. Diese Struktur von kulturellen Leitbildern und sozialen Regeln bildet den Rahmen, innerhalb dessen Individuen in Abhängigkeit zu ihrer Position, die sie im sozialen System einnehmen, ihre Bedürfnisse und Wünsche (Handlungsziele) versuchen zu befriedigen. Die Struktur menschlicher Sozialsysteme weist zwei zentrale Eigenschaften auf, die miteinander in dynamischer Beziehung stehen (vgl. Obrecht 2002, S. 6; 2005, S. 4):

1. Die Interaktionsstruktur zwischen den Mitgliedern der sozialen Systeme, die durch Bindungen, Gefühle, moralische Verpflichtungen wie Solidarität und Loyalität, gegenseitige Ansprüche und durch soziale Normen geprägt ist.
2. Und die vielfältig differenzierte Positionsstruktur in Gestalt funktionaler Rollen- und Arbeitsteilung sowie Hierarchien, Rechten und Pflichten, der Schichtung von Güter- und Ressourcenverteilung und den daraus erwachsenen Positionen mit ihren Interaktions- und Karrierechancen. Weitere Differenzierungskriterien sind Alter, Geschlecht, Religionszugehörigkeit, Hautfarbe, Ethnie, Stadt/Land und Nationalität. Kulturell unterscheiden sich Systeme nach kodifiziertem Wissen, Werten, Symbolen und Sprache.

Soziale Probleme

„Soziale Probleme im systemischen Paradigma sind Probleme von Individuen im Zusammenhang mit sozialen Interaktionsprozessen sowie als Mitglieder von sozialen Systemen mit ihrer Sozialstruktur und Kultur" (Staub-Bernasconi 2010, S. 271–272).

Entscheidend für soziale Integration ist die Position, die ein Mitglied in der Struktur eines Systems einnimmt. Sie ergibt sich aus Bildung, Beschäftigung, Einkommen, sozialem Status und Prestige (vgl. Geiser 2007, S. 49). Struktureigenschaften von sozialen Systemen (Familien, Organisationen) in der Gesellschaft werden dann zu sozialen Problemen, wenn Menschen ihre Bedürfnisse nicht angemessen befriedigen können, entweder, weil sie aufgrund einer niedrigen Position keinen Zugang zu relevanten Ressourcen haben oder ihnen dieser Zugang verwehrt wird. Mit anderen Worten: Systemstrukturen können Benachteiligung, soziale Ungleichheit, Ausgrenzung, Stigmatisierung und Armut verursachen, auch wenn diese Folgen unbeabsichtigt sind. *Ein Beispiel: Sozialleistungen intendieren, in Not geratene Menschen von staatlichen Transferleistungen unabhängig zu machen, ihre Selbsthilfe zu stärken, bewirken aber oft das Gegenteil, nämlich Menschen abhängig von der Hilfe zu machen und sie von anderen Teilsystemen der Gesellschaft auszuschließen. Betrachtet man das selektive deutsche Bildungssystem, dann ist zu beobachten, dass hier schon in der Grundschule über Leistungen Positionen verteilt werden, die über spätere Karrierechancen oder Scheitern entscheiden. All diese Missstände sind bekannt, Reformen werden angemahnt und nur zum kleinen Teil politisch umgesetzt, z. B. als Arbeitsmarktreform, Gesundheitsreform, Gleichstellungspolitik, Bildungsreform etc.* Doch mit steigender Komplexität der Systeme bilden sich Strukturen heraus, die genau das Gegenteil von dem bewirken, was sie eigentlich erreichen sollten. Obrecht beschreibt dieses Phänomen treffend: „Dabei ist die Struktur solcher Systeme das unbeabsichtigte Ergebnis der Handlungen ihrer Komponenten, die durch sie ihre biologischen, psychischen und sozialen Bedürfnisse zu befriedigen trachten" (Obrecht 2002, S. 6).

Bedürfnistheoretisch besteht menschliches Leben darin, Probleme der Bedürfnisbefriedigung und Wunscherfüllung gegenüberzustellen und zu lernen, diese innerhalb von sozialen Systemen mit anderen Menschen (fair) auszuhandeln. Ob und wie Bedürfnisse befriedigt werden können, hängt dabei unmittelbar von der Ausstattung eines Menschen und den Ermöglichungschancen in seiner Umwelt ab. Die Ausstattung bezieht sich zum einen auf die biologischen Ressourcen (Alter, Geschlecht, Hautfarbe, Gesundheitszustand, Größe), die psychischen Ressourcen (Erkenntnis-, Erlebens- und Handlungsfähigkeiten), die ökonomische Ausstattung (Einkommen, Bildung, Beschäftigung) und seine sozialen Eigenschaften (Status, Position und soziale Mitgliedschaften). Zum anderen ist die Ausstattung von der Leistungsfähigkeit und den Verteilungsregeln der sozialen Systeme abhängig.

Hier kommt nun die Macht ins Spiel, wenn soziale Systeme und ihre kulturellen Symbole und Regeln so konstruiert sind, dass sie Menschen *behindern*, ihre Bedürfnisse zu befriedigen, *z. B. wenn Menschen mit bestimmten Merkmalen ethnischer oder religiöser Zugehörigkeit ausgegrenzt* *werden, wie das bei den abgestuften Teilhaberechten für verschiedene Kategorien von Geflüchteten der Fall ist. Das europäische wie nationale Flüchtlingsregime mit seinen restriktiven Bedingungen schließt diese Menschen gewollt von der gleichberechtigten Teilhabe aus, indem sie ihnen staatsbürgerliche Rechte vorenthält. Einen großen Unterschied zwischen Flüchtlingsgruppen selbst erleben geflohene Menschen aus Syrien oder Afghanistan im Jahr 2022. Zwischen ihnen und den Kriegsflüchtlingen aus der Ukraine wird so unterschieden, dass diese als europäische Flüchtlinge eingeordnet werden, wodurch sie sofort eine Arbeitserlaubnis erhalten und nicht jahrelang auf die Anerkennung ihres Status warten müssen – im Gegensatz zu vielen Geflüchteten aus dem Jahr 2015. Ein solches Ausgrenzungsmuster findet sich auch in anderen Zielgruppen der Sozialen Arbeit, z. B. bei Hartz IV-Empfänger*innen, Wohnungslosen etc.*

Auch hier handelt es sich um soziale Probleme, die von Menschen gemacht sind und die individuell als Unrecht erfahren werden, z.B. in Form von alltäglichem oder strukturellem Rassismus, sozialer Diskriminierung, Ausbeutung, struktureller Gewalt, repressiver Kontrolle und direkter Gewalt, die meistens in Kombination auftreten. Fassen wir zusammen: „Machtstrukturen entstehen, weil *alle* Menschen von Geburt an bis zum Tod für die Befriedigung ihrer biologischen, psychischen und sozialen Bedürfnisse auf andere Menschen als Mitglieder sozialer Systeme angewiesen sind“ (Staub-Bernasconi 2011, S. 372). Und weil Menschen ihre Machtquellen gebrauchen, ihre Interessen und Wünsche verfolgen und ihre Organisationsfähigkeit einsetzen.

Machtquellen

Der Zugang zu ökonomischen und sozialen Ressourcen und zu Teilsystemen in einer Gesellschaft (Familien, Vereine, Bildung, Wirtschaft, Arbeitsmarkt, Gesundheit, virtuelle Communities, Politik und Kultur) ist nicht nur von individuellen Fähigkeiten und Bedürfnissen abhängig, sondern auch von der Verfügbarkeit über Machtquellen (Staub-Bernasconi 1994, S. 24; 2018, S. 281 ff.). Machtquellen sind begehrte Ressourcen, die von Menschen eingesetzt werden, um soziale Beziehungen machtbegrenzend oder machtbehindernd zu gestalten. Das führt zu vertikalen gesellschaftlichen Differenzierungen: Die einen sind oben, spielen mit, haben das Sagen, Geld, Prestige und Status – die anderen sind unten und draußen, müssen sich anpassen und haben keine oder nur geringe Chancen, selbstbestimmt ihr Leben zu leben. Machtbegrenzende Regeln, die sich in Systemstrukturen manifestieren, sichern Austauschgerechtigkeit und soziale Gerechtigkeit, während behindernde Machtregeln sozial diskriminieren, Gewalt legitimieren, Menschen disziplinieren und durch Ausweitung ihrer Machtbereiche eine Umverteilung von unten nach oben ermöglichen. Ob ein Individuum über Machtpotenziale in sozialen Beziehungen verfügt, hängt von Art und Umfang der Machtquelle ab. Zu Machtquellen können prinzipiell alle individuellen (und systemeigenen) Ausstattungsmerkmale werden. Dazu zählen auch Prestigequellen, Eigenschaften und Merkmale, die in der Gesellschaft (und ihren Subsystemen) als besonders attraktiv und anstrebenswert gelten wie: Lebensstil, Freizeitverhalten, Reisen, Titel, Selbstdarstellung, Kleidung, Datenprofile und Zugangsberechtigungen etc.

Als wichtige Machtquellen benennt Staub-Bernasconi:

- Körpermacht (physische Stärke): Geschlecht, Alter, Ethnie, Stärke, Attraktivität, Gesundheit, Fitness;
- Ressourcenmacht (materielles und symbolisches Kapital): Alles, was sich in Geldwert transferieren lässt, Bildung;
- Modell- und Artikulationsmacht (kognitive Stärke): Überzeugungs- und Problemlösungskompetenz, Wissen, Überzeugungskraft;
- Organisationsmacht (Handlungskompetenz): Vernetzungs- und Organisationsfähigkeit, Positions- und Funktionsmacht.

Machtquellen haben soziale Funktionen. Sie reduzieren ungewollte, behindernde Abhängigkeiten, und sie fördern und erhalten Autonomie und Selbstbestimmung.

Ein Individuum sollte, so Staub-Bernasconi, über so viel Macht verfügen, dass eine soziale Position erreicht und gehalten werden kann, die es ihm/ihr ermöglicht, seine/ihre Bedürfnisse aus eigener Kraft zu befriedigen, keine soziale Ausgrenzung zu erfahren und andere in ihrer Bedürfnisbefriedigung nicht behindert werden. Machtquellen können so eingesetzt werden, dass sie einen fairen, bedürfnisgerechten Austausch ermöglichen oder, dass sie eine hierarchische, abhängige Beziehung etablieren, in der Menschen an ihrer Bedürfnisbefriedigung behindert werden. Die folgende Gegenüberstellung zeigt die idealtypischen, horizontalen (gerechten) Austauschbeziehungen und vertikal strukturierten (ungerechten) Machtbeziehungen, verbunden mit Fragestellungen zur Analyse von sozialen Beziehungen (vgl. Sagebiel 2009, S. 122 ff.).

Austauschbeziehung Symmetrische, soziale Beziehungen im Sinne eines gerechten Austausches. Wie werden die vorhandenen Ressourcen zu gleichen Teilen fair geteilt?	Machtbeziehung Asymmetrische soziale Beziehungen im Sinne einer behindernden, ungerechten, unfreiwilligen, abhängigen Beziehung
Kommunikation *Ausstattung mit Erkenntniskompetenzen, Erlebensfähigkeit und Wissen* Austausch von Informationen, Wissen, Gefühlen und Erkenntnissen. Worüber und wie tauschen sich die Akteur*innen aus, wie beurteilen sie ihre Beziehung miteinander?	Modell- und Artikulationsmacht Möglichkeit, andere mit Wissen und eigenen Ideen zu überzeugen, sie auch gegen Widerstand durchzusetzen und andere von sich abhängig machen. Wer unterliegt mit seinem Wissen und seinen Ideen?
Kooperation *Ausstattung mit Handlungskompetenzen, Organisationsfähigkeit* Sich miteinander verständigen, was wie, wo, warum gemeinsam zu tun ist. Welche Aktivitäten teilen z. B. Familienmitglieder miteinander? Was ist es, was sie gemeinsam produzieren, wie ist die Arbeitsteilung geregelt?	Organisations- und Positionsmacht Chance, über Menschen zu entscheiden, Beziehungen zu knüpfen und sie für die eigenen Interessen und Bedürfnisse zu nutzen. Wer hat die Kompetenz, anderen bestimmte Güter wie Bildung, Arbeit, Geld und Bewegungsfreiheit zu gewähren oder zu verweigern? Wer muss sich diesen Anweisungen unterordnen?
Körperkontakte, Zärtlichkeit, Sexualität *Körperliche Ausstattung, Geschlecht, Alter, Gesundheit, Attraktivität, physische Stärke* Haben die Akteur*innen Körperkontakt miteinander, wenn ja, welcher Art?	Körpermacht Wer verfügt in der Beziehung über so viel physische Kraft, dass sie oder er andere damit bedrohen und durch Gewaltanwendung verletzen kann?
Güteraustausch *Ausstattung mit ökonomischen Ressourcen* Austausch von Kapital und Besitz: Wer gibt wem was, wer erhält was von wem?	Ressourcenmacht Wer verfügt über Güter und Ressourcen, um sie künstlich zu verknappen, sie anderen vorzuenthalten und Abhängigkeiten zu schaffen? Und wem fehlen die existenznotwendigen Güter?

Tabelle 2: Machtquellen

Die Macht und ihre Regeln

Die Erschließung von Machtquellen und der Aufbau legitimer Macht zur Bewältigung von sozialen Problemen können durch problemorientierte Arbeitsweisen wie Ressourcenerschließung, Bewusstseinsbildung, Vernetzung und Empowerment-Strategien erreicht werden. Ob Macht problematisch (im Sinne von menschenverachtender und behindernder Ungleichheitsordnung) oder gerecht (im Sinne von bedürfnis- und menschengerechter sozialer Ordnung) ist, hängt ab von der Art, wie die Verteilungsmuster von Gütern und die Arbeitsteilung strukturell geregelt sind, wie Ideen und Werte institutionalisiert, legitimiert und sanktioniert werden. Die strukturelle Schichtung der Gesellschaft spiegelt sich wider in hierarchischen Mustern und Wertzuschreibungen, die als sozial gerechte oder ungerechte Realitäten identifiziert werden können. *Als ein Beispiel für soziale Ungleichheitsordnungen kann die nach wie vor relativ stabile, traditionelle geschlechterspezifische Arbeitsteilung zwischen Männern und Frauen und der ungleichen sozialen Anerkennung und Entlohnung von Produktionsarbeit und Reproduktionsarbeit (Care-Arbeit) identifiziert werden. Stichworte dazu sind u. a.: Gender pay gap und Pension gay gap. Es geht aber auch anders, wenn das gesellschaftliche Bewusstsein für ein Mehr an Geschlechtergerechtigkeit wächst und der Gesetzgeber die Durchsetzung der Gleichstellung durch zahlreiche Maßnahmen zur mehr Geschlechterdemokratie fördert, z. B. durch Förderung von Frauen am Arbeitsmarkt, dann handelt es sich um strukturelle Begrenzungs- bzw. Ermöglichungsmacht.*

Machtregeln

„Ob Macht problematisch ist, hängt (...) von der Art der Prinzipien, genauer: der Regeln ab, mit denen Ressourcen/Güter/Menschen/Positionen, Ideen/Werte sowie Erzwingungsmittel (Belohnungen, Bestrafungen) mehr oder weniger stabil miteinander verknüpft und kontrolliert werden" (Staub-Bernasconi 1994, S. 25).

Die Transformation von Behinderungs- in Begrenzungsmacht, also sozialen Regeln zur legitimen Machtbegrenzung mit dem Ziel Bedürfnisbefriedigung, Partizipation und Mitbestimmung zu gewährleisten, kann nach Staub Bernasconi erreicht werden in folgenden Teilzielen (vgl. Staub Bernasconi 2018, S. 282):

- Unterstützung bei der Befreiung aus repressiven Abhängigkeitsverhältnissen (Familie, Clique, Arbeit etc.);
- Schaffung des Zugangs zu relevanten gesellschaftlichen Teilsystemen (Bildung, Arbeit, Wohnen, Kultur);
- Konfliktschlichtung im Alltag;
- Einmischen in öffentliche Diskurse, wenn Menschenrechte verletzt werden (Sozialrechte, Patientenrechte, Asylrecht, Angriffe auf die Demokratie).

„Die Frage, ob Macht legitim oder illegitim und somit positiv oder negativ zu bewerten ist, zählt zu den zentralen Perspektiven innerhalb von Staub-Bernasconis Theorie" (Kraus/Sagebiel 2021, o. S.): Macht ist demnach an sich weder etwas Gutes noch Schlechtes, vielmehr entscheidet die Art und Weise, wie sie gebraucht wird, darüber, wie sie zu bewerten ist: „Ob Macht problematisch ist, hängt (…) von der Art der Regeln ab, mit denen Ressourcen/Güter verteilt, Menschen arbeitsteilig aufeinander bezogen, Ideen und Werte gewählt und institutionalisiert werden" und wie diese Regeln legitimiert und durchgesetzt werden (Staub-Bernasconi 2007, S. 374). Um diese Unterscheidung zu treffen „braucht es also einen differenzierten Machtbegriff" (Stövesand 2015, S. 37), den Staub-Bernasconi in der normativen Bewertung von zwei grundlegenden Machtformen trifft:

Einerseits die *‚Begrenzungsmacht'*, die als bedürfnis- und menschengerecht gilt und andererseits die *‚Behinderungsmacht'*, die als bedürfnisbehindernd und menschenverachtend gilt.

Die legitime Begrenzungsmacht ermöglicht den Individuen idealtypisch in allen Lebensbereichen einen legitimen Zugang zu allen verfügbaren Ressourcen, die Menschen für ihre Existenzsicherung und gesellschaftliche Teilhabe benötigen, unabhängig von Alter, Geschlecht, Nationalität, Religion oder Hautfarbe. Begrenzungsmacht zielt auf Chancengleichheit und soziale Gerechtigkeit, wozu etwa faire Bildungschancen zählen und Gewaltenteilung ebenso notwendig ist, wie Werte zur Legitimation und Regeln zu deren Kontrolle und Durchsetzung (vgl. Kraus/Sagebiel 2021 o. S.). Behinderungsmacht hingegen schließt willkürlich einzelne Gruppen von der gesellschaftlichen Partizipation aus, indem vorhandene Güter künstlich verknappt werden. Durch die Anordnungs- und Verteilungsmuster etablieren sich Machtstrukturen, die Ungleichheit, Ausgrenzung und Armut produzieren, denn Behinderungsregeln beschränken und disziplinieren nach unten, entgrenzen und eröffnen die Umverteilung nach dem Motto „freie Bahn (...) nach oben" (Staub-Bernasconi 1994, S. 32).

Das Hauptmittel, so Staub-Bernasconi, „der Machtbegrenzung sind differenzierte Diagnosen von Machtstrukturen und ihren sozialen Regeln" (2018, S. 283). Welche Regeln auf welcher Ebene positive (begrenzende) oder negative (behindernde) Machtwirkungen entfalten können, zeigt die nachstehende Übersicht:

Ebene	Begrenzungsmacht	Behinderungsmacht
Schichtung	Regeln, die einen fairen Zugang und die Verteilung von verfügbaren Gütern und Ressourcen für alle Mitglieder der Gesellschaft gewährleisten und über Werte legitimieren, wie: Soziale Gerechtigkeit, Chancengleichheit, Geschlechtergerechtigkeit, Teilhabe, Solidarität, Begrenzung von illegitimen Ansprüchen, Belohnung von Leistungen.	Regeln, die einen ungleichen Zugang zu Ressourcen festschreiben. Die verfügbaren Güter und Ressourcen werden von wenigen privilegierten Gruppen in der Gesellschaft kontrolliert und künstlich verknappt. Gewinn- und Nutzenmaximierung unterliegen keiner Begrenzung. Kulturalisierung von sozioökonomischen Ressourcen- und Verteilungsproblemen, z. B. in Form völkisch-nationalistischer Kulturen (Wir gegen die anderen), Rassismus, Sexismus, Antisemitismus.
Arbeitsteilung/ Hierarchie	Regeln, die eine gerechte und faire Verteilung von sozialen Positionen mit Rechten und Pflichten anstreben in Form von menschengerechter Arbeitsteilung, Partizipation, Mitbestimmung, Bildungschancen, Gewaltenteilung.	Einzelne Gruppen in der Gesellschaft genießen aufgrund ihrer exponierten Position Privilegien, die ihnen den bevorzugten Zugang zu Ressourcen sichern zum Nachteil anderer, z. B. Aufenthaltsrecht, Asylrecht, Steuerrecht (Erbschafts- und Vermögenssteuer).
Legitimation	Regeln, Leitbilder und Rechte, die die Verteilung, die Verfügung und den Zugang über und zu Ressourcen legitimieren und gerechte Arbeitsteilung und Schichtung in der Gesellschaft begründen.	Regeln und Ideen, die die ungleiche Schichtung, Verteilung und das Recht des Stärkeren, Herrschaft, strukturelle Gewalt sowie unfaire Verfahren legitimieren (Rassismus, Sexismus, Steuerabschreibungsmöglichkeiten für Reiche und digitale Konzerne, selektiver Zugang zur Bildung, Lobbyismus, Protektionismus).
Kontrolle und Durchsetzung	Regeln der Durchsetzung von begrenzender Macht ohne Anwendung von direkter Gewalt gegen Menschen und Dinge.	Regeln, die Denk- und Verhaltenskonformität notfalls mit direkter und systematischer Gewalt gegen Menschen, Dinge und die Natur erzwingen (Vergewaltigung, Menschenhandel, Gentrifizierung, Landgrapping, Flucht und Vertreibung, Naturzerstörung, Verurteilung von Regimegegner*innen (z. B. Journalist*innen).

Tabelle 3: Regeln der Macht

Handlungsansätze – normative und handlungstheoretische Konsequenzen

Eine Handlungswissenschaft hat im Gegensatz zu einer Grundlagenwissenschaft die Funktion, nicht nur theoretisches Wissen zu generieren, um Phänomene zu beschreiben und zu erklären, sondern vor allem auch Wissen zu entwickeln, das für die Lösung praktischer Probleme nutzbar ist. Eine normative Handlungswissenschaft, wie die Soziale Arbeit, muss daher solche Wissensformen anbieten, die eine Bewertung sozialer Realitäten ermöglichen. Die normative Unterscheidung, ob Strukturen, wie z. B.

gesetzliche Rahmenbedingungen, Leitbilder oder Arbeitsaufträge oder Interaktionsprozesse behindernde oder entwicklungsförderliche Wirkungen hervorbringen, kann entlang des professionellen Mandats und des Ethikcodex, der sich an den Prinzipien sozialer Gerechtigkeit und den Menschenrechten orientiert, getroffen werden. Staub-Bernasconi erweitert daher das klassische Doppelmandat (Hilfe und Kontrolle) um in ein Tripelmandat: eine genuin sozialarbeitstheoretische, ethische und wissenschaftliche Fundierung auf der Grundlage von sozialer Gerechtigkeit und der Menschenrechte, auf die sich die Profession verpflichtet hat. Dies gilt auch und insbesondere dann, wenn es um Macht geht: Die hier dargestellte normative Machtkonzeption stellt dafür eindeutige Kriterien und Fragen zur Verfügung, z. B. Vorgaben und Aufträge auf ihre Legitimität oder Illegitimität hin zu überprüfen. *Konkret meint dies beispielsweise: Sanktionen und Kürzungen der Hilfeleistungen bei Nichteinhaltung der Mitwirkungspflicht von Hartz IV-Empfänger*innen sind nach dem Gesetz legal, aber sie sind nicht legitim, weil sie die materielle Existenz der Betroffenen gefährden.* In der Konsequenz bedeutet das, dass die Profession ein politisches Mandat hat, solche behindernden Machtstrukturen und -prozesse zu entlarven und ihre Abänderung in Richtung sozialer Gerechtigkeit öffentlich anzumahnen. Staub-Bernasconi plädiert dafür, „dass, angesichts der Zuständigkeit der Sozialen Arbeit für Armut, Diskriminierung, Marginalisierung usw. machtkritische Soziale Arbeit im Zentrum ihrer Theorie und Praxis stehen muss“ (Staub-Bernasconi 2011, S. 368) − eine These, die dem Zeitgeist von marktkonformer und effizienzbasierter Dienstleistungslogik widersprechen mag, aber deswegen – gerade im Sinne des auf die eigene Profession angewandten Tripelmandats − umso wichtiger ist. *Heute, mit Blick auf prekäre Beschäftigungsverhältnisse auch in der Sozialen Arbeit, ist diese Forderung für manche Fachkräfte sicher bedrohlich, denn es kann bedeuten, sich gegen den Arbeitgeber im Konfliktfall zu positionieren. Doch solange die Profession sich ihrer Machtquellen nicht bewusst ist und sie nicht als gebündelte Gegenmacht nutzt, läuft sie Gefahr, ihre Identität aufzugeben und zum Spielball ‚fremder Mächte‘ zu werden.*

Der Ansatz von Staub-Bernasconi macht in dieser Hinsicht Mut. Gerade weil Macht nicht naturgegeben ist oder vom Himmel fällt, ist sie veränderbar. Sie wird von Menschen gemacht unter Einsatz ihrer Machtquellen, die sie mit anderen, die gleiche Interessen verfolgen, organisiert, stabilisiert und legitimiert. Im Umkehrschluss heißt das, dass sie auch veränderbar ist. In vergleichbarer Weise argumentieren auch Popitz und Arendt. Würde die Profession ihre Organisationsmacht erkennen und zum Einsatz bringen, könnte sie mehr Gegenmacht etablieren, die zu einem Mehr an sozialer Gerechtigkeit in der Gesellschaft führt – wenn auch mit den oben beschriebenen erwünschten und unerwünschten Wirkungen und Nebenwirkungen. Denn fest steht, dass auch und vor allem die Praxis und Wissenschaft der Sozialen Arbeit nicht in einem machtfreien Raum stattfinden und deswegen auch von Widersprüchen geprägt sind, die es auszuhalten gilt. So verlangt der gesellschaftliche Auftrag der Sozialen Arbeit zeitweise die Ausübung von Macht bzw. Kontrolle, beispielsweise zur Erfüllung des gesetzlichen Auftrages des Kinderschutzes. Wann jedoch die Verständigung in einem gleichberechtigten Fachkräfte-Adressat*innen-Dialog aufhören muss, um begrenzende Macht auszuüben wie *z. B. die Inobhutnahme eines Kindes gegen den Willen der Eltern im Sinne einer Begrenzungsmacht vollzogen werden kann,* lässt sich nach dieser Machtkonzeption theoretisch erklären und ethisch begründen. Die Analyse von Machtproblemen ist (oder sollte sein) grundlegender Bestandteil sowohl bei der Bewertung der Lebenssituation der Adressat*innen Sozialer Arbeit als auch in der Bewertung und Durchführung des Hilfeprozesses durch Professionelle. Als wichtige Voraussetzung zur Ausbildung professioneller Machtkompetenz fordert Staub-Bernasconi von Sozialarbeiter*innen „die Auseinandersetzung mit der eigenen Machtbiographie und die Reflexion der damit verknüpften lähmenden Erfahrungen und Fantasien der (All-)Macht wie der Ohnmacht“ (2018, S. 283).

Kritische Würdigung

Zusammenfassend lässt sich feststellen: Macht in all ihren verschiedenen Varianten ist einer der zentralen Aspekte der Sozialen Arbeit, denn sie hat immer mit Machtstrukturen und Machtproblematiken zu tun, sei es in professionellen Interaktionsbeziehungen, in Organisation, rechtlichen Rahmenbedingungen und (sozial-)politischen Konjunkturen. Macht ist das Herzstück von Staub-Bernasconis Sozialarbeitstheorie. Sie bietet Erklärungswissen an, über die Voraussetzungen und Bedingungen fremder und eigener Macht kritisch zu reflektieren. Die Unterscheidung der beiden Machttypen, der legalen und der illegalen Macht, ermöglicht „die normative Auseinandersetzung mit Fragen eines ethisch verantwortlichen Umgangs mit Macht“ (Kraus/Spatscheck 2010, S. 149) für die Profession. Im Erkennen und Reflektieren der Machtstrukturen in sozialen Beziehungen auf allen Interaktionsebenen liegt die Chance, menschenfreundliche Machtstrukturen aufzubauen, die Schutz, Sicherheit, soziale Anerkennung, Befreiung und die Eröffnung von Handlungsspielräumen ermöglichen (Staub-Bernasconi 2007, S. 378).

Machttheoretisch betrachtet legt Staub-Bernasconi nicht alle theoretischen Fundierungen, auf die sie sich bezieht, offen und präzise dar. Sie bezieht sich in ihren Ausführungen nicht auf einen einzigen klassischen Machtbegriff, sondern gleich auf mehrere, die sie selektiv nach normativen Kriterien auswählt, ob sie legitimer oder illegitimer Macht zugeordnet werden können. Wie schon erwähnt, streift sie nur ansatzweise deren erkenntnistheoretische Hintergründe. Zur Beschreibung und Erklärung der Ressourcenmacht greift sie auf Marx zurück (Macht als Besitz), bei der Frage von strukturellem, hierarchischem Machtgefälle auf Definitionen von Weber und Foucault oder bei machtlegitimierenden Ideen auf die symbolische Macht von Bourdieu (2007) und im Hinblick auf Organisationsmacht rekurriert sie auf die Machttheorie von Popitz (vgl. Staub-Bernasconi 2007, S. 376 ff.). Es ist ihr zu unterstellen, dass sie die wissenschaftstheoretischen Hintergründe kennt, jedoch schenkt sie diesen in ihren Ausführungen keine explizite Aufmerksamkeit. So bleibt ihr Fokus auf die Macht rein normativ auf gute Macht und schlechte Macht gerichtet. In ihrer wertenden Argumentation attestiert sie z. B. Luhmanns Machttheorie einerseits Machtblindheit und andererseits Machtvollkommenheit (vgl. Staub-Bernasconi 2000, S. 225). Eine solche normative Perspektive auf Machtstrukturen und Machtregeln ist unzweifelhaft für die Soziale Arbeit wertvoll und unverzichtbar, aber aus wissenschaftlicher Perspektive fehlt es ihr an Präzision. Man könnte pointiert sagen: Die Ebenen des Erklärungs- und Beschreibungswissens von Macht bleiben unterkomplex, während die Ebenen des Bewertungs- und Handlungswissens ertragreich für den Anwendungsbereich sind.

Nicht zuletzt aus diesen Gründen wird aus der Perspektive anderer Theorieschulen nicht selten kritisch angemerkt, dass die Machtanalyse von Staub-Bernasconi – mithin ihre ganze Theorie – zu normativ angelegt sei und daher im Grunde unwissenschaftlich, gar dogmatisch, wie May (2009, S. 134) feststellt. Auch Hammerschmidt et al. (2017) bemerken kritisch, dass es der Theorie „an empirischen Analysen zu den zentralen Gegenständen (…), z. B. zur Praxis Sozialer Arbeit, sozialen Problemen oder zu Gesellschaft(en)“ mangelt (S. 153). Diese auf einem sich als wertneutral verstehenden Wissenschaftsverständnis basierenden Einwände negieren dabei allerdings, dass der Gegenstand der Wissenschaft Soziale Arbeit normativ zu fassen ist – geht es doch darum, etwas zum Besseren zu verändern. Und Wissenschaft kann niemals wertfrei sein, das wissen wir spätestens seit den Analysen der Kritischen Theorie.

Eine zentrale Kritik bildet die Bestimmung der Sozialen Arbeit als Menschenrechtsprofession. Nicht nur, dass diese ethische Fundierung eine schlichte Überforderung der Fachkräfte darstellt, sondern auch, dass die sozialrechtliche Konkretisierung (noch) nicht realisiert ist. Professionspolitisch, so merken Hammerschmidt et al. an, sei die Idee eines eigenständigen Mandats wünschenswert, „doch praktische Auswirkungen auf die Soziale Arbeit in irgendeinem UNO-Mitgliedsstaat sind damit aber keineswegs gegeben“ (2017, S. 153). Folglich lasse sich eine Autonomie der Profession nicht über das Menschenrechtsmandat ableiten, denn die Soziale Arbeit erfülle einen gesetzlichen Auftrag, sie sei abhängig von mächtigen, gesellschaftlichen Auftraggebern, von sozialpolitischen Rahmen- und Organisationsbedingungen, auf die sie selbst keinen Einfluss hat. Mit dieser Argumentation wird das politische Mandat zurückgewiesen und Soziale Arbeit auf eine berufliche, soziale Dienstleistung reduziert. Betrachtet man jedoch diese Kritik wiederum aus einer Machtperspektive, wird schnell deutlich, dass hier machtbehindernde Strukturen und Prozesse der Bildungs- und Forschungspolitik wirken, die der Sozialen Arbeit eine gleichwertige Position und Teilhabe in der Wissenschaftsgemeinschaft (noch) vorenthalten (s. Kap. 5). Da wird von halber Profession, Semi-Profession „‚dünnen disziplinären Theoriefäden‘ (…) und ‚disziplinärer Heimatlosigkeit‘“ (Staub-Bernasconi 1995a, S. 65) gesprochen. Vergleichbare fremdverordnete, machtbehindernde Positionszuweisungen finden auf allen Ebenen der Sozialen Arbeit statt, z. B. in interprofessionellen Teams, bis hin zur unterschiedlichen – meist niedrigeren – Vergütung im Vergleich zu anderen Professionen wie Ärzt*innen, Psycholog*innen, Jurist*innen und Verwaltungsfachkräften.

Die Einwände gegen die Theorie und hier insbesondere gegen die Machtkonzeption von Staub-Bernasconi lassen sich sowohl erkenntnistheoretisch als auch machttheoretisch beobachten, wie wir versucht haben aufzuzeigen. Festhalten lässt sich bei aller Kritik aber, dass diese normative, handlungstheoretische konzipierte Machttheorie ein griffiges und absolut praxistaugliches Instrumentarium zur Analyse von Machtprozessen in der Sozialen Arbeit bietet. Ein darauf basierendes Analyseraster zum Thema Machtbeziehungen findet sich z. B. bei Geiser im Modell der systemischen Denkfigur in der Problem- und Ressourcenanalyse in der Sozialen Arbeit (Geiser 2002, 2004, 2007, 2012). Wir benutzen es daher auch in unseren Fallanalysen in Kapitel 3 und 4.

Literaturempfehlungen

Staub-Bernasconi (2018): Soziale Arbeit als Handlungswissenschaft. Soziale Arbeit auf dem Weg zu kritischer Professionalität. 2. Aufl. Opladen & Toronto. Barbara Budrich.

Staub-Bernasconi (2021): Macht und (kritische) Soziale Arbeit. In: Kraus, Björn/Krieger, Wolfgang (Hg.): Macht in der Sozialen Arbeit. Interaktionsverhältnisse zwischen Kontrolle, Partizipation und Freisetzung. Lage. Jacob Verlag. 5. Aufl., S. 367–392.

2.2.2 Björn Kraus: Macht als Interaktion und Einwirkung

Björn Kraus (*1969)

Aus einfachen Verhältnissen stammend startet Björn Kraus als Hauptschüler und Handwerker. Nach dem Studium der Sozialen Arbeit legt er mit seiner Dissertation das Fundament seiner konstruktivistischen Theorieentwicklung, die im Rahmen seiner Habilitation im Entwurf einer Theorie der Relationalen Sozialen Arbeit mündet. Er ist seit 2005 Professor und war zuvor in der offenen Jugendarbeit sowie der stationären Jugendhilfe tätig. Björn Kraus zählt seit Ende der 1990er-Jahre zu den zentralen Protogonist*innen konstruktivistischer Theorienbildung in der Sozialen Arbeit. Die Analyse von Machtverhältnissen in der Umwelt-Subjekt-Interaktion nimmt dabei einen zentralen Stellenwert ein.

Konstruktivistische Grundannahmen

Einen ganz anderen Zugang zur Macht bietet der Sozialarbeiter Björn Kraus an. In seiner Theorie entwickelt er ein begriffliches Werkzeug, das ermöglichen soll, die Wirksamkeit von Macht für die Soziale Arbeit zu beschreiben und zu erklären. Während Staub-Bernasconi Macht einer normativen Bewertung unterzieht, untersucht er zunächst aus einer erkenntnistheoretischen Perspektive die Bedingungen der Möglichkeiten von Macht. Kraus vertritt die erkenntnistheoretische Position eines Relationalen Konstruktivismus, die sich von subjektorientierten radikal konstruktivistischen Diskursen insofern abhebt, als er die Interaktion von Umwelt und Subjekt in den Vordergrund stellt (Kraus 2019).

Seine zentralen Grundannahmen sind, „dass Kognition selbstreferentiell operiert und so dem Menschen nie die Realität an sich, sondern immer nur die eigenen relativ veränderten Bewusstseinszustände zugänglich sind“ (Kraus 2013, S. 16) und dass die subjektive Kognition durch die Bedingungen der Realität zwar nicht bestimmt, aber dennoch beeinflusst und begrenzt wird (Kraus 2013, S. 66). Einerseits konstruieren Menschen aktiv ein Bild von der Realität, und andererseits beeinflusst die Realität die subjektive Wahrnehmung der Menschen. Diese strukturelle Kopplung zwischen Mensch und Umwelt bezeichnet Kraus als *Doppelbindung lebendiger Systeme*. Vor dem Hintergrund dieser Annahme scheint es zunächst, als könne es eigentlich keine Macht geben, denn die Wahrnehmung und das Denken operieren selbstreferentiell und sind von außen nicht zu bestimmen. Doch durch die Doppelbindung ist der Einfluss auf Bewusstseinszustände und Sichtweisen auf die Welt z. B. im Rahmen von

Beratung, Feedback und Supervision denkbar. Vor diesem Hintergrund fragt Kraus danach, „was überhaupt mit dem Begriff der Macht beschrieben werden kann, und ob Macht als Faktum oder als Metapher zu kategorisieren ist“ (Kraus 2021, S. 92).

Instruktive und destruktive Macht

Ist Macht das Resultat einer kognitiven Konstruktion, oder wirkt sie unabhängig von der Einschätzung, dem Eigensinn eines Menschen? Macht ist für Kraus eine soziale Konstruktion, die ihre Wirkung in Interaktionen entfaltet. Wie, dafür wählt er die Unterscheidung zwischen den zwei Kategorien der instruktiven Macht und der destruktiven Macht. Mit den Begriffen geht keine Wertung von guter oder schlechter Macht einher. Vielmehr erfolgt die qualitative Unterscheidung der beiden Machtformen entlang des Kriteriums der Wirksamkeit, ob sie abhängig oder unabhängig vom Eigensinn der Betroffenen ist, ob also eine Verweigerung möglich ist oder nicht.

Instruktive Macht bezeichnet instruktive Interaktionen, die auf die Einflussnahme auf menschliches Denken und Verhalten abzielen, während destruktive Interaktionen auf die Begrenzung von Handlungsmöglichkeiten gerichtet sind.

Instruktive und destruktive Macht

„Instruktive Macht bezeichnet die Chance, das Verhalten oder Denken eines Menschen zu determinieren.“
„Destruktive Macht bezeichnet die Chance, die Möglichkeiten eines Menschen zu reduzieren“ (Kraus 2013, S. 126).

Destruktive Macht zielt vor allem auf den Körper und bewirkt die Einschränkung von Handlungsmöglichkeiten, von Entscheidungs- und Partizipationschancen. Aber auch das Vorenthalten von Informationen kann nach Kraus als destruktive Macht bezeichnet werden. Sie wirkt, ohne dass der Betroffene seine Zustimmung geben muss, ohne dass seine Bewertung der Situation von Bedeutung wäre. Auch gegen das Widerstreben der Betroffenen ist sie durchsetzbar, *z. B. bei der Inhaftierung von Straftäter*innen, beim Kinderschutz, beim Vorliegen häuslicher Gewalt oder Missbrauch, bei der Verweigerung finanzieller Hilfen etc.* Instruktive Macht hingegen zielt auf die Beeinflussung des Verhaltens und Denkens. Hier besteht die Möglichkeit, das Angebot anzunehmen oder es zu verweigern. Die kognitiven Einschätzungen und Bewertungen der Klient*innen, *z. B. in einer Beratungssituation,* entscheidet über die Wirksamkeit der instruktiven Macht von Sozialarbeiter*innen. Das hat auch Auswirkungen über den Bereich von Macht hinaus auf den Bereich der Unterstützung. Spricht eine Klientin der Sozialarbeiterin Macht zu – materielle und immaterielle –, dann besteht eine höhere Chance, dass sie die Hilfe annimmt, z. B., indem sie ihre Situation aus einer anderen Perspektive betrachtet, oder ihr Verhalten gegenüber Dritten verändert.

Beide Machtformen lassen sich für *gute* wie für *schlechte* Ziele gleichsam einsetzen. Destruktive Macht kann Misshandlungen verhindern, aber auch ermöglichen. *Ein Beispiel: Die Inobhutnahme eines Kindes durch das Jugendamt dient dem Schutz des Kindes. Eine Verweigerung der Maßnahme ist in diesem Fall weder den Eltern noch dem Kind möglich. Denkt man den Fall weiter, so könnte instruktive Macht darauf hinwirken, dass die Eltern ihr Verhalten mehr den Bedürfnissen des Kindes anpassen. Ob sie jedoch ihre Einstellung und ihr Erziehungsverhalten tatsächlich verändern, obliegt ihrer Entscheidung.* Die Wirksamkeit und Grenzen der Machtausübung hängen von den Verweigerungsmöglichkeiten der Betroffenen ab. Die Wahrscheinlichkeit der Machtwirkung ist in einschränkenden (destruktiven) Interaktionen höher als in beeinflussenden, steuernden (instruktiven) Interaktionen (vgl. Kraus 2013, S. 139).

Machtspiele

Um die Formen instruktiver und destruktiver Macht zu konkretisieren, nimmt Kraus auf die „Machtspiele" von Steiner und Portele Bezug. Diese Machtspiele – Steiner nennt sie *Powerplay* – sind gegenseitige Übertragungen (Transaktionen) der Machtausübung, „in denen eine Person ganz bewußt danach strebt, das Verhalten einer anderen Person den eigenen Zwecken entsprechend zu kontrollieren" (Steiner 1966, S. 89, zit. n. Kraus 2013, S. 130). Powerplays sind Strategien, die Menschen einsetzen, um etwas von anderen zu bekommen, von dem sie vermuten, es auf direktem Wege nicht zu erhalten. Ob allerdings diese Manöver immer ganz bewusst eingesetzt werden, bezweifelt Portele, denn oft unterliegen Verhaltensweisen gewohnheitsmäßigen Routinen und die wahren Absichten sind den Handelnden auch nicht immer bewusst (vgl. Kraus 2013, S. 130).

Die Autoren beschreiben fünf Spielarten der Macht. Wir werden diese kurz vorstellen und sie jeweils auf die Formen instruktiver und destruktiver Macht von Kraus beziehen (vgl. Kraus 2013, S. 130–136).

1. Das Spiel *Alles oder Nichts* beruht auf der Verknappung von materiellen und immateriellen Gütern. Die Chance, diese Strategie einzusetzen und Erfolg zu haben, basiert auf der Angst desjenigen, auf den die Macht gerichtet ist, etwas zu verlieren. Das Gelingen dieser Form der

instruktiven Macht ist von der Bewertung des/der Instruierten, Machtunterlegenen abhängig. Nur wenn diese*r Angst entwickelt und dem/der Machtüberlegenen Verfügungsgewalt zuschreibt, gelingt die Beeinflussung des Denkens, Empfindens und Verhaltens und nur dann handelt es sich um instruktive Macht. Destruktive Macht hingegen, die keiner Unterwerfung bedarf, beruht nicht auf der Angst der Ohnmächtigen, sondern dem Vorenthalten von Gütern und Wissen. *Alles oder Nichts* kann auch mit dem Medium Sprache gespielt werden, indem z. B. wichtige Informationen nicht weitergegeben werden und damit Entscheidungs- und Partizipationsmöglichkeiten begrenzt werden. *Beispiel: Eine Sozialarbeiterin gibt Informationen über mögliche Unterstützungsleistungen und Entscheidungsoptionen nicht an ihre Adressat*innen weiter.*

2. Das Spiel *Einschüchterung* basiert wie *Alles oder Nichts* auf der Tatsache, dass der/die Unterlegene dem/der Überlegenen Macht zuspricht und Angst entwickelt. Unterschwellig und verdeckt können Einschüchterungen Schuldgefühle auslösen, offen können sie in Form von körperlicher Gewalt auftreten. *Beispiele für verdeckte Einschüchterungen sind, jemanden in seiner oder ihrer Präsentation zu unterbrechen, indem man ihr oder sein Datenmaterial bezweifelt, oder das Vertrauen in eine*n Kolleg*in öffentlich in Frage stellt; in extremer Form die Androhung von Gewalt, Mobbing und Cybermobbing.* Instruktive Macht liegt dann vor, wenn der/die Unterlegene sich aufgrund seiner oder ihrer Schuldgefühle einschüchtern lässt, und zwar auch dann, wenn ihm oder ihr Gewalt angedroht wird. Bei dieser Spielvariante ist keine Ausübung destruktiver Macht möglich, denn die Gewalt wird nicht ausgeführt.

3. Das Spiel der *Lügen* greifen Dieter Hildebrandt und Roger Willemsen 2007 kabarettistisch in ihrem Buch „Ich gebe Ihnen mein Ehrenwort“ auf. Darin behaupten sie, bis zu zweihundertmal pro Tag verbreite der Mensch kleinere und größere Halb- oder Unwahrheiten. Und anscheinend lasse es der Mensch auch gerne zu, dass er seit Jahrtausenden hinters Licht geführt wird (vgl. Avalost 2007). Und wie funktioniert dieses Powerplay? Erstens, indem die Belogenen der Konvention folgen, man bezichtige andere nicht der Lüge (eine soziale Konstruktion), zweitens erkennen die Belogenen nicht, dass die Unwahrheit gesprochen wird. Nach Kraus kann *Lügen* sowohl den Charakter instruktiver Macht als auch destruktiver Macht annehmen. Instruktiv, wenn die Belogenen dem Lügner die Macht zusprechen, ihren Aussagen sei Glauben zu schenken. Im Fall des Nichterkennens kann es

sich um Leichtgläubigkeit handeln, „die den Erfolg von Lügen wahrscheinlicher macht“ (Kraus 2013, S. 133). Werden durch Vortäuschung falscher Tatsachen oder Verschweigen von Informationen, *z. B. in hierarchisch angeordneten Beziehungen zwischen Chef*in und Mitarbeiter*in, Lobbyist*innen und Politiker*innen, Anleiter*innen und Praktikant*innen etc.*, die Handlungsoptionen reduziert, dann wirkt destruktive Macht. Wenn Menschen angeblich zweihundertmal am Tag lügen, bleibt zu fragen, ob wir den anderen überhaupt noch vertrauen können. Sollten wir in jedem Fall die Aussagen überprüfen und andere Möglichkeiten in Betracht ziehen? Ja und nein. Ja, denn es gibt Situationen und soziale Konstellationen, in denen Misstrauen ratsam ist, *z. B. wenn Politiker*innen oder Vorgesetzte Versprechungen machen nach dem Motto „Ich gebe Ihnen mein Ehrenwort“*. Nein, denn eine generelle Lügenunterstellung würde unseren gelingenden Alltag misslingen lassen, wenn wir nicht vertrauen würden.

4. Das Spiel *Passivität* funktioniert nach zwei Regeln: Die Erwartungen und Bedürfnisse anderer zu ignorieren und „der Möglichkeit zur Schuldzuschreibung an den anderen, um dessen Dankbarkeit und Schuldbewusstsein auszubeuten“ (Kraus 2013, S. 133). Diese verdeckten Spielvarianten finden alltäglich in allen sozialen Beziehungen statt und wirken *am besten* in Kombination. *Nehmen wir an, in einer Paarbeziehung ignoriert ein*e Partner*in das Bedürfnis des/der anderen, unterschiedliche Erwartungen und Konflikte anzusprechen. Partner*in A sagt: „Ich will mit Dir über uns reden.“ Partner*in B geht das auf die Nerven, er/sie ignoriert den Wunsch und rechtfertigt die Verweigerung mit dem Hinweis, er/sie mache die Dinge immer so kompliziert und zerstöre die Harmonie der Beziehung. Da A den Wunsch hat, ist sie/er auf die Reaktion von B angewiesen und kann sie/ihn nicht beeinflussen, seine/ihre Haltung und sein Verhalten zu ändern. B verfügt über die Macht, mit A zu sprechen oder nicht, A also etwas vorzuenthalten, was A möchte. Hier ist destruktive Macht am Werk, weil B durch ihre/seine Verweigerung die Möglichkeiten von A einschränkt, die/der in der Situation dieser Macht ausgeliefert ist. Nehmen wir an, A reagiert auf die Verweigerung von B mit Schuldgefühlen und Angst, die Beziehung zu gefährden und stellt deswegen sein/ihr Bedürfnis nach Paargesprächen zurück. Damit würde er/sie sich dem Willen von A unterwerfen, womit dies ein Fall von instruktiver Macht wäre.*

5. Das Spiel *Wahrheit* ist ein beliebtes Spiel von Expert*innen, oder solchen, die sich dafür halten. Sie bieten den Nichtexpert*innen („Sie

> sind nicht vom Fach!") objektive Wahrheiten an, die sie als alternativlose Lösungen oder unumgängliche Sachzwänge präsentieren. Und da die Sachverhalte so komplex und vielschichtig sind, können Laien ihre Glaubwürdigkeit nur schwer bis gar nicht überprüfen. *Man denke nur an die als alternativlos vorgetragene Lösung der Politiker*innen, die ‚Rettung' der Banken mit Milliarden von Steuergeldern finanzieren zu müssen; oder an die Versicherung des US-Geheimdienstes, die Datenspeicherung diene nur der nationalen Sicherheit bis zur Aufdeckung der Massenüberwachung; oder Norbert Blüms Worte „Die Renten sind sicher"*. Das Spektrum der Wahrheitsvermittlung von Expert*innen reicht in nahezu alle gesellschaftlichen Lebensbereiche hinein, vom Biodiskurs und der Empfehlung zum Veggieday über die Frauenquote in den Unternehmen bis hin zur Frage, welche Diskurse als wissenschaftliche gelten und welche nicht (vgl. Kraus 2013, S. 135).

Von diesem Powerplay der Variante *Wahrheit* bleibt auch die Soziale Arbeit nicht verschont, wenn Soziolog*innen und Erziehungswissenschaftler*innen, mithin Angehörige anerkannter universitärer Disziplinen, darüber diskutieren, ob nun Soziale Arbeit eine Wissenschaft sei oder nicht. Ihre Expertise über die Soziale Arbeit würde dann eine Chance für instruktive Macht bieten, wenn die Soziale Arbeit ihren Wahrheiten Glauben schenkt und sich den Erziehungswissenschaften als Leitdisziplin unterwerfen würde. Destruktive Macht wäre gegeben, wenn durch den Glauben an vermeintliche Wahrheit die Entwicklungsmöglichkeiten der Sozialen Arbeit zu einer gleichberechtigten Disziplin verhindert werden. Was ja derzeit noch zutrifft mit der Institutionalisierung der Ausbildung an (Fach-)Hochschulen mit ihren eingeschränkten Rahmen- und Entwicklungsbedingungen im Vergleich zu den Universitäten (z.B. im Hinblick auf Promotion, vgl. Kap. 5).

Arten des Wissens

„Welche Arten von Wissen wollt ihr mit dem Anspruch von Wissenschaftlichkeit disqualifizieren? (...) Welche theoriepolitische Avantgarde wollt ihr inthronisieren, um sie aus der Menge der zirkulierenden und unzusammenhängenden Formen des Wissens herauslösen?" (Foucault 1999, zit. n. Kraus 2013, 135).

Mit Bezug auf Portele lassen sich nach Kraus die Powerplays unter zwei Aspekten der Macht zusammenzufassen:

a) „(...) wenn man Macht als Macht erkennt, ist ein wichtiger Schritt getan: Dann hat man die Wahl, sich zu unterwerfen, Gegenmacht einzusetzen oder die Macht zu unterlaufen" (Portele 1989, zit. n. Kraus 2013,

S. 134). Doch es ist schwierig, verschleierte Macht zu erkennen, weil die Mächtigen bestrebt sind, ihre Absichten zu verbergen und ihre Verfügungsgewalt nicht offen zu zeigen (vgl. Kraus 2013, S. 134).

b) Und, um Macht auszuüben, sind immer mindestens zwei beteiligt, der/die Machtausübende und der- bzw. diejenige, der/die sich der Macht unterwirft (vgl. Kraus 2019, S. 38).

Handlungsansätze für die Soziale Arbeit

Für die Soziale Arbeit als normative Handlungswissenschaft reicht es nicht aus, allein die Wirksamkeit von Macht zu beschreiben. Sie muss um die normative Perspektive erweitert werden, um zwischen menschengerechten und ungerechten Machtwirkungen zu unterscheiden. Kraus setzt sich aus seiner erkenntnistheoretischen konstruktivistischen Perspektive grundlegend mit Fragen normativen Entscheidens auseinander (Kraus 2013, S. 158 ff., 2019, S. 170–212). Mit Blick auf das Thema Macht nimmt er zudem eine Verschränkung zwischen den wertorientierten Machtformen von Staub-Bernasconi und seiner Wirksamkeitsperspektive vor (Kraus 2013, S. 136–140). Mit dieser Verknüpfung wird deutlich, welche Verfügungspotenziale in sozialen Interaktionen vorhanden sind. Wird die Begrenzungsmacht unterschätzt, können die Sozialarbeiter*innen ihre Ressourcen nicht ausreichend nutzen und ihre Verantwortung nicht professionell wahrnehmen. Wird hingegen die Begrenzungsmacht überschätzt, besteht die Gefahr, die Grenzen des eigenen Handelns zu ignorieren um den Preis der Selbstüberschätzung. Bei der Behinderungsmacht ist zu fragen, ob Möglichkeiten der Verweigerung seitens der Klientel bestehen. Ist das der Fall, so ist die Wirksamkeit der Macht deutlich eingeschränkt. Wird die Behinderungsmacht mit destruktiver Macht kombiniert, ist ihre Wirkung um ein Vielfaches höher. In der nachstehenden Tabelle werden Beispiele für die Verknüpfung von normativer Macht und Wirksamkeit der Macht vorgestellt:

	Instruktive Macht	Destruktive Macht
Behinderungsmacht Illegitime Macht	Illegitime Anweisungen und Verhaltensweisen wie z. B. Verbot, eine Regierung oder eine*n Chef*in zu kritisieren. Frauen werden unter falschen Versprechungen zur Prostitution angeworben. Abbau von Sozialleistungen wird ökonomisch legitimiert.	Illegitime Einschränkungen wie z. B. Arbeiter*innen dürfen die Fabrik oder die Baustelle nicht verlassen; der Lohn wird nicht ausgezahlt; Menschen werden nicht über ihre Rechte aufgeklärt; ihnen werden Partizipationschancen verweigert; Frauen wird der Zugang zu Bildung verwehrt.

	Instruktive Macht	Destruktive Macht
Begrenzungsmacht Legitime Macht	Legitime Vorgaben, gesetzliche Regelungen wie z. B. Kinderschutz und die staatliche Sanktionierung von häuslicher Gewalt und Menschenhandel; Schutz vor sozialen Risiken durch Mindesteinkommen, Arbeitsschutz; Erziehungsberatung.	Legitime Einschränkung wie z. B. Intervention in der Familie bei Gewalt und Vernachlässigung des Kindes; strafrechtliche Verfolgung von Korruption.

Tabelle 4: Verknüpfung normativer Macht/Wirksamkeit von Macht (Vgl. Kraus 2013, S. 138)

Kritische Würdigung

Welche Erkenntnisse bietet die Machtkonzeption von Kraus für die Soziale Arbeit? Zum einen liegt ihr Nutzen in der programmatischen Trennung zwischen erkenntnistheoretischen und normativen Reflexionen. Zum anderen darin, die Einflussnahme auf Menschen von den Möglichkeiten, also von den Durchsetzungspotenzialen her zu denken. Mit dieser Perspektive lässt sich beschreiben, welche Formen der Macht in professionellen Interaktionsbeziehungen an den Eigensinn der Adressaten gebunden sind. Hinsichtlich eines verantwortungsvollen Umgangs mit Macht bietet diese Machttheorie Reflexionsmöglichkeiten für die Profession die Mechanismen, die die Wahrscheinlichkeit der Machtwirkung erhöhen bzw. mindern, zu erkennen und kritisch zu hinterfragen.

Normative und qualitative Machtmodelle

„(...) beide Perspektiven (haben) unterschiedliche Schwerpunkte und insoweit auch unterschiedliche offene Fragen (...). Denn genauso wenig, wie die Kategorien der Destruktiven und Instruktiven Macht etwas über die normative Bewertung aussagen, sagen die Kategorien der Behinderungs- und Begrenzungsmacht etwas über die Möglichkeiten der Entfaltung der Wirksamkeit der Macht aus“ (Kraus/Spatscheck 2010, S. 146).

Zu würdigen ist, dass Kraus die Perspektive der Person-Umwelt-Interaktion, die für die Soziale Arbeit zentral ist, in den Fokus seiner Machttheorie stellt und sich damit von einem radikalen Konstruktivismus distanziert, der diesen Bezug ignoriert.

Eine Besonderheit seines Ansatzes besteht auch darin, dass er seine erkenntnistheoretischen Beiträge in ihrer Relevanz für die Professionalisierung von Interaktionsbeziehungen beschreibt.

Allerdings bleiben seine Ausführungen meist grundlagentheoretisch und eine Ableitung konkreter Methoden findet sich bislang kaum. Diese

Gedanken wären eine interessante Fragestellung für weitere Forschungsarbeiten.

Literaturempfehlungen

Kraus, Björn (2013): Erkennen und Entscheiden. Grundlagen und Konsequenzen eines erkenntnistheoretischen Konstruktivismus für die Soziale Arbeit. Weinheim/Basel. Beltz Juventa.

Kraus, Björn (2019): Relationaler Konstruktivismus – Relationale Soziale Arbeit. Von der systemisch-konstruktivistischen Lebensweltorientierung zu einer relationalen Theorie der Sozialen Arbeit. Weinheim/Basel. Beltz Juventa.

Kraus, Björn/Sagebiel, Juliane: (2021): Macht in der Sozialen Arbeit. In: www.socialnet.de/lexikon/Macht-in-der-Sozialen-Arbeit (Zugriff 1.06.22).

2.2.3 Saul Alinsky: Anleitung zum Mächtigsein

Saul Alinsky (1909–1972)

Saul Alinsky wurde 1909 als Kind russischer, sehr armer jüdischer Immigrant*innen in einem Slum in Chicago geboren. Nach einer wechselvollen Schulzeit studierte er Archäologie und Soziologie. Während der großem Depression 1930 schlug er sich verarmt durch, bis er durch Zufall ein Promotionsstipendium im Fach Kriminologie bekam, das er aber nicht beendete. Vielmehr begab er sich direkt in die Chicagoer Bandenszene, wo er mehr über Kriminologie lernte. Nach Beginn des Zweiten Weltkriegs und des Spanischen Bürgerkrieges betätigte er sich als Bürgerrechtsaktivist und baute als Antifaschist mehrere starke ‚Community Organizations' auf. Für seine Taktiken und Strategien wurde er als sogenannter ‚Radikalster der Radikalen' berühmt. Bis zu seinem plötzlichen Tod 1972 war er als Aktivist tätig.

Verständnis von Macht

Um es vorwegzunehmen: Saul D. Alinsky hat keine eigene Machttheorie entwickelt, denn er wollte auf keinen Fall ein Theoretiker sein, sondern ein „Mann der Tat" (Rabe 1999, S. 15). Aber als einer der wichtigsten amerikanischen Bürgerrechtsaktivist*innen setzte er sich in seinen Schriften natürlich mit Fragen der Macht intensiv auseinander. Interessant ist in diesem Zusammenhang, dass Alinsky nicht den Machtbegriff in den Titel seiner Bücher setzt, sondern den Begriff der Radikalität in den Mittelpunkt stellt, indem er sich an die „Radikalen" wendet und 1971 in den „Rules for Radicals" (Deutsch: „Die Stunde der Radikalen", 1974) einen – so der Untertitel – „praktischen Leitfaden für realistische Radikale" anbietet. Nur in der deutschen Übersetzung seines ersten Buches „Reveille for Radicals" (1946) taucht der Machtbegriff auf, das mit „Anleitung zum Mächtigsein" (1984/1999) betitelt wurde. Deutlich wird hier bereits, dass es Alinsky nicht um eine theoretische Reflexion von Macht an sich geht, sondern ganz praktisch darum, wie Macht von Menschen, die bisher wenig Macht haben, erlangt werden kann. Seine Bücher sind somit voller Beschreibungen und Beispielen von ‚Taktiken' und ‚Strategien', wie Macht vom Volk erlangt werden kann – und das möglichst radikal im Sinne von einschneidend, fundamental, tiefgreifend und gründlich. Dabei ist Taktik, „das zu tun, was man kann, mit dem, was man hat (...) In der Welt des Gebens und Nehmens ist Taktik die Kunst des richtigen Gebens und Nehmens. Wir wollen uns hier mit der Taktik des Nehmens beschäftigen, nämlich wie die Habenichtse den Besitzenden Macht nehmen“ (Alinsky 1999, S. 140).

Der Radikale

„Der Radikale ist diese großartige Person, die wirklich glaubt, was sie sagt (...). Für den Radikalen schlägt die Stunde immer, und jeder Kampf seiner Mitmenschen ist sein Kampf (...) Er will eine Gesellschaft schaffen, in der alle Fähigkeiten des Menschen ausgeschöpft werden können, eine Welt, in der der Mensch in Würde, Sicherheit, Glück und Frieden leben kann – eine Welt, die auf der Moral der Menschheit basiert“ (Alinsky 1999, S. 29).

Bekannt wurde Alinsky als amerikanischer Bürgerrechtler und Begründer politischer Bürgergesellschaften (*Community Organizations*) zum Aufbau einer Gegenmacht in der US-amerikanischen Gesellschaft. Auf der Basis solcher Graswurzelbewegungen entwickelte er die in den 1930er-Jahren völlig neuartige Idee der radikalen Bürgerorganisationen mit dem Ziel, Bürgerinnen und Bürger zu stärken und zu ermutigen, sich am demokratischen Leben zu beteiligen.

Alinsky schlägt folgende Regeln der „Machttaktiken“ vor, die im Folgenden zusammengefasst und vorgestellt werden (Alinsky 1999, S. 140 ff.):

1. „Macht ist nicht nur das, was du besitzt, sondern das, von dem der Gegner meint, dass du es hast.
2. Verlasse niemals den Erfahrungsbereich der eigenen Leute. Wenn eine Aktion oder eine Taktik außerhalb des Erfahrungsbereiches der Leute liegt, dann führt das zu Verwirrung, Angst und Zurückhaltung. Darüber hinaus hat es einen Zusammenbruch der Kommunikation zur Folge.
3. Wo immer es möglich ist, verlasse den Erfahrungsbereich des Gegners.
4. Die vierte Regel beinhaltet schon die fünfte: Spott ist die stärkste Waffe des Menschen. Es ist unmöglich, gegen Spott anzukämpfen. Außerdem macht er den Gegner wütend, der dann zu deinem eigenen Vorteil reagiert.
5. Eine gute Taktik macht deinen Leuten Spaß. Wenn sich die Leute nicht gut amüsieren, stimmt irgendetwas nicht mit deiner Taktik.
6. Eine allzu schleppende Taktik wird schlapp.
7. Der Druck darf niemals nachlassen. Er muss durch verschiedene Taktiken und Aktionen aufrechterhalten werden, und alle Ereignisse, die sich für diesen Zweck bieten, müssen genutzt werden.

8. Die Drohung hat in der Regel mehr abschreckende Wirkung als die Sache selbst.
9. Die wichtigste Voraussetzung für jede Taktik ist das Entwickeln einer Strategie, mit der ein konstanter Druck auf den Gegner ausgeübt wird. (...) Der Druck erzeugt die Reaktion, und konstanter Druck hält die Aktion in Gange.
10. Wenn man etwas Negatives hart und lange genug vorantreibt, wird sein Gegenteil durchbrechen; dies beruht auf dem Prinzip, dass jedes Positiv ein Negativ besitzt.
11. Der Preis für einen erfolgreichen Angriff muss eine konstruktive Alternative sein.
12. Wähle eine Zielscheibe, nagle sie fest, personalisiere sie und schieße dich auf sie ein. (...) Wir sollten im Hinterkopf haben, dass die Zielscheibe immer die
13. Verantwortung abwälzen will, um sich aus dem Schussfeld zu bringen."

Deutlich wird, dass Alinsky über eine gute Menschenkenntnis verfügt und bei aller Radikalität viel Humor hat. Deutlich wird aber auch, dass diese Hinweise sehr anspruchsvoll sind und nicht als einfache Rezepte verstanden werden können. Es braucht präzise Analysen der Situation und vor allem gutes Timing. Alinsky fordert daher: „Menschen, Druck und Machtverhältnisse sind veränderliche Größen (…) Taktiken müssen als spezielle Anwendung der Regeln und Prinzipien (...) verstanden werden. Es geht um die Prinzipien, die der Organisator im Kampf berücksichtigen soll.

Fantasievoll werden sie von ihm angewandt, und er bezieht sie klug auf konkrete Personen" (Alinsky 1999, S. 147). Seine vielen Beispiele sollen dafür Anregungen bieten.

Macht

„Die revolutionäre Macht hat heute zwei Ziele, ein moralisches und ein materielles" (Alinsky 1974, VII).

Doch was genau versteht er unter Macht? Da Alinsky Kommunikation und Sprache sehr wichtig sind, ist für ihn ein klarer, nicht verschleiernder Machtbegriff von großer Bedeutung, auch wenn dieses Wort mit starken, negativen Assoziationen belegt ist: „Schon durch die Erwähnung des Wortes *Macht* eröffnet sich gleichsam ein stinkender Höllenpfuhl der Korruption. Es entstehen Bilder von Grausamkeit, Unaufrichtigkeit, Selbstsucht, Arroganz, Tyrannei und elendem Leid. Das Wort *Macht* ist eng verknüpft mit Konflikt“ (Alinsky 1974, S. 42). Aber da Konflikte für ihn das „Kernstück einer freien und offenen Gesellschaftsordnung“ (ebd., S. 51) sind, ist Macht als wichtiger, politischer Begriff viel positiver zu denken – als Begriff, der zum kraftvollen, einfachen und aufrichtigen Denken einlädt (ebd., S. 42). Macht ist nach Alinsky „die physische, geistige oder moralische Fähigkeit zum Handeln“ (ebd.) und demnach *die* Grundbedingung des Menschen. Sie ist eine Energie des Menschen, die je nach Ziel unterschiedliche Wirkungen hat. Für Alinsky ist Macht daher an sich nicht schlecht, sondern schlecht ist nur das, was mit und aus ihr von Menschen gemacht wird. Wertfreie Macht gibt es für Alinsky nicht. So misstraute er bürokratischen Apparaten und Zentren der Macht – übrigens auch im Hinblick auf sich selbst: Er organisierte zwar sehr erfolgreiche Bürgerbewegungen, wurde aber nie deren Mitglied und blieb immer im Hintergrund – ganz im Sinne seines Anspruches an Gemeinwesenarbeiter*innen: „Die Führerfigur strebt nach Macht zur Erfüllung der eigenen Wünsche, er bedient sich der Macht sowohl zu sozialen wie zu persönlichen Zwecken. Er möchte selbst die Macht haben. Der Gemeinwesenarbeiter schafft Macht, die andere Menschen dann anwenden“ (Alinsky 1974, S. 68). Das ist für ihn *gute* Macht.

Deutlich wird, dass er einen sehr breiten und stark normativ aufgeladenen Machtbegriff benutzt. Fast pathetisch führt er aus: „Macht ist das Wesen und die Antriebskraft des Menschen. Durch die Macht des Herzens wird das Blut durch den Körper gepumpt und das Leben erhalten. Die Macht einer aktiven Bürgerbewegung resultiert in der starken Einigkeit für das gemeinsame Ziel. Macht ist eine wesentliche Triebkraft, die entweder stets verändert oder sich der Bewegung entgegenstellt. Macht oder organisierte Energie ist entweder ein tödlicher Explosionsstoff oder eine lebensrettende Droge. Mit der Macht eines Gewehrs kann man die Sklaverei erzwingen oder die Freiheit gewinnen“ (ebd., S. 42 f.).

Ziele

„Dieses Buch beschäftigt sich mit dem Aufbau von Massenorganisationen, dem Erlangen von Macht und der Verteilung von Macht an die Bevölkerung. Es handelt von der Verwirklichung des demokratischen Traums von Gleichheit, Gerechtigkeit, Frieden, Vollbeschäftigung, Gesundheit und der Möglichkeit, nach den Wertvorstellungen zu leben, die dem Dasein einen Sinn verleihen“ (Alinsky 2010, S. 5).

Abschließend postuliert er: „*Die Macht zu kennen und sie nicht zu fürchten ist für eine konstruktive Anwendung und Kontrolle äußerst wichtig.* Kurz: Leben ohne Macht ist Tod; eine Welt ohne Macht wäre eine Geisterlandschaft, ein toter Planet!“ (Alinsky 1974, S. 44). Ein so verstandener, höchst politischer Machtbegriff birgt in sich den Auftrag, aber auch die Verpflichtung, die Macht für etwas Gutes zu nutzen. Mit diesen Worten will Alinsky all diejenigen aktivieren, die Lust auf diese *gute* Macht haben. Aber „diejenigen, welche diese direkte Sprache nicht vertragen und auf Schonkost angewiesen sind, können oder werden das hier Erörterte ohnehin nicht verstehen" (ebd., S. 41).

Kritische Würdigung aus Sicht der Sozialen Arbeit

Die von Alinsky entwickelten Strategien und Taktiken haben vor allem in den USA und Südamerika starken Einfluss auf die großen sozialen Bewegungen gehabt. In Europa und vor allem in Deutschland wird sein Konzept insbesondere im Kontext der Gemeinwesenarbeit rezipiert und diskutiert. Gemeinwesenarbeit wird dabei als Methode der Sozialen Arbeit auf der Makroebene als prozessorientiertes, partizipatives und interdisziplinäres Arbeitsprinzip der Sozialen Arbeit verstanden, das darauf abzielt, gemeinsam mit den Menschen in Stadtteilen nachhaltige Verbesserungen ihrer Lebenssituation zu erreichen (vgl. Galuske 2011). Dies beinhaltet auch ökologische Themen. Häufig wird Gemeinwesenarbeit mit dem Quartiersmanagement gleichgesetzt (vgl. Schreier 2011). Außerdem wird darunter das Handlungsprinzip der interdisziplinären Stadt- und Regionalentwicklung verstanden (vgl. Hinte et al., 2001).

Alinskys Konzepte flossen – wenn auch nicht in der von ihm geforderten Radikalität − in diese Entwicklungen der (bundes-)deutschen Sozialen Arbeit ein und wurden in Deutschland der 1970er-Jahre zu einem wichtigen Bezugspunkt für die kritisch-emanzipatorische Gemeinwesenarbeit (Stövesand 2019). Rabe kritisiert aber bereits 1984 im Vorwort der ersten deutschen Auflage des Buches, dass das bundesdeutsche Verständnis von Gemeinwesenarbeit im System wohlfahrtsstaatlicher Sozialarbeit nicht unbedingt geeignet ist bzw. Raum gibt für diese radikale Form des *community organizing*: Alinskys Ziel war es, machtvolle Basis-Massenorganisationen aufzubauen – außerhalb des staatlichen Wohlfahrtssystems, was in den USA gut möglich ist, da dort die wohlfahrtsstaatliche Versorgung nicht die Regel ist. In Deutschland wurden dagegen keine Bürgerorganisationen aufgebaut – auch später nicht, worauf Stock in der zweiten Auflage von Alinskys „Anleitung zum Mächtigsein" hinweist (Stock 1999, S. 20): Zwar gab es nicht zuletzt durch die politischen Umwälzungen der letzten 30 Jahre in Deutschland viele gesellschaftliche Probleme, diese wurden aber eher durch moderierende, auf einen Interessenausgleich abzielende Stadtteil- bzw. Quartiersmanagementarbeit (Soziale Stadt) wie auch staatlich organisierte Bürgergesellschaftsaktivitäten (Förderung des Ehrenamtes, Bundesfreiwilligendienst etc.) bearbeitet. In Deutschland gibt es mehrere Foren zur Förderung des Community Organizing (vgl. FOCO e. V. 2015 oder DICO), die sich in der Tradition von Alinsky sehen.

Nach einer intensiven Rezeption des als *konfliktorientiert* oder *aggressiv* wahrgenommenen Ansatzes in den 1970er-Jahren ist der Ansatz Alinskys in Deutschland eher zu einer erfrischenden, „konstruktiven Infragestellung politischer Basisarbeit“ (Rabe 1999, S. 17) und zum historischen Pflichtstoff der Geschichte der Sozialen Arbeit an den Hochschulen geworden. Trotzdem hat seine kritische Ausrichtung auch heute nichts an Aktualität verloren, da sich gerade die Gemeinwesenarbeit immer wieder im Hinblick auf die Fallstricke einer allzu engen Verkopplung mit vorherrschenden Politiken und Regierungsweisen (selbst-)kritisch hinterfragen muss und dies auch tut (vgl. Schreier 2011).

„Call me a rebel“ war Alinskys Wunsch und Titel eines Buches (2010). In Bezug auf die Frage nach der Macht in der Sozialen Arbeit bleibt Alinskys Konzept eine spannende Provokation. Seine Anleitung zum Rebellentum ist im Großen und im Kleinen eine interessante Schatzkiste subversiver und offensiver Machtaneignung und damit ein hilfreiches Mittel, um „eine für unsere Gesellschaft heilsame Unruhe (zu) stiften“ (Rabe 1999, S. 18).

Literaturempfehlungen

Alinsky, Saul D. (2010): Call Me a Radical. Organizing und Empowerment – Politische Schriften. Göttingen. Lamuv.

Rabe, Karl-Klaus (1999): Vorwort zur 1. Auflage. In: Alinsky, Saul D.: Anleitung zum Mächtigsein. Göttingen. Lamuv. S. 7–18.

Stövesand Sabine (2019): Gemeinwesenarbeit. social.net Lexikon.

2.2.4 Empowerment: Macht durch gegenseitige Ermächtigung

Entwicklung des Empowerment-Ansatzes

Das eingedeutschte Wort Empowerment hat in den letzten 20 Jahren im Rahmen der Sozialen Arbeit als Idee und Konzept große Erfolge gefeiert: Aus dem Schlagwort (afro-)amerikanischer und feministischer Bürgerrechts- und Emanzipationbewegungen der 1950er- und 1960er-Jahre („Power to the people!“) entwickelte sich – erst in den USA und seit den 1990er-Jahren auch in Deutschland – ein sozialwissenschaftliches Konzept, das mittlerweile zur „Leitorientierung des Professionsverständnisses“ (Lambers 2013, S. 317) moderner Sozialer Arbeit wurde. So formuliert die International Federation of Social Workers (IFSW) in ihrer 2014 neu formulierten Definition Sozialer Arbeit, die auch vom deutschen Berufsverband der Sozialarbeiter*innen DBSH als Leitlinie übernommen wurde: "Social work is a practice-based profession and an academic discipline that promotes social change and development, social cohesion, and the *empowerment* (Hervorh. d. V.) and liberation of people. Principles of social justice, human rights, collective responsibility and respect for diversities are central to social work. Underpinned by theories of social work, social sciences, humanities and indigenous knowledge, social work engages people and structures to address life challenges and enhance well-being. The above definition may be amplified at national and/or regional levels” (IFSW 2014).

In dieser Definition taucht er schon auf – der schillernde Begriff! Allerdings ist er im anglosächsischen Sprachraum ein gängiger Terminus, der sich weltweit, so auch in Deutschland, verbreitet hat: Der Begriff und das Konzept des Empowerments wurden seither von verschiedenen Autor*innen in Deutschland in unterschiedlichen Feldern der psychosozialen Praxis rezipiert und diskutiert. Dabei ist erkennbar, dass Empowerment zu einem eklektisch bunten bis hin zu einem wirklich uneindeutigen Sammelbegriff für vieles geworden ist. Zusammenfassend lassen sich folgende Ebenen und Themen nennen, die unter dem Begriff Empowerment verstanden werden: Empowerment basiert auf dem humanistisch geprägten Gedankengut, dass jeder Mensch Chancen und Potenziale der Selbstverwirklichung in sich trägt und diese auch entwickeln sollte – trotz und auch unter schwierigen Lebensbedingungen und auch in Abhängigkeit von der Hilfe professioneller Helfer*innen.

Um dies leben zu können, braucht es Selbstermächtigung, die durch eine andere Machtverteilung zwischen Klient*innen und Professionellen der Sozialen Arbeit erreicht werden soll. Es geht um Partizipation und das Ziel des Erlebens von Selbstwirksamkeit: „Im Kern soll es im Empowerment darum gehen, Menschen in individualisierten und anonymisierten Lebenswelten dazu zu befähigen, Zugänge zu den politischen Entscheidungsprozessen zu finden, die als Ursache ihrer Benachteiligung gelten können. Der Mensch wird (...) nicht als hilfebedürftiges Mängelwesen, sondern als kompetenter Akteur seiner eigenen Lebensgestaltung gesehen.

Den Strukturen sozialer Ungleichheit steht also potenziell eine Selbststeuerungsmacht der Individuen entgegen“ (Lambers 2013, S. 319). Empowerment auf der individuellen Ebene zielt – so verstanden und vor allem mit einem Blick auf Klient*innen Sozialer Arbeit – „auf die (Wieder-) Herstellung von Selbstbestimmung über die Umstände des eigenen Alltags“ (Herriger 2007, S. 20).

Institutionell und professionell gedacht versteht man im Kontext psychosozialer Handlungsfelder unter Empowerment somit eine „konzeptionelle Leitidee bei der Modernisierung der eigenen Praxis“ und eine „theoriegeleitete Begründungsfigur der eigenen Professionsverortung“ (Lambers 2013, S. 317). Entgegen einer *fürsorglichen Belagerung* gibt das Empowerment-Konzept das Ziel vor, „die Macht etwas gerechter zu verteilen – und das dort, wo es wichtig ist, nämlich im Hinblick auf die Selbstbestimmung und die Kontrolle der Menschen über das eigene Leben“ (Berger/ Neuhaus 1996, zit. n. Herriger 2007, S. 14.). Dabei kann Empowerment gleichzeitig Haltung, Leitlinie, Methode, Effekt oder Ergebnis sein.

Unter strukturellen Empowerment-Prozessen werden ein erfolgreiches Zusammenspiel von Individuen, organisatorischen Zusammenschlüssen und strukturellen Rahmenbedingungen in einer fördernden Atmosphäre, die große Auswirkungen auf den gesamtgesellschaftlichen Zusammenhang haben (vgl. Pankofer 2000, S. 14), verstanden: „Das Projekt Empowerment mündet hier also in einer spezifischen sozialpolitischen Fachlichkeit, die die MitarbeiterInnen im sozialen Feld in die Lage versetzt, sich in engagierter Parteilichkeit und jenseits der Schwerkraft institutioneller Loyalitäten auf einen kritischen Umgang mit der Macht einzulassen“ (Herriger 1997, S. 35).

Auf einer organisationalen Ebene wird Empowerment (nicht nur in der Sozialen Arbeit, sondern auch in Profitorganisationen) als innovatives, partizipatives Managementkonzept verstanden, bei dem die größere

Beteiligung von Mitarbeiter*innen die Grundlage besserer Arbeit oder Geschäfte sein soll (siehe z. B. About Human Resources 2015).

Bereits jetzt wird deutlich, wie schillernd der Begriff Empowerment und seine Rezeption sind: Die Palette der Erwartungen in der Sozialen Arbeit an das Empowerment-Konzept bzw. seine Umsetzungen reichen vom fast schon euphorischen Optimismus, dass durch Empowerment z. B. das Problem des Mehrfachmandats der Sozialen Arbeit von Hilfe und Kontrolle aufgelöst werden könnte, bis hin zur kritischen Position, dass es in der Sozialen Arbeit völlig unnötig wäre, überhaupt von Empowerment zu sprechen, denn damit wäre nichts anderes gemeint als das alte Prinzip der Sozialen Arbeit *Hilfe zur Selbsthilfe.* So verstanden wäre Empowerment ein reiner und völlig unnötiger Modebegriff im Sinne von *altem Wein in neuen Schläuchen.*

Festzustellen ist auch eine gewisse inflationäre Nutzung des Begriffs Empowerment: Empowerment ist irgendwie alles – nur was ist es genau? Und wie verhält es sich mit der Macht im Kontext von Empowerment? Um dies herauszufinden, wird im Folgenden erst einmal der Begriff des Empowerments reflektiert, da dessen mangelnde eindeutige Definition zur Konfusion beiträgt.

Theoretische Grundannahmen und Machtverständnis

Macht ist der Kernbegriff des englischen Wortes Empowerment, das vom Verb *to empower* hergeleitet und durch das Anhängen des Suffixes *-ment* substantiviert wird (vgl. Pankofer 2000, S. 8). Der Grundstamm ist das Wort *power* (Macht, Leistung, Kraft, Fähigkeit), das Verb und Substantiv sein kann. Das Verb *to power* hat die Bedeutung, dass jemand oder etwas mit etwas versorgt wird. Das Präfix *em* erweitert das Wort *power* insofern, als dadurch auf eine Kraft hingewiesen wird, die ein Objekt auf bzw. in einen spezifischen Stand bringen kann. *To empower* meint demnach, jemanden zu ermächtigen oder jemandem die Vollmacht zu erteilen, etwas zu tun. Daneben hat das Verb auch folgende transitive Bedeutung: *to be empowered* bedeutet, ermächtigt, berechtigt oder befugt sein oder die Vollmacht zu haben, etwas zu tun. Darüber hinaus kann *to be empowered* auch als Seinszustand verstanden werden, quasi als Produkt eines Prozesses. Insofern kann Empowerment einerseits die Handlung der Übergabe und andererseits die Erfahrung des Bekommens/Habens von Macht (was auch immer damit gemeint ist) bedeuten. Uneindeutig bleibt, ob beides gleichzeitig zusammentreffen und von allen gleich wahrgenommen werden muss, um *wirklich* von Empowerment sprechen zu können. Unklar lässt der Begriff darüber hinaus, wie die Machtverschiebung von allen Beteiligten erlebt wird im Sinne von: Empowerment ist nur dann wirkliches Empowerment, wenn nicht nur die Klient*innen empowert sind, sondern auch die Professionellen – d. h., wenn irgendwie alle Macht haben.

Empowerment als psychosoziale Praxis

„Empowerment ist in diesem transitiven Wortsinn programmatisches Kürzel für eine psychosoziale Praxis, deren Handlungsziel es ist, Menschen vielfältige Vorräte von Ressourcen für ein gelingendes Lebensmanagement zur Verfügung zu stellen, auf die diese ‚bei Bedarf' zurückgreifen können, um Lebensstärke und Kompetenz zur Selbstgestaltung der Lebenswelt zu gewinnen" (Herriger 1997, S. 15).

Deutlich wird, dass der nur unzureichend mit (Selbst-)Ermächtigung übersetzbare Begriff völlig offenlässt, wer was wie tun muss, damit als Ergebnis so etwas wie (Selbst-)Ermächtigung passiert. Diese Unklarheit ist sicherlich einer der Gründe dafür, warum das Konzept so erfolgreich ist, denn das bietet den Raum für viele Interpretationen.

Da das Empowerment-Konzept nicht von einer einzelnen Person oder zusammenhängenden Wissenschaftsgruppe im Sinne einer Autorenschaft entwickelt wurde, existieren seit den 1990er-Jahren in Deutschland unter diesem Label verschiedene Ansätze mit spezifischen Schwerpunktlegungen der Deutung des Begriffs. Zentral für die Soziale Arbeit sind die Darstellungen durch Herriger (Empowerment in der Sozialen Arbeit 1997/2020) und Böhnisch (Empowerment als Leitprinzip sozialpädagogischer Praxis in der Sozialpädagogik der Lebensalter 1997). Im Hinblick auf die psychosoziale Praxis etwas breiter angelegt sind die gemeindepsychologisch ausgerichteten Empowerment-Darstellungen von z. B. Rappaport (1985), Stark (1996) und Keupp (1996). Den schwierigen Fragen der konkreten Umsetzung von Empowerment stellen sich Miller/Pankofer (2000), Thompson (2007) und Lenz (2011).

Auch deswegen ist eine theoretische Grundlegung schwierig, es besteht Uneinigkeit darin, wie Empowerment in der Theoriebildung Sozialer Arbeit einzuordnen ist (Pankofer 2016; Lambers 2020, 386 ff.), wie Lambers feststellt: „Beim Empowerment in der Sozialen Arbeit handelt es sich wissenschaftstheoretisch gesehen nicht um eine eigene Theorie, sondern um die Nutzung von Ideen aus unterschiedlichen Theorieansätzen (Eklektizismus). Es finden sich Elemente der Lebensweltorientierung (Thiersch), der ökosozialen Unterstützung (Wendt), der Biografisierung und Milieubildung (Böhnisch), der Systemtheorie Luhmanns und der Modernisierungstheorie Becks (Risikogesellschaft)" (Lambers 2020, S. 389). Insofern handelt es sich auch nicht im engeren Sinne um eine Machttheorie, sondern um einen Ansatz, in dem Macht zentral ist, weshalb wir ihn – trotz all seiner Tücken – in unserem Kontext aufnehmen und für relevant erachten.

Kritische Würdigung

In fast allen Texten zum Empowerment zeigt sich eine interessante (absichtliche oder unabsichtliche?) systematische Auslassung der Betrachtung des konstituierenden Aspekts des Empowerment-Ansatzes: der Macht. Tatsächlich gibt es überraschenderweise außer der Auseinandersetzung mit dem Empowerment-Begriff wenig differenzierte Blicke darauf. Zwar wird in allen oben genannten Darstellungen immer implizit *irgendwie* über Macht diskutiert, allerdings wird in fast keiner grundlegenden Darstellung explizit auf den Begriff der Macht eingegangen. Das kritisiert auch Staub-Bernasconi, wenn sie anfragt, wo denn die Macht in diesem Ansatz bleibt (vgl. Staub-Bernasconi 2007, S. 249).

Im Hinblick auf die Frage „Wo ist die Macht im Empowerment-Konzept versteckt?" steht vor allem die Beziehung zwischen dem hilfebedürftigen Menschen und den Professionellen im Fokus. Meist wird benannt, dass Macht in Form von Gestaltungsmöglichkeiten von den Professionellen auf die Betroffenen übergehen soll. Der Eigensinn der Hilfebedürftigen soll respektiert und gefördert werden. Damit ist gemeint, dass es eine Gleichbewertung von Klient*innen und Professionellen im Hinblick auf z.B. Definitionsmacht, Redeanteile und Entscheidungsmöglichkeiten geben soll. Bereits an diesem Beispiel wird deutlich, dass sehr verdeckt bleibt, wer hier welche Macht hat. Aufgrund der sozialstaatlichen Struktur der bundesdeutschen Sozialarbeit verfügen Sozialarbeiter*innen immer über mehr strukturelle Macht als Klient*innen.

So ist die scharfe Kritik von Staub-Bernasconi durchaus nachzuvollziehen: „Das Empowerment-Konzept spricht von Macht (Power), ja am Rande sogar von Gerechtigkeit und verspricht Ermächtigung, befasst sich zudem ausführlich mit den psychischen Bedingungen dazu (...), dies alles aber, ohne eine klare Vorstellung von Machtstrukturen, nicht einmal eine solche von Machtquellen einzubringen. Wir finden keine Hinweise auf das *theoretische Bezugswissen*, das notwendig wäre, um die Frage zu beantworten, was Machtstrukturen und Machtquellen sind, wie Machtstrukturen, ungleich und ungerecht verteilte Ressourcen entstehen und erhalten bleiben und welche Folgen sie für die Menschen haben" (Staub-Bernasconi 2007, S. 250). Weiter kritisiert sie, dass der Anspruch, sich auf einen kritischen Umgang mit der Macht einzulassen, „gründlich verfehlt" wird. „So wird damit den Adressat(inn)en Sozialer Arbeit die Aufklärung, das heißt das Wissen darüber vorenthalten, was Macht ist. Und es wird ihnen Macht versprochen, ohne den Anspruch handlungstheoretisch einlösen zu können“ (ebd., S. 251).

Es ist klar erkennbar, dass diese vielen Bedeutungsnuancen genau die begrifflichen Unschärfen erzeugen, die sich in kritischen Diskussionen um das Empowerment-Konzept widerspiegeln. Diese bewegen sich im Spannungsfeld von Idealisierung und Abwertung: Spricht man von Empowerment, leuchten bei vielen die Augen, vor allem bei Studierenden der Sozialen Arbeit. Empowerment wirkt wie ein optimistisches Zauberwort, das jede Hilfe zu einer guten Hilfe werden lässt, Sinn erzeugt und der Sozialen Arbeit die Mühsal und Anstrengung nimmt – insofern fühlen sich auch Professionelle durch dieses Konzept empowert.

So verstanden, wirkt das wie eine Art Self-Fulfilling Prophecy – was ja an sich nicht schlecht ist, allerdings kein wirklich tragfähiges Konzept, denn wir „erfahren somit erstaunlicherweise nichts theoretisch-systematisch Reflektiertes über die Sachverhalte, die Empowerment überhaupt notwendig machen“ (ebd. 249).

Was ist also mit der professionellen Macht, die in Form von Kontrolle und Anpassungsdruck an gesellschaftliche Regeln ausgeübt wird? Festzustellen ist ein Widerspruch zwischen gesellschaftlichen Anpassungsforderungen auf der einen und Ermächtigung für selbstbestimmte Lebensentwürfe auf der anderen Seite. Quindel und Pankofer stellen daher kritisch fest: „Der Empowermentansatz löst diesen Widerspruch einseitig in Richtung von Hilfe und Unterstützung auf. Dadurch verführt er die Professionellen, sich nur als Ermächtiger*innen und Förder*innen der Selbstbestimmung zu verstehen. Die andere Seite, die Aufgabe als Agent*innen der sozialen Kontrolle wird so lange verleugnet, bis dies nicht mehr möglich ist. Folgen sind z. B. Burn-out oder auch der Wechsel der Seiten: Häufig zeigt sich die Desillusionierung in Form einer besonders starken Orientierung an rigiden Strukturen bzw. Konzepten, die eine Ordnung – und damit scheinbar Sicherheit – vorgeben“ (Quindel/Pankofer 2000, S. 34).

Modewort Empowerment

„In the last decade or so, empowerment has become a buzzword, with all that this entails. Buzzwords often creep in our vocabulary without our necessarily having the opportunity to sit down and examine what they mean, whether they are important, how should they be used, and so on“ (Thompson 2007, S. 21).

Erfahrene Praktiker*innen kritisieren genau das mit dem stetigen Verweis auf schwierige Realitäten in der Sozialen Arbeit, den schwierigen und oft scheinbar unmöglichen Transfer dieses Konzepts, nicht zuletzt, weil es als "oily glob of ambiguity" (Thompson 2007, S. 1), also als öliger Klumpen der Uneindeutigkeit erlebt wird.

So muss festgestellt werden, dass es trotz veränderter und zunehmend gleichberechtigter Beziehungen zwischen Adressat*innen und Professionellen weiterhin und unabdingbar ein Machtgefälle gibt, das auch der Empowerment-Ansatz nicht auflösen kann, da er potenziell im Widerspruch zu dem gesellschaftlichen Kontrollauftrag psychosozialer Arbeit steht. Quindel und Pankofer bringen es folgendermaßen auf den Punkt: „In dem Satz ‚Wir werden Dir schon helfen!' steckt die ganze Spannung des in der psychosozialen Praxis und Theorie wohl bekannten und ungeliebten Zusammenhanges von Hilfe und Kontrolle, der nicht zuletzt wegen konzeptioneller Vorgaben und gesellschaftlichem Auftrag der Sozialen Arbeit nur schwer zu überwinden ist. Wird diese Problematik nicht gesellschaftlich und als solche auch politisch zu lösende Frage gedeutet, kann es bei einer individuellen Bemühung, eine gleichberechtigte Beziehung zwischen Professionellen und Adressat*innen Sozialer Arbeit herzustellen, dazu führen, dass inhärente Machtpositionen in der Beziehung verwischt oder gar verleugnet werden. So kann auch dieses Konzept das altbekannte Doppelmandat der Sozialen Arbeit von Hilfe und Kontrolle nicht lösen bzw. bedient eventuell sogar den verschleiernden Diskurs. Polemisch gesagt: Die gesellschaftliche Kontrollfunktion Sozialer Arbeit scheint dann durch Empowerment quasi durch Hilfe (zur Selbsthilfe) aufgelöst, verschluckt oder einfach nur softer, denn festgestellt werden muss, dass nicht zuletzt der Empowerment-Diskurs dazu beigetragen hat, dass eindeutige Fronten zwischen Hilfe und Kontrolle diskursiv und praktisch immer schwerer bezogen werden können, was Verschleierungen von Macht Vorschub leisten kann" (Quindel/Pankofer 2000, S. 33). Fast könnte man sagen, dass ein so verstandener Empowerment-Begriff sogar neoliberale Tendenzen in sich trägt! Deutlich wird, wie schwierig er zu fassen ist.

Handlungsansätze für Soziale Arbeit

Trotz aller Kritik: Was kann der Empowerment-Ansatz im Hinblick auf die Praxis Sozialer Arbeit an interessanten Handlungsansätzen bieten? Neben der Orientierung an dem *Eigensinn* der Klient*innen liegt ein großes Potenzial in der Reflexion des professionellen Handelns. Aus unserer Sicht bieten die von Herriger entwickelten Empowerment-Rollen gute Reflexionsmöglichkeiten für machtsensibles Handeln in der Sozialen Arbeit an (Herriger 1997, zit. n. Pankofer 2001, S. 16 ff.):

1. Lebenswelt-Analytiker*in:

Anhand einer sensiblen Lebenswelt-Analyse – gemeinsam erstellt von Professionellen und Klient*innen – können Zusammenhänge und Wirkungen alltäglicher sozialer Ungleichheiten erfasst und erkannt werden. Dadurch können Zusammenhänge von gesellschaftlichen und individuellen Strukturen sichtbar werden, was zum Gegenpol individualisierter Selbstanklagen werden kann.

2. Kritische*r Lebensinterpret*in:

Die Aufgabe Professioneller kann darin bestehen, andere Lebensdeutungen zu entwickeln, wodurch ein – wie Herriger es nennt – „Kompetenzdialog" entstehen kann (1997, S. 34). Dieser Dialog kann sowohl retrospektiv (eine gemeinsame interpretative Aufarbeitung des bisherigen Lebenswegs, Beziehungen, Abhängigkeiten etc.) als auch prospektiv (wünschenswerte persönliche Zukunft) erfolgen. Die Gratwanderung für die Professionellen besteht zum einen darin, sich vorbehaltlos auf die Selbstinterpretationen einzulassen, und zum anderen aber auch Lebenskritik zu üben in Form von deutlichen Grenzziehungen gegenüber z. B. verletzendem oder nicht tolerierbarem Verhalten.

3. Netzwerker*in und Ressourcenmobilisierer*in:

Neben der Erweiterung von individuellen Netzwerken des Einzelnen ist das Ziel von Empowerment-Arbeit immer auch die Mobilisierung von Ressourcen auf gemeinschaftlicher/gesellschaftlicher Ebene. Das Ziel professioneller Arbeit ist es, zu erkennen, welche Ressourcen, z. B. im Gemeinwesen, verfügbar sind. Zum anderen geht es um die Vermittlung von bürokratischen Kompetenzen (z. B. in Verständnis, Sprache und Logik von Verwaltung), um die Kräfte zur Selbstorganisation bei der Ressourcenerschließung zu unterstützen.

4. Intermediäre*r Brückenbauer*in:

Professionelle haben für Möglichkeitsräume für Bürger*innenpartizipation zu sorgen, wobei die Rolle der Professionellen darin besteht, eine *Brückenperson* zwischen Bürger*innen und administrativen und/oder politischen Entscheidungsträgern zu sein. Dazu bedarf es zum einen einer *Entzauberung der Macht* und das Fördern von neuen, *unmöglichen* Allianzen. Professionelle haben die Aufgaben, zu moderieren oder Mediation anzubieten, um Gesprächs- und Dialogfähigkeit auf beiden Seiten zu ermöglichen.

5. Normalisierungsarbeiter*in:

Das ist ein spannender und fast paradoxer Ansatz: Ausgangspunkt ist das Recht von allen Adressat*innen auf unkonventionelle Lebensentwürfe und ein daraus resultierender Respekt vor dem Eigensinn und der Selbstverantwortung, auch dort, wo Lebensverläufe anders als erwartet laufen. Aufgabe der Sozialarbeiter*innen ist die Sicherung der Rechte der Einzelnen gegen institutionelle Bevormundungen und Besserungs- bzw. Kontrollvorstellungen, wenn sie von den Adressat*innen nicht befürwortet werden. Dabei müssen Sozialarbeiter*innen auf dem schwierigen und schmalen Grat der Wahrung der Selbstbestimmung und der Notwendigkeit eines schützenden oder kontrollierenden Eingreifens balancieren. Hier zeigt sich die Machtfrage auf der Handlungsebene besonders deutlich: Wer entscheidet, was *gelingendes Leben* ist? Natürlich die Klient*innen – aber die Profis müssen es manchmal aushalten, dass sie eine ganz andere Vorstellung davon haben. Ihre Aufgabe ist es aber *nur*, mit den Klient*innen Vor- und Nachteile von ihren Entwürfen zu betrachten – nicht mehr und nicht weniger. Und das ist tatsächlich eine echte Machtfrage!

6.Organisations- und Systementwickler*in:

Sozialarbeiter*innen müssen sich politisch einmischen und daran arbeiten, dass sich administrative und politische Strukturen für Partizipation und Bürger*innenbeteiligung öffnen. Dazu gehören Einmischungsformen wie Beratung des Gesetzgebers und ausführender Akteure auf allen politischen Ebenen, parteiübergreifende Lobbyarbeit für die Interessen machtloser Populationen oder direkte Einmischung in Politikentwürfe und Implementierungen zu entwickeln: „Das Projekt Empowerment mündet hier also in einer spezifischen sozialpolitischen Fachlichkeit, die die Mitarbeiter*innen im sozialen Feld in die Lage versetzt, sich in engagierter Parteilichkeit und jenseits der Schwerkraft institutioneller Loyalitäten auf einen kritischen Umgang mit der Macht einzulassen“ (Herriger 1997, S. 35).

So verstanden verweist der Empowerment-Ansatz immer auf die politische Dimension Sozialer Arbeit und damit auf die Macht – und das ist gut so. Genau darin liegt aus unserer Sicht das größte Potenzial, aber auch die größte Herausforderung für die Professionellen.

Literaturempfehlungen

Herriger, Norbert (2020): Empowerment in der Sozialen Arbeit. Eine Einführung. Stuttgart. Kohlhammer.

Miller, Tilly/Pankofer, Sabine (Hg.) (2001): Empowerment konkret. Stuttgart. Lucius und Lucius Verlag.

2.2.5 Kritisch-materialistische Ansätze: Kapital schafft Klient*innen

Wie im Falle des Empowerment-Ansatzes wird im Folgenden keine klassische Machttheorie eines Autors oder Autorin dargestellt, sondern eine Zusammenstellung kritisch-materialistischer Ansätze, in denen Machtfragen im Mittelpunkt stehen.

Kritisch-materialistische Gesellschaftsanalyse der Macht: Die Rolle der Sozialen Arbeit aus Sicht der 1970er-Jahre

Wie bereits in Kapitel 2.1.2 dargestellt, definieren Marx und Engels den Begriff Macht nicht explizit und nehmen auch keine begriffliche Trennung vom Herrschaftsbegriff vor. Sie verorten Macht im Kontext sozialer Beziehungen. Wenn also Macht ein Kräfteverhältnis und das Ergebnis sozialer Beziehung ist – von Marx gedacht als Herrschafts- und Gewaltverhältnis zwischen besitzenden und besitzlosen Menschen –, dann kann der Widerspruch zwischen Kapital und Arbeit nur als ein Machtverhältnis gedeutet werden. Nicht nur die Klientel (vor allem Lohnarbeiter*innen und Arbeitslose, heute auch Clickworker, Picker und Lieferdienstarbeiter*innen) befindet sich in einer unterprivilegierten, abhängigen Position gegenüber der Sozialbürokratie, der Rechtsordnung und den Konjunkturschwankungen, sondern auch die Sozialarbeiter*innen sind Lohnarbeiter*innen, die den Produktionsbedingungen des kapitalistischen Systems ausgesetzt sind, z. B. durch prekäre Arbeitsverhältnisse, geringes Einkommen (im Vergleich zum produzierenden Gewerbe), Verdichtung der Arbeitszeit, Erhöhung des Arbeitspensums, steigende Fallzahlen, mangelhafte Finanzierung, bürokratische Prozeduren, digitale Dokumentation. All das schränkt den fachlichen Aktionsradius, die Eigeninitiative und die soziale Kreativität ein.

Sicher war die Berufssituation der Sozialarbeitenden damals (1973) nicht befriedigend – sie ist „eine Malaise", wie Hollstein schrieb – und ist es heute immer noch nicht. In den 1970er-Jahren mangelte es laut ihm den Sozialarbeiter*innen aber an der Erkenntnis, wie sehr ihre Tätigkeit zur Reproduktion der Arbeitskraft im Interesse des Kapitals liegt. Es fehle ihnen an einer „reflektierte(n) Vermittlung zu den Produktionsbedingungen des Systems" (Hollstein 1973, S. 38). Die vielfältigen Klagen über die mangelhaften Zustände hätten nicht zu einer gewerkschaftlichen Organisation der Fachkräfte geführt (ebd., S. 39). Leider hat sich daran auch 50 Jahre später nur wenig geändert: Im Berufsverband DBSH sind 2021 nur ca. 6.000 Mitglieder organisiert. Ebenso muss der Traum kritischer

Sozialarbeiter*innen der 1970er-Jahre, die Klientel zum Widerstand gegen das kapitalistische System zu aktivieren, als gescheitert erklärt werden.

Marxistische Gesellschaftsanalysen begnügen sich aber nicht mit der Beschreibung einschränkender Bedingungen, sondern versuchen zu erklären, warum und wie diese Herrschaftsverhältnisse entstanden sind. Bezogen auf die historische Entwicklung der Sozialen Arbeit stellt Nowicki fest, sie ermögliche „Eingriffsmöglichkeiten der herrschenden Klasse in die jeweilige soziale Lage der Arbeiterklasse" (Nowicki 1973, S. 47). Die ökonomisch-materielle Basis (Produktionsweise und Produktionsverhältnisse) bestimmt, aus welchem Grund und auf welche Weise in welcher Epoche Fürsorge geleistet wird. Im Kapitalismus hat die Soziale Arbeit die Aufgabe, ihre Adressat*innen im Anpassungsprozess an die gesellschaftlichen Normalitätsanforderungen entsprechend der kapitalistischen Logik zu unterstützen, ihre Arbeitskraft zu erhalten, sie zu kontrollieren und bei Verstößen zu sanktionieren. All diese Reparaturarbeiten (Haug 2012) dienen der Sicherung der Produktionsverhältnisse und der Stabilisierung des bestehenden Herrschaftssystems. „Insgesamt und gemäß Auftrag geht es ihnen (den Sozialarbeitenden, Anm. d. V.) darum, bestehende Defizite auszugleichen, Mängel zu beheben und die Klienten wieder den gültigen Normen der Gesellschaft anzupassen" (Hollstein 1973, S. 10). Und Hollstein beklagt, dass erst mit dem aktiven Eingriff der Sozialen Arbeit die Abweichung von der Normalität als abweichendes Verhalten definiert wird. Damit nicht genug: Die Soziale Arbeit „nimmt das Moment der Revolte, welches sich in der Devianz (abweichendes Verhalten, Anm. d. V.) ausdrückt, nicht auf, sondern kaschiert es durch ihren Akt von Linderung und Trost" (ebd.). Fehlverhalten, das sich subjektiv zeigt, aber objektiv vermittelt ist, wird individualisiert und eben nicht als Bedürfnis nach Veränderung gedeutet. Insofern erfüllt die Sozialarbeit strukturell gedacht immer nur eine kompensatorische Funktion, welche die Mängel und Widersprüche des Systems individualisiert und kaschiert. Hollstein bringt es auf den Punkt: „Ihre Hilfeleistung soll alle Ungerechtigkeiten verdecken und die bestehende Gesellschaft als letztendlich doch noch gerecht und fürsorgend in öffentliche Erscheinung treten lassen" (Hollstein 1973, S. 40). Mit dieser provokant zugespitzten These wird die Soziale Arbeit ihres Mythos beraubt, lediglich eine gute, helfende Tätigkeit für Arme und Bedürftige zu sein. Die ernüchternde Kritik von Hollstein und anderen Theoretiker*innen erinnert an das Grimmsche Märchen „Des Kaisers neue Kleider", in dem die Nacktheit des Herrschers von einem Kind enttarnt wird.

Soziale Arbeit erzeuge also Abhängigkeit und sei das perfekte Instrument zur Individualisierung sozialer Probleme, wodurch das Scheitern der Hilfsmaßnahmen immer dem individuellen, persönlichen Versagen der Klient*innen zugeschrieben werden könne (vgl. Meinhold 1973, S. 215). Nach Auswertung von 40 Fallanalysen formulierte Meinhold damals die starke Hypothese: „Die Funktionen und Aufgaben des Sozialarbeiters in der Einzelfallhilfe sind abhängig von der Bedeutung der Klienten für den Produktionsprozeß. Je größer der Wert eines Klienten für den Produktionsprozeß ist, desto mehr wird die Funktion des Sozialarbeiters eine kontrollierende, disziplinierende sein (z. B. bei jugendlichen Klienten, besonders bei männlichen Jugendlichen). Dagegen kann der Sozialarbeiter bei relativ geringer Verwertbarkeit eines Klienten im Produktionsprozeß eine verständnisvolle ‚helfende' Haltung einnehmen" (ebd., S. 218). Die Aktualität dieser frühen Aussage erstaunt – passt sie doch in das Klima des fördernden und fordernden aktivierenden Sozialstaats neoliberal-konservativer Prägung, der seine Adressat*innen dem ökonomischen Verwertungsparadigma anpasst und sie zu Kund*innen und Bedarfsgemeinschaften umdefiniert. An dieser Stelle tritt, damals wie heute, das materielle und geistige Herrschaftsverhältnis offen zutage. Die Klientel ist abhängig von den knapp bemessenen Sozialleistungen (*im Zuge der Coronahilfen sind in Zukunft wohl noch schmalere Zuwendungen erwartbar),* der Verfügungsgewalt und den Entscheidungen der Verwaltung und den Sozialarbeiter*innen.

Desillusionierend und radikal ernüchternd – so lautet also damals das drastische Fazit von Hollstein und Nowicki zur Funktion der staatlich geförderten und gestützten Sozialarbeit: „Die Eingliederung der Arbeitskraft (...) ist zu allen Zeiten kapitalistischer Klassengesellschaft (...) wesentlichste objektive Funktion von Sozialarbeit, die damit dazu beiträgt, in einem Kreislauf dem Kapital in seinem ‚Heißhunger nach Mehrarbeit' (*Marx*) Opfer und der Sozialarbeit selbst wiederum ‚Klienten' zuzuführen" (Nowicki 1973, S. 98). Und: „Die Hilfeleistung der Sozialarbeit erweist sich demnach zusammenfassend als *Helferdienst* für die bestehende Herrschaft. Der ‚Freundesdienst' der Sozialarbeit mag für den einzelnen Sozialarbeiter subjektiv eine Realität sein; objektiv zeigt er sich als Ideologie, die das humanitäre Deckmäntelchen für die herrschaftsstabilisierende Funktion der Sozialarbeit darstellt" (Hollstein 1973, S. 204). In dieser Lesart ist Soziale Arbeit das institutionalisierte schlechte Gewissen der bürgerlichen Gesellschaft, die vorgibt, im Interesse ihrer Klientel zu handeln, aber in Wahrheit den Interessen des Kapitals dient: „Beiden (Klient*innen und Kapital, Anm. d. V.) ist indessen mehr gemeinsam als nur der Anfangsbuchstabe K; ihre Beziehung ist mehrheitlich eine kausale: Kapital schafft Klienten“ (ebd.).

Was wir in den marxistischen Funktionsbestimmungen Sozialer Arbeit finden, ist vor allem die Macht des Kapitals in ihrer institutionalisierten Form als Herrschaft, die sich rechtsstaatlich und sozialpolitisch über einen bürokratischen Verwaltungsapparat legitimiert, sichert und stabilisiert. So verstanden ist Sozialarbeit nur ein herrschaftsstabilisierendes Instrument neben anderen. Als Antithese zu einer solchen, vom Staatsapparat abhängigen und von Verbänden getragenen „Sozialarbeit von oben“ entwirft Karam Khella 1982 eine fortschrittliche „Sozialarbeit von unten“. Diese „ist für Khella eine Übung im Widerstand und im Kampf“ (Engelke et al. 2018, S. 411) und versteht sich als konstruktive Alternative zu den institutionalisierten Methoden der „Sozialarbeit von oben“. In den Mittelpunkt seines Interesses stellt er die Frage, „wie sich Deklassierte durch Wiedereingliederung in ihren Klassenzusammenhang zum Kampfpotenzial zur politischen, ökonomischen und sozialen Befreiung ihrer gesamten Klasse wenden“ (Khella 1982, S. 31). Seine Theorie ist von der Hoffnung und dem Wunsch getragen, die Deklassierten würden sich gegen das kapitalistische System wehren, sobald sie die Möglichkeit dazu hätten. Doch diese Vorstellung erwies sich in der Praxis immer als Trugschluss, denn „befreite Deklassierte“ führen keinen Kampf gegen das Establishment, die Klasse, zu der sie aufsteigen wollen.

Perspektiven kritischer Sozialarbeit heute

Das Interesse an den Schriften von Hollstein und Meinhold und an der Handlungstheorie von Khella hat seit Mitte der 1980er-Jahre mit dem Abflauen der Reformzeit, der neokonservativen Wende in der Bundesrepublik und der Wiedervereinigung stark nachgelassen. So folgte auf das politische Paradigma der Sozialen Arbeit das psychologische, später ab Mitte der 1990er-Jahre das ökonomische Paradigma, das bis heute dominiert und – bedingt durch die digitale Transformation – bald durch ein technisches Paradigma ergänzt werden könnte.

Soziale Arbeit konzentrierte sich fortan auf die Arbeit am Subjekt, die Politik auf Wirtschaftsförderung und die Verwaltung auf Digitalisierung. Spätestens nach dem Zusammenbruch der sozialistischen Staaten schienen marxistische Theorieansätze ihre Attraktivität und ihren unmittelbaren Nutzen für die Soziale Arbeit endgültig verloren zu haben. Marx und seine Gesellschaftsanalyse schienen von der Realpolitik überholt und in Zeiten des Sieges des Kapitalismus unerwünscht zu sein. Damit verloren auch politisch kritische Ansätze in der Sozialen Arbeit an Bedeutung, sie wurden, salopp gesagt, erst einmal unter den Teppich gekehrt.

Das ist im Hinblick auf Fragen der Macht von Diskursen ein interessanter Prozess: Das Ignorieren, Diffamieren und Ausgrenzen marxistischer Theorieansätze verweist auf eine Verschiebung der Machtbalancen in Praxis und Theorie der Sozialen Arbeit. Der Diskurs hatte eine andere Richtung genommen: Sozialarbeiter*innen richteten sich gesellschaftsbejahend-pragmatisch nach den marktwirtschaftlichen, leistungs- und qualitätsorientierten, produktgesteuerten und wirkungsorientierten Leitbildern ihrer Anstellungsträger. Sozialpolitik und mit ihr die Soziale Arbeit entwickelten sich zum verlängerten Arm der Wirtschafts- und Finanzpolitik (vgl. Mutz 2011, S. 144). Nichts anderes zeigte und zeigt sich im dominanten disziplinären Diskurs, in dem kritische Ansätze ignoriert und/oder argumentativ als nicht mehr zeitgemäß ausgegrenzt wurden. Sie kamen schlichtweg aus der Mode (vgl. Kap. 2.1.1).

Das verwundert nicht, da sich in sozialwissenschaftlichen Theorien und Zeitdiagnosen immer auch die gesellschaftlichen Macht- und Herrschaftsverhältnisse widerspiegeln, mit denen die Adressat*innen und die Fachkräfte in der Praxis mit ihrem Selbstverständnis, aber auch die Wissenschaft Soziale Arbeit konfrontiert sind (vgl. Compagna et al. 2022, S. 9, 21).

Aktuell kann jedoch beobachtet werden, dass kritisch-(reflexive) materialistische Ansätze eine Renaissance erleben. Mit den einschneidenden Veränderungen in der Sozialpolitik durch die Zusammenlegung von Arbeitslosen- und Sozialhilfe zu Hartz IV regte sich Widerstand gegen den Abbau sozialer Sicherung. Sünker schreibt 2000 in einem Aufsatz zu gesellschaftlichen Perspektiven Sozialer Arbeit: „Nicht wie im Fall des Phönix aus der Asche, aber auch nicht zu gemächlich, lässt sich gegenwärtig die Heraufkunft eines neuen und erneuerten politischen Bewusstseins in der Sozialen Arbeit, das seine Ursachen in den Widersprüchen spätkapitalistischer Vergesellschaftung und deren Folgen für die Lebenslagen wie Lebensweisen der Menschen findet, konstatieren“ (Sünker 2000, S. 209, zit. nach Burri 2004, S. 26). Und tatsächlich: Seit 2005 bilden sich in mehreren deutschen Städten, aber auch in Österreich und in der Schweiz wieder Arbeitskreise Kritischer Sozialarbeit, deren Anliegen es ist, „tragfähige theoretische Grundlagen für ein kritisches Selbstverständnis in der Sozialen Arbeit“ (Eichinger 2012, S. 7) zu entwickeln. Seither sind zahlreiche Publikationen erschienen, die den Diskurs in der Community um eine kritisch-materialistische Perspektive erweitern. Das Spektrum reicht von der

Zeitschrift „Widersprüche" bis zu „Beiträge zur politischen Theorie Sozialer Arbeit" von Hirschfeld (2015). Jüngst (2022) erschienen ist der von Wendt herausgegebene Band „Kritische Soziale Arbeit", der einen aktuellen Diskursüberblick bietet. Im Zuge der Klimakrise, der Diskussion um Nachhaltigkeit auch in der Sozialen Arbeit, der wachsenden sozialen Ungleichheit, die vor allem seit der Coronapandemie deutlich sichtbar wird und sich zu verschärfen droht (ausführlich dazu: Butterwegge 2021), regt sich Widerstand gegen das naturzerstörende kapitalistische System.

Vor dem Hintergrund eines kritisch-materialistischen Gesellschaftsbildes werden die Widersprüche, mit denen die Profession konfrontiert ist (erneut und weiter unangenehm für viele), kritisch hinterfragt, und Widerstand gegen neoliberale Zumutungen wird laut. Wie dringlich gesellschaftspolitische Analysen heute für Theorie und Praxis der Sozialen Arbeit sind, zeigt sich seit der Einführung der Hartz-IV-Gesetze, die ein „Leben in und Leiden an der Hartz-IV-Gesellschaft" (Butterwegge 2014a, S. 34) schaffen: Die, die nicht mehr beschäftigungsfähig (oder -bereit) sind, werden an den Rand gedrängt, die Armut steigt, während staatliche Umverteilung in Form von Steuer- und Einkommenspolitik die Spaltung der Gesellschaft in Arm und Reich vorantreibt. „Soziale Differenzen und Ungleichheiten nach Geschlecht, Ethnie und Schicht machen sich in allen Teilen der postfordistischen Trias von Erwerbsarbeitsverhältnissen, Lebensformen, Wettbewerbsstaat und der dadurch regulierten Arbeitsteilung in und zwischen Markt, Staat, Drittem Sektor und Privathaushalt bemerkbar und müssten dementsprechend auch bei der Betrachtung der sozialen Fragen des 21. Jahrhunderts in den Blick genommen werden" (Hammerschmidt/Sagebiel 2011, S. 18). Die Macht des Finanzkapitals und deren Konsequenzen in der Sozial- und Arbeitspolitik schaffen alte wie neue soziale Probleme, die in ein Wiederaufleben der sozialen Frage münden.

Kritische Machtfragen

Im Folgenden wollen wir in aller gebotenen Kürze mit Fokus auf die Machtfrage das Themenspektrum des aktuellen kritisch-materialistischen Diskurses in der Sozialen Arbeit aufzeigen.

Zeitgenössische Ansätze kritischer Sozialer Arbeit beschreiben präzise und argumentativ scharf, wie sich die Veränderungen durch eine neoliberale Politik als Individualisierungstendenz konkret bei den Fachkräften der Sozialen Arbeit auswirken und welche Konsequenzen der Prozess der ökonomischen „Durchkapitalisierung" (Sorg 2012) allgemein auf die Rahmenbedingungen der Sozialen Arbeit hat. Sie verweisen auf die

Wirkungen von Macht- und Herrschaftsverhältnissen, welche Rolle die Soziale Arbeit dabei spielt und welche Chancen des Protests zum Aufbau menschengerechter Gegenmacht möglich wären.

Kurt Bader beispielsweise untersucht „das Verhältnis von gesellschaftlichen Anforderungen und deren je individuelle Verarbeitung (...) durch Sozialarbeiter*innen/Sozialpädagog*innen" (Bader 2012, S. 43). Seine These lautet: Die herrschenden Reproduktionsanforderungen (Arbeitsbedingungen, verdichtete Arbeitszeiten, Dokumentation, Digitalisierung, Kürzungen der Sozialleistungen etc.) führen zu ausgeprägten Individualisierungstendenzen bei den Fachkräften. Damit werden strukturell verursachte Probleme und systemimmanente Widersprüche individualisiert, die sich z. B. in persönlichen Schuld- und Versagensängsten von Sozialarbeiter*innen ausdrücken können. Diese Spannungen können zur Isolation des/der Einzelnen im sozialen Zusammenhang führen und in Überforderungsgefühlen münden, die einen Rückzug ins Private rechtfertigen. Dadurch wird eine Gleichgültigkeit gegenüber fachlichen Belangen und eine Priorisierung emotionaler Befindlichkeiten als Gegenpol zu unpersönlichen Arbeitsinhalten entwickelt, die in Unsicherheit und schließlich in Perspektivlosigkeit und Existenzangst münden können (vgl. Bader 2012, S. 44). Der Mangel an theoretischem Wissen, begründeten Bewertungskriterien und beruflichem Selbstbewusstsein (ausführlich: Seithe 2019, S. 32 f.) behindert nicht nur eine emotional distanzierte, (gesellschafts-) kritische Reflexion, er schränkt auch die Handlungsfähigkeit der Sozialarbeitenden massiv ein: „Entweder reduzieren sie ihre Position auf eine bloße Ausführungsfunktion staatlich gesetzter Anweisungen, oder sie leiten sie (Ziele und Grenzen der Arbeit) unmittelbar und ausschließlich aus den Problemen der Klient*innen ab bzw. setzen sich mit ihnen gleich" (Bader 2012, S. 49). In kritisch-materialistischer Lesart können wir sagen: Die Wechselwirkungen von Reproduktion und Produktion bleiben unsichtbar. Die Tatsache, dass die Sozialarbeitenden selbst Abhängige im System sind, die mit ihrer Tätigkeit die herrschenden Strukturen stabilisieren und reproduzieren, bleibt unerkannt. Der Rückzug ins Private und die Beschäftigung mit der eigenen emotionalen Befindlichkeit erscheinen in dieser Gemengelage als einzig wählbare Alternative, um dem Druck zu entweichen.

„Aufklärung als Versuch, etwas Licht in diese Zusammenhänge zu bringen, wäre ein erster Schritt in die Richtung, diese Situation nicht alternativlos und quasi naturgegeben hinzunehmen […]: eine andere Welt ist möglich" (Sorg 2012, S. 116).

Mit dem Kurswechsel der Politik in Richtung eines neoliberalen, marktgängigen Umbaus des Sozialstaats, der sich in subjektiven Ohnmachts- und Versagensgefühlen der Klientel, aber auch bei den Fachkräften ausdrückt, manifestieren sich die Klassen- und Milieuunterschiede. Die ungleiche Verteilung von Eigentum und Vermögen, die der Historiker Hans-Ulrich Wehler (2013) „neue Umverteilung" nennt und Butterwegge (2020) als fehlgeleitete Wirtschafts- und Sozialpolitik im Sinne der Selbstoptimierung des Markts in Deutschland anprangert, wird jedoch nicht nur als ein materielles Problem, sondern auch als ein sozialmoralisches Gerechtigkeitsproblem erfahren. Der Wandel der Sozialpolitik seit Mitte der 1990er-Jahre führt zu wachsenden sozialen Unsicherheiten auch für bisher relativ stabile Gruppen in der Gesellschaft, wie etwa die Mittelschicht. Im Zuge einer weltweiten finanzmarktgetriebenen „Landnahme" (Dörre 2011, S. 99) verfolgt der Staat eine Politik der Herrschaftssicherung durch eine angebotsorientierte Wirtschaftspolitik und eine Flexibilisierung der Finanz- und Arbeitsmärkte. In der Konsequenz bedeutet das nicht nur eine Umorientierung der Beschäftigungspolitik auf den ersten Arbeitsmarkt und die Gründung von Ich-AGs, sondern auch den Rückzug des Staats bei der Absicherung existenzieller Risiken. Im ideologischen „Überbau" des nun aktivierenden, gewährenden Sozialstaats spiegeln sich die ökonomischen Bedingungen der Gesellschaft wider als neue Gouvernementalität der Selbstverantwortung (vgl. Chassé 2011, S. 153) und Individualisierung sozialer Probleme. Das Schicksal der *Kund*innen* (mit dieser Bezeichnung wird Eigenverantwortlichkeit und Wählbarkeit suggeriert) ist nun selbst verschuldet, und die Prüfung der Hilfebedürftigkeit erfolgt entlang ihrer marktlichen Reproduktionsfähigkeit, inwieweit also ihre Arbeitskraft verwertbar ist. Soziale Arbeit hat in dieser ökonomisch geprägten Nützlichkeitssemantik die Aufgabe, ihre *Kund*innen* nach Beschäftigungsfähigkeit zu selektieren und auf den Markt zuzurichten, damit sie sich hier als Konsument*innen integrieren können nach dem Motto: „Sein ist, wenn du konsumieren kannst." Die vor 50 Jahren formulierte These von Hollstein, die Soziale Arbeit als Agentin und Repräsentantin des herrschenden Staats zu demaskieren, hat ihre Gültigkeit und Brisanz nach wie vor nicht verloren.

Das Entstehen und Wachsen sozialer Ungleichheit, die Umverteilung des Reichtums nach oben und der Rückbau sozialer Sicherung wird, so die kritisch-materialistischen Ansätze, über die vorherrschende Ideologie „Leistung lohnt sich" oder „Armut ist selbst verschuldet" legitimiert und verstärkt. Der individualisierende Charakter des neoliberalen (und digitalen) Systems wird als naturgegeben und alternativlos im verschärften globalen Wettbewerb propagiert, der einschneidende soziale „Reformen" zur Haushaltskonsolidierung notwendig mache – beispielsweise Hartz IV. Dessen Regelsatz von bisher (2020) 446 Euro wird zum 1.1.2022 um ganze 3 Euro angehoben: auf 449 Euro. Für eine auskömmliche Lebensführung und sozial-kulturelle Teilhabe ein schlechter Witz! Man könnte dies als geizige, ignorante Abwertung der *Armen* in einem reichen Land verstehen, in dem die Kapitalakkumulation der Reichen staatlich abgesichert ist (Butterwegge 2020, S. 286 ff.). Verschwiegen wird dabei, dass Märkte nicht naturgegeben, sondern politisch gewollt sind, oder dass die Ursachen für die (vermeintliche) Finanznot des Staates auch in der Steuerpolitik, der Entlastung der hohen Einkommen und in unversteuerten Vermögen, liegen. Thomas Piketty hat in seiner meisterlichen Diagnose „Das Kapital im 21. Jahrhundert" (2014) – mittlerweile ein Bestseller – eindrücklich nachgewiesen, dass ein unregulierter Finanzmarkt das Einkommensgefälle und die soziale Ungleichheit fördert und die Vermögen auf immer kleinere Gruppen konzentriert. Er sieht darin eine Gefährdung für die Demokratie und fordert auf zum weltweiten Kampf für „Vermögensbesteuerung, um die wachsende Macht des ererbten Reichtums zu zähmen" (Krugmann 2014, S. 81).

Der expandierende neoliberale Kapitalismus unterwirft alle gesellschaftlichen Bereiche seiner Waren- und Kapitallogik und bedient sich dabei einer spezifischen Rhetorik, die das Herrschaftsverhältnis geschickt verschleiert. Positiv besetzte Begriffe und Konzepte der Sozialen Arbeit werden *marktfähig* umgedeutet: Aus dem integrierenden Sozialstaat wird ein aktivierender, aus Solidarität werden Autonomie und Eigenverantwortung, aus Klient*innen Kund*innen, aus Hilfsangeboten Produkte, aus Wohlfahrtsverbänden Dienstleistungsanbieter, und Kürzungen der Sozialleistungen werden zu Stärkung der Eigenverantwortung und zum Empowerment (vgl. Sorg 2012, S. 115). Welche Wirkungen so ein *wording* hat, haben wir in unseren Ausführungen zu Bourdieu (Kap. 2.1.7) und Butler (Kap. 2.1.8) bereits dargestellt. Langfristig und nachhaltig angelegte Hilfeprozesse, z. B. in der Kinder- und Jugendhilfe, unterliegen nun marktwirtschaftlichen Kriterien wirkungsorientierter Steuerung (WSE) (ausführlich: Hagn et al. 2012). Der Terminus klingt auf den ersten Blick sinnvoll, suggeriert er doch, dass der Hilfeprozess vormals uneffektiv gewesen sei, nun dagegen deutlich effektiver und kürzer und damit kostengünstiger und kontrollierbarer.

Diese Rhetorik neoliberaler Ideologie als symbolische Macht zu enttarnen und sich fachlich dagegen zu positionieren ist Aufgabe und Ziel kritischer Sozialer Arbeit. Seit 2005 haben sich wie erwähnt wieder kritische

Arbeitskreise gegründet und (z. T. pandemiebedingt online) Jahrestagungen zu aktuellen sozialpolitischen Themen organisiert (s. www.kritische-sozialarbeit.de, Zugriff 31.8.22). Und sie können Erfolge verbuchen: Der Arbeitskreis Kritische Sozialarbeit (AKS) in München hat beispielsweise gegen die Einführung der WSE in der Ambulanten Erziehungshilfe lange Widerstand geleistet (2013), was zwar nicht zur kompletten Rücknahme der Entscheidung geführt, die Politik jedoch zumindest zu Nachbesserungen veranlasst hat. Unter Coronabedingungen streitet er derzeit für eine menschengerechte Unterbringung Geflüchteter in den Ankerzentren und fordert über einen rechtlich fundierten Handlungsleitfaden einen Zugang von Minderjährigen zu Leistungen der Jugendhilfe (SGB VIII) (vgl. www.aks-münchen.de, Zugriff 31.8.22). Und er fordert für die Soziale Arbeit ein Zeugnisverweigerungsrecht.

Effekte kritischer Sozialer Arbeit

Welcher Gebrauchswert kann aktuell aus der kritisch-materialistischen Perspektive für die Soziale Arbeit gezogen werden? Wie lassen sich Handlungsoptionen erkennen, die zu mehr Fachlichkeit, einer reflexiven Praxis und vielleicht zu einer Auflehnung gegen die Verhältnisse, unter denen die Soziale Arbeit agiert, führen? Gibt es Chancen zu einer Re-Politisierung?

Wenn wir uns vergegenwärtigen, dass es immer die Menschen selbst sind, die ihre Geschichte machen, und wir nicht in einem äußerlichen Zwangsgehäuse stecken, mit dem wir nichts zu tun haben, dann könnten wir Möglichkeiten zur Veränderung und vielleicht sogar zum aktiven Protest entdecken. Gemeinhin kann eine so verstandene kritische Soziale Arbeit in Theorie und Praxis als Einladung zu einem Perspektivenwechsel verstanden werden, das generelle Unbehagen an den Verhältnissen nicht als naturgegeben hinzunehmen, sondern es im Zusammenhang von gesellschaftlichen Ursachen und individuellen Problemen zu betrachten. Denn: „Wenn der Mensch von den Umständen gebildet wird, so muss man die Umstände menschlich bilden“ (Marx/Engels 1980, S. 138, zit. n. Wendt 2022, S. 7). Sozialarbeitende können zur neoliberalen Ideologie, ihrer Sprache, ihren Praktiken, Methoden und Diskursen auf Distanz gehen, „die zur Herstellung, Verfestigung und Legitimation von Ungleichheiten, Herrschaftsverhältnissen und sozialer Ausgrenzung beitragen“ (Scherr 2006, S. 171), und sie als verdeckte symbolische Macht dechiffrieren. Doch diese kritische Distanz kann nur gelingen, so Scherr, wenn a) Soziale Arbeit die Machtbeziehungen und Herrschaftsverhältnisse erkennt und problematisiert, in denen sie sich bewegt, dass sie sich b) vergegenwärtigt, dass sie durch ihre Tätigkeit zur Verfestigung und Herstellung dieser

Verhältnisse selbst beiträgt, und dass sie c) eine kritische Haltung gegenüber selbstverständlichen Gewissheiten, Denk- und Handlungsweisen einnimmt (vgl. ebd., S. 177). Unter diesen Voraussetzungen können Handlungsspielräume entdeckt werden und sich Horizonte für Alternativen und Utopien eröffnen (hierzu ausführlich: Wendt 2022).

In vielerlei Hinsicht haben sich die Möglichkeiten und Handlungsräume für die Soziale Arbeit im neoliberalen Umfeld objektiv verschlechtert. In Zeiten der Krise verschiebt sich das Verhältnis von Zwang und Möglichkeiten (Existenzsicherung) deutlich in Richtung normierender und repressiver Praxis. Wird dieser Zusammenhang nicht begriffen, so Bader, „führt das in einem Fall zu vorschneller Resignation und Anpassung, im anderen Fall zur euphorischen Illusion, mittels Sozialer Arbeit und Erziehung das gesellschaftliche System aushebeln zu können" (Bader 2012, S. 71). Während die erste Variante in einen Prozess der Individualisierung oder Therapeutisierung sozialarbeiterischen Handelns führt, begleitet von einem Rückzug in die Innerlichkeit, mündet die zweite in Ernüchterung, Katzenjammer und schließlich auch in Resignation angesichts der Übermacht des Systems. Resignation und Rückzug haben weitreichende und unerwünschte Konsequenzen für die Organisationsfähigkeit und -bereitschaft der Fachkräfte (ebd.). Durch sie wird das politische Mandat der Profession ignoriert, und sie tragen damit zur Entpolitisierung Sozialer Arbeit bei. Mögliche Handlungsoptionen zur Veränderung können nur gesehen werden, wenn der zirkuläre Prozess der Individualisierung und die mit ihm einhergehenden Mystifikationen durchbrochen werden.

Die „ideologischen, sozioökonomischen und bildungspolitischen Entwicklungen werden uns zuweilen als *alternativlos* [kursiv im Original] ‚verkauft'" (Bettinger 2022, S. 18), insbesondere in Krisenzeiten wie der aktuellen Coronapandemie. Doch wir sind fähig, kritisch zu denken, denn „was allein uns wirklich helfen kann (…) ist Nachdenken. Und denken heißt stets kritisch denken (...)". So formulierte es Hannah Arendt 1973 in einem Fernsehgespräch mit Roger Errera. Es ist die Fähigkeit, zu unterscheiden, zu erkennen, welche Unterschiede welchen Unterschied machen, um darauf basierende reflektierende und reflektierte Urteile zu fällen, um sich „den staatlich-politisch produzierten Wissens-Regimen *nicht* (Hervorh. im Original) widerstandslos zu beugen" (Bettinger 2022, S. 18).

„Die Gedanken der Herrschenden sind in jeder Epoche die herrschenden Gedanken, d. h. die Klasse, welche die herrschende materielle Macht der Gesellschaft ist, ist zugleich ihre herrschende geistige Macht" (Marx/Engels 1932, S. 46; vgl. Marx 1859, S. 82. Zit. n. Hösler 2012, S. 63).

Wie könnte kritisches Nachdenken und Unterscheiden zwischen einer angepassten und einer kritischen Haltung Möglichkeiten zu tätigem Protest eröffnen?

- Im Wissen um das Beziehungsgeflecht zwischen ökonomischen, politischen und ideologischen Machtverhältnissen und ihren Wirkungen auf die konkreten Lebenslagen und Arbeitsbedingungen könnten die Widersprüche von Herrschaftsverhältnissen erkannt und erklärt werden. Damit würden sich Möglichkeiten und Chancen abzeichnen, Machtbalancen zu verschieben und eigene Machtquellen zu erkennen.
- Soziale Arbeit könnte sich aus der angepassten Position einer, wie Mechthild Seithe schreibt, „schlechten Sozialen Arbeit" befreien, Dienstbotin der neoliberalen Politik zu sein, und mit einer aktiven, ausdauernden, selbstbewussten Fachlichkeit und Parteilichkeit dagegen halten (vgl. Seithe 2014, S. 39; 2019, S. 30 ff.). Schlicht gesagt: Sich an ihr politisches Mandat erinnern und dieses wieder wahrnehmen. Genau das machen Studierende der Hochschule München. Seit 2016 geben sie jährlich eine sozialarbeitskritische Zeitschrift heraus: „*sozial*frontal", in der sie aus ihrer Sicht Ungerechtigkeiten und Missstände anprangern (ISSN 2627-406X).
- Die faktische Macht von Politik, Bürokratie und Verwaltung mit ihren materiellen und ideologischen Zumutungen, unter denen die Fachkräfte Soziale Arbeit leisten, könnte Anlass bieten, sich gegen die verwaltungstechnische, digital gestützte, betriebswirtschaftliche Logik, die die Klientel auf Datenträger reduziert, zur Wehr zu setzen und sich in politische Entscheidungsprozesse einzumischen.
- Sozialarbeitende könnten ihr theoretisches Wissen nutzen, um die Missstände zu benennen, die behindernden Machtwirkungen zu entlarven und sie hör- und sichtbar in die Öffentlichkeit zu bringen, z. B. in politischen Gremien aktiv mitzuwirken. Sie könnten neue, kreative Formen des Protests entwickeln, z. B. über Tweets, Blogs in sozialen Netzwerken, digitale Petitionen, Leserbriefe, Flashmobprojekte u. v. a. m.

Hilfreich wäre es auch, das solidarische Bewusstsein dafür zu entwickeln, einer gemeinsamen Profession anzugehören und gemeinsame Interessen zu erkennen. Die beste Strategie hierfür wäre, sich mit Kolleg*innen in Ausbildung, Praxis und Disziplin gemeinsam verbandlich und gewerkschaftlich zu organisieren – lokal, national und international –, um nach innen wie nach außen fachlich und berufspolitisch mit einer Stimme zu sprechen (vgl. Seithe 2014a, S. 340).

- Das Machtgefälle zwischen Theorie und Praxis als Ausdruck symbolischer Macht müsste überwunden werden in Richtung eines produktiven Wechselspiels von kritischer Profession und kritischer Disziplin.

> „Wenn davon ausgegangen wird, dass es die herrschenden Verhältnisse als Herrschaftsverhältnisse sind – den Menschen nicht äußerlich und von ihnen mitproduziert, welche Probleme erzeugen, die den Gegenstand Sozialer Arbeit bilden und die deshalb kritisiert und verändert werden müssen, ist danach zu fragen, was entscheidende Charakteristika dieser Verhältnisse sind" (Stövesand 2006, S. 39).

- Dazu gehört auch, marxistische Theorieansätze und kritische politische Ökonomie wieder in die Lehre zu integrieren (vgl. Burri 2004, S. 27).
- Kritische Soziale Arbeit bedeutet aber auch, die Komfortzone zu verlassen, sich Ärger einzuhandeln und ungemütlich zu werden. Denn: „Wer sich nicht wehrt, lebt verkehrt", und ob man im Falschen (den gegebenen Verhältnissen) trotzdem richtig leben kann, wird seit Adornos berühmtem Satz bezweifelt: „Es gibt kein richtiges Leben im falschen" (Adorno 1969).
- Um sich von den Zwängen und Begrenzungen gesellschaftlicher Herrschaftsverhältnisse zu befreien, brauchen Sozialarbeitende Utopien, Vorstellungen darüber, was sein könnte, in einer Welt, die nicht so ist, wie sie sein sollte. Da macht die Aufforderung von Staub-Bernasconi Mut: „Träume, Utopien und Handlungstheorien müssen an der Praxis, der Erfahrung scheitern können, um neuen Träumen, differenzierteren Utopien, angemesseneren Theorien und menschen- wie gesellschaftsgerechten Lebensformen Platz zu machen" (Staub-Bernasconi 1986, S. 59).

Kritische Würdigung

Subjektives Leiden und Hilfsbedürftigkeit als Resultate von gesellschaftlichen Spaltungs- und Verwerfungsprozessen zu erklären und an vermeintlich selbstverständlichen Denkmustern zu rütteln – genau darin liegt die wiederentdeckte Attraktivität des kritisch-materialistischen Ansatzes. Kapitalismuskritik hat spätestens seit der Finanzkrise 2008 wieder Konjunktur, denn nach diesem Desaster war klar, dass der Kapitalismus seine Versprechen von sozialer Stabilität und Wohlstand für alle nicht einlösen kann – und will. Und seit die Klimakrise nicht mehr zu leugnen ist, die globale Ungleichheit immer dramatischer zutage tritt, die Digitalisierung in nahezu alle Lebens- und Arbeitsbereiche eingedrungen ist und die politische Meinungsbildung prägt, ist Marx wieder salonfähig.

Das verwundert nicht, denn seit dem Zusammenbruch des Sozialismus und der Planwirtschaft fehlt dem Kapitalismus der Counterpart. So können die Profiteure (bis auf wenige Ausnahmen sind es ja weiße Männer) des Kapitals mit ihren Netzwerken weltweit ihr Natur und Menschen ausbeutendes Werk verrichten. Skandalöse Arbeitsbedingungen und sklavengleiche Ausbeutung von Arbeitskräften (Kinderarbeit, Frauenarbeit, Migrant Workers in Katar beim Bau der Arenen zur Fußballweltmeisterschaft), profitabler Menschenhandel (z.B. mit osteuropäischen Frauen, mit Arbeitern in der Fleischindustrie), Zerstörung von Lebensgrundlagen und Naturressourcen (Raubbau an fossilen Energien) stehen millionenschweren Managergehältern und Rekordgewinnen von Konzernen gegenüber; Banken wurden 2008 mit Unsummen von Steuergeldern subventioniert und 2021 wurden Corona-Hilfspakete in Milliardenhöhe an Unternehmen wie Lufthansa, TUI und die Autoindustrie verteilt, während Hartz-IV-Empfänger*innen mit 150 Euro Pauschale abgefunden wurden und für Soziales, Pflege und Kultur kaum Gelder bereitstanden und -stehen: All das stößt auf Unverständnis und erzeugt Wut auf das kapitalistische System. Immer lauter regt sich Protest, der sich zur Gegenmacht formiert: Die Klimaschutzaktivist*innen von Fridays for Future, globalisierungskritische Netzwerke wie Attac oder Kampagnenplattformen wie Compact. „Vor allem die kommunale Ebene bietet vielfältige Möglichkeiten der Skandalierung, Mobilisierung und Thematisierung alternativer Konzepte“ (Wendt 2022, S. 9). Kurzum: Kapitalismuskritik ist angesagt, im Feuilleton, in Zeitdiagnosen und linken wie auch rechten Kreisen. Wobei Letztere sich nicht auf die politische Ökonomie von Marx und Engels beziehen, wenn sie das kapitalistische System kritisieren, sondern auf völkische oder faschistische Ideologien (ausführlich in: Weber 2018).

Die Auswirkungen der Globalisierung, die Entwicklung der Produktivkräfte und das Kollabieren des Finanzmarktes haben Marx und Engels bereits 1848 im „Manifest der Kommunistischen Partei“ vorausschauend beschrieben. Doch heute haben sich die Akzente des „flexiblen Kapitalismus“ (Sennett 2006) verlagert. Kapitalakkumulation findet nach wie vor im großen Stil statt, allerdings immer weniger über menschliche Arbeit (die inzwischen zunehmend Maschinen verrichten), sondern über Daten, Datenanhäufung und -verwertung. Im digitalen Hightech-Kapitalismus mutiert der Mensch zur Datenmenge, einer Ware, deren Ausbeutung hohe Renditen verspricht und die die Eliten im Silicon Valley zu Milliardären macht. Der Wettbewerb zwischen den großen Anbietern sozialer Netzwerke tobt erbittert und es entstehen beispiellose, gigantische Monopole. Von der Gier des Kapitals bleibt auch die Natur nicht verschont, sie wird ihrer

Ressourcen beraubt und um des Profits willen zerstört. Die Kampflinie verläuft heute, so Naomi Klein (2015), zwischen Kapital und Klima.

In der marxistischen Theorie liegen die Ursachen der beschriebenen Probleme in der kapitalistischen Produktionsweise mit dem ihr innewohnenden Widerspruch zwischen Lohnarbeit und Kapital. Nach dieser Logik verschwänden soziale Probleme erst dann, wenn der Kapitalismus abgeschafft wäre. Dass mit revolutionären Umstürzen keine Garantie für eine Gesellschaftsordnung ohne soziale Probleme besteht, wissen wir allerdings auch aus der Geschichte. Es gibt keine widerspruchsfreie Gesellschaft, wie es auch keine widerspruchsfreie Soziale Arbeit gibt. Die Ursachen für soziale Probleme, Not und Leiden in und an der Kultur einzig auf den Widerspruch zwischen Arbeit und Kapital zu reduzieren, wäre eine zu einseitige Erklärung. Denn dem Kapitalismus geht langsam die Arbeit aus, und immer weniger Menschen werden zur Warenproduktion benötigt. Wohin mit den Überflüssigen? Der marxistische Ansatz erweist sich allerdings leider als ungenügend bei der Beschreibung und Erklärung von Rassismus, Antisemitismus, Körpernormierungen und des Geschlechterverhältnisses. Die hierarchische Ordnung zwischen Männern und Frauen ist kein Nebenwiderspruch der kapitalistischen Produktionsweise, sondern ein kulturelles Phänomen, das (fast) ausnahmslos in allen Gesellschaften existiert, so auch in den ehemals und sich heute als sozialistisch legitimierenden Staaten. Auch angesichts weltweiter sozialer Ungleichheit und ökonomischer Krisen gilt: „Kein Kapitalismus ist auch keine Lösung" – ausführlich und genussvoll nachzulesen im gleichnamigen Buch der Ökonomin Ulrike Herrmann (2018).

Sinn und Zweck der Sozialen Arbeit ist nicht nur vom Kapitalverhältnis abzuleiten, denn einige Bereiche der Sozialen Arbeit dürften auch in einer „klassenlosen Gesellschaft" notwendig sein (s. www.kritisch-lesen.de, Zugriff 31.8.22). Es bleibt die ernüchternde Einsicht: Revolutionäre Ansinnen sind nicht wirklich ein probates Mittel, Änderungen in der Sozialen Arbeit zu bewirken, vielmehr sind es die vielen kleinen, mühevollen Schritte. Darauf verwies schon Hollstein vor 50 Jahren, mit dessen Ausführungen wir diese Analyse begonnen haben: Dass nämlich eine „Sozialarbeit als systemsprengende Kraft (...) angesichts ihres Auftrages nicht konzipiert werden kann" (Hollstein 1973, S. 42). Dennoch eröffnen sich hoffentlich immer wieder Möglichkeiten zur Veränderung.

Literaturempfehlungen

Hollstein, Walter/Meinhold, Marianne (Hg.) (1973): Sozialarbeit unter kapitalistischen Produktionsbedingungen. Frankfurt a.M. Fischer Taschenbuchverlag.

Bader, Kurt (2012): Individualisierungstendenzen bei SozialarbeiterInnen und SozialpädagogInnen. In: Eichinger, Ulrike/Weber, Klaus (Hg.) (2012): Soziale Arbeit. Texte kritische psychologie 3. Hamburg. Argument Verlag, S. 41–79.

Seithe, Mechthild (2014a): Widerstand tut Not. Warum es nötig ist und warum es sich lohnt sich zur Wehr zu setzen. In: Soziale Arbeit 9/2014, S. 336–342.

Wendt, Peter-Ulrich (Hg.) (2022): Kritische Soziale Arbeit. Weinheim Basel. Beltz Juventa.

„Wenn der Mensch von den Umständen gebildet wird,
so muß man die Umstände menschlich bilden."
(Friedrich Engels und Karl Marx: Die heilige Familie oder Kritik
der kritischen Kritik. Marx-Engels-Werke, Bd. 2, Berlin 1980, S. 138).

2.3 Zusammenfassende Darstellung der Theorien

Alle von uns vorgestellten Machttheorien und -konzepte sind hier noch einmal zusammenfassend dargestellt. Dabei bedienen wir uns der Systematik der Wissensebenen nach Staub-Bernasconi (2007) und Geiser (2013) (vgl. Sagebiel 2012, S. 129–131), die im Kapitel 3 noch genauer vorgestellt und im Kapitel 4 auf Praxissituationen der Sozialen Arbeit angewendet wird.

1. Als Erstes werden alle Theorien nach der *WAS-Frage* befragt, d. h., was die Autor*innen jeweils unter dem Begriff der Macht verstehen (*Beschreibungswissen*).
2. Dann wird eine kurze Antwort darauf gegeben, *WIE* sich aus der jeweiligen theoretischen Perspektive Macht begründet und *WARUM* sie zustande kommt (*Erklärungswissen*).
3. Weiter folgt die Frage, *WORAUF* die Machttheorie abzielt und wie Macht bewertet wird (*Wertewissen*).
4. Und last but not least ist zu fragen, zu welchen Handlungen die Machttheorie einlädt, d. h. *WIE* und *WOMIT* gehandelt werden kann (*Handlungswissen*).

Theorie/Modell von	**Beschreibungswissen** WAS wird unter Macht verstanden?	**Erklärungswissen** WARUM und WIE gibt es Macht?	**Bewertungswissen** WORAUF zielt Machttheorie ab?	**Handlungswissen** WIE und WOMIT kann machtvoll gehandelt werden?
Max Weber	• Macht ist eine Chance, den eigenen Willen gegenüber anderen durchzusetzen. • Macht ist amorph. • Herrschaft ist institutionalisierte Macht. • Bürokratie stabilisiert Macht.	• Macht kommt zustande durch soziales Handeln. • Macht legitimiert sich durch Glauben an ihre Legitimität. • der Staat sichert seine Herrschaft durch die Bürokratisierung der Verwaltung.	• Relativ neutraler Machtbegriff. • Schwerpunkt auf Herrschaft. • Starke Kritik an der Bürokratie.	• Indem man mit Macht seinen Willen durchsetzt – womit und wie bleibt offen.
Heinrich Popitz	• Macht ist eine anthropologische und historische Konstante. • Macht hat drei historische Prämissen: Sie ist machbar, omnipräsent und freiheitsbegrenzend. • Grundformen der Macht, die auf menschlichen Fähigkeiten und Abhängigkeiten beruhen. • Institutionalisierung von Macht in Herrschaft.	• Macht als Vergesellschaftungsprozess; dieser ist an historische und menschliche Voraussetzungen und Fähigkeiten geknüpft. • Macht erwächst und stabilisiert sich über Organisationsfähigkeit, Legitimation und den Wert einer Ordnung.	• Weitgehend neutraler und beschreibender Machtbegriff. • Macht zielt auf die legitimierte Bemächtigung weniger Privilegierter über viele Nichtprivilegierte.	• Das Wissen um die menschlichen Fähigkeiten (zu verletzen, zu drohen, zu versprechen, Orientierung zu geben und Dinge in die Welt zu setzen); das Können, d. h. wie diese eingesetzt oder ausgenutzt werden können. • Ziel des eigenen Nutzens oder der Organisation von Solidaritätskernen.
Karl Marx	• Marx gibt keinen explizit definierten Machtbegriff vor. • Macht ist der Besitz an Produktionsmitteln • Zusammenfassend lässt sich sagen: Macht ist das Resultat des Widerspruchs zwischen Arbeit und Kapital im Verlauf der historischen Entwicklung. • Macht = Herrschaft = Gewalt.	• Alle sozialen Beziehungen, in denen ökonomische Prozesse stattfinden, sind Herrschafts- und Gewaltverhältnisse. • Herrschaft ist ökonomische Macht (Verfügung über Produktionsmittel) und ideologische Macht (Werte, Normen, repräsentiert durch die Staatsapparate).	• Kritische Analyse der Zusammenhänge zwischen ökonomischen und politischen Verhältnissen als Macht- und Herrschaftsverhältnisse. • Zielt darauf ab, aufzudecken, dass der Mensch im Kapitalismus auf seinen Warencharakter reduziert ist.	• Aufdecken von Machtverschleierungen. • Bewusstsein schaffen, dass Gesellschaft ein Produkt von handelnden Menschen ist und daher auch veränderbar. • Kritisches Bewusstsein auch sich selbst gegenüber – als Individuum und Profession. • Radikale Gesellschaftskritik üben und umsetzen.

Theorie/Modell von	**Beschreibungswissen** WAS wird unter Macht verstanden?	**Erklärungswissen** WARUM und WIE gibt es Macht?	**Bewertungswissen** WORAUF zielt Machttheorie ab?	**Handlungswissen** WIE und WOMIT kann machtvoll gehandelt werden?
Hannah Ahrendt	• Macht ist ein soziales Geschehen. • Macht entwickelt sich aus lebendigen menschlichen Fähigkeiten. • Macht existiert nur im Moment des Handelns und sonst nirgends; • daher ist Macht unabhängig von materiellen Faktoren, sowie von Zwecken und Zielen. • Macht ermöglicht Freiheit. • Macht und Gewalt sind Gegensätze. • Gewalt ist *herstellen*, Macht ist • *handeln*.	• Macht entsteht dann, wenn Menschen sich zusammenschließen, gemeinsam handeln und im öffentlichen Raum sichtbar werden. • Gemeinsames Sprechen, Schreiben und Handeln bringt Macht hervor. • Macht hat potenziellen Charakter, im (mächtigen) Handeln liegt immer eine Chance. • Wo Gewalt ist, gibt es keine Macht, sondern Herrschaft oder Totalitarismus.	• Theorie beschreibt, welche Bedingungen gut sind für Macht, sich zusammenzuschließen und im öffentlichen Raum sichtbar zu werden, denn Macht erhöht sich, wenn Menschen gemeinsam handeln. • Theorie betont die Potenziale der Macht. • Der Machtbegriff ist absolut positiv besetzt, das, was negativ bewertet wird, ist keine Macht, sondern Gewalt. • Mit dem Machtbegriff wird das Politische erklärt.	• Indem sich Menschen zusammenschließen und sprechend gemeinsam handeln und so etwas Neues in der Welt beginnen. • Indem sie den Machtbegriff positiv besetzen und ihn von der Gewalt unterscheiden; wissen, was Lust auf Macht macht.
Niklas Luhmann	• Macht ist ein symbolisch generalisiertes Kommunikationsmedium des Systems Politik. • Macht ist eine Selektionsofferte, die nicht abgelehnt werden kann. • Macht ist ein realisiertes Kommunikationsangebot. • Eine code-gesteuerte Kommunikation, in der für beide Seiten auch andere Möglichkeiten des Handelns bestehen.	• Luhmann erklärt nicht, woher die Macht kommt, er beschreibt sie *nur*.	• Beschreibung, wie Macht funktioniert als Medium der Kommunikation in verschiedenen sozialen Systemen (Interaktions-, Organisations- und Funktionssystemen). • Besonders wichtig: Theorie zielt auf eine *neutrale* Beschreibung von Macht.	• Bietet Wissen an, wie Macht gesteigert werden kann, besonders in Organisationen. • Bietet einen entemotionalisierten Blick auf Macht. • Zeigt, wie man mächtig werden kann, indem man den Machtcode in der Kommunikation erkennt und die Alternativen realistisch einschätzt.

Theorie/Modell von	**Beschreibungswissen** WAS wird unter Macht verstanden?	**Erklärungswissen** WARUM und WIE gibt es Macht?	**Bewertungswissen** WORAUF zielt Machttheorie ab?	**Handlungswissen** WIE und WOMIT kann machtvoll gehandelt werden?
Michel Foucault	• Kein eindeutiger, sondern vielfältiger Machtbegriff. • Macht ist die Verbindung von Wissen über Menschen und Dinge, die sich in Diskursen und Dispositiven entfalten. • Macht sind die Kräfteverhältnisse, die ein Gebiet bevölkern und organisieren. • Macht ist der Zugang und die Verfügung über Informationen und Daten.	• Macht entsteht interaktiv in Diskursen, Kräften und Regeln. • Macht wirkt überall und zirkulär. • Sie wird erzeugt durch psychische Muster, Wissensbestände und Strukturen (Gouvernementalität). • Sie wirkt hochproduktiv und integrierend durch Disziplinierungen und Biomacht.	• Zusammenhänge von Wissen, sozialen Handlungen, Institutionen und Regelungen zu reflektieren, um Machtwirkungen zu beschreiben und zu bewerten. • Bewertung von Wissen als Machtprozess. • Sichtbar machen und in seiner Wirksamkeit zu entlarven, wie Wissen entsteht und auf Menschen wirkt. • *Unsichtbare* Macht sichtbar machen.	• Einschätzungen der Wirkungen des Wissens kennen und dieses einsetzen. • Dabei wissen, dass man immer Teil des Spieles ist und dass die Macht überall, d. h. in Gedanken und Körper sitzt und wirkt. • Relevante Systeme wie z. B. den Wohlfahrtsstaat als Diskurse und Dispositive der Macht zu erkennen und zu nutzen.
Pierre Bourdieu	• Es gibt keinen machtfreien Raum. • Macht ist ein sozialer Prozess, in dem Menschen durch ihre Art zu denken und zu handeln ihre Unterschiede zu anderen markieren. • Macht ist Akkumulation von ökonomischem, kulturellem, sozialem, symbolischem und Körper-Kapital.	• Macht entsteht durch die Verfügbarkeit von Kapital und deren Verknüpfung in einem sozialen Feld und manifestiert sich im Habitus. • Sprache ist das zentrale Medium symbolischer Macht, *Wahrheiten* zu schaffen. • Kampfarenen der Macht.	• Aufdeckung verborgener Machtverhältnisse, ihrer Logik und ihrer Reproduktion. • Erklärung sozialer Ungleichheit auf der Basis der Kapitalsorten. • Kritik an der symbolischen Macht in allen Bereichen der Gesellschaft (von Wissenschaft, Kultur, Kunst, Geschlechterverhältnisse).	• Mit Wissen über Ausgrenzungsmechanismen, Kapitalsorten, deren Verknüpfung und Wirkung, über die symbolische Macht der Sprache gewappnet in die Kampfarenen der Macht ziehen. • Verhandlungen führen, Wahrheiten in Frage stellen, Deutungsmacht nutzen.

Theorie/Modell von	**Beschreibungswissen** WAS wird unter Macht verstanden?	**Erklärungswissen** WARUM und WIE gibt es Macht?	**Bewertungswissen** WORAUF zielt Machttheorie ab?	**Handlungswissen** WIE und WOMIT kann machtvoll gehandelt werden?
Judith Butler	• Macht beinhaltet eine psychologische Dimension: Wichtig ist der Prozess der Subjektwerdung. • Subjektwerdung bedingt Unterwerfung und Anerkennung. • Die Existenz der Menschen ist Macht: Deswegen ist der Prozess des Unterworfenwerdens durch Macht zugleich ein „Prozess der Subjektwerdung". • Macht wird vor allem durch Sprache erlebt und entsteht auch durch sie. • Das Machtverhältnis der Geschlechter und das Konstrukt *Gender* werden durch Sprache und soziale Praktiken erzeugt und reproduziert (*Doing Gender*).	• Macht ist also nicht etwas, gegen das sich der Mensch wehrt, sondern etwas, das die menschliche Existenz bedingt. • Menschen unterliegen einer grundlegenden Abhängigkeit von einem Diskurs, „in den sie hineingestellt sind, ohne ihn sich ausgesucht zu haben, der aber andererseits ihre Handlungsfähigkeit" ermöglicht und erhält. Die Macht ist dem Menschen *vorgängig*. • Diesen „Prozess des Unterworfenwerdens durch Macht", der zugleich ein „Prozess der Subjektwerdung" ist, bezeichnet Butler als „subjection".	• Sie orientiert sich an den Ansätzen von Foucault und erweitert dessen Machtkonzept; psychoanalytisch begründete Kritik und Korrektur. • Bietet einen kritischen Blick auf alle Genderdiskurse. • Dekonstruiert die Dualität der Geschlechter.	• *Selbstverständlichkeiten* im Hinblick auf Geschlecht zu problematisieren. • Öffnet den Blick auf alles augenscheinlich Normale mit der Frage: Wer oder was ist eigentlich normal? • Besser zu verstehen, welche psychologischen Mechanismen sich hinter Genderbildern unter dem Aspekt von Macht und Unterwerfung verbergen. • Licht ins Dunkel der innerpsychischen Machtprozesse zu bringen.

Theorie/Modell von	**Beschreibungswissen** WAS wird unter Macht verstanden?	**Erklärungswissen** WARUM und WIE gibt es Macht?	**Bewertungswissen** WORAUF zielt Machttheorie ab?	**Handlungswissen** WIE und WOMIT kann machtvoll gehandelt werden?
Silvia Staub-Bernasconi	• Macht ist ein Kräfteverhältnis und Ergebnis sozialer Beziehungen. • Machtbeziehungen zeigen sich in Interaktions- und Positionsstrukturen. • Macht hat immer zwei Seiten: die *gute*, legitime Begrenzungsmacht und die *schlechte*, illegitime Behinderungsmacht.	• Individuelle Ausstattung eines Menschen sind Machtquellen oder -defizite. • Nutzung von Machtquellen führt zum Prozess des Machtaufbaus und der Entstehung von Machtstrukturen. • Regeln zur Verteilung von: Ressourcen, Hierarchien, Anerkennung von Werten sowie Kontrolle und Sanktionen.	• Eine Unterscheidung zu treffen zwischen menschengerechter, legitimer Macht und menschenverachtender, illegitimer Macht zwischen fairen, bedürfnisgerechten Regeln und unfairen Regeln. • Auftrag: Verantwortlicher Umgang mit Macht und sich gegen Behinderungsmacht zur Wehr zu setzen.	• Indem andere an ihrer Bedürfnisbefriedigung behindert werden, auch durch die Nutzung unfairer Regeln mit dem Ziel „freie Fahrt nach oben". • Oder indem die Macht der Mächtigen begrenzt wird durch gerechte Verteilung und gleiche Teilhabechancen.
Björn Kraus	• Grundfrage: Ist Macht ein Ergebnis kognitiver Konstruktionen oder wirkt sie unabhängig vom Eigensinn der Betroffenen? • Unterscheidung: Instruktive und destruktive Macht; • Macht kann sich materiell und kognitiv auswirken.	• Durch soziale Konstruktion, der Anerkennung oder des Glaubens an die Macht des anderen, ii S. v. Unterwerfung. • Durch die Reduktion von Handlungs- und Entscheidungsmöglichkeiten.	• Theorie ist neutral beschreibend im Hinblick auf die Wirksamkeit der Macht, da auf der Basis des Konstruktivismus entwickelt. • Theorie beschreibt die Wirkungen der Macht auf kognitiver und körperlicher Ebene.	• Wie kann man überzeugend auf das Verhalten und Denken von Menschen einwirken (instruktiv)? • Beschränkung der Bewegungs- und Entscheidungsfreiheit (destruktive); verschiedene *power-plays* machen (können).
Saul Alinsky	• Macht ist Radikalität und Revolution.	• Indem sich Menschen zusammentun (community organizing).	• Ermächtigung von denen, die keine Macht haben. • Macht bekommen.	• Dreizehn freche Regeln der Machttaktiken.

Theorie/Modell von	**Beschreibungswissen** WAS wird unter Macht verstanden?	**Erklärungswissen** WARUM und WIE gibt es Macht?	**Bewertungswissen** WORAUF zielt Machttheorie ab?	**Handlungswissen** WIE und WOMIT kann machtvoll gehandelt werden?
Empowerment	• Macht (Power) ist zentraler Aspekt: EmPOWERment = Selbstermächtigung. • Macht ist die Möglichkeit, das eigene Leben zu steuern und sich selbstwirksam zu erleben.	• Macht gibt es auf den drei Ebenen: • individuelles Empowerment, • Empowerment der Gruppe, • Empowerment auf der Ebene der Politik.	• Selbstbemächtigung, • Selbstwirksamkeit, • Abbau der Machtunterschiede.	• Durch Vernetzung, • Empowermentrollen, • Empowermentphasen, • Empowermenthandeln.
Kritisch-materialistische Ansätze	• Macht ist ein Gewalt- und Herrschaftsverhältnis zwischen besitzenden und besitzlosen Menschen. • Macht = Herrschaft.	• Macht ist das Ergebnis des Widerspruchs zwischen Arbeit und Kapital. • Dieser Grundwiderspruch zeigt sich im Erleben und Verhalten von Menschen und in ihren Lebensbedingungen.	• Machtansätze zielen ab auf die Erklärung des Zusammenhanges zwischen individuellem Erleben und Lebensbedingungen in den gesellschaftlichen Herrschaftsverhältnissen. • Kritische Analyse der Gesellschaft im Hinblick auf Herrschaftsverhältnisse.	• Bewusstsein schaffen, dass Gesellschaft ein Produkt von handelnden Menschen ist und daher auch veränderbar. • Kritische Distanz gegen neoliberale Zumutungen. • Mut zum Widerstand. • „Macht kaputt, was euch kaputt macht!“

Tabelle 5: Zusammenfassende Darstellung der Theorien

3 Macht liegt in der Luft! Machtprozesse in der Sozialen Arbeit analysieren – aber wie?

Wenn es darum geht, Machtprozesse zu analysieren, ist es hilfreich, diese erst einmal als solche zu erkennen. Wenn die Macht in der Luft liegt, ist sie zwar spürbar, aber nicht so leicht wahrzunehmen, vor allem deswegen, weil wir selbst involviert sind, denn sie ist uns Menschen nicht äußerlich erkennbar. Um Machtprozesse zu verstehen, ist es hilfreich, zur aktuellen Handlungssituation in Distanz zu gehen, um dadurch einen Überblick zu bekommen. Dafür nützlich sind Fragen, die die Blicke auf die Macht *einkreisen* und neue Perspektiven und so (hoffentlich) neue Aha-Erlebnisse ermöglichen im Sinne von: *„Ach, um das könnte es hier auch gehen? Da wäre ich selbst nie drauf gekommen!"*

Um etwas Komplexes überschaubar zu machen, braucht es also Instrumente und Frageperspektiven, die einerseits die richtige Menge an Komplexitätsreduktion (z. B. durch eine Systematik) und andererseits trotzdem eine gewisse Breite und Tiefe anbieten, um in der Analyse nicht oberflächlich zu sein. Im Hinblick auf die Soziale Arbeit ist noch ein weiterer Faktor zu bedenken: Hier geht es nicht nur darum, etwas analysieren zu können (im Sinne von *„Schön, dass wir das jetzt wissen!"*), sondern auch nachher besser zu wissen, welche alternativen Handlungsmöglichkeiten sich daraus ableiten lassen. Da Soziale Arbeit eine Handlungswissenschaft ist, braucht es deswegen auch ganz praktisches Wissen über Macht. Um die jeweiligen Machtkonstellationen und -verhältnisse aufzuschlüsseln, benötigen die Handelnden, bzw. denjenigen, die davon betroffen sind, analytische Instrumente. Soziale Arbeit erfordert daher immer einen Wissenshintergrund, der „eine Brücke, ein Scharnier zwischen Wissen und Handeln darstellt" (Staub-Bernasconi 2007, S. 245).

Es gibt viele Arten und Formen, Praxissituationen unter dem Aspekt Macht zu betrachten. Im Folgenden stellen wir vier Möglichkeiten vor, die unterschiedliche Zugänge wie auch Reichweiten haben. Wenn Sie also mit einer Analyseart nicht zurechtkommen, können Sie eine andere ausprobieren – oder Sie entwickeln selbst ein neues Instrument. Egal, auf welchem Weg: Ziel ist es, komplexe Situationen in der Sozialen Arbeit besser zu verstehen und Machtquellen – wie in der Gerichtsverhandlung gefordert – besser für sich und die Klient*innen zu erkennen und zu nutzen.

3.1 Machtanalyse-Systematik 1: Subjekt, Beziehung, Organisation und Gesellschaft

Üblicherweise wird in Falldarstellungen von Praxisproblemen – aus nachvollziehbaren Gründen des Wunsches nach einer guten und schnellen Lösung – eine Problemanordnung vereinseitigt. Entweder wird (durch Teamkolleg*innen oder Supervisor*innen) danach gefragt, ob auf der subjektiven Ebene Schwierigkeiten existieren, die es zu überwinden gilt. In den Blick geraten dann entweder die Klient*innen, die etwas verändern sollen bzw. müssen oder die Praktiker*innen, die fachliche Fehler gemacht haben und aus der Reflexion derselben das fehlerhafte Verhalten verbessern sollten, um die Problematik zu überwinden. Oder aber es wird danach gefragt, ob es strukturell verankerte Instanzen gibt, die gewisse Handlungsmöglichkeiten beschneiden. In den Blick gerät dann die Übermacht behindernder, struktureller (institutioneller und organisationaler) Mächte und die Akzeptanz der individuellen Ohnmacht geht zumeist damit einher. Solche Prozesse haben wir ausführlich in Kapitel 2.2.5 dargestellt.

Nicht oft gelingt eine theoretische Reflexion praktischer Probleme, die die Vermitteltheit dieser subjektiven und objektiven Ebenen thematisiert. Das liegt nur selten daran, dass Sozialarbeiter*innen unprofessionell handeln, sondern meist an der mangelnden zeitlichen und finanziellen Ausstattung der Praxisstellen, um eine solche Reflexion zu ermöglichen *(Gelder für Supervision, Fort- und Weiterbildungen, Balintgruppenarbeit etc.)*. Doch subjektive Handlungsmöglichkeiten bzw. -unmöglichkeiten in widersprüchlichen institutionellen und organisationalen Verhältnissen sind theoretisch wie praktisch immer gegeben. Theoretische Konzepte, die nicht danach fragen, wie Eingriffsmöglichkeiten bzw. -unmöglichkeiten *gebaut* sind, wie Blockaden und Hindernisse ideologisch oder materiell verfestigt sind *(z.B. durch scheinbar gesichertes Erfahrungswissen älterer Kolleg*innen bzw. finanzielle Unterausstattung von Hilfemaßnahmen*) oder wie widerständiges Handeln reglementiert oder gar sanktioniert wird, können weder für Klient*innen noch für professionell Tätige der Sozialen Arbeit hilfreich sein, um die Probleme, Ohnmachten, aber auch Fortschritte auf der Handlungsebene wirklich zu verstehen. Gerade die Analyse und kritische Betrachtung der Widersprüche, die sich für die handelnden Subjekte der Sozialen Arbeit (Klient*innen, Auftraggeber, Professionelle, Angehörige etc.) ergeben in Hinblick auf die organisationalen und gesellschaftlichen Rahmenbedingungen, ermöglicht die Erweiterung von Reflexionsmöglichkeiten und damit auch von Handlungsmöglichkeiten. Zu verstehen, was da alles Komplexes, Widersprüchliches passiert, ist darüber hinaus ein wichtiges Mittel für die Psychohygiene, denn damit kann der Druck nicht nur besser ausgehalten werden, sondern auch aktive Strategien des Eingreifens entwickelt. Darin liegt aus unserer Sicht der große Nutzen systematischer Machtanalysen, vor allem bei praktischen Herausforderungen, in denen die Professionellen mit an sich gutem Handlungswissen nicht weiterkommen.

Aus diesem Grund stellen wir als Erstes ein Denk- und Analysemodell vor, das aufgrund unserer eigenen Erfahrungen hilfreich ist, die komplexen Zusammenhänge zwischen subjektiven Aspekten und gesellschaftlichen Verhältnissen besser zu verstehen. Aus unserer Sicht liegt darin sehr häufig die Quelle von Ohnmachtsgefühlen und Resignation wie: *„Ich bin Strukturen hilflos ausgeliefert! Was kann ich als Einzelne*r schon gegen die mächtigen Anderen verändern? Gar nichts!“* Schnell sprechen professionell Tätige über diese Ohnmacht, wenn deutlich wird, dass ihre professionellen Möglichkeiten an institutionelle, organisationale, rechtliche und bürokratische Grenzen stoßen. Da liegt es auf der Hand, den oder die Kolleg*in, die Leitung, den Träger oder gar die Gesellschaft für die Restriktionen verantwortlich zu machen – oder sich selbst. Letzteres scheint in der Praxis die häufigste Variante zu sein. Entgegen einer solchen Personalisierung bei der Problemverortung – nach deren Logik sich in der Praxis vermeintlich etwas ändern ließe, wenn man es als Praktiker*in nur besser machte und das Problem so in den Griff bekäme – lässt sich gleichzeitig beobachten, dass Sozialarbeiter*innen zunächst in handlungsbeschränkender Form auf institutionelle Bedingungen rekurrieren, etwa in dem Sinn: *„Daran kann ich als Einzelperson doch sowieso nichts ändern!“* Das zeigt sich in unseren Teamberatungen und Supervisionen.

Bereits in der Gerichtsverhandlung (Kap. 1.1) und mit Blick auf die vorgestellten Machttheorien und -Konzepte wurde deutlich, dass diese Aussagen bei näherer Betrachtung nicht zutreffen. Natürlich gibt es keinen Trick, den man nur kennen muss und dann wird alles anders. Aber es ist oft sehr hilfreich, zu wissen, an welchem Punkt es sich lohnt, Machtquellen gezielt einzusetzen und wo nicht – ganz im Sinne des weisen Spruches: *„Gib mir Gelassenheit, Dinge hinzunehmen, die ich nicht ändern kann; gib mir den Mut, Dinge zu ändern, die ich zu ändern vermag, und gib mir die Weisheit, das eine vom anderen zu unterscheiden!“*

Das Ziel der ersten Form einer Machtanalyse liegt vor allem darin, die „Arbeitsbedingungen in ihrer Bedeutung für die Handlungsmöglichkeiten und die Befindlichkeit der PraktikerInnen“ (Markard/Holzkamp 1989, S. 7) analytisch aufzuschlüsseln. Der zentrale Gedanke dieser

Herangehensweise besteht darin, den gesellschaftlichen Lebenszusammenhang der Menschen, also der sozialpädagogischen Fachkräfte *und* der Klient*innen, mit ihren diversen Problemlagen zu berücksichtigen; d.h., dass gesellschaftliche und organisationale Verhältnisse, in denen die Menschen leben bzw. arbeiten, unter denen sie leiden und zu denen sie sich verhalten müssen, in den Blick genommen werden. Probleme in der sozialarbeiterischen Praxis sind dabei „keine Frage des individuellen Versagens der betreffenden PraktikerInnen" (ebd., S. 5), sondern sie werden im Kontext analysiert.

Um dies zu ermöglichen, möchten wir hier einen analytischen Zugang aufgreifen, den der Erziehungswissenschaftler Klaus-Jürgen Tillmann (2004) vorgeschlagen hat, um den komplexen Prozess der Sozialisation eines Menschen im Zusammenhang von Gesellschaft, Organisation, Interaktion und Subjektwerdung strukturiert darstellen zu können. Er entwickelte dafür eine Systematik mit vier Ebenen:

Sozialisation erfolgt demnach:
- Auf der Ebene des Subjektes (der Mensch entwickelt sich psychologisch und körperlich),
- intersubjektiv, d.h. in Beziehungen mit und zu anderen Menschen,
- in Organisationen, mit jeweils ihren eigenen Logiken, Hierarchien und Zuständigkeiten,
- im Kontext komplexer gesellschaftlicher (politischer, ökonomischer, kultureller und ideologischer) Verhältnisse.

Die Ebenen lassen sich natürlich nur rein theoretisch trennen, denn sie sind unauflösbar ineinander verwoben und bedingen sich gegenseitig, aber die Systematik hilft, diese Verwobenheit etwas aufzuschlüsseln. Dadurch kann ein klarerer Blick auf den Zusammenhang von Subjekten und (gesellschaftlichen) Verhältnissen entstehen.

Was hat das nun mit Macht zu tun?

In ihrer Sozialisation lernen Menschen, was Macht ist, wie sie sich anfühlt und sich zeigt bzw. nicht zeigt. Schülein stellt fest: Auf der Ebene des Individuums ist Macht ein „psychodynamisch höchst relevantes Thema, welches die Beziehung zur Welt und die innere Logik der Psyche zugleich anspricht. Es geht bei der Möglichkeit, die Umwelt zu beeinflussen und zu kontrollieren, und der Möglichkeit, von ihr beeinflusst und kontrolliert zu werden, um (auch) psychisches Überleben, immer auch um Zielvorstellungen und -verwirklichung, um innere Objekte, Beziehungskonzepte und Selbstwertbalance, kurz: um die gesamte Identität (...) Macht stellt sich daher als Thema auf doppelte Weise: als äußeres, das innerlich bearbeitet werden muss, und als inneres, das in der Außenwelt Anhaltspunkte und Echo findet" (Schülein 2007, S. 47).

Individuen verfügen demnach über Macht und üben Macht auf allen Ebenen aus: Auf der Subjektebene im Entwickeln von Handlungsstrategien, aber auch Krankheiten (*wie z. B. Magersucht, verstanden als Kampf gegen den eigenen Körper);* auf der Interaktionsebene (*z. B. Machtgefälle zwischen Schüler*in und Lehrer*in, Kind-Eltern, Mitarbeiter*in-Vorgesetzte)* wie auch auf der organisationalen *(freie Träger sind in der Finanzierung abhängig von den Kommunen)* und der gesellschaftlichen Ebene *(z. B. Kürzungen der Sozialleistungen, Neues Steuerungsmodell, prekäre Arbeitsverhältnisse, Anwendung von Notstandsgesetzen in einer Pandemie, Geschlechterverhältnisse*).

Nicht zufällig verweisen alle Machttheorien auf diese Ebenen. So lassen sich auch die in Kapitel 2 beschriebenen Machttheorien mit ihrer jeweiligen Schwerpunktlegung und schlagwortartigen Stichpunkten entsprechend diesen Ebenen zuordnen:

Subjektebene (Emotionen, Kognitionen, Handlungen)	**Interaktionsebene (Kommunikation, Konflikte, Bündnisse)**
Bourdieu: Kombination und Einsatz von Kapitalsorten und Gewohnheiten, verkörpert im Habitus Staub-Bernasconi: Machtquellen und Machtdefizite Arendt: Lebendigkeit, Denken und Handeln, Freiheit Popitz: Anthropologische Voraussetzungen und menschliche Fähigkeiten Kraus: Konstruktion durch Kognition, Unterwerfung und Einschränkung von Handlungsmöglichkeiten Luhmann: Macht als Selektionsofferte Butler: De-Konstruktion, Selbstbild, Sex/Gender Marx: Entfremdung, Mensch lebt, um zu arbeiten Empowerment: Individuelles Empowerment Alinsky: Macht durch Kampf Kritische Ansätze: Zusammenhang von subjektivem Erleben und Handeln und gesellschaftlichen Anforderungen	Staub-Bernasconi: Machtbeziehungen und Einsatz von Machtquellen Kraus: Interaktionsmacht (instruktiv und destruktiv) Popitz: Einsatz von Machtformen, Durchsetzungsformen Arendt: Pluralität, die menschliche Fähigkeit, sich zusammenzuschließen und gemeinsam zu handeln Luhmann: Kommunikation Foucault/Butler: Macht durch Sprache Empowerment: Empowerment in und durch die Gruppe Alinsky: Community Organizing Kritische Ansätze: Sich zusammenschließen erzeugt Macht

Institutionelle Ebene (Position und Struktur)	Gesellschaftliche Ebene (rechtlich, kulturell, religiös, politisch-sozial, ökonomisch)
Weber: Verwaltung und Bürokratie Popitz: Organisation von Macht, Entpersonalisierung, Formalisierung und Etablierung von Macht Kraus: Institutionelle Leitbilder, Verträge (instruktiv), strukturelle Arbeitsbedingungen (destruktiv) Staub-Bernasconi: Behinderungsmacht/ Begrenzungsmacht, Schichtung und Positionen Bourdieu: Einsatz und Kombination von Kapitalsorten, soziale Felder und ihr Habitus Luhmann: Macht ist Organisation Foucault: Gouvernementalität Arendt: Macht ist im Besitz einer Gruppe, die zusammenhält Kritische Ansätze: Alle Konflikte sind als Widerspruch von Arbeit und Kapital zu verstehen Alinsky: Community organizing	Marx: Grundwiderspruch zwischen Kapital und Arbeit (Produktionsverhältnisse), Überwindung der Macht der Herrschenden Weber: Legitimation der Herrschaft, Rationalisierung, Bürokratie als „stahlhartes Gehäuse" Luhmann: Macht als Code des Politiksystems Staub-Bernasconi: Legitime und illegitime Macht, Schichtung, Arbeitsteilung, Legitimation, Kontrolle Kraus: Rechtliche Vorgaben (instruktiv), einschränkende Lebenslagen (destruktiv), Kontrolle Foucault/Butler: Macht der Diskurse, Soziale Arbeit als normierende Macht Empowerment: Gestaltung von Politik Alinsky: Bürgergesellschaft Kritisch-materialistische Ansätze: Macht und Herrschaft sind dem Menschen nicht äußerlich, Soziale Arbeit als Herrschaftsinstrument

Tabelle 6: Reflexionsebenen der Macht – in erweiterter Anlehnung an Ross (2014, S. 61)

Theoretisch versierte oder durch das Kapitel 2 gut informierte Leser*innen können anhand dieser Systematik – je nachdem, welche Machtsituation in der Sozialen Arbeit sie analysieren wollen – die Theorien entsprechend der Reflexionsebenen befragen.

Eine weitere Art der Analyse von Praxisfragen in der Sozialen Arbeit kann thematisch erfolgen, indem wir den Reflexionsebenen bestimmte Macht-Analysethemen zuordnen, die wiederum auf die verschiedenen Bedingtheiten von Macht verweisen:

Reflexionsebenen	Macht-Analysethemen					
Subjekt(e)	Kognition	Emotion	Individualität	Auftrag und Stellenanforderungen	Rahmenbedingungen/ Handlungsmöglichkeiten	...
Intersubjektivität Beziehungen	Kommunikation	Vorstellungen/ Überzeugungen/ Glauben	Konflikte/ Kooperation	Gefühle	Bündnismöglichkeiten	...

Reflexionsebenen	Macht-Analysethemen					
Organisation	Binnenstruktur/ Hierarchie	Auftrag	Finanzielle Absicherung	Konzepte	Geschichte der Organisation	...
Gesellschaftliche Verhältnisse	Rechtlicher Rahmen	Kultur/ Religion	Politik/ Soziales	Ökonomie	Historische Bedingungen	Ästhetische Vorstellungen

Tabelle 7: Reflexionsebenen – Macht-Analysethemen

Praxissituationen in der Sozialen Arbeit können mit diesem Raster betrachtet werden, z. B. dahingehend, mit welchen Machtaspekten eine Problematik in Verbindung steht, wo gegenseitige Verstärkungen bzw. Behinderungen erkennbar sind. Es ist auf jeder Ebene um weitere (fall-) relevante Faktoren erweiterbar und kann als Instrument der Selbstreflexion für Professionelle verwendet werden, wie auch als Analyseschema einer Fallbearbeitung.

Durch die Zuhilfenahme des Analyserasters wird einerseits die Komplexität von Machtwirkungen auf allen Ebenen erfasst und andererseits ihre gegenseitige Verstärkung sichtbar. Damit können widersprüchliche Situationen in ihrer Komplexität prägnant erkannt und entschlüsselt werden. Erkenntnisse aus einem solchen Vorgehen (wie es z. B. häufig in der (Fall-) Supervision erfolgt) werden von Professionellen in der Sozialen Arbeit oftmals als entlastend empfunden, weil deutlich wird, dass bei der Entstehung von Problemen subjektive Handlungen seltener als angenommen von Bedeutung sind, strukturelle und gesellschaftliche Hintergründe hingegen öfter als problembedingende Faktoren auftauchen.

Soweit die theoretische Darstellung. Um anschaulich(er) zu machen, wie so eine Machtanalyse aussehen kann, werden wir anhand eines Fallbeispiels aufzeigen, zu welchen Fragen sie führen (können). Eine solche Analyse dient also der Öffnung des Denk- und Reflexionsfeldes: Themen und Inhalte, die beim Erleben des Falles als Profi oder auch beim Lesen eines Berichtes – also intuitiv – offensichtlich, unbedeutend oder aber eindeutig erscheinen, können durch querliegende Fragestellungen auf der Folie der vier Ebenen neue Perspektiven und Erkenntnisse zu Tage bringen, die dann dem Handeln zugrunde liegen. Als Beispiel benutzen wir die (überarbeitete) Fallschilderung einer Studentin aus ihrem Praktikum in einem Sozialbürgerhaus einer deutschen Großstadt.

Herr Schmidt und Pascal

Am Montag, den 9. Juli 2021, kommt Herr Schmidt in die Sprechstunde der Sozialarbeiterin Frau Singer des Sozialbürgerhauses. Er steht breitbeinig in der Tür und trägt die Uniform eines Sicherheitsdienstes. „Haben Sie hier was zu sagen?“, fragt er.

Frau Singer, die Sozialarbeiterin, meint: „Das kommt darauf an.“

Herr Schmidt zieht sich einen Stuhl heran und setzt sich, dabei rückt er seinen Schlagstock und sein Handy zurecht. „Ich möchte meinen Sohn Pascal in ein Internat geben, wer bezahlt das, haben Sie so einen Antrag?“

Nachdem Frau Singer Luft geholt hat, zieht sie ein Papier aus der Schublade und fragt in geschäftsmäßigem Tonfall: „Worum geht es?“

Herr Schmidt berichtet nun, dass Pascal zwölf Jahre alt sei und seit dem Tod seiner Mutter, der Frau Herrn Schmidts, seit zwei Jahren allein mit ihm lebe. Pascal besuche die 6. Klasse eines Gymnasiums. Er sei tagsüber allein, oftmals auch an den Wochenenden, da er Schichtdienst habe und sich nur selten um ihn kümmern könne. „Das muss Pascal jetzt auch selbst können“, denn immerhin sei er bereits zwölf Jahre alt, erklärt Herr Schmidt. „Bisher habe ich gedacht, dass alles in Ordnung ist. Aber vor drei Tagen war dann alles aus.“ Er habe feststellen müssen, dass Pascal sein Vertrauen in ihn grob verletzt habe.

„Pascal ist in der Schule schlecht, meistens sitzt er vor seinem Computer, statt seine Hausaufgaben zu machen. Das Geld für Essen einkaufen bekommt er; er gibt es aber für Süßigkeiten aus.“ Sein Sohn habe angefangen, heimlich mit der S-Bahn zu fahren, immer weitere Strecken. Jetzt habe er ihm die Geldkassette gestohlen, sie in einem Schlüsselgeschäft öffnen lassen und war dann für drei Tage verschwunden. „In Berlin hat ihn dann die Polizei aufgegriffen.“

Pascal habe alles zerstört, was an Vertrauen zwischen ihm und seinem Sohn gewesen sei. Zurzeit sei er bei seiner Großmutter mütterlicherseits: „Da kann er aber auf keinen Fall bleiben, weil die Mutter meiner verstorbenen Frau, die hetzt ihn gegen mich auf.“ Seiner eigenen Familie wolle er Pascal nicht zumuten wegen des gestohlenen Geldes und also bleibe nur noch ein Internat.

„Ich kann mich einfach nicht mehr um den Jungen kümmern und außerdem muss er jetzt – nach diesem Vertrauensbruch – erst einmal beweisen, dass ich wieder in ihn vertrauen kann.“

Der Praxisfall, in dem Herr Schmidt zu einer (sozial-)staatlichen Einrichtung kommt, um sich Rat zu holen, wird von der Studentin folgendermaßen überschrieben: *Herr Schmidt und Pascal.*

Auf den ersten Blick scheint die Problemanordnung in der Überschrift klar vordefiniert zu sein: Ein erwachsener Mann (Herr Schmidt) steht in irgendeiner Beziehung zu einem Kind oder Jugendlichen, dessen Vorname mit Pascal angegeben wird. Fragen wir nach den in diesem Beispiel handelnden Personen, so ist nach einem ersten Durchgang des Textes festzustellen, dass andere relevante Akteur*innen fehlen. Die verstorbene Mutter wird ebenso wenig erwähnt wie die Großmutter, bei der sich Pascal zurzeit aufhält. Vor allem aber fehlt die – in Bezug auf die Dimension Macht äußerst relevante – Sozialarbeiterin. Erste Fragestellungen zur Überschrift könnten lauten: Wieso fehlen die handelnde Person und deren Organisation, an die sich Herr Schmidt mit seinem Problem wendet? Aus welchem Grund wird Pascal dort erwähnt, da er doch in der Beratungssituation gar nicht anwesend ist?

Es gilt nicht nur, in einer theoretisch-praxisbezogenen Analyse den Widerspruch zu bearbeiten, dass die institutionellen Verhältnisse in der Organisation, in die sich der Klient einfindet, um sein Problem zu äußern, an zentraler Stelle gar nicht erwähnt werden; auch die *Auslöschung* der zentralen Person steht im Widerspruch zur Aussage der Überschrift.

Am Montag, den 9. Juli 2021, kommt Herr Schmidt in die Sprechstunde der Sozialarbeiterin des Sozialbürgerhauses. Er steht breitbeinig in der Tür und trägt die Uniform eines Sicherheitsdienstes. „Haben Sie hier was zu sagen?“, fragt er.

Alle oben geschilderten Reflexionsebenen werden bereits in dieser ersten Passage des Fallberichts angesprochen: Auf die *gesellschaftliche* Vermitteltheit der Personen und ihrer Handlungen (also der Tatsache, dass jedes subjektives Handeln in dieser Situation verschränkt ist, mit z. B. institutionellen Regeln und Prozessen, die wiederum funktional für die gesellschaftlichen Machtverhältnisse sind) verweisen sowohl die Uniform Herrn Schmidts als auch die Tatsache, dass das Sozialbürgerhaus eine staatliche Einrichtung darstellt, die hoheitliche Aufgaben (grundgelegt in Gesetzen und Verordnungen) zu erledigen hat. In diesem Fall wären das BGB und das KJSG mögliche Gesetze, welche die Rahmenbedingungen für das Handeln der Sozialarbeiterin festlegen. Möglichweise wäre in Bezug auf personelle Machtverhältnisse die Klassen- bzw. Milieustruktur der Bundesrepublik ein analytisch zu berücksichtigender Faktor. Sicherheitsdienstleute sollten seit 2021 den gesetzlichen Mindestlohn von 9,60 Euro verdienen, was aber nicht in allen Betrieben umgesetzt wird. Somit steht Herr Schmidt mit seinem Monatsverdienst von ca. 850 Euro einer Sozialarbeiterin gegenüber, die zwar im Vergleich zu anderen Akademikergruppen deutlich weniger verdient, aber in einem (wenn auch eventuell befristeten) Angestelltenverhältnis des öffentlichen Dienstes trotzdem immer noch mehr als das Doppelte verdienen dürfte. Auch die schichtspezifischen Kommunikationsformen treffen hier aufeinander: Sozialarbeiter*innen kommen sehr oft aus der Mittelschicht, während für den Zugang zu Sicherheitsberufen kein Studium benötigt wird. Dass dieser Beruf vor allem Mitgliedern bestimmter Gesellschaftsschichten zugänglich ist, die nicht nur mit einer Lohndifferenz einhergehen müssen, diese Aspekte könnten für die Reflexion des Falles ebenfalls bedeutsam sein.

Beide Protagonist*innen bewegen sich in historischen Kontexten der Pluralisierung und Individualisierung eines ökonomisch dominierenden Zeitgeistes, einer Ideologie, die strukturell verursachte soziale Probleme auf das Subjekt verlagert sowie einer Wirtschafts- und Sozialpolitik, die Investitionen fördert, Banken subventioniert und soziale Sicherungsnetze aushöhlt, aber auch in einem sozialwohlfahrtsstaatlichen Kontext mit einem im Vergleich zu anderen Ländern hohen Absicherungsgrad.

Die *organisationale* Ebene beschreibt die Arbeitsbereiche und Organisationen, in denen die Akteur*innen tätig sind: Das Sozialbürgerhaus ist eine Organisation eines komplexen staatlichen Verwaltungsapparates zur Befriedung individueller sozialer Probleme unter Bedingungen der (noch) sozialen Marktwirtschaft. Ein Sicherheitsdienst setzt in der Regel Billiglohnarbeiter für den Gebäude- oder Personenschutz ein, die oft prekär beschäftigt sind und häufig über brüchige Bildungs- und Erwerbsbiografien verfügen. Jede Organisation verlangt von ihren Mitarbeiter*innen, sich ihrer Organisationslogik entsprechend anzupassen.

Machttheoretisch wäre die Komm-Struktur des Sozialbürgerhauses in dieser Situation als bedeutsam zu erwähnen: Wer etwas braucht, muss zu einer festgelegten Sprechstunde erscheinen und dort ihr/sein Problem vortragen. Ob Herr Schmidt die Möglichkeit hat, in eine Arbeitnehmer-Sprechstunde gehen zu können oder ob er für seinen Amtsbesuch Urlaub oder Überstundenabbau in Anspruch nehmen muss, oder ob er die Möglichkeit hätte, während der Arbeitszeit oder privat aufgesucht zu werden, erfahren wir aus dem Praxisbericht nicht. Auch hier gilt wieder: Die Ausklammerung solcher Fragen bzw. strukturell bedeutsamen Hintergrunddaten ist analytisch als Widerspruch zu fassen, der die Organisation Sozialbürgerhaus durchzieht: Kann es sein, dass die Bedürfnisse der Klient*innen und ihre Arbeits- und Lebenswelt nur durch ein Raster wahrgenommen werden, das mit der eigenen Logik der Verwaltung und der darin tätigen Angestellten (Sozialarbeiter*innen) übereinstimmt, sich aber nicht an den Bedürfnissen der Betroffenen orientiert? Gehört zu dieser Eigenlogik die Ausklammerung wichtiger institutioneller und organisationaler Grundlagen, die sich jedoch in der Beziehungsgestaltung zeigen?

Im Text erfahren wir, in welchen sozialen Beziehungen Herr Schmidt steht: Die Vater-Sohn-Beziehung und seine Beziehung zu seiner Schwiegermutter, sowie zwischen Großmutter und ihrem Enkel Pascal. Dazu kommt die professionelle Beziehung zwischen der Sozialarbeiterin und dem Klienten im Kontext der Organisation. Wer dort die erste Frage stellt, kann im Vorteil sein, weil er die Rahmenbedingungen damit absteckt. Beziehungsanalytisch ist die Frageform Herrn Schmidts aufzuschlüsseln, wenn er diejenige Person, von der er Hilfe erwartet, in der Form anspricht, die normalerweise Chefs und Vorgesetzten gegenüber angewendet wird. In Bezug auf die Machtverhältnisse wird im Text deutlich, dass die Sozialarbeiterin das Bedürfnis Herrn Schmidts, seinen Sohn in ein Internat zu geben, negiert. Er sagt deutlich, was er will – die Sozialarbeiterin fragt jedoch, worum es gehe.

Dazu drängt sich die Frage auf, was mit dieser Frage gemeint sein könnte: Will die Sozialarbeiterin die Definitionsmacht über die Situation zurückgewinnen? Hat sie Herrn Schmidt tatsächlich nicht verstanden? Darf sie das klar geäußerte Bedürfnis des Klienten nicht schnell erfüllen und wenn nein, wieso sagt sie ihm nicht, welche Voraussetzungen (gesetzlich etc.) nötig sind, damit dem Wunsch Herrn Schmidts nachgegeben wird? Gibt es professionelle Methoden, die der Sozialarbeiterin nahelegen, den Klienten (so) umfassend zu befragen, bevor er eine Hilfeleistung in Anspruch nehmen kann etc.? Wie sehr muss Herr Schmidt seinen Hintergrund der Sozialarbeiterin offenbaren, damit er Hilfe bekommt? Wie vielen Menschen wird er seine Familiengeschichte erzählen müssen, um Hilfe zu bekommen? Wie viele Profis werden für ihn zuständig werden, wenn er dann tatsächlich Hilfe vom Staat bekommt? Wie, mit welcher Haltung, muss er diesen entgegentreten, damit er die Hilfe behalten kann?

Der Text ist von einer Praktikantin geschrieben – also einer Person, die *subjektiv* den organisationalen Kontext vertritt, weil sie dort gerade ihre praktischen Erfahrungen macht und weitgehend nicht mit der Einrichtung identifiziert ist. Ob und inwieweit dies Auswirkungen auf die Darstellung des Klienten hat, wäre eine weitere, mögliche Frage.

Offensichtlich in der Beschreibung aber ist die Machtsymbolik der Uniform, die Herr Schmidt trägt. Allerdings kann sie auch ausdrücken, wie dringend er über das Problem mit seinem Sohn sprechen will, weil er durch sie zeigt, dass er direkt von der Arbeit zur Sprechstunde des Sozialbürgerhauses geeilt sein könnte. Deutlich wird, wie aktiv der Klient die Situation gestaltet: Er stellt eine Frage zur Zuständigkeit, nimmt sich einen Stuhl (der ihm nicht angeboten wird) und setzt sich; anschließend präzisiert er seinen Wunsch, demgemäß er das Büro der Sozialarbeiterin aufsuchte. Angst und Verunsicherung sind nicht zu merken, im Gegenteil. Herr Schmidt scheint körperlich äußerst präsent zu sein. Wer hat in dieser

Situation die Macht inne? Ist das Machtverhältnis (zu dem noch die Tatsache kommt, dass es durch das Mann-Frau-Verhältnis verstärkt bzw. gemildert wird) überhaupt bedeutsam für die anschließende Beratungssituation?

Dies alles wären mögliche Fragen. Es könnte sein, dass einige darunter waren, auf die nicht alle Leser*innen gekommen wären, aber auch, dass neue Fragen auftauchen, auf die wir nicht gekommen sind. Genau um diesen Prozess des Fragens, zum Hinterfragen des *scheinbar Eindeutigen* ist das Anliegen dieses Buches.

Was ist der Ertrag einer solchen Analyse?

Aus unserer Sicht zeigt sich, dass mit dieser Systematik der Zusammenhang zwischen gesellschaftlichen Bedingungen und subjektivem Erleben deutlicher erkennbar ist. Diese gegenseitige Bedingtheit und Wechselwirkung werden in vielen Situationen in der Sozialen Arbeit oft als quasi natürlich oder selbstverständlich angenommen, ohne dass sie im beruflichen Alltag hinterfragt werden. Mit der von uns vorgeschlagenen systematischen Analyse anhand der vier Ebenen können neue Perspektiven auf Sachverhalte eröffnet werden, die in der täglichen Arbeit oft übersehen werden. Sich darüber bewusst zu sein, birgt Machtquellen in sich: Die Reflexion über die Verortung der eigenen Tätigkeit in den vorgegebenen Rahmenbedingungen des professionellen Handelns kann in brisanten Situationen (wie in diesem Beispiel) dazu führen, sich der eigenen Anteile an der Situation bewusster zu werden (individuelle Ebene), mit herausfordernden Klient*innen in Kontakt zu kommen, obwohl die Rahmenbedingungen eher dagegen sprechen (Beziehungs-Ebene), die Wirkungen der Organisationsmacht auf sich und die Klient*innen klarer wahrzunehmen (organisationale Ebene) sowie zu wissen, wie die gesellschaftlichen Verhältnisse wirken (gesellschaftliche Ebene). Je nachdem, wo der eigene blinde Fleck im Hinblick auf Macht liegt, ermöglicht ein analytischer Blick eine Erweiterung des Denkens, Fühlens und Handelns, kurz gesagt ein Mehr an Professionalität.

Literaturempfehlungen

Markard, Morus/Holzkamp, Klaus (1989): Praxisportrait. Ein Leitfaden für die Analyse psychologischer Berufstätigkeit. In: Forum Kritische Psychologie 23. S. 5–49.

Tillmann, Klaus-Jürgen (2004): Sozialisationstheorien. Eine Einführung in den Zusammenhang von Gesellschaft, Institutionen und Subjektwerdung. Reinbek. Rowohlt.

3.2 Macht-Analyse-Systematik 2: Die Wissensformen und das W-Fragen-Modell

Wissen ist ein Produkt von Erkenntnisprozessen. Über die Verknüpfung von Erkennen, Wissen und Handeln als Möglichkeit der Einwirkung von Menschen auf Menschen lässt sich eine Struktur rationalen Handelns ableiten, das als Analyse- und Handlungsinstrument in der Praxis eingesetzt werden kann. Im Folgenden bieten wir ein Modell an, das von Staub-Bernasconi entwickelt (1994, 1995, 2007) und von Kasper Geiser seit 2000 detailliert erweitert wurde. „Der Aufbau dieses Handlungsmodells gleicht dem Aufbau ihrer (Staub-Bernasconi, Anm. d. V.) Handlungstheorie Sozialer Arbeit mit den fünf Wissensdimensionen (Gegenstands-, Erklärung-, Wert-, Verfahrens- und Evaluationswissen)" (Engelke 2018, S. 457,457). Das damit verbundene Instrument, die Wissensebenen zu unterscheiden und sie zueinander in Beziehung zu setzen mit dem Ziel, ein möglichst differenziertes und vollständiges Bild einer Situation zu gewinnen, sind die sogenannten W-Fragen, weil sie alle – nicht wirklich überraschend – mit „W" beginnen (vgl. Geiser 2009, S. 274; Sagebiel 2012, S. 104).

Die Antworten auf die W-Fragen eröffnen Reflexionen auf den unterschiedlichen Wissensebenen, um ein differenziertes und relativ vollständiges Bild einer Situation bzw. eines sozialen Problems zu gewinnen und Handlungsschritte abzuleiten.

- So wird auf der Ebene des Beschreibungswissens gefragt: WAS ist los? WORUM geht es?
- Auf der Ebene des Erklärungswissens: WARUM ist das so? WIE hat sich das Problem entwickelt und WIE stellt sich das Problem aus der Perspektive der beteiligten Akteur*innen jeweils dar?
- Auf der Ebene des Wertewissens wird gefragt, WORAUFHIN eine Situation verändert werden soll, WAS ist gut und WAS ist nicht gut?
- Auf der Ebene des Handlungs- und Verfahrenswissen lauten die Fragen: WIE und WOMIT, bezogen auf die vorhandenen Ressourcen, kann die Situation positiv verändert werden?
- Und schließlich auf der Ebene des Evaluationswissens: WAS ist anders als vorher?

Für professionelles Erkennen und Handeln in der Sozialen Arbeit ist ein Wissenshintergrund notwendig, der eine Brücke, „ein Scharnier zwischen Wissen und Handeln" herstellt (ausführlich Staub-Bernasconi 2007, S. 245 ff.; Geiser 2013, S. 66 ff., 104 ff.). Ein solches Scharnier bilden die vier Wissensebenen in Kombination mit den W-Fragen, mit denen Phänomene wie die Macht beschrieben und erklärt werden können.

Im nächsten Schritt beziehen wir die W-Fragen auf professionelle Interaktionsbeziehungen, seien es kollegiale Settings wie Teams, das Interaktionsverhältnis zwischen Sozialarbeiter*in und Klient*in oder die Interaktion zwischen Fachkraft und Vorgesetzten. Danach wenden wir das Analyseschema auf die Einschätzung des Machtpotenzials eines Individuums an und beziehen uns darüber hinaus noch auf die Systemische Denkfigur (SDF) von Kaspar Geiser, denn „die SDF ist überall einsetzbar, wo Soziale Arbeit geleistet wird“ (Geiser 2009, S. 277).

Analyse von Macht in kollegialen Settings

Die W-Fragen eignen sich aus unserer Erfahrung sehr gut dafür, Praxissituationen intensiv auf Machtfragen hin zu analysieren. Diese Fragen strukturieren die Beobachtungen und ermöglichen es dadurch, blinde Flecken besser zu erkennen und Hypothesen zu fundieren. Sie können in der Praxis der Sozialen Arbeit als Leitfaden einer Reflexion des eigenen Handelns, aber auch für Teams benutzt werden (vgl. Sagebiel 2012, S. 129–132). Je nach Situation und Bedarf sind sie jederzeit erweiterbar.

1. Auf der Ebene des *Beschreibungswissens* gewinnen wir ein Bild über die unterschiedlichen Machtformen und deren Ausprägung und wie sie von den Beteiligten/Teammitgliedern eingeschätzt werden:
   - Welche Machtformen sind in unserer Organisationskultur auf welcher Ebene vorhanden? Welche Machtformen werden bevorzugt, welche werden abgelehnt?
   - Wer verfügt auf welcher Hierarchiestufe über welche Machtquellen? Und wer nutzt sie legitim und illegitim?
   - Welche Werte sind für die Führungskraft wichtig und welche für das Team und welche für mich? Sind diese kompatibel?
   - Gibt es Entscheidungen in der Organisation, die als Konsequenz Angst auslösen? Wo verbirgt sich die Macht?
   - Wie ist die Macht im Team verteilt?
   - Wie werden die vorhandenen Machtquellen innerhalb der Organisation eingesetzt und genutzt? Ist im Team genug Macht vorhanden?
   - Welche Machtformen werden gegenüber der Klientel angewandt?
   - Welche Machtformen setzt die Klientel gegenüber den Fachkräften ein?
2. Auf der Ebene des *Erklärungswissens* gewinnen wir ein Bild darüber, wie sich die Teammitglieder und die Führungskraft die Verteilung der Macht und ihre Konsequenzen erklären und zu welchen Einstellungen dies führt:

- Warum haben sich in dieser Organisationskultur bestimmte Machtformen und Ordnungen etabliert? Wem nutzen sie und wem schaden sie? Was garantieren sie bezogen auf die Funktion der Organisation?
- Angenommen, in der Vergangenheit wurden Veränderungen einer anderen Machtverteilung versucht, welche Konsequenzen hatte das?
- Wie erklären die Fachkräfte im Team und die Führungskraft die Situation, wie sie ist und wie erklären sie ihren eigenen Beitrag dazu (z.B. „ich kann nichts ändern, weil ...“ oder „wenn wir ... hätten, dann ...“)?
- Wie wird Macht im Team und von Einzelnen definiert und bewertet?
- Welche Sanktionen werden wofür, warum verhängt?

3. Auf der Ebene des *Werte- und Kriterienwissens* erfahren wir die Hoffnungen, Sehnsüchte, Erwartungen, Wünsche und Ziele der Teammitglieder und ihrer Leitung:
   - Wie wird Macht bewertet und ist diese Bewertung für eine Zukunftsprognose eher hinderlich oder förderlich?
   - Kann über die Bewertung der Handhabung von Macht sowohl in der Organisation, auf der Führungsebene als auch im Team kommuniziert werden?
   - Empfinden sich Fachkräfte in diesem Team eher als hilflos ohnmächtig oder haben sie Gestaltungsmöglichkeiten?
   - Darf man hier Dinge verändern oder ist das unerwünscht?
   - Sind die Machtverteilung und der Umgang mit Macht in der Organisation, in der Abteilung, im Team gut oder nicht gut?

4. Auf der Ebene des *Veränderungswissens* lassen sich Prozesse der Stagnation und Bewegung erkennen und nutzen, die machtvoll wirken. Das können Machtquellen sein, die das Team, die Leitung oder ein*e Supervisor*in einsetzen kann, um Veränderungen zu bewirken. Dabei geht es um Einstellungen, Haltungen, Bewertungen, Wissen und Erfahrungen, Kommunikationsstile, bis hin zu Handlungs- und Organisationsfähigkeiten.
   - Wer genießt Anerkennung und Respekt und kann sich auch gegen Widerstand durchsetzen?
   - Wer kann für unser Anliegen sprechen und findet Gehör bei der Führung?
   - Steht das Team geschlossen und handelt einvernehmlich?
   - Was braucht wer im Team, um seine Fähigkeiten zu entwickeln und einzusetzen?
   - Wer kann Unterstützung anbieten – intern/extern (Supervision, Coaching, Teamberatung etc.)?

- Welche Machtformen müsste die Leitung stärker als bisher einsetzen, um das Team zu fördern, zu schützen, zu entwickeln?
- Welche Machtquellen sind im Team vorhanden, wurden aber bisher nicht genutzt?
- Gibt es ein Kooperationspartner, ein Netzwerk außerhalb der Organisation, das zur Unterstützung mobilisiert werden könnte?

5. Auf der Ebene des *Evaluationswissens* gibt der Fokus auf die Machtverhältnisse ein sehr direktes Bild über den Nutzen und die Wirkung z. B. einer Reflexion, Auswertung, Supervision oder einer Teamberatung.
   - Was wurde wie mit wem bzw. welchen Mitteln erreicht?
   - Inwieweit haben sich Machtbalancen positiv verändert?
   - Welche neuen Machtstrukturen sind entstanden (Austauschbeziehungen)?
   - Wie wird jetzt Macht im Team erlebt und bewertet?
   - Ist das Team befähigt, seine Machtquellen zu nutzen und wirkungsvoll einzusetzen?
   - Würden wir das wieder so machen oder anders?

Machtanalyse des Individuums und seiner sozialen Beziehungen

Im nächsten Schritt wenden wir die W-Fragen auf die Einschätzung des Machtpotenzials eines Individuums und seiner sozialen Beziehungen an in Anlehnung an die systemische Denkfigur (SDF) von Kaspar Geiser.

Was ist die systemische Denkfigur und wie ist sie mit den W-Fragen zu kombinieren?

Das theoretische Konzept lässt sich grafisch in Gestalt eines Rhombus oder Drachen darstellen, der in seinen Ecken die ontologischen Dimensionen der Ausstattung eines Individuums repräsentiert. Inhaltlich ermöglicht das Modell der SDF eine Problem- und Ressourcenanalyse hinsichtlich der Machtquellen (Ressourcen) und der Machtdefizite (Probleme) und sie erleichtert eine angemessene Zielformulierung wie die Suche nach geeigneten Interventionen und Mitteln (vgl. Geiser 2013, S. 25).

Die einzelnen Ausstattungsmerkmale mit ihren Machtquellen lassen sich folgendermaßen darstellen (vgl. Geiser 2013, S. 211 ff.):

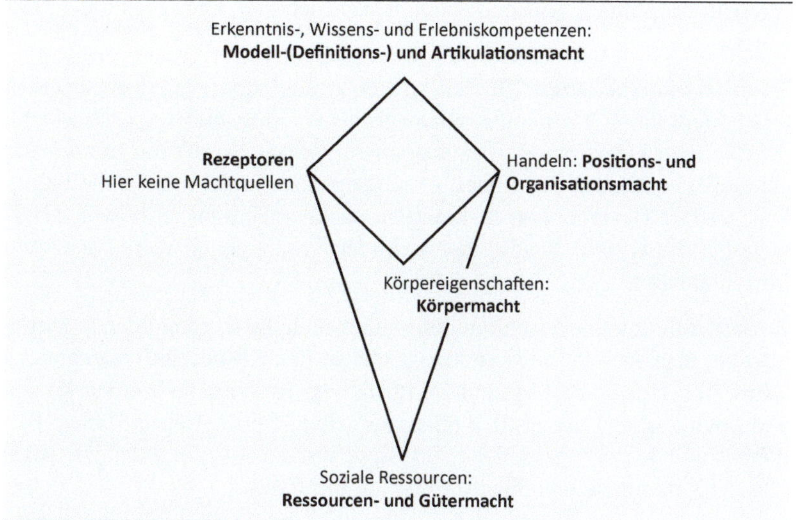

Abbildung 1: Ausstattungsmerkmale und ihre Machtquellen

Machtquellen sind demnach:

Der Körper = physische Stärke, Attraktivität, Alter, Geschlecht, Gesundheit, Fitness, Hautfarbe etc. Körpermacht bedeutet die Möglichkeit, allein aufgrund der körperlichen Erscheinung auf andere Eindruck zu machen, Respekt zu erzielen, Angst zu verbreiten und so Vorteile oder Nachteile zu erlangen. Formen von Körpermacht: Demonstration, Flucht, Abwesenheit, Gewalt, Hungerstreik u. v. a. m.

Die sozioökonomische Ausstattung = Alles was sich potenziell in Geldwert umsetzen lässt und Bildungskapital (äquivalent zu den Kapitalsorten von Bourdieu).

Erkenntnis- und Sprachkompetenzen = Artikulationsmacht. Machtquelle: Güter- und Marktmacht ist die Chance, durch Kontrolle, Gewähren oder Vorenthalten grundsätzlich vorhandener Güter andere von sich abhängig zu machen. Artikulationsmacht ist die Möglichkeit, überzeugend zu argumentieren, emotional angemessen zu reagieren, zuzuhören, einfühlend zu sein, aber auch andere mit rhetorischen und datentechnischen Mitteln zum eigenen Vorteil zu manipulieren.

Wissen und Erleben/Bedeutungssysteme = Wissen: Erfahrungen, Erklärungen, Wertehorizont, Motivation und Ziele, Wissensbestände, Sprachkompetenzen. Definitionsmacht, Modellmacht ist symbolisches Kapital, mit dem andere überzeugt und abhängig gemacht werden können.

Erleben: Empfinden, Aufmerksamkeit Wahrnehmen, Denken, Fühlen, Bewerten.

Handlungskompetenzen = In der Position zu sein, über andere entscheiden zu können, ihnen Tätigkeiten zuzuweisen; Positionsmacht ist die Macht, die mit einer Funktion, einer sozialen Rolle, einem Titel (autoritative und symbolische Macht) verbunden ist. Organisationsmacht meint die Fähigkeit, soziale Beziehungen zu knüpfen, soziales Kapital zu bilden (Netzwerke, Seilschaften), Koalitionen zu bilden, zum eigenen Vorteil oder zum Vorteil anderer.

Zu den individuellen Machtquellen zählen auch die so genannten Prestigequellen, also Ausstattungsmerkmale, die in der Gesellschaft vorhandene Werte und Normen zu besonders *attraktiven* Ressourcen werden lassen, wie bevorzugter Lebensstil, Freizeitverhalten, Sport, Reisen, hoher Bildungsstand (Titel), gelungene Selbstperformance (vgl. Sagebiel 2012, S. 116f.), heutzutage vielleicht sogar ein Impfpass.

Eine Machtquellenanalyse der Ausstattungsdimensionen der SDF kann mit einer „Entdeckungskarte", wie Geiser sie nennt (Geiser 2013, S. 213f.), durchgeführt werden. Um die Beziehungen zwischen der Ausstattung und den Machtpotenzialen bzw. -problemen auf den einzelnen Ebenen herzustellen, eignen sich die W-Fragen, denn sie generieren die Systemische Denkfigur.

Wir wollen die Problem- und Ressourcenanalyse mit Hilfe eines kurzen Fallbeispiels verständlich machen:

Frau K., Migrantin aus einem afrikanischen Land, 30 Jahre, ohne Mann und Kinder, arbeitet in Teilzeit als Kassiererin in einer Supermarktkette. Sie hat aktuell Konflikte mit ihrem deutschen Filialleiter Herrn A., von dem sie sich aufgrund ihrer Hautfarbe diskriminiert fühlt (weitere Informationen siehe *Entdeckungskarte*).

Wie gehen wir vor?

Das Analysemittel ist die sogenannte Entdeckungskarte, die einen knappen, übersichtlichen Zugang ermöglicht. Im ersten Schritt ermitteln wir über die WAS-Frage die Ausstattung von Frau K., bezogen auf ihre Machtquellen und -defizite, im zweiten Schritt die Ausstattung des Filialleiters Herrn A., vorausgesetzt, wir haben Kontakt zu ihm, ansonsten sind wir erst einmal auf die Aussagen über ihn von Frau K. angewiesen. Anschließend erhalten wir ein erstes Bild über die Machtbeziehung zwischen Frau K. und Herrn A. Im Anschluss daran lassen sich Machtquellen aufspüren, die Frau K. einsetzen könnte, um den Konflikt zu bewältigen.

Ausstattung SDF	**Körper**	**Sozioökon. Ressourcen**	**Erleben – Wissen – Empfinden**		**Handeln**	
Machtquellen	Körper-Macht	Ressourcen-Macht	Artikulationsmacht	Definitions-/ Modellmacht	Positionsmacht	Organisationsmacht
Ressourcen Defizite **Frau K.**	+ attraktiv + schlank - dunkle Hautfarbe	+ eigene Wohnung + arbeitet als Kassiererin + unbefristeter Arbeitsvertrag - geringes Einkommen - hat keine anerkannte Ausbildung - hat keinen Freundeskreis	- fühlt sich als Ausländerin diskriminiert - kann sich gegen ihren Chef nicht durchsetzen - fühlt sich allein und von ihrem Chef schikaniert	+ will eine Ausbildung machen + will besser bezahlte und interessantere Arbeit + spricht gut Deutsch	+ geht regelmäßig zur Arbeit + erledigt die Arbeit gut - kein Beziehungsnetz - ist abhängig von ihrem Chef	+ hat Kontakt zur Beratungsstelle - keine sozialen Netzwerke
Herr A.	+ groß + kräftig + Deutscher	+ finanziell gesichert - steht unter Erfolgsdruck seitens Geschäftsführung	+ ehrgeizig, will Karriere machen - meint Ausländer schaden dem Image - wird laut gegenüber Frau K.	+ sieht nicht ein, warum Ausländer (insb. People of Colour) im Supermarkt arbeiten müssen - sieht nicht ein, warum er zu Frau K. freundlich und fair sein soll	+ ist Chef der Filiale + wird von den Kolleg*innen in seiner Funktion respektiert - kontrolliert Frau K. mehr als andere	+ kann Frau K. Arbeit zuweisen und sie entlassen

Tabelle 8: Entdeckungskarte

Die Machtquellenanalyse zeigt ein recht klares Bild darüber, wer in dieser Konfliktsituation über Machtpotenziale verfügt bzw. nicht verfügt und wie das Oben und Unten in der Beziehung strukturiert ist. In unserem Beispiel kann der Filialleiter, der die sozial höhere Position einnimmt, wirkungsvollere Machtquellen (Positions- und Organisationsmacht) einsetzen als die Kassiererin. Sie könnte ihre Artikulationsmacht und Modellmacht (spricht gut Deutsch) einsetzen und mit Unterstützung der Beratungsstelle den Arbeitsplatz wechseln, eine Ausbildung beginnen und bei Abmahnung oder Kündigung ihre Rechte einklagen.

Die Entdeckungskarte kann je nachdem, was analysiert werden soll, angepasst werden, z. B. auf die Selbst-Reflexion von professionellen Beziehungen. Insofern ist sie ein flexibles Instrument, das helfen kann, Komplexität zu reduzieren und einen Überblick über (Macht-)Prozesse zu bekommen.

Literaturempfehlungen

Geiser, Kaspar (2013): Problem- und Ressourcenanalyse in der Sozialen Arbeit. Eine Einführung in die Systemische Denkfigur und ihre Anwendung. 5. überarbeitete Aufl. Luzern/Freiburg i. Br. interact/Lambertus Verlag.

Sagebiel, Juliane (2012): Teamberatung in Unternehmen, Verbänden und Vereinen. Niklas Luhmann und Mario Bunge: Systemtheorien für die Praxis. Stuttgart. Ibidem Verlag.

3.3 Machtanalyse-Systematik 3: Kurz-Checkliste

Im Folgenden stellen wir weitere Fragen zur Verfügung, mit denen Sozialarbeiter*innen in ihrer Praxis in vielerlei Situationen eine erste schnelle und effektive Machtanalyse vornehmen können. Dabei orientieren wir uns erneut an der bereits mehrfach dargestellten Struktur mit Fragen für Professionelle der Sozialen Arbeit hinsichtlich des eigenen Tuns (individuelle Ebene), des Teams (Teamebene), aber auch der Organisation, in der sie tätig sind (Organisationsebene) sowie in welchen machthaltigen (sozial-)politischen Strukturen sie sich bewegen (Strukturebene).

Diese vier Ebenen verknüpfen wir mit den in Kapitel 2 vorgestellten Machttheorien, um mit ihnen die Macht jeweils mit einem spezifischen Blick, quasi wie durch verschiedene Brillen, zu betrachten. Mit jeder dieser Theorie-Brillen lässt sich etwas anderes sehen und erkennen und aus jedem Blickwinkel stellen sich andere, spezifische Fragen.

Wir formulieren im Folgenden überblickartig solche hilfreichen Fragen sowie zentrale Begriffe der jeweiligen Theorie. Manche Fragen lassen sich im Hinblick auf alle Ebenen stellen, manche nur auf Einzelne. Sie sind sehr alltagssprachlich und direkt gestellt, sodass sie vor allem der Eigenreflexion dienen. Sie können auch jederzeit umformuliert werden. Ein Beispiel: Die Frage: *„Hast Du Gegenmacht?“* kann genauso umformuliert werden in: *„Wer hat welche Gegenmacht?“*, woraus sich ein anderer, weiterer Blick ergibt.

Treffen die Fragen nicht auf die aktuelle Situation zu oder braucht es mehr theoretisches Hintergrundwissen, können die Machttheorien in Kapitel 2 benutzt werden, um eigene Fragen zu entwickeln, um verborgene Mechanismen der Macht aufzudecken. Wir verstehen diesen Zugang als Einladung, noch mehr Fragen zu stellen.

Max Weber Macht als Chance Bürokratie Herrschaft Herrschaftstechniken	• Wann und wie setzt Du Deinen Willen gegen andere durch? • Welche Chancen hast Du, Deine Machtquellen einzusetzen? • Wann und wie spürst Du die Herrschaft der Bürokratie? • Wer befiehlt Dir und wem gehorchst Du?
Heinrich Popitz Machtformen Bedingtheit Fähigkeit Legimitation Organisation	• Welche Machtformen wendest Du in Deiner Arbeit an und welchen bist Du ausgesetzt? • Welchen Autoritäten folgst Du und was hast Du davon? • Wie legitimieren die Mächtigen ihren Machtanspruch? • Mit wem verbindest und organisierst Du Deine Fähigkeiten und Ressourcen?
Karl Marx Kapital Ökonomie Produktionsverhältnisse Klassen Entfremdung	• Welche gesellschaftlichen und ökonomischen Einflüsse wirken auf Dich und Deine Adressat*innen ein? • Zu welcher Klasse/Schicht gehörst Du in der Hierarchie Deiner Arbeit? Bist Du oben oder unten? • In welchen Widersprüchen bewegst Du Dich? • Wie erkennst Du die Widersprüche und wie kannst Du Dich gegen menschenverachtende Praktiken wehren? • Identifizierst Du Dich mit Deiner Arbeit, macht sie Sinn, oder fühlst Du Dich als Rädchen im Getriebe? • Hast Du Gegenmacht? Wenn ja, welche?
Hannah Arendt Macht und Gewalt Freiheit Sichtbar werden im öffentlichen Raum Neues in die Welt bringen	• Welche Handlungsräume kannst Du mit anderen gemeinsam öffnen, nutzen und wann und wie verschließt Du sie mit Gewalt? • Wann stellst Du Sachen her (Dokumentationen, Verwaltungsakte) und wann handelst Du? • Mit wem handelst Du gemeinsam und mit wem setzt Du Neues in die Welt? • Was kannst Du mit anderen in Deiner Arbeit verändern?

Niklas Luhmann Kommunikation Funktion Sinn Organisation Alternativen/Optionen	• Nach welcher Logik funktioniert Dein Team/Deine Organisation? • Wie ticken die Systeme, mit denen Du es in Deiner Arbeit zu tun hast? • Welche Mitteilungen von wem verringern Deine Handlungsoptionen? • Wer erzeugt in Entscheidungsprozessen Unsicherheit beim Gegenüber und wie tust Du das? • Welche Macht hast Du oder Dein Team gegenüber der Leitung, sodass diese keine Alternative mehr hat, Eure Entscheidung abzulehnen?
Michel Foucault Ordnung Diskurs – Dispositive Genealogie Wissen Soziale Praktiken Gouvernementalität	• Wie, warum und wann ist die Institution, in der Du arbeitest, entstanden? • Mit welchen Mechanismen wird hier regiert, d. h. Macht ausgeübt? Regierst Du mit? Und wie? • Was ist hier *normal*, was nicht? Und woher weißt Du das? • Welches Wissen benutzt Du, um mächtig zu sein, und woher hast Du es? • Wann erlebst Du Macht ordnend und produktiv?
Pierre Bourdieu Kapitalsorten Soziale Felder Sprache Habitus Schichtung	• Über welche Arten des Kapitals verfügst Du? Und über welche verfügen die anderen? • Welche Sprache benutzt Du wann? • Wie und womit (Sprache, Denken, Werte, Gewohnheiten) grenzt Du Dich von anderen ab, z. B. von Deinen Adressat*innen? • Über welche offensichtlichen Zeichen der Macht verfügst Du? Wie (offensiv oder defensiv) setzt Du sie ein? • Wie bewusst sind Dir die *feinen Unterschiede* zwischen Dir und anderen?
Judith Butler Dekonstruktion Sex und Gender Diskurs – Materialität Performativität Norm und Ausschluss Sprache Macht der Gewaltlosigkeit	• Welches Wissen hat sich in Deinem Körper wie manifestiert und wirkt? Woran merkst Du es? • Was haben Dein Geschlecht und Deine Rolle, die Du deswegen spielst, mit Macht zu tun? Woran merkst Du was? • Wie wurden aus äußerer Macht Deine *eigenen* Gedanken? • In welchen performativen Aktionen und *Gewändern* und in welcher Sprache zeigst Du Deine Macht? • Wo denkst Du in Gegensätzen und nicht in Vielfalt? • Wo nutzt Du Deine Macht der Gewaltlosigkeit? • Welche Konsequenzen hat das für Dich und andere?
Silvia Staub-Bernasconi Behinderungsmacht Begrenzungsmacht Machtquellen Gerechtigkeit Schichtung	• Welche Machtstrukturen wirken in Deiner Arbeit auf Dich und Deine Klient*innen behindernd? • Welche Machtstrukturen wirken auf Dich und Deine Klient*innen förderlich? • Über welche Machtquellen verfügst Du, die Du einsetzen kannst, sodass mehr soziale Gerechtigkeit entsteht? • Über welche Machtquellen verfügen Deine Klient*innen? • Durch welche Werte ist Deine Macht bzw. die Deiner Organisation legitimiert? • Wen begünstigt Deine Macht und wen behindert sie?

Björn Kraus Konstruktivismus Instruktive und destruktive Macht Kognition Anerkennung und Unterwerfung	• Welche Machtformen bestimmen die Lebenslage Deiner Adressat*innen? • Wem schreibst Du oder Deine Adressat*innen Macht zu? • Wann ist Dir/Deinen Adressat*innen eine Verweigerung der Machtangebote möglich und wann unterwirfst Du Dich? • Wann besteht die größtmögliche Chance, das Verhalten und Denken Deiner Klient*innen zu beeinflussen? • Welche Spiele der Macht spielst Du, oder spielen andere mit Dir? • Welche legitimen Einschränkungen der Handlungsmöglichkeiten anderer setzt Du wann durch? • Welche Grenzen und Möglichkeiten der Hilfe und Kontrolle gibt es?
Saul Alinsky Gemeinwesenarbeit Konflikttheorie Bürgerorganisation Macht durch Kampf	• Wie können Dir Alinskys Regeln, strategisch Machtkampf zu führen, helfen? • Wann fängst Du an mit dem Kampf? Was hat Dich bisher abgehalten? • Wie kannst Du andere, die ihre Macht verantwortungslos nutzen, gut verspotten? • Wer bzw. was ist die beste Zielscheibe Deines Kampfes? • Wie kannst Du Dich und andere im Machtkampf bei Laune halten?
Empowerment Prozess – Methode – Wirkung Ermächtigung Selbstwirksamkeit Machtgefälle verändern	• Wie kannst Du Dich mit anderen zusammenschließen, um mächtig(er) zu werden? • Was muss passieren, damit sich alle mächtig fühlen? • Wie kannst Du als Profi sorgsam mit Deiner Macht umgehen? • Wie machst Du es, Macht wirklich an andere (z. B. Klient*innen) abzugeben? Was ist Dein Gewinn? Was hält Dich davon ab?
Kritisch-Materialistische Ansätze Arbeit an Verhältnissen Kapitalismus Individualisierung Widersprüche Widerstand	• Woran erkennst Du den Zusammenhang von subjektiven Notlagen und gesellschaftlichen Ursachen? • Wo passt Du Dich den Verhältnissen an, arrangierst Dich und machst das Beste draus? • Wann, wo und wie wehrst Du Dich gegen neoliberale Zumutungen? • Bist Du im Berufsverband oder nicht? Wie wirkt sich das auf Deinen Blick auf Macht aus? • Woran erkennst Du, dass Dein Widerstand etwas verändert?

Tabelle 9: Kurz-Checkliste Machtanalyse-Systematik

4 Wer suchet, der findet! Machtanalyse konkret

Die Praxis der Sozialen Arbeit ist der Ort, an dem von Professionellen und Klient*innen Macht erlebt und ausgeübt wird – bewusst oder unbewusst, gezielt oder situativ, spontan oder strategisch. Praxis ist dabei ein weiter Begriff, denn was ist schon *die* Praxis der Sozialen Arbeit? Unter Praxis – im Sinne von Tun und Handeln – verstehen wir die Bandbreite professionellen Handelns von Sozialarbeiter*innen, das auf verschiedenen Ebenen, mit unterschiedlichen Zielen und Reichweite erfolgt. Bereits hier wird deutlich, dass der Begriff der Praxis ziemlich komplex und in seiner Gänze kaum erfassbar ist. Trotzdem ist der Praxisbezug für eine Machtanalyse in der Sozialen Arbeit unerlässlich.

Aus diesem Grund greifen wir auf die bereits in Kapitel 3.1 vorgestellte Unterscheidung der Ebenen Subjekt, Beziehung/Interaktion, Organisation und Gesellschaft bzw. Strukturebene zurück. Anhand dieser Einordnung stellen wir jeweils eine exemplarische Fallbeschreibung vor, deren Fokus auf einer der Ebenen liegt, auch wenn das wiederum eine rein theoretische Trennung ist, denn in der Praxis sind alle Ebenen ineinander untrennbar verwoben. Ohne eine solche Differenzierung und damit eine Schwerpunktlegung sind aber Machtanalysen von konkreten Beispielen schwer darzustellen.

Die folgende Übersicht fasst die in den kommenden Kapiteln verwendete Systematik zusammen:

	Subjekt	**Interaktionen/ Beziehungen**	**Organisation**	**Gesellschaft/ Strukturebene**
Physische Macht	Körperliche Ausstattung?	Gegenseitigkeit? Unterschied? Wettbewerb? Konkurrenz? Dominanz?	Architektur/ Raumanordnungen?	Architektur/ Raumanordnungen?
Ressourcen- bzw. Marktmacht	Sozioökonomische Ausstattung?	Wettbewerb? Konkurrenz? Dominanz? Ergänzung?	Kapital? Güter? Marktanteile?	Staatskapital? Markt? Verteilungsstruktur?
Modellmacht	Ausstattung mit Wissenskompetenzen? Wertehorizont?	Ausstattung mit Wissenskompetenzen? Erfahrungen im Vergleich, Kooperation, Konkurrenz, Wettbewerb, Kampf etc.? Wertehorizont?	Wissensbestände? Tradition(en)? Wertehorizont? Leitbild? Konzept(e)?	Historizität? Gesellschaftliche Traditionen? Wertehorizont? Normen? Gesetze? Paradigmen? Sanktionen?
Artikulations- und Definitionsmacht	Ausstattung mit Erlebniskompetenzen: Empathie? Definitionsmacht Fähigkeit zur überzeugenden Präsentation? Engagement?	Ausstattung mit Erlebniskompetenzen: Was wird wie angesprochen? Was wird gesprochen? Worüber nicht?	Definitionsmacht Inhaltliche und strukturelle Weiterentwicklung? Personalentwicklung? Öffentlichkeitsarbeit?	Definitionsmacht Gesellschaftsdiagnose? Diskurse? Öffentlichkeit? Medien? Internationaler Wettbewerb?

	Subjekt	Interaktionen/ Beziehungen	Organisation	Gesellschaft/ Strukturebene
Positions- und Organisations-macht	Ausstattung mit Handlungs-kompetenzen Handlungsrepertoire soziale Kompetenzen kreatives und strategisches Handeln Gewohnheiten Mitgliedschaften Soziale Rollen Beziehungsnetze Beziehungen für die eigenen Interessen nutzen Koalitionen bilden Prestigequellen: *attraktive* Ressourcen	Ausstattung mit Handlungskom-petenzen Handlungsrepertoire Soziale Kompetenzen kreatives und strategisches Handeln Gewohnheiten Mitgliedschaften soziale Rollen Beziehungsnetze Beziehungen für die eigenen Interessen nutzen Koalitionen bilden Wer hat Fähigkeit und Mut, sich zu positionieren und in Konkur-renz und Machtkämpfe zu gehen?	Ausstattung mit Handlungs-kompetenzen Handlungsrepertoire soziale Kompetenzen kreatives und strategisches Handeln Mitgliedschaften Rollen/Bedeutung als Organi-sation Beziehungsnetze Beziehungen für die eigenen Interessen nutzen Koalitionen bilden Prestigequellen: *attraktive* Ressourcen + Image Potenz, sich zu positionieren und in Konkurrenz und Macht-kämpfe zu gehen	Staat Historizität politisches System Politik Wirkung struktureller Macht Förderung Sanktionen Diskurse Verhaltensnormen Ethik Macht des Faktischen

Tabelle 10: Übersicht Systematik Machtanalysen

Grundlegend gilt für die Praxisfälle, dass die darin aufscheinenden Probleme nicht einer Lösung zugeführt werden; das ist aufgrund der Verflochtenheit der Problematiken oft gar nicht möglich und auch nicht das Ziel der hier unternommenen Machtanalysen. Vielmehr soll es darum gehen, durch eine praxisorientierte und theoriegeleitete Analyse und eine gehörige Portion Wissen, Fragen zu entwickeln, die auf mögliche Handlungspotenziale verweisen. Rezepte werden im Folgenden also keine gegeben, oft aber paradoxe, hintersinnige und unvermutete Denkanstöße, welche die Handlungsmöglichkeiten erweitern können – nicht mehr und nicht weniger.

Die hier verwendeten Machttheorien sehen wir dabei als Orientierungsrahmen, der es – gekoppelt an ein bestimmtes Menschen- und Gesellschaftsbild – uns ermöglichen kann, erlebte Situationen und gemachte Erfahrungen auf neue Art und Weise zu verstehen, die die Unmittelbarkeit der Praxis übersteigen. Das bedeutet, dass Theorien – sollen sie für Sozialarbeiter*innen nutzbar sein – unabdingbar an die Praxis anknüpfen und gleichzeitig über sie hinausweisen müssen. Darauf basiert der Nutzen einer machttheoretisch fundierten Analyse.

Um die Komplexität auf ein überschaubares Maß zu reduzieren, werden zur Analyse der Fälle jeweils nur einige Machttheorien herangezogen. Sicher wäre eine andere Auswahl möglich. Wir laden daher dazu ein, anhand der in Kapitel 2 beschriebenen Machttheorien eigene Analysen durchzuführen. Hilfreich dafür ist die zusammenfassende Darstellung der Theorien (s. Kap. 2.3).

4.1 Machtanalyse Subjektebene: Ich werde Dir schon helfen!

Ein scheinbar einfacher Fall, wie er – so oder anders – im Kontext der Sozialen Arbeit vorkommen kann. Was lässt sich an diesem Fall über Macht lernen bzw. welche Aspekte von Macht werden an welchem Punkt und aus welcher Perspektive sichtbar?

Wir nähern uns dem Phänomen der Macht auf der Subjektebene an, indem wir gleich einmal auf einen Aspekt hinweisen, den wir hier weitgehend aussparen: Aus unserer Sicht handelt der Mensch (nicht nur, wenn es um Macht geht) nicht immer zweckrational, sondern auch entsprechend der individuellen psychischen Verarbeitungsmuster: Macht wird vom Menschen vor dem Hintergrund seiner jeweils ganz eigenen Lebensgeschichte ausgeübt und erlebt – im Sinne einer Dialektik von sozialen und psychischen Prozessen. Die Frage, wie psychische Mechanismen des Menschen, die in Machtprozessen immer auch eine Rolle spielen, allgemein und theoretisch erfasst werden können, ist allerdings kaum bis gar nicht beantwortbar.

Schülein bringt es auf den Punkt: „Es ist in den meisten Fällen wenig sinnvoll und unproduktiv, Machtverhältnisse auf persönliche Eigenschaften von Personen zu reduzieren. Umgekehrt ist die Beschreibung von Machtverhältnissen ohne Personal (d.h. Menschen, Anm. d.V.), das entsprechend sozialisiert und selegiert ist, unvollständig und blutleer. (...) Macht muss praktiziert werden, auch wenn sich soziale Macht nicht auf deren praktische Verwendung reduzieren lässt. Die praktische Anwendung erfolgt jedoch nach den Regeln der Psychodynamik, die keine Verdoppelung der sozialen Erfahrung sind (auch wenn diese sich in deren Genese einschreiben). Die Realisierung sozialer Macht ist daher immer eine Neukonfiguration. Zudem steht Akteuren ein breiteres Repertoire an Machtmitteln und an Vermischung von Machtmitteln zur Verfügung, als es soziale Regelungen vorsehen können“ (Schülein 2007, S. 52f.).

Unser Ziel ist es daher nicht, eine psychologische Analyse der Personen im Fall zu vollziehen (das wäre einfach zu spekulativ), sondern vielmehr die Machtmittel, Machtverhältnisse und Machtbeziehungen zu beschreiben, die in den Interaktionen der Individuen sichtbar werden. Wir schauen uns also das Repertoire der drei im Fall beschriebenen Personen an. Dazu vollziehen wir die Machtquellenanalyse anhand der Machtbeziehungen nach Geiser (vgl. 1999, 2004, 2007, 2013) und Staub-Bernasconi (2007). Als weiteres Analyseinstrument dienen spezifische Kapitalsorten, wie sie Bourdieu (s. Kap. 2.1.7) beschrieben hat. Eine Verknüpfung dieser Ansätze ist aus unserer Sicht hilfreich und erkenntnisfördernd.

Arne Peters, ein 19-jähriger drogenabhängiger junger Mann, erscheint in einem Kontaktladen der Drogenhilfe und bittet einen Mitarbeiter um Hilfe. Er erzählt, dass er gerade auf dem Amt gewesen sei, um die geforderten Unterlagen für die Sicherung seines Lebensunterhaltes nachzuliefern. „Dreimal war ich in den letzten drei Wochen bereits dort, um Unterlagen nachzureichen, ohne dass ich etwas bekommen habe. Das ist reine Schikane. Die wollen mir kein Geld geben, weil ich ein Junkie bin.“ Der Sozialpädagoge Frank Hofmann bietet seine Mithilfe an und vereinbart mit der zuständigen Sachbearbeiterin telefonisch einen Termin.

Am vereinbarten Termin erscheint Herr Peters mit Verspätung im Kontaktladen. Er scheint unter Drogeneinfluss zu stehen und wirkt stark sediert. Auf die Frage nach seinem heutigen Drogenkonsum zieht dieser eine halbleere Packung benzodiazepinhaltiger Tabletten aus seiner Jackentasche und sagt deutlich verlangsamt: „Ich bin schon ok, wir können los!“ Bereits während der kurzen Anfahrt schläft er auf dem Beifahrersitz ein. Im Gebäude der zuständigen Behörde wirkt Arne Peters desorientiert und kann sich nicht an das Büro der zuständigen Sachbearbeiterin erinnern, nur noch an ihren Namen: „Frau Mülleimer ... neee ... Frau Müller." Herr Hofmann erkundigt sich nach der Raumnummer, damit sie den vereinbarten Termin noch pünktlich einhalten können.

Im Dreiergespräch verweist die Sachbearbeiterin Frau Judith Müller auf den aktuellen Stand der Antragsbearbeitung. Sie hätte Herrn Peters mehrmals darauf hingewiesen, dass die Unterlagen nicht vollständig ausgefüllt seien und die Weiterbearbeitung sich deshalb entsprechend verzögere. Im Verlauf des Gesprächs entfalten die Tabletten ihre volle sedierende Wirkung und Arne Peters schläft am Tisch ein. Frank Hofmann schlägt vor, der Einfachheit halber und weil sie ja schon mal da seien, Arne erst einmal so zu belassen und in der Zwischenzeit alle formellen Schritte auf kollegialer Ebene miteinander zu klären. Es würde aus seiner Sicht reichen, ihn erst für die Leistung der entsprechenden Unterschriften wieder aufzuwecken. Nachdem alle Papiere gemeinsam vorbereitet sind, wird Arne Peters aufgeweckt und leistet die erforderlichen Unterschriften. Die Weiterbearbeitung des Antrags erfolgt zeitnah und wurde positiv beschieden.

In einem der nächsten Gespräche mit Frank Hofmann äußert Arne: „Ich bin froh, endlich Geld zu bekommen. Andererseits ärgert es mich, dass ich allein beim Amt nichts erreiche und ständig wieder einlaufen muss. Wenn Du dabei bist, dann klappt's! Das ist echt frustrierend."

Analyse der Machtquellen

Geiser stellt in Anlehnung an Staub-Bernasconi ein Analyseschema vor, das sich an der systemischen Denkfigur orientiert, die von ihm im Kontext der sogenannten Züricher Schule entwickelt wurde. Hier wird Macht explizit als zentrales Element der Analyse von sozialen Problemen und Ressourcen benannt. Geiser unterscheidet dabei zwischen Austauschbeziehungen, in denen sich Geben und Nehmen die Waage halten und keine der an der Interaktion beteiligten Personen eine Kontroll- oder Entscheidungsinstanz darstellt (Gegenseitigkeit), während in Beziehungen, die durch Macht geprägt sind, einzelne oder mehrere Einschränkungen und Behinderungen ausgesetzt sind (Einseitigkeit), weshalb es notwendig ist, diese genauer zu betrachten.

Um ein umfassendes Bild der vorhanden Machtquellen und der sich daraus ergebenden Machtkonstellation zu erhalten, müssen immer alle beteiligten Personen des Interaktionssystems in den Blick genommen werden, denn es gibt in keinem Prozess irgendeine*n Akteur*in, die oder der keine Macht hat, sondern bei jeder Person lassen sich individuelle und spezifische Machtquellen entdecken.

Eine Analyse des Individuums, wie Geiser es nennt (2013, S. 93 ff.), ist der erste Schritt zur Evaluation von Machtpotenzialen. Individuen stehen immer in einem sozialen Bezug zueinander – insofern ist eine solche

Analyse immer eine theoretische, denn an sich kann im Hinblick auf Macht niemand nur individuell und von den anderen getrennt betrachtet werden, denn „Macht ist ein Kräfteverhältnis und das Ergebnis von sozialen Beziehungen, das sich in sozialen Systemen über die Interaktion von Individuen widerspiegelt“ (Sagebiel 2013, S. 37). In ihnen entfalten die Machtquellen eines Menschen, je nach sozialem und kulturellem Kontext, ihre mehr oder weniger machtvolle Wirkung. *Kurz gesagt: Ein Mensch allein kann vielleicht irgendwie Macht haben, aber wenn es keiner merkt, entfaltet sie sich nicht.*

Eine theoretische Trennung ist daher sehr hilfreich und eine Möglichkeit, komplexe Machtgeschehen präzise erfassen, entschlüsseln und analysieren zu können, womit dem Sog des Getümmels von komplexen Machtprozessen entgegengewirkt werden kann. Im Folgenden legen wir deshalb den Schwerpunkt der Betrachtung auf die Subjektebene der drei Protagonist*innen des Falles und stellen einige Hypothesen dazu auf, wie die individuellen Machtquellen der drei Personen aufeinander wirken.

Machtquelle Körper

Hier geht es darum, inwieweit die körperliche Ausstattung bzw. welche Aspekte dieser Ausstattung bereits Machtfaktoren darstellen können. Der Klient Arne Peters ist ein junger Mann, dessen Körpermacht infolge des Suchtmittelkonsums beeinträchtigt ist, da dieser die Körperfunktionen stark einschränkt. Das bedeutet aber nicht, dass Arne Peters über keine Körpermacht verfügt: Sie liegt eher darin, dass er zwar körperlich anwesend ist, aber sich durch den Drogenkonsum und den darauffolgenden Schlaf der Situation entzieht, wodurch er auf die Professionellen große Macht ausübt – Nichtstun trägt ein großes, indirektes Machtpotenzial in sich.

Der Sozialarbeiter Frank Hofmann ist ein Mann, er scheint klar und in der Beratungssituation präsent. Aus dem Fall lässt sich nicht erkennen, wie alt und in welchem körperlichen Zustand (groß, klein, dünn, dick, gebückt, aufrecht, attraktiv, weniger attraktiv etc.) er ist und wie er sich fühlt. Das wird aus dem Fall nicht deutlich, da es sich um eine kurze schriftliche Falldarstellung handelt. Es liegt aber nicht nur an der Kürze: Es ist sehr typisch, dass die Professionellen in Falldarstellungen deutlich weniger und noch ungenauer beschrieben werden als die Klient*innen.

Die Sachbearbeiterin Judith Müller ist eine Frau, sie ist ebenfalls wach und in der Situation präsent. Auch über ihr Alter und ihre weitere körperliche Ausstattung gibt es keine weiteren Angaben. In realen Situationen werden diese Faktoren allerdings sofort – bewusst und/oder unbewusst – wahrgenommen und eingeordnet. Das biologische Geschlecht wird sozial eingeordnet und die Körperlichkeit nach kulturellen Kriterien bewertet. Diese Faktoren sind somit immer hochwirksam.

Wirkungen der individuellen Machtquelle *körperliche Ausstattung* vor dem Hintergrund der hier vorliegenden Informationen: Über seinen – ob bewusst oder unbewusst herbeigeführten – körperlichen Zustand übt Arne Peters, der durch den Suchtmittelgebrauch stark beeinträchtigt ist, Macht auf die an sich mit mehr körperlichen Machtquellen ausgestatteten Professionellen aus, indem er zwar körperlich anwesend ist, sich aber körperlich durch die Wirkung der Drogen und den Schlaf entzieht. Die beiden Professionellen beeinflussen die Situation mit ihrem Geschlecht und ihren anderen körperlichen Ausstattungen, von denen wir nur wenig wissen – außer, dass sie wirksam sind.

Sozioökonomische Ausstattung

Geiser und Staub-Bernasconi nennen unter diesem Aspekt die soziale Ausstattung des Individuums: Bildung, Arbeit, Einkommen, Kapital, die gesellschaftliche Position, den Rang, Mitgliedschaften und soziale Rollen, soziokulturelle Eigenschaften und die sozioökologischen Eigenschaften des Umfeldes.

Sozioökonomische Ausstattung (Einkommen, Kapital)

Arne Peters weist einen Mangel an ökonomischem Kapital auf, denn er ist auf Transferleistungen des Sozialstaates (Hartz IV) angewiesen. Die sozioökonomische Ausstattung des Sozialarbeiters und der Sachbearbeiterin dürfen hinsichtlich ihres Einkommens als zumindest ausreichend bezeichnet werden, wenn auch im Unterschied zu anderen psychosozialen Fachkräften weniger hoch dotiert. Die beiden Fachkräfte verfügen darüber hinaus über finanzielle Ressourcenmacht, sie können nach ihrem Ermessen auf der Grundlage des SGB II entscheiden, ob Hilfe gezahlt wird und in welcher Höhe.

Bildung und sozialer Status

Beide Fachkräfte haben anerkannte Bildungsabschlüsse, die es ihnen ermöglichen, auf dem Arbeitsmarkt eine qualifizierte Position zu besetzen, die ihnen ein Einkommen zur Existenzsicherung erlaubt. Damit sind gleichsam anerkannte gesellschaftliche Positionen und ein Status verbunden, die es ihnen gestatten, vielfältige soziale Mitgliedschaften einzugehen, an gesellschaftlichen Prozessen teilzuhaben und diese aktiv mitzugestalten. Darin unterscheiden sich Professionelle, die oft aus der Mittelschicht kommen und dadurch auch Zugang zu informeller Bildung haben, von ihren Klient*innen.

Über die formale und informelle Bildung von Arne Peters ist im Fall nichts benannt. Er verfügt allerdings als Drogenkonsument, vor allem aber als Bezieher von staatlichen Transferleistungen, über einen niedrigeren sozialen Status in der deutschen Gesellschaft, in der der Wert einer Person besonders auf der Basis des beruflichen Status definiert wird. Aus der Kombination einer ökonomischen Abhängigkeit und evtl. fehlender Bildung erfolgt eine niedrige gesellschaftliche Position verbunden mit geringer Anerkennung sowie negativer Zuschreibungen und Stigmatisierungen. Ob Arne Peters über unterstützende soziale Netzwerke verfügt, ist im Fall nicht erkennbar.

Was bedeutet das nun im Hinblick auf Macht?

Die beiden Fachkräfte verfügen zum einen über sozioökonomische Machtquellen, sowohl als Person wie auch als Fachkräfte, z. B. können (und müssen) sie nach eigenem Ermessen auf der Grundlage des SGB II entscheiden, ob Hilfe in welcher Höhe gezahlt wird. Der Sozialarbeiter hat ggf. auch die Ressourcenmacht, über die Zugangsmöglichkeiten zu medizinischen/therapeutischen Maßnahmen zu entscheiden. Auf dieser Ebene wird ein sehr großes Machtgefälle zwischen dem Klienten und den Professionellen deutlich.

Erkenntnis- und Sprachkompetenzen = Artikulationsmacht

Nach Geiser und Staub Bernasconi dienen auch Erkenntniskompetenzen als Machtquelle, in der Chance, für sich und andere Ereignisse zu thematisieren und/oder zu interpretieren (z. B. durch Deutungen, Sachverhalte klar und präzise zu formulieren, Dinge schnell zu erfassen und Zusammenhänge zu erkennen; strategisch zu argumentieren etc.). Sie unterscheiden zwischen einem illegitimen Einsatz von Artikulationsmacht (z. B. in Diskussionen andere nicht zu Wort kommen lassen; manipulierender Einsatz von rhetorischen oder multimedialen Mitteln) und einem legitimen Einsatz von Artikulationsmacht, indem überzeugende Argumente entwickelt werden und angemessen reagiert wird, wodurch Glaubwürdigkeit entsteht.

Welche Artikulationskompetenzen finden sich bei den einzelnen Protagonist*innen?

Frank Hofmann verfügt über Artikulationsmacht, die er gegenüber Arne Peters wie auch gegenüber Judith Müller erfolgreich einsetzt. Er definiert die Situation entsprechend seines Bedürfnisses, das Gespräch möglichst ergebnisorientiert für alle Beteiligten zu führen. Er nutzt somit seine Artikulationsmacht. Tut er das legitim oder illegitim? Diese Frage ist nicht ganz einfach zu beantworten: Dadurch, dass Arne während eines offiziellen, ihn betreffenden Termins schläft, überlässt er seinem Sozialarbeiter die Aufgabe, das anzusprechen, was notwendig ist. Herr Hofmann muss also anhand seiner eigenen Kriterien entscheiden, ob er im Kontakt mit Frau Müller die Themen anspricht, wegen derer sie gekommen sind. Vielleicht war es sogar sehr praktisch für ihn, dass Herr Peters *nicht gestört hat* mit eigensinnigem Klientenverhalten und Fragen? Der Nachsatz von Arne macht deutlich, dass sich trotz bester Absicht, legitim zu handeln, eine illegitime Situation entwickelt hat: Arne Peters kritisiert Frank Hofmann trotz eines an sich guten Ergebnisses, indem er mit einer mehrdeutigen Kommentierung Bezug darauf nimmt, dass sich Frank Hofmann artikulationsmächtig gezeigt hat. Frank Hofmann hat für ihn gesprochen, was im Hinblick auf Macht einen zumindest ambivalenten Eindruck hinterlässt. Frau Müller wiederum scheint – aus ihrer Rolle heraus – einen legitimen Einsatz von Artikulationsmacht vollzogen zu haben, wenngleich auch sie der entmündigenden Situation zugestimmt hat, über den Klienten hinweg zu verhandeln.

Bedeutungssysteme = Definitionsmacht, Modellmacht, symbolisches Kapital

Nicht überraschend ist Wissen eine starke Machtquelle, worauf alle Machttheoretiker*innen verweisen. Wissen beinhaltet die Möglichkeit, seine Ideen durchzusetzen und andere von sich abhängig zu machen, indem Wissen zum eigenen Vorteil zurückgehalten wird im Sinne von *Wissen ist Macht*. Auch hier wird von Geiser und Staub-Bernasconi unterschieden zwischen illegitimem und legitimem Einsatz von Definitionsmacht. Illegitime Definitionsmacht meint, Wissen wird anderen vorenthalten, selektiv eingesetzt oder zu einem unangemessenen Preis angeboten; Erklärungen, Ziele und Lösungsvorstellungen der Klient*innen werden von den Sozialarbeiter*innen mit Hinweis auf Fachwissen und Verfahrensnotwendigkeiten nicht berücksichtigt usw.

Als legitimer Einsatz von Definitionsmacht wird der Ansatz von Sozialarbeiter*innen gesehen, durch den Einsatz professionellen, ethisch fundierten Wissens konkrete Benachteiligungen auszugleichen. Mit Kraus gesprochen handelt es sich um den Einsatz instruktiver Macht. Die nicht einfache Zuordnung von legitimer und illegitimer Definitionsmacht spiegelt die ganze Ambivalenz im Fall wider: Auf der Basis von Erfahrungswissen im Umgang mit Sozialarbeiter*innen (er weiß bzw. geht davon aus, dass sie sich für ihn und seine Bedürfnisse einsetzen) gelingt Arne Peters die Vermeidung von Benachteiligungen (Kürzung oder Verweigerung finanzieller Leistungen). Insofern haben Frank Hofmann und Frau Müller Definitionsmacht im Sinne des Klienten eingesetzt. Trotzdem haben sie auch genau dieses Wissen dem schlafenden Arne Peters vorenthalten, indem er nicht zuhören konnte, sich nicht beteiligen konnte und keinen Einfluss auf die Definition der Situation hatte.

Als Fazit kann man sagen: Gut gemeint ist nicht immer gut gemacht. Und anderen die Verantwortung abzugeben, hat ebenfalls mindestens zwei Seiten.

Handlungskompetenzen = Positionsmacht, Funktionsmacht

Handeln als Machtquelle ist die Möglichkeit, über Menschen zu entscheiden, ihnen Arbeit zuzuweisen oder zu entziehen. Das beinhaltet auch die Fähigkeit und Möglichkeit, Beziehungen zu knüpfen und andere für die eigenen Interessen zu gewinnen oder zu manipulieren. So viel Beteiligung und Mitwirkung wie möglich zu erreichen, wäre die legitime Variante, die illegitime wäre, durch einsame Entscheidungen und das Erzeugen von Handlungsdruck die Möglichkeiten und Räume anderer zu beschränken. Für den hier diskutierten Fall scheint eine der Schlüsseldimensionen die Machtfrage zu sein: Frank Hofmann und Judith Müller entscheiden in der beschriebenen Situation über Arne Peters. Seine reine körperliche Anwesenheit reicht aus, dass sie ihre Positions- und Funktionsmacht nutzen können – zwar durchaus im Sinne des Klienten, aber dennoch nicht legitim.

Und Arne Peters? Inwieweit verfügt er und nutzt er auch seine Positions- und Funktionsmacht? Sein Handeln, vor dem Termin Medikamente zu nehmen, die seine Beteiligungsmöglichkeiten stark einschränken, kann durchaus auch als einsame, illegitime Entscheidung gedeutet werden, die beiden Profis zu Entscheidungen im Sinne eines Handlungsdruckes zu *verführen* und sich dann im Anschluss als Opfer zu stilisieren, was die Beziehung und das Machtverhältnis zum Sozialarbeiter Hofmann verändert. Beide sind einerseits ohnmächtig und anderseits mächtig – auf der Basis des gleichen Machtwirkungsmechanismus, aber mit sehr unterschiedlichen Handlungen bzw. Unterlassungen – einem für Klient*innen als strukturell meist ohnmächtigere Personen sehr typischen Verhalten, mächtig zu sein oder zu werden. Dabei darf vermutet werden, dass diese

Dynamik nur kurzfristige Machtgefühle und Machtvorteile erzeugen kann. Gegen strukturelle Mächte hat diese Dynamik keine Chance.

Soweit die Analyse der individuellen Machtquellen und ihrer wechselseitigen Wirkungen anhand des Konzeptes von Geiser und Staub-Bernasconi. Es ermöglicht bereits eine sehr präzise und erkenntnisreiche Analyse. Ergänzend dazu stellen wir im Folgenden eine weitere Analysemöglichkeit anhand des Konzeptes der Kapitalsorten nach Bourdieu vor. Diese eher soziologische Perspektive ergänzt die spezifisch sozialarbeiterische Sichtweise von Geiser und Staub-Bernasconi sehr gut.

Bourdieu fasst unter dem Begriff des kulturellen Kapitals drei Kapitalsorten, die im Hinblick auf eine Machtanalyse des Falles interessante Analysekategorien sind, sich gut mit dem Machtquellenkonzept verbinden lassen, und darüber hinaus weitere spannende Perspektiven ermöglichen.

a) Inkorporiertes kulturelles Kapital:

Diese Kapitalsorte umfasst nach Bourdieu die Verinnerlichung der Tradition durch Bildung und Erziehung. Es muss in einem langen, zeitaufwendigen Prozess erworben werden und führt zur Ausbildung eines Habitus. Der Wert des kulturellen Kapitals wird vor allem durch Sozialisation, Wissen und Bildung angeeignet und kann in Kombination mit ökonomischem Kapital noch gesteigert werden.

Arne Peters: Im Fall ist nichts über die formalen Bildungsprozesse von Arne Peters gesagt. Er verfügt aber über einen Habitus als Klient, den er sich erworben hat im Kontext der Erfahrungen mit Fachkräften der Sozialen Arbeit. Dadurch weiß er auch, was und wie er etwas von Professionellen bekommen kann, er kennt die Formalien und die Ansprechpersonen. Er verfügt über Wissen und Wege, wie er die Profis aktiviert, sich für ihn einzusetzen. Ob Arne Peters das auch bewusst weiß, können wir nur vermuten, doch auch ein eher implizites Wissen verschafft ihm Machtressourcen.

Frank Hofmann: Er verfügt über ein Studium und einen akademischen Abschluss in der Sozialen Arbeit, der ihn rechtlich und auch fachlich in die Lage versetzt, Aufgaben entsprechend dem Auftrag der ihn anstellenden Organisation zu übernehmen. Dadurch kann er den Habitus eines professionell Helfenden einnehmen. Sein Wissen und seine Möglichkeiten unterscheiden sich von denen seiner Klient*innen. Er verfügt über die Machtquelle Wissen. Er ist also machtvoll – obwohl er das vielleicht selbst subjektiv anders einschätzen mag.

Judith Müller*:* Auch Frau Müller verfügt über inkorporiertes kulturelles Kapital, indem sie über eine für ihre Position in der Sozialverwaltung adäquate fachliche Ausbildung verfügt, was sie habituell auch verkörpert. Ihr Rechts-, Verfahrens- und Organisationswissen verleiht ihr Entscheidungsmacht.

b) Objektiviertes kulturelles Kapital:
Objektiviertes Kulturkapital ist übertragbar in Form von Schriften, Bildern, Gegenständen und Einrichtungen. Aber es braucht inkorporiertes kulturelles Kapital, um es decodieren zu können, was wiederum nicht transferierbar ist, denn es liegt ja *inkorporiert* in der Person mit ihren Erfahrungen und Wissensbeständen.

Frank Hofmann und Judith Müller: Beide verfügen über ein vielfältiges, objektiviertes kulturelles Kapital, indem sie Zugang zu den relevanten rechtlichen Grundlagen haben, z.B. zu Gesetzen und Verordnungen, die sie lesen, verstehen und fallspezifisch anwenden können. Das vermögen sie aufgrund ihrer Ausbildungen und ihrer professionellen Erfahrungen. Rechtsgrundlagen sind dem Grunde nach jedermann zugänglich, allerdings braucht es unabdingbar inkorporiertes kulturelles Kapital (Wissen), sie zu verstehen, da die Umsetzung durch Prozesse geprägt sind, die mit dem Worten Rechtsverständnis und Ermessensspielraum zusammengefasst werden können. Damit entsteht eine Lücke zwischen theoretischem Anspruch und praktischer Umsetzung – mithin ein strukturelles Machtgefälle zugunsten der Fachkräfte.

Arne Peters: Er verfügt als Klient mit Erfahrung grundsätzlich über Wissen, das notwendig ist, um sein Anspruchsrecht auf Sozialleistungen zu realisieren, allerdings verfügt er nicht über objektiviertes Kapital. Allerdings ließe sich der Fall so interpretieren, dass dieses Wissen von ihm offensichtlich weniger erfolgreich angewandt wird als von den Professionellen, worauf sein Kommentar zu Herrn Hofmann hinweist: „Wenn du dabei bist, dann klappt´s." An dieser Stelle wird es im Hinblick auf Macht spannend. Einerseits weist er darauf hin, weniger Macht als der Profi zu haben, andererseits hat er selbst alles dafür getan (durch Substanzgebrauch vor dem Termin im Amt), dass er machtloser ist, indem er seine Machtquelle Körper und Wissen stark reduziert hat. Herr Hofmann und Frau Müller einigen sich auf eine sehr pragmatische, wenn auch entmündigende Lösung auf der Sachebene. Sie übernehmen die Arbeit für ihn und entmachten ihn in der Situation. Herrn Peters wird die Hilfe bewilligt, er bekommt quasi im Schlaf, was er will. Diese Erfahrung könnte ihm in der Zukunft, wenn er wieder Geld beantragen muss, nützlich sein und er könnte dieses

Wissen als Machtquelle gegenüber den Fachkräften beim nächsten Mal wieder einsetzen: Sein inkorporiertes Klientenwissen – ob implizit oder explizit – über Macht über den Sozialarbeiter, den er durch seinen mehrdeutigen Kommentar an sich bindet. Auf der Appellebene könnte man das so hören: „Bitte hilf mir weiter, denn mit Dir bekomme ich das, was mir zusteht, schneller und effektiver!", aber auch: „Du hast mehr Macht als ich und das ist unfair!" Dahinter verstecken kann sich auch die Botschaft, dass Arne Peters weiß, dass Frank Hofmann und Frau Müller eigentlich gegen einen zentralen Grundsatz der Sozialen Arbeit – nämlich dem der Partizipation – verstoßen haben, indem sie hier im wahrsten Sinne über den Kopf des Klienten hinweg gehandelt haben.

c) Institutionalisiertes kulturelles Kapital:

Institutionalisiertes kulturelles Kapital sind Titel, die den Nachteil der körperlichen Bindung von inkorporiertem Kapital ausgleichen. Titel existieren unabhängig von der Person des Inhabers und garantieren der Person die Anerkennung ihres erworbenen kulturellen Kapitals. Es entbindet die Person dadurch vom direkten Beweis ihrer Fähigkeiten.

Frank Hofmann und Judith Müller: Beide verfügen jeweils über anerkannte Titel – in diesem Fall über Berufsbezeichnungen und Rollendefinitionen und Status, die ihnen, unabhängig von ihren sonstigen persönlichen Fähigkeiten ermöglichen, aus ihren Rollen bzw. Funktionen heraus zu handeln und zu entscheiden. Frau Müller kann in ihrer Position entscheiden, wer welche Leistungen wann und in welchem Umfang erhält. Indem sie sich mit Herrn Hofmann *kollegial* verständigt, entsteht eine auf Einvernehmen basierende Austauschbeziehung, die als Organisations- und Definitionsmacht auf den Klienten wirkt. Die darin liegende Pragmatik wird nur möglich, indem beide ihre Machtquellen, d. h. ihr kulturelles Kapital, nutzen. Dadurch entsteht das, was Geiser eine Machtbeziehung nennt, auch wenn diese im Sinne des Klienten ist, der die ihm rechtlich zustehende Hilfe bekommt.

Arne Peters: Auf dieser Machtebene scheint Arne Peters über keinerlei Macht zu verfügen. Allerdings sollte man die Macht der Rolle des Klienten – betrachtet als institutionalisiertes kulturelles Kapital – nicht unterschätzen. Nur dadurch, dass er sich als Klient klientengemäß verhält (er kann nicht selbst für seine Rechte eintreten, was allein sein Suchtmittelkonsumverhalten zeigt), erlangt er den Zugang zu Machtressourcen: Er verführt bzw. manipuliert durch sein Verhalten die Profis, ihre professionellen Maximen (Hilfe zur Selbsthilfe, Fördern und Fordern) aufzugeben, was er durch die anklagende Doppelbotschaft am Ende noch verstärkt.

Autoritative Macht – soziale Beziehungen = Organisationsmacht, soziales Kapital

Damit sind wir an dem Punkt angelangt, den Bourdieu das soziale Kapital nennt: Es basiert auf der Zugehörigkeit zu einer Gruppe, auf Ehre, Prestige, sozialer Anerkennung und Kreditwürdigkeit. Die Grundlage des Sozialkapitals sind materielle und symbolische Tauschbeziehungen. Erst wenn der Austausch in Kombination mit kulturellem und ökonomischem Kapital erfolgt, entfaltet soziales Kapital seine nachhaltige, stabilisierende Machtwirkung, indem sich soziale Räume, die sich von anderen sozialen Räumen unterscheiden, und soziale Unterschiede manifestieren.

Fokussiert auf unseren Fall kann das bedeuten: Jede*r der drei Protagonist*innen gehört einem spezifischen Raum an, in dem jede*r eine Rolle innehat, die vom Verhalten des/der anderen abhängig ist, d. h. sie sind strukturell miteinander verbunden. In jedem sozialen Raum gelten spezifische Regeln, die sich von denen anderer sozialer Räume oder Gruppen unterscheiden. So *muss* und kann sich Arne Peters als Klient (d. h. Mitglied der Klient*innengruppe) so verhalten, wie sich Klient*innen verhalten können/dürfen/müssen/sollen, und die Profis so, wie es ihr professioneller und institutioneller Auftrag verlangt. Als Mitglieder der Gruppe Fachkräfte und Kolleg*innen darf von ihnen profundes Wissen, das Anwenden von Verfahrensweisen, bis hin zur kognitiven und emotionalen Bewertung spezifischer Interaktionsprozesse verlangt werden.

Im hier vorliegenden Fall geht es vor allem um symbolische Tauschbeziehungen, die die jeweiligen Rollen erzeugen und verstärken. Der aus unserer Sicht machtvoll relevante Aspekt ist hierbei, dass die Professionellen objektiv und subjektiv für den Klienten durch ihr Handeln und Entscheiden tatsächlich mehr Ressourcen zugänglich gemacht haben, als er es allein erreicht hätte – dies allerdings um den Preis, hier eine deutlich stärkere (als die durch die sowieso immer bestehende strukturelle Abhängigkeit von Klient*innen) Machtbeziehung installiert zu haben.

Das Ergebnis dieser Machtanalyse könnte heißen: Gut gemeint erzeugt mehr/zu viel Macht für diejenigen, die sowieso schon strukturell mit mehr Machtquellen ausgestattet sind. Das Spannende an diesem auf den ersten Blick einfachen Fall ist, dass Arne Peters dieses Paradox in seiner Bemerkung *sichtbar* macht – und sich dadurch wiederum mit sozialem Kapital ausstattet, indem er die Fachkräfte an sich bindet. Arne Peters erlangt somit einen Macht-Profit, was nach Bourdieu wiederum die Basis für die Solidarität innerhalb seiner Gruppe ermöglicht (vgl. Bourdieu 1992, S. 64 ff.).

4.2 Machtanalyse Teamebene: „Einer wird gewinnen!“

Ein Team von sechs Sozialarbeiter*innen (vier Sozialarbeiterinnen, ein Sozialarbeiter und eine Leiterin) der Ambulanten Erziehungshilfe eines freien Trägers steht vor der Situation eines Führungswechsels. Die Leiterin, Frau Linde, hat sich auf eine neue Funktionsstelle bei demselben Träger beworben, was allen Teammitgliedern seit ein paar Wochen bekannt ist. Sie hat es in einer Teamsitzung verkündet, „bevor es im Büro-Funk rumgeht“. Sollte ihre Bewerbung in den nächsten Tagen positiv aufgenommen werden, steht ihre Leitungsstelle zur Disposition. Das ist ziemlich wahrscheinlich, denn die Personalpolitik des Vorstandes war, in den letzten Jahren internen Bewerbungen den Vorzug vor externen Bewerbungen zu geben. Außerdem hat sie bereits einen inoffiziellen, positiven Hinweis ihres Vorgesetzten bekommen.

Im Team haben drei Sozialarbeiter*innen eine Zusatzqualifikation, die beiden anderen sind schon lange beim Träger beschäftigt und verfügen über ein hohes Maß an Erfahrung in der fachlichen Arbeit.

In der heutigen, wöchentlichen Teamsitzung will Frau Linde mit den Mitarbeiter*innen über eine mögliche Nachbesetzung diskutieren, denn sie möchte gerne wissen, wer sich im Team die Leitungsfunktion zutraut und sich auf die Stelle bewerben will. Vor allem interessiert es sie, ob ihr Favorit dabei ist. Außerdem will sie abchecken, ob das Team ihren Favoriten als neue Leitung akzeptieren würde.

Im Folgenden wird nicht der Verlauf der Sitzung geschildert, sondern es werden mögliche Szenarien in Form von Hypothesen, vermutete Gedanken, Empfindungen und Fantasien der Mitarbeiter*innen und der Leitung zusammengetragen. Auf diese Weise können das breite Spektrum der unterschiedlichen Machtperspektiven sichtbar und Blicke in verborgene Winkel der Macht mit der ihr eigenen Dynamik möglich werden. Grundhypothese ist, dass jede beteiligte Person über wirksame Machtquellen ganz unterschiedlicher Art verfügt, die miteinander zusammenhängen, sich gegenseitig bedingen und Gefühle von Macht und Ohnmacht erzeugen.

Im Folgenden analysieren wir den Fall auf der Basis dieser Beschreibungen anhand zwei Systematiken: Zum einen betrachten wir, über welche Machtquellen wer auf welcher Ebene verfügt. Dabei ziehen wir erneut die in Kapitel 3.1 dargestellten Akteursebenen sowie die Machtquellen nach Staub-Bernasconi (vgl. Sagebiel/Vanhoefer 2006, S. 105 ff.) heran (siehe Abbildung 2 auf S. 174).

Frau Linde (45 Jahre, noch Team-, bald Bereichsleiterin, Betriebszugehörigkeit: 17 Jahre, Zusatzqualifikation: Sozialmanagement):

„Ich habe es geschafft, endlich habe ich den Karrieresprung geschafft, den ich lange wollte! Mein jahrelanger guter Kontakt zum Vorstand trägt nun endlich Früchte. Zeitweilig hätte ich nicht gedacht, dass sie mich als Frau nehmen, aber es scheint geklappt zu haben.

Im Team fühle ich mich sicher in meiner Position und meinem Führungsverhalten, deswegen traue ich mir zu, die aktuelle Situation transparent im Team zu kommunizieren. Es ist mein Anliegen, eine einvernehmliche, fachlich vertretbare Lösung herbeizuführen, die auch in der Zukunft tragfähig ist. Außerdem will ich wissen, wie es weitergeht. Ich will mein Erbe gut verwaltet wissen. Natürlich habe ich einen Favoriten: Herrn Schaal. Er ist 35 Jahre jung, unverheiratet, keine Kinder und verfügt zwar nicht über eine Zusatzqualifikation, aber er hat schon Leitungserfahrung aus seiner vorherigen Stelle. In der Vergangenheit hat er mich schon mehrfach in Abwesenheit vertreten. Mit ihm könnte ich auch in meiner neuen Position gut zusammenarbeiten. In vertraulichen Gesprächen hat er mir sein Interesse bereits signalisiert. Ihn dem Team vorzuschlagen, könnte allerdings schwierig werden, da er weder die fachlichen Anforderungen in Gänze erfüllt noch die sozialen Kriterien. Er ist noch sehr jung, der einzige Mann im Team, neben Frauen, die deutlich älter sind und mehr Erfahrung haben und er hat keine Familie zu versorgen. Das löst in mir eine gewisse Spannung und ein Unbehagen aus, weil ich zwar von seinen Qualitäten überzeugt bin, aber auch weiß, dass seine Bewerbung im Team auf Widerstand stoßen wird. Es könnte zu einem Machtkampf kommen. Dennoch will ich eine offene, transparente Diskussion. Na ja, so offen ist das nicht, ich weiß, dass ich das Team von meiner Meinung überzeugen und den Vorstand für mich gewinnen kann. Ich will ihn, weil er meiner Meinung nach das, was ich aufgebaut habe, am besten weiterführt. Außerdem müsste er mir dankbar sein, denn mir hätte er seine Beförderung zu verdanken. Und das wäre für mich auch in meiner neuen Position gut."

Frau Huber (54 Jahre, Betriebszugehörigkeit: 27 Jahre, keine Zusatzausbildung), Frau Hermann (49 Jahre, Betriebszugehörigkeit: 21 Jahre, keine Zusatzqualifikation) Frau Meier (31, Betriebszugehörigkeit: 6 Jahre, Zusatzqualifikation: Familientherapeutin)

„Von uns vier Sozialarbeiterinnen sind wir drei aus persönlichen Gründen nicht an der Leitungsfunktion interessiert. Unsere Favoritin ist Frau Brock, die ist sympathisch, freundlich und fachlich hoch kompetent. Sie ist eine Mitarbeiterin, von der wir wissen, dass sie sich auch bewerben will. Wir befürchten aber, dass Frau Linde Herrn Schaal vorschlagen wird, den wir aber distanziert und leicht arrogant finden. Wir vermuten, dass er um jeden Preis Karriere machen will und sicher schon im Vorfeld die Fäden zu seinen Gunsten gezogen hat. Den wollen wir auf keinen Fall, und dafür werden wir, falls nötig, heute kämpfen, auch wenn es wahrscheinlich nicht viel nutzen wird, wie die Erfahrung zeigt. In unserem Verband haben die Männer einfach bessere Karten. Unsere Gefühle schwanken zwischen Ohnmacht und Kampfeslust, zwischen Abwarten, was kommt, sich abfinden und der Hoffnung, durch schlagkräftige Argumente und Überzeugungskraft unsere Kandidatin durchzubringen."

Frau Brock (potenzielle Bewerberin, 32 Jahre, Betriebszugehörigkeit: 6 Jahre, Zusatzqualifikation: Master Sozialmanagement)
„Vor einem Jahr konnte ich mein Masterstudium in Sozialmanagement erfolgreich abschließen. Teamberatung und Teamleitung waren die Themen meiner Abschlussarbeit. Ich arbeite nun schon sechs Jahre im Team, fühle mich hier wohl und bin von den Kolleginnen geschätzt – persönlich und fachlich. Auf jeden Fall will ich jetzt die Chance nutzen, mein theoretisches Wissen in die Praxis umzusetzen und mich auf die Leitungsfunktion zu bewerben. Der Gedanke, mich nun vor allen in der Sitzung als vielleicht zukünftige Teamleitung präsentieren zu müssen und mich mit Herrn Schaal in einen Wettbewerb zu begeben, macht mich nervös. Ich fühle mich sicher und unsicher zugleich: Sicher, weil ich um die Rückendeckung meiner Kolleginnen weiß und überzeugt bin, dass ich die bessere Alternative als Leitung bin und unsicher und etwas ängstlich, weil ich das Verhalten von Herrn Schaal und Frau Linde nicht einschätzen kann. Egal, diese Chance kommt so schnell nicht wieder – ich will kämpfen."

Herr Schaal (potenzieller Bewerber, 35 Jahre, Betriebszugehörigkeit: 3 Jahre, Zusatzqualifikation: Zertifikat Sozialmanagement)
„Super, endlich wird eine Leitungsposition frei, da warte ich schon eine Weile drauf! Ich hatte ja schon vorher eine Leitungsposition und bin unter der Vorgabe, dass ich das auch hier erwarten kann, damals gewechselt. Jetzt hat es eh viel länger gedauert, als ich dachte. Ich bin aber geduldig geblieben, auch, weil ich von Frau Linde viel gelernt habe. Ich will das Team ganz im Sinne der alten Leitung führen. Das, so vermutete ich, ist auch die Erwartung von Frau Linde und des Vorstandes. Einen aus dem Vorstand kenne ich ganz gut, mit dem war ich einmal auf einer Fortbildung.

Ich bin mir meiner Sache relativ sicher. Schließlich habe ich das Team bereits in Vertretung erfolgreich geleitet. Meine Fortbildung habe ich ja auch recht schnell nach dem Studium absolviert, als ich schon hier an dieser Stelle arbeitete, und damit gezeigt, dass ich etwas werden will und das auch kann. Ich kenne die Strukturen im Haus, arbeite gut mit den Kooperationspartnern des Trägers zusammen und weiß, Netzwerke zu bauen und zu nutzen. Das ist meine Stärke, ich weiß, wie wichtig Kontakte nach außen sind. Auch wenn Frau Linde es mir gegenüber nicht explizit erwähnt hat, bin ich mir ihrer Protektion sicher. Ich weiß, dass ich bei ihr und beim Vorstand gut ankomme, denn ich bin ein gutaussehender, charmanter junger Mann, der sozial und fachlich kompetent und erfolgreich ist. Für eine Fortbildung „Führen und Leiten" habe ich mich jetzt auch noch angemeldet, seit ich weiß, dass Frau Linde hier weggeht und im Verband eine Führungsposition haben wird. Wie soll ich mich nun heute in der Sitzung verhalten? Das durchschlagende Argument ist sicher meine Leitungsvertretung, darauf werde ich mich konzentrieren. Gegenwind ist zu erwarten, vor allem von Frau Brock. Es ist klar, dass das Team sie will und nicht mich. Ich weiß, ich darf das Team nicht verprellen, aber letztlich ist das Team für mich uninteressant, denn die Leitung hat das Vorschlagsrecht. Ich kann mich entspannt zurücklehnen. Am besten sage ich nicht viel, denn dann kann ich auch nichts Falsches sagen. Wenn, dann müssen die anderen kommen, vor allem Frau Brock. Von der denke ich, dass sie sich auch bewerben wird. Mal sehen, wie sie sich verkauft. Die ist besser qualifiziert als ich, denke ich, aber ich krieg das schon hin."

Subjektebene

Betrachten wir nun das Fallbeispiel auf der *Subjektebene* aus Sicht der verschiedenen beteiligten Personen, lassen sich viele Machtquellen erkennen, von denen wir im Folgenden exemplarisch und ohne Anspruch auf Vollständigkeit einige darstellen:

Frau Linde verfügt über:

- Ressourcen- bzw. Marktmacht: Sie verdient als Leitung mehr als alle anderen Mitarbeiter*innen, was auch alle wissen.
- Organisationsmacht: Sie hat ihren Favoriten gewählt, vielleicht hat sie auch schon dem Vorstand Entsprechendes signalisiert. Sie genießt das Vertrauen des Trägers an höchster Stelle. Strategisch zielt ihr Handeln auf Machtkonsolidierung und Machtausbau.
- Positionsmacht: Ihre Position ist höher als die der Teammitglieder und wird in Zukunft noch höher angesiedelt sein. Das gibt ihr Selbstvertrauen und Stärke, ihre Definitions-, Artikulations- und Organisationsmacht zu nutzen. Durch das informelle Gespräch hat sie Herrn Schaal mit sich in Koalition gebracht: Sie beide wollen dasselbe, aber er ist von ihr mehr abhängig als sie von ihm.
- Artikulations- und Modellmacht: Sie kann andere überzeugen, ihre Meinung wird akzeptiert, das hat sie in den Jahren der Leitung mehrfach unter Beweis gestellt. Sie verfügt über Kenntnisse und psychologische Fähigkeiten der Antizipation und Ambiguitätstoleranz sowie über Kenntnisse strategischer Gesprächsführung: Sie ist sich des Zwiespalts zwischen ihren eigenen Interessen und denen des Teams bewusst, daher will sie die Frage der Nachfolge transparent mit dem Team kommunizieren. Das Team lädt sie zu einem öffentlichen Meinungsaustausch ein, hält sich aber mit ihrer eigenen Meinung zurück. Sie spürt eine innere Ambivalenz zwischen ihrer Werthaltung, die Dinge offen zu kommunizieren und alle gleich zu behandeln und ihrer Bevorzugung von Herrn Schaal. Die Paradoxie der Situation liegt in dem Wunsch, das Team zu einer friedlichen, einvernehmlichen Lösung zu führen, doch gleichzeitig ist es ein Opening für einen offenen Machtkampf. Wie kann sie diesen Konflikt lösen? Indem sie ihre Wahl veröffentlicht und ihren Mitarbeiter*innen versichert, dass sie hinter der Teamentscheidung steht, gleich wie diese ausfällt und die Option des Teams vor dem Vorstand vertritt.

Auch Herr Schaal verfügt über spezifische Machtquellen:

- Modell- und Definitionsmacht: Er verfügt über Wissensbestände in Form von psychologischen Fähigkeiten der Antizipation und Wissen über Gruppendynamik, daher fühlt er sich seiner Sache sicher. Auf den ersten Blick hat er keinen Konflikt, da er sich in der Sicherheit wähnt, dass die Leitung hinter ihm und seiner Bewerbung steht. Er geht davon aus, dass ihn Frau Linde braucht. Es ist ihm klar, dass es, je nachdem, wie der gruppendynamische Prozess im Team verläuft, sein kann, dass ihm Ablehnung entgegengebracht wird, sei es verbal oder durch Schweigen der anderen. Darauf stellt er sich bereits im Vorfeld ein, indem er z. B. seinerseits plant, Schweigen als Machtmittel einzusetzen.

- Physische und Marktmacht: Er verfügt über Macht in Form von sozialem Kapital aufgrund seines Geschlechts: Durch geschlechtsspezifische Zuschreibungen werden Männern höhere Kompetenzen als Frauen zugeschrieben und von ihnen werden wettbewerbsorientiertere Handlungsweisen erwartet. Zum Geschlechtervorteil kommt noch, dass er sympathisch wirkt, zumindest für einzelne Teammitglieder. Die Marktmacht beinhaltet darüber hinaus seine Ausbildung. Herr Schaal ist sich darüber im Klaren, dass er als Mann in der Sozialen Arbeit den Vorteilen einer positiven Diskriminierung unterliegt. Männer sind in der Sozialen Arbeit zahlenmäßig deutlich unterrepräsentiert (im Studium beträgt das Verhältnis ca. w 85 % zu m 15 %), im Hinblick auf Führungspositionen im Sozial- und Gesundheitssektor sind sie allerdings deutlich überrepräsentiert (w 40 % zu m 60 %) (vgl. Einleitung Engelke). Insgesamt sind im Sozial- und Gesundheitsberuf 77% Frauen tätig (BMfSFJ 2021).
- Positions- und Organisationsmacht: Eine Zurückweisung seines Anliegens könnte sein Selbstbild in Frage stellen und seine Position im Team und beim Träger gefährden. Vielleicht empfindet er ein Bedürfnis nach Anerkennung und Zugehörigkeit, was unter einer neuen Leitung nicht mehr in vertrauter Weise erfüllt werden könnte. Seine Macht in Form des sozialen Kapitals würde schwinden, wenn die Leitung sich dem Gruppenvotum anschließt und seine Bewerbung nicht unterstützt. Damit wären auch seine Prestigequellen gefährdet.

Die individuellen Machtquellen von Frau Brock sind:

- Ressourcenmacht: Sie verfügt über die richtige Zusatzausbildung für die Tätigkeit.
- Modell- und Artikulationsmacht: Sie hat Modellmacht dadurch, dass sie weiß, wie sie ihre Idee der Beförderung durchsetzen kann. Sie ist fähig und traut sich zu, zu kämpfen, weil sie der Überzeugung ist, die beste Wahl für die zukünftige Leitung zu sein. Sie weiß, was sie wann sagen muss, um ihre Chancen zu wahrzunehmen.
- Positions- und Organisationsmacht: Sicher macht Frau Brock die Unterstützung der Kolleginnen, unsicher die nicht kalkulierbare Reaktion von Herrn Schaal und Frau Linde. Als Machtfaktor könnte sie die

Zustimmung der Mehrheit ins Spiel bringen, wie auch ihr kulturelles Kapital, die Wissenskompetenzen und ihre akademische Qualifikation. Ihre Unsicherheit könnte sie als Ressource nutzen, indem sie offen ihre Empfindungen zum Ausdruck bringt und so authentisch bleibt. Ihre Unsicherheit kann sie aber auch strategisch einsetzen als Appell, mit ihr in der Konkurrenzsituation nicht zu hart umzugehen.

Die individuellen Machtquellen der anderen vier, scheinbar unbeteiligten Sozialarbeiterinnen sind:

- Positions- und Organisationsmacht: Sie sind diejenigen, vor denen Frau Linde Respekt hat, obgleich sie eine niedrigere Position im Team haben, denn sie gilt es zu überzeugen. Ihre Macht liegt in der Anzahl der Personen und darin, dass sie sich zumindest in der Frage, wer die nächste Teamleitung wird, einig sind. Sie bilden somit eine Gruppe (= Koalition) und wollen diese für die eigenen Interessen nutzen. Stimmen sie dem Vorschlag ihrer Leitung nicht zu, verliert Frau Linde ihre Macht.
- Modellmacht: Die drei Mitarbeiterinnen wissen, was sie wann sagen müssen, um ihre Ideen durchzusetzen und Frau Linde zu überzeugen – das zumindest hoffen sie.

Ebene der Interaktion und Beziehungen

Betrachten wir Machtfragen auf der interaktiven Ebene, erhöht sich die Komplexität rasant: In Interaktionsprozessen treffen Menschen mit ihren verschiedenen Machtquellen, Interessen, Deutungen der Situation aufeinander, die zusammen eine Dynamik entfalten können, die im Vorherein nicht absehbar ist. Diese Kräfte werden noch dadurch erhöht, dass die Mitglieder der Gruppe in unterschiedlichen Beziehungen zueinanderstehen.

Welche Arten gibt es? Grundsätzlich wird unterschieden zwischen sogenannten Beziehungen in der Primärgruppe der Familie bzw. des engen privates Umfeldes, und Beziehungen in Sekundärgruppen, die im Verlauf des Lebens gewählt werden und sich immer wieder verändern können.

Als weitere Form der Beziehung ist die für den hier beschrieben Zusammenhang wichtige Arbeits- oder professionelle Beziehung zu nennen. In professionellen Beziehungen treten die gesellschaftlichen Bedingungen in Form von Organisationsstrukturen in den Vordergrund. Nimmt man in der Organisation eine bestimmte Position ein, tritt man in Beziehungen, die vor allem durch die Funktion, die man hat, dominiert werden. Man füllt diese Beziehung also nur deswegen aus, weil man in dieser Funktion ist. Diese Verbindungen, die immer auch durch die Organisationskultur geprägt sind, wirken neben persönlicher Sympathie und Antipathie vor allem durch Faktoren wie Organisationsstruktur, Zuständigkeit, Weisungsbefugnis und Kenntnisvorsprung (vgl. Schmid/Caspari. o.J.). Eine professionelle Beziehung zwischen Arbeitskolleg*innen ist somit immer von spezifischen organisational-machtvollen Faktoren geprägt.

Häufig arbeiten Mitarbeiter*innen in Kollegien, Arbeitsgruppen, aber auch Teams zusammen. Was ist der Unterschied? Kollegien und Arbeitsgruppen sind Ansammlungen von Mitarbeiter*innen, die in einem gemeinsamen Kontext arbeiten. Oft werden diese Gruppen auch Team genannt, allerdings nach den üblichen Definitionen sind sie keine echten Teams, da in ihnen nicht arbeitsteilig und voneinander unabhängig gearbeitet wird. Das ist in echten Teams anders: Ein Team ist nach Lewin „eine Gruppe von Individuen, die einen Interaktionszusammenhang bilden, der durch die Beziehungen der Mitglieder zueinander und zu einem Themenbereich bestimmt ist. Diese Beziehungen bleiben nicht konstant, sondern sie verändern sich im Verlauf der Zeit. Diese Veränderungen werden durch innere, individuums- und gruppenbezogene und äußere, organisationsbezogene Kräfte ausgelöst“ (Sagebiel 2012, S. 13).

Teams in Organisationen erfüllen also folgende Kriterien:
- Sie dienen einem bestimmten Zweck der Organisation;
- sie haben spezifische Ziele und Aufgaben;
- sie verfügen über unterschiedliche Rollen und Kompetenzen;
- sie sind nicht von Dauer, sondern wandeln sich, z.B. durch personellen Wechsel oder Beendigung der Aufgabe (ebd., S. 12).

Aufgrund dieser Faktoren sind Teams besondere Orte ständiger Macht-Aushandlungsprozesse. Dort werden neben Arbeitsaufgaben auch ständig Rollen- und Verhaltensanforderungen in einem hierarchischen System unter Bedingungen eines marktwirtschaftlichen Kapitalismus verhandelt und vergeben – und zwar immer im Hinblick auf Macht. Ausgeübt durch Zwang, Belohnung, Legitimation, Identifikation, Sachkenntnis, Information und situative Kontrolle (König 2007, S. 27).

Hinzu kommt noch ein weiterer Aspekt: Teams sind auch Gruppen. Und Gruppen haben ihre ganz eigenen Gesetze, die in den Konzepten der Gruppendynamik beschrieben werden. König stellt in seinem Buch „Macht in Gruppen“ daher nicht überraschend fest: „Der Umgang mit Macht stellt sich als strukturell bedingte Aufgabe“ (König 2007, S. 116). In ihnen finden, wie in jeder anderen Gruppe auch, neben den typischen Arbeits-Dynamiken (z.B. Hierarchie) zusätzlich andauernd machtvolle Prozesse aufgrund von Gruppendynamik statt. Das bietet insbesondere bei

Teams, in denen alle aufeinander angewiesen sind, gewisse Brisanzen, wenn es um Machtfragen geht: „Machtphänomene haben in diesem Alltag wenig spielerischen oder experimentellen Charakter. Im gesellschaftlichen Leben (und in Teams, d. V.) spielt Macht eine zentrale Rolle bei der Zuweisung von Chancen und damit bei der Produktion von sozialer Ungleichheit. In der beruflichen (...) Realität werden Machtfragen zwar gehandhabt. Sie zu reflektieren und zu verändern, stößt aber auf ganz andere Widerstände als (beispielsweise, d. V.) in einer Trainingsgruppe" (König 2007, S. 12).

Vor diesem Hintergrund ist eine vollständige Beschreibung aller in einem Team stattfindenden Machtprozesse unmöglich. Allerdings gibt es so etwas wie *Klassiker der Gruppendynamik* als „Spiele der Macht", wie sie König nennt (ebd., S. 116), die sich in vielen Teams abspielen. Ein häufiges Spiel der Macht liegt in der Verwechslung von Struktur, Rolle und Person: Strukturelle Macht wird personalisiert, d.h. einer Person als Eigenschaft zugeschrieben. Diese Person wird dann als Person bekämpft oder bezirzt, anstatt deren Machtausstattung strukturell zu betrachten. Das ist ein sehr häufiges Phänomen in Arbeitsteams. Eine supervisorische Arbeitshypothese heißt deswegen auch: Je hilfloser sich ein Team fühlt, desto stärker erfolgt der Angriff auf die (im Hinblick auf den Zusammenhalt) ungefährlichste Person – deswegen oft auf Personen der eigenen Hierarchieebene und nicht auf deutlich machtvollere, hierarchisch höherstehende Personen. Das wäre zu gefährlich.

Für *Spiele der Macht* ist es daher für viele Teammitglieder sehr wichtig zu wissen, wie sie sich selbst, aber vor allem auch die anderen Personen einschätzen. Menschen agieren und reagieren sehr unterschiedlich im Hinblick auf Machtfragen. In Machtspielen zeigen sich immer wieder scheinbar typische Macht-„Charaktertypen" (ebd., S. 119). Woran erkennt man sie oder wie werden sie dazu *gemacht*? In jeder Gruppe (und vor allem in Teams, in denen man eng und evtl. lange zusammen arbeitet) erfolgen auf der Basis von Beobachtung, aber auch eigenen Deutungsmustern, Zuschreibungen und Etikettierungen, die sich durch Wiederholung stetig verfestigen, bis sie zu zugesprochenen (und manchmal auch angenommenen) Persönlichkeitseigenschaften werden. Mit Blick auf Macht sind das häufig – ausgesprochene oder unausgesprochene – Zuschreibungen, wie z.B. *er/sie ist machtgeil, er/sie ist ein Opfer, er/sie ist ein*e Mitläufer*in und Mitmacher*in, er/sie ist intrigant, er/sie ist immer ohnmächtig* oder *stilisiert sich als Opfer*. Eine solche Typisierung ist zwar in Teamprozessen hilfreich für eine Diagnose, wer welche Rolle in Machtspielen *gerne* übernimmt, ist allerdings in ihrer Verfestigung dahingehend gefährlich, da sie

„zu Etikettierungen (...) werden, die sich ihre eigene Realität über einen Prozess der selbsterfüllenden Prophezeiung schaffen (...) Solche Zuschreibungen werden dann selbst Teil eines Machtspiels, das in diesem Fall meist die Institution gewinnt“ (ebd., S. 120). Gibt es in Teams nur solche eher kritischen und negativen Zuschreibungen, wird das konstruktive Potenzial von Macht ausgeblendet.

Darüber hinaus sind in Machtsituationen situative und ritualisierte Kommunikationsmuster zu erkennen, die zum einen aus der eigenen Sozialisation stammen oder auch in Organisationen und Institutionen erworben werden. Menschen entwickeln in ihrer Lebensgeschichte kontinuierlich und, wie König feststellt, durchaus hartnäckige Verhaltensmuster auf der Basis der Erfahrungen in Machtsituationen (z.B. im Hinblick auf Eltern). Das hartnäckige Festhalten an diesen Vorstellungen ist ein Hinweis darauf, „daß die psychodynamische Grundlage solcher Strategien lebensgeschichtlich in den Erfahrungen und im Erleben von Kindheit und Jugend zu suchen ist, in den verletzungsanfälligen Prozessen von Abhängigkeit und Autonomie, Ablösung und Bindung. Diese Sichtweise eröffnet die Möglichkeit, die Entwicklung von Machtspielen mit Gefühlen von Machtlosigkeit in Verbindung zu bringen, sie als Ausfluß von Überlebensstrategien zu betrachten. Je rigider, automatischer und aggressiver diese Spiele umgesetzt werden, umso größer muss die dahinterstehende Bedrohung angenommen werden“ (ebd., S. 121 f.).

In Machtspielen entwickeln sich Dynamiken des Zusammenspiels von Personen mit spezifischen Rollen, die zum einen innerpsychisch gespeist sind und durch äußere Zuschreibungen entstehen und sich manifestieren. *Klassiker* sind *Täter-Opfer*-Dynamiken, *Retter und zu Rettende* oder *Wie du mir, so ich dir,* als auch Schweigen als starkes Machtmittel im Sinne von *Ich sag‘ dazu nichts*. Diese Dynamiken zu kennen und einordnen zu können, ist sehr hilfreich, ob als Teammitglied, Supervisor*in oder Teamberater*in und natürlich auch für eine Machtanalyse.

Kommen wir nach diesen Vorbemerkungen nun zu einigen Hypothesen im Hinblick auf das Team-Fallbeispiel. Erneut betrachten wir Machtquellen, die in Interaktionsprozessen auftreten: Jede einzelne Person bringt sich ein. Interaktionen sind allerdings dadurch gekennzeichnet, dass sie aus mehr als der Summe der Einzelteile bestehen – und genau das, was das *mehr* ist, ist machtanalytisch interessant.

Folgende Fragen könnten hilfreich sein:

- Um welche *Machttypen* handelt es sich bei den beteiligten Personen und was bedeutet das für die Interaktionen? Wer kann was gut? Wer hat Freude an Machtprozessen und warum? Bei wem kommt was wie an?
- Wer hat mit wem eine Koalition? Wer hat welche Koalitionen außerhalb des Teams?
- Welche Rituale und *Spiele der Macht* sind in diesem Team üblich? Wer übernimmt dabei welche Rolle?
- Wer muss, wer kann, wer will konkurrieren? Woran lässt sich Konkurrenz erkennen?
- Wie offen oder verdeckt werden Machtprozesse inszeniert, geführt und reflektiert? Wer übernimmt hier welche Aufgabe des Ansprechens oder Verschweigens? Wer hat welchen Gewinn wobei?
- Wer ist gut ausgestattet mit welchen Machtquellen und darf etwas (oder darf nichts) ansprechen? Wer traut sich was?
- Um welchen Wert, worum geht es den Akteur*innen wirklich, in offenen oder verdeckten *Power Plays*?
- Welche impliziten und expliziten Normen herrschen im Team? Wer stimmt ihnen wie zu, wer nicht? Woran erkennt man Zustimmung und Ablehnung?

Nun einige Hypothesen zum Team:
Es scheint eine Norm zu geben, dass die Frage der Stellenbesetzung im Team *demokratisch* beschlossen wird. *Demokratie* meint hier, dass das Team gemeinsam, scheinbar möglichst einvernehmlich die Entscheidung treffen soll, wer sich auf die Leitungsfunktion bewirbt. Gleichzeitig sind im Hintergrund aber bereits Fäden gezogen worden, die dieser Norm widersprechen. Fakt ist, dass die Entscheidung schon getroffen ist, das Team darf nur noch zustimmen. Dabei soll aber der Eindruck erweckt werden, dass alle Entscheidungsmacht haben. Die aktuelle Leiterin Frau Linde versucht also, ihre Positionsmacht möglichst nicht in Anschlag zu bringen: Sie versucht sie zu verschleiern hinter Diskursen von Transparenz, Teamfähigkeit und pseudodemokratischen Verfahren. Macht wirkt hier also in Gestalt von Konkurrenz und Wettbewerb (bzw. in der Vermeidung, dies offen zu zeigen), Zukunftshoffnungen und Befürchtungen. Es geht um Gewinnen und Verlieren. Alle sind mit der Ressourcenmacht des Trägers konfrontiert, denn es ist nur eine Stelle zu vergeben.

Wir können nur vermuten, was sich ereignen könnte:
Welches Vertrauen genießt die Leitung im Team? Wird Frau Linde ihre Interessen *undercover* halten, dann gerinnt die Sitzung zu einem offenen Machtkampf zwischen den beiden Bewerber*innen. Sie fechten dann

stellvertretend einen Kampf aus, den eigentlich die Leitung mit dem Team austragen müsste. Hat Frau Linde den Mut, ihren Favoriten offen vorzuschlagen, könnte das Gespräch sachlich und fair verlaufen. Jeder hätte die Chance, sich zu äußern. Da wir nicht wissen, in welcher Phase sich das Team gruppendynamisch befindet, können wir, wie gesagt, nur Hypothesen entwickeln.

Die Ungewissheit, wie Frau Linde sich gegenüber dem Vorstand verhalten wird bleibt jedoch, denn als Leitung verfügt sie über ein Vorschlagsrecht (Organisations- und Artikulationsmacht). Dessen ist sich auch das Team bewusst, sie könnten denken: „Jetzt dürfen wir hier alle mal darüber reden, aber entscheiden dürfen wir nicht.“

Das Team kann die Leitung auf eine offene Diskussion verpflichten, kann den Wert Transparenz und demokratische Abstimmung einfordern – das setzt allerdings voraus, dass sich alle einig sind. Im schlimmsten Fall könnten einige Teammitglieder ihre Körpermacht einsetzen und die Sitzung verlassen.

Eines scheint klar: Eine(r) wird gewinnen – nämlich den Job bekommen. Der oder die Verlierer*in hätte Pech gehabt. Der Prozess hat aber nicht nur Auswirkungen auf die beiden Protagonist*innen. Auch für das Team steht einiges auf dem Spiel. Wer auch immer den Wettbewerb gewinnt, wie bekommt er oder sie Rückhalt im Team? Ist es Herr Schaal, fühlt sich dann das restliche Team entweder übergangen oder reagiert in der Ohnmacht machtvoll verweigernd im Sinne von: „Wir werden dir schon zeigen, wer hier die Macht hat – wir sind mehr und machen einfach nicht mit dir mit.“ Was hätte das für eine Wirkung auf Frau Linde, wenn ihr gewünschter Nachfolger von den Mitarbeiterinnen nicht akzeptiert würde? Würde sie das (und wenn ja, wie?) als Autoritätsperson schwächen? Und umgekehrt, würde Frau Brock die Stelle bekommen, wie würde sich dann die Zusammenarbeit mit dem Verlierer Herrn Schaal gestalten?

Organisationsebene

Die Entscheidung findet im Rahmen einer hierarchisch strukturierten Organisation statt. Das Team hat sich als ein Teil eines größeren sozialen Systems nach den Regeln und Normen der ganzen Organisation zu richten. Der Vorstand wird seine Entscheidung vor allem nach funktionalen Gesichtspunkten treffen, mit dem Ziel, den Ablauf und die Ordnung in der Organisation sicherzustellen. Das Team spiegelt in seinem Handeln die Organisation wider. Im Hinblick auf die Machtausübung der Organisation stellen sich daher folgender Fragen:

- Wie inszeniert die Organisation ihre Macht? Welche Diskurse werden nach welchen Regeln geführt? Wer entscheidet z. B. darüber, wie eine Stelle besetzt wird?
- Welche Unterscheidungen werden durch wen getroffen? Wie transparent ist das?
- Ist offene Kommunikation oder verdeckte erwünscht? Woher wissen das alle Beteiligten?
- Was zählt mehr: Qualifikation oder *Vitamin B*?
- Wie muss die *Spitze* gepflegt werden?

Definitiv ist: Die Macht der Entscheidung liegt beim Vorstand. Unter dieser Perspektive erscheint das Thema der Teamsitzung als Farce im Hinblick auf Macht.

Gesellschaftliche Verhältnisse

Im Fokus dieser Betrachtung liegt die Vermitteltheit zwischen Personen, ihren Handlungen und den gesellschaftlichen Bedingungen für die Organisation. Die Handlungen der Teammitglieder bewegen sich im Spektrum gesellschaftlicher Machtverhältnisse, der Landschaft von öffentlichen und privaten Dienstleistern, die wiederum an sozialpolitische, rechtliche und ökonomische Vorgaben und Regeln gebunden sind. Durch ihr fortwährendes Handeln reproduziert jedes einzelne Teammitglied, jedes Team, jeder Vorstand etc. die bestehenden Machtstrukturen und den herrschenden Diskurs immer wieder aufs Neue.

Und damit ist der Kreis von Individuum und der Gesellschaft geschlossen.

4.3 Machtanalyse Organisationsebene: Die Organisation hat Priorität

Der Verein XY wurde vor 40 Jahren als Selbsthilfeverein gegründet, weil es damals auf diesem Feld in der Stadt keinerlei Angebote gab. Über die Jahre hinaus ist er immer größer geworden und hat das Profil, bedarfsgerechte Hilfen anzubieten, immer mehr erweitert. Entsprechend wurde die Verwaltung, anfangs bestehend aus einer Sekretärin, immer größer, um die immer vielfältigeren Aufgaben zu bewältigen. Insgesamt gibt es nun schon 21 kleinere und größere Einrichtungen des Vereins. Derzeit beschäftigt der Verein an die 350 Mitarbeiter*innen auf 220 Stellen.

Auch in der Leitungsstruktur hat sich seit damals viel verändert: Waren es anfangs noch – entsprechend der Vereinsstruktur – nur die ehrenamtlichen Vorstände, die neben ihrer eigenen Berufstätigkeit den Verein auch operativ geführt haben, gibt es nun schon seit gut 25 Jahren einen hauptamtlichen Geschäftsführer. Der aktuelle Vorstand übernimmt immer wieder bei personellen Engpässen operative Tätigkeiten in der Verwaltung des Vereins. Die Vorstandsmitglieder haben aber seit der

Gründung mehrfach gewechselt, bis auf den Vorstandsvorsitzenden, der als einer der Gründungsväter bis heute im Vorstand ist und den Verein stark prägt(e) und mitgestaltet (hat).

Aufgrund der Veränderungen hat der ehrenamtliche Vorstand vor einem Jahr zusammen mit dem Geschäftsführer sowie der für die Finanzen zuständigen Verwaltungsleiterin im Rahmen einer Organisationsberatung beschlossen, die Bereiche neu zu strukturieren. Ausgangspunkt war, dass diese Bereiche aufgrund der Bedarfsentwicklung in ihrer Größe ganz unterschiedlich gewachsen sind. Parallel zu dieser Expansion ergaben sich Probleme in der internen Kommunikation, da bei Leitungsbesprechungen die Leiter*innen aller 21 Einrichtungen anwesend waren und Entscheidungsfindungen sich in der großen Gruppe immer schwieriger gestalteten. Da klare strukturelle Regelungen hinsichtlich der Entscheidungskompetenzen für die Einrichtungsleitungen fehlten, musste der Geschäftsführer in zu viele kleine operative Entscheidungen einbezogen werden, wenn er denn erreichbar war. Ein Verfahren, dass der Größe des Vereins nicht mehr angemessen war und Entscheidungshandeln nicht mehr zeitnah ermöglichte.

Die Empfehlung der Organisationsberatung war, eine Umstrukturierung des Vereins vorzunehmen, die Einrichtungen in Bereiche zusammenzufassen und dafür eine neue Leitungsebene – die Bereichsleitungen – einzuführen. So entstanden in kurzer Zeit vier unterschiedliche Arbeitsgebiete mit den ihr zugeordneten Einrichtungen sowie Mitarbeiter*innen. Ein Bereich überstieg an Größe alle anderen drei Bereiche. Es ist der Bereich des Vereins, der sich wirtschaftlich gegenüber den anderen Bereichen als herausragend positionieren konnte, und dadurch andere Einrichtungen, die immer wieder ins Minus geraten, finanziell unterstützen konnte und auch muss. Der für dieses Gebiet zuständige Bereichsleiter ist ein Jahr länger im Verein tätig als der Geschäftsführer und ist sich in dieser Position seiner Macht bewusst, was ihn selbstsicher und verhandlungsstark gegenüber dem Vorstand und dem Geschäftsführer auftreten lässt.

Der Prozess der Reorganisation erfordert einen Umzug des Vereins in ein größeres Gebäude. In die neuen Räume sollen die Verwaltung, der Geschäftsführer und die Verwaltungsleiterin einziehen. Neu ist, dass die Bereichsleiter*innen (zwei Männer, zwei Frauen) nun auch ihr Büro dort haben werden, vorher waren diese in den Einrichtungen verortet. Ihre Ansprechpartner*innen sind nun vor allem die Teamleitungen, was mehr Kontakt zwischen Bereichs- und Teamleitung und weniger Kontakt zwischen normalen Mitarbeiter*innen und Bereichsleitung bedeutet.

Die neuen Räume sind modern und repräsentativ, sie zeigen bzw. symbolisieren, dass es dem Verein wirtschaftlich gut geht. Aktuell geht es um die Verteilung der Büros: Allen ist klar, dass die größten Räume der Geschäftsführung vorbehalten sind. Um die Büros für die neuen Bereichsleitungen, die unterschiedlich groß sind und von denen sich eines in einem anderen Stockwerk befindet, gibt es aktuell Diskussionen zwischen den Bereichsleitungen, aber noch nicht mit der Leitung.

War es schon auf der Teamebene schwierig, die vielen Aspekte der Macht zu erfassen, so wird es mit dem Fokus auf die Organisationsebene noch schwieriger, denn die Komplexität erhöht sich um ein Vielfaches.

Für eine Machtanalyse auf der Organisationsebene ist es sinnvoll, selektive Ausblendungen vorzunehmen, um den Fokus auf die Machtwirkungen zu konzentrieren. Eine Möglichkeit, wie wir sie hier auch vorschlagen, ist, sich auf interne Organisationsdynamiken unter weitgehender Ausblendung der Umweltbedingungen zu fokussieren, obwohl das natürlich eigentlich nicht geht. Jede Organisation und ihre Mitglieder wirken in gesellschaftliche Zusammenhänge hinein und gestalten diese mit. Und umgekehrt ist es genauso: Die Erwartungen der Umwelt beeinflussen Organisationen und führen, wie in unserem Beispiel, zur Ausdifferenzierung einzelner Teilbereiche und zur Vergrößerung der Organisation. Wir versuchen es aber trotzdem.

Aus diesem Grund erfolgt die obige Falldarstellung bereits ohne jeden Feldbezug und ohne irgendeinen Hinweis auf eine bestimmte Adressat*innengruppe, Personen und deren Problemlagen. Interessanterweise sind diese für eine Betrachtung von Organisationsstrukturen auch weitgehend unwichtig. Das mag auf den ersten Blick erstaunen. Doch in Organisationen entstehen Prozesse, die völlig unabhängig von ihren Adressat*innen ablaufen. Provokant zusammengefasst bedeutet das: Eine Organisation braucht Klient*innen im psychosozialen Kontext eigentlich nur dafür, um überhaupt eine Existenzberechtigung zu haben (wie eine Fabrik, die Produkte herstellt), nicht aber, um Organisationsdynamiken entwickeln zu können. Organisationen sind also Gebilde mit machtvollem Eigenleben.

Bevor wir spezifische Machtdynamiken in Organisationen anhand des Beispiels betrachten, möchten wir erst einmal skizzieren, was wir unter einer Organisation verstehen:

- Eine Organisation ist ein bewusst von Menschen geschaffenes und zielgerichtetes soziales System mit ausgewiesener Sozialstruktur, die sich über eine Interaktionsstruktur zwischen den Mitgliedern und einer differenzierten Positionsstruktur (Hierarchien) und deren impliziten Machtpositionen bildet. „Beide Strukturformen bedingen sich wechselseitig in der Weise, dass sie einerseits die Stabilität und das Überleben der Organisation sicherstellen, andererseits kann ihre Veränderung den Wandel der Organisation bewirken“ (Sagebiel 2012, S. 43).
- Im Prozess einer Reorganisation verändert sich, wie das Beispiel schon auf den ersten Blick zeigt, die Interaktions- und Positionsstruktur, ggf. auch die Organisationskultur.
- In jeder Organisation gibt es formalisierte Strukturen, die das Kommunikations- und Entscheidungsverhalten regeln (Hierarchien, Zuständigkeiten, Sachgebiete etc.) und eine informelle Schichtung, die zu einer doppelten Sozialstruktur in Form einer offiziellen Ordnung und einer

inoffiziellen Verhaltensstruktur mit normativ aufgeladenen Rollenerwartungen führt.
- In Organisationen agieren Individuen immer auf allen Hierarchieebenen mit ihren lebensgeschichtlichen Machterfahrungen.
- Jede Organisation hat ein Gründungsdatum und eine Geschichte, aus der sich ihre Kultur in Gestalt gemeinsamer Vorstellungen und Werte ableitet.
- Gründungspersonen haben immer eine besondere Bedeutung für eine Organisation: Sie wirken tendenziell identitätsstiftend und systemstabilisierend. Finden Veränderungen statt, sind sie oft die *Bewahrer*innen* des Gründungsmythos.
- Organisationen bestehen aus Mitgliedern, deren Zugehörigkeit über Qualifikationen und Einstellungen formal geregelt ist und von denen erwartet wird, dass sie dem Zweck der Organisation zustimmen und sich den Regeln angepasst verhalten.
- Organisationen verfolgen bestimmte Ziele und Zwecke, basieren auf Rationalität und erwarten auch (vor allem von den Mitgliedern) Zweckrationalität.
- Der Sinn von Organisationen ist es, auf bestimmte Erwartungen der Umwelt durch Entscheidungen zu reagieren. Soziale Organisation reagieren auf Hilfeerwartungen, Unternehmen auf Waren- und Produkterwartungen, Banken auf Erwartungen des Geldtransfers etc.
- Nach Luhmann sind Organisationen soziale Systeme, die sich über die Kommunikation von personenunabhängigen Entscheidungen, die an Regeln, Programme und Zwecke gebunden sind, vermitteln (Sagebiel 2012, S. 69).

Diese knappen Beschreibungen des Begriffs Organisation mögen hier für die Machtanalyse unseres Falles genügen. Interessierten Leser*innen empfehlen wir zur Vertiefung die Einführungen von Joachim Merchel (2015), Stefan Kühl (2015), Georg Schreyögg (2012) und Dietmar Vahs (2012).

Im Folgenden richten wir den Blick auf Themen von Macht und Machtdynamiken in Organisationen, die im Beispiel angesprochen werden und auch in anderen Organisationen vergleichbar stattfinden. Die Literatur zu Machtdynamiken in Organisationen ist breit gefächert. Das Thema wird in vielen psychologischen (speziell: Arbeits- und Organisationspsychologie, Ansätze aus der angewandten Sozialpsychologie), betriebswirtschaftlichen sowie in diversen Management- und Beratungskontexten seit vielen Jahren intensiv diskutiert. Das gesamte damit verbundene Themenspektrum ist zu breit, um an dieser Stelle einen Überblick geben zu können, wir verweisen dafür auf z. B. Neubauer (2006) und Richter (2014).

Aus unserer Sicht sind zur Analyse des Fallbeispiels zwei Aspekte interessant: *Macht, Raum und Veränderung* sowie *Macht und Führung,* auf die wir uns unter Bezugnahme auf die in Kapitel 2 skizzierten Machttheorien konzentrieren wollen.

Raum, Macht und Veränderung

Wie wichtig Architektur im Hinblick auf Macht ist, lässt sich bei einem Spaziergang z. B. durch Großstädte leicht erkennen: Viele historische und moderne Bauwerke zeugen von der Macht und Bedeutung ihrer Auftraggeber und Erbauer (wir benutzen hier absichtlich die rein männliche Sprache, denn Frauen gibt es in dieser Hinsicht nur bis auf ganz wenige Ausnahmen – z. B. Katharina die Große). Dazu gehören Schlösser, Residenzen, Opernhäuser, Justizpaläste, Kirchen, Stadien, Rathäuser, Bahnhöfe, Unternehmensgebäude, Hochhäuser und öffentliche Plätze. Jeder Machthaber, jede Unternehmensgruppe, jeder Sportverein, jede Regierung und jede Organisation nehmen mehr oder weniger Raum ein, indem sie entweder Gebäude und Plätze errichten und gestalten oder sich auch in Werbeplakaten präsentieren. Zu dieser deutlich sichtbaren Präsenz addiert sich die ebenso kraftvolle Präsenz in den virtuell öffentlichen Räumen (Google, Facebook & Co.). Dieser ganze öffentliche Raum ist somit angefüllt mit symbolischer Macht.

Der Ausstrahlungskraft von Räumen können sich Menschen nicht entziehen, denn sie wirken – bewusst oder unbewusst – als Spiegel der Macht, indem sie auf die Menschen imponierend, motivierend, einschüchternd und Herrschaft demonstrierend einwirken. Besonders sichtbar und erfahrbar wird diese Raum-Macht beispielsweise in Regierungspalästen, Justizgebäuden: Meist führt eine besonders prunkvoll gestaltete, breite Treppe in das Zentrum der Herrschaft – bis man dort angelangt ist, hat die Macht schon ihre volle Kraft entfaltet. Das gilt auch für etwas subtiler angelegte architektonische Machtsignale, wie z. B., dass in vielen alten Wohnhäusern das Erdgeschoss höher gebaut ist als die anderen Stockwerke, vor allem das Dach, das früher für die Dienstboten niedriger gebaut war. Heute hat sich das vollkommen verändert: Eine Dachgeschosswohnung bewohnen zu können, vor allem in Großstädten, ist ein Ausdruck von Macht (vgl. FAZ.net vom 19.08.2013).

Festzustellen ist: Der beabsichtigten Machtdemonstration der Erbauer (Popitz nennt das „datensetzende Macht“) und ihrer Auftraggeber kann sich kaum jemand gänzlich entziehen. Insofern ist Architektur ein zentraler Aspekt von Macht, der aber im Kontext Sozialer Arbeit interessanterweise nur selten beachtet wird. Deswegen wollen wir ihn anhand unseres Fallbeispiels etwas genauer betrachten. Eine soziale Organisation wie in unserem Beispiel kann sich keinen Neubau oder die Anmietung von Räumen in solchen repräsentativen Gebäuden leisten, aber machtvolle Anordnungen von Räumen gibt es trotzdem auch hier: Für das Management ist ein Neu- oder Umbau – hier der Umzug der Zentrale – der Ort, wo die Führung ihre Macht in Form von Architektur dokumentiert. Im Fall ist nichts darüber gesagt, aber oft werden diese Anordnungen ergänzt durch Plakate und Fotogalerien an prominenten Stellen, sowie das Auslegen von organisationsinternen Printmedien (Broschüren, Flyer etc.) oder durch einen durchgestylten Internetauftritt ergänzt. All diese Symbole dienen auf einer sehr subtilen Ebene der Erzeugung, Stabilisierung und Reproduktion von Macht in Organisationen.

Die Größe, die Lage, die Helligkeit oder Dunkelheit der Büros sowie die Frage, bei wem es eine exklusive oder Standardmöblierung gibt – all diese Faktoren sagen viel über den Status und die Position der Mitarbeiter*innen in einer Organisation aus. *Die Mächtigen* sitzen nie in der Nähe des Eingangs, sondern meist am Ende desselben, im besten Fall geschützt durch ein Vorzimmer mit entsprechendem Personal. Falls das Gebäude mehrstöckig ist, befinden sich die Vorstände fast immer im obersten Stockwerk, dem Olymp (ein gutes Beispiel dafür ist die Bahnzentrale in Berlin am Potsdamer Platz). Die Hierarchie in ihrer Positionsstruktur macht eine Organisation dadurch sichtbar, dass Mitarbeiter*innen ein Büro entsprechend diesen Kriterien erhalten, z. B. ein Einzelbüro mit Vorzimmer, einen Besprechungstisch, oder ob ihnen *nur* ein Doppelzimmer zugewiesen wird. Insofern ist der architektonische Raum immer auch der soziale Raum, in dem „die feinen Unterschiede“ (Bourdieu 1979) erzeugt und verstetigt werden: „Dieser soziale Raum besitzt, wie der geographische, eine Struktur – es gibt so etwas wie eine gesellschaftliche Topologie: Einige Menschen stehen ‚oben‘, andere ‚unten‘, noch andere ‚in der Mitte‘“ (Bourdieu 1992, S. 35). Soziale Räume bezeichnet Bourdieu deswegen auch als Kampfarenen, in denen symbolische Macht ge- und verhandelt wird: Hier werden Positionen und Privilegien vergeben oder verweigert, oder auch Wahrnehmungsweisen und Bedeutungen konstruiert und durchsetzt, die von allen Mitgliedern der Organisation geteilt und anerkannt werden (müssen). Auf diese Weise stabilisiert und reproduziert sich die Macht der Führung. Es ist *selbstverständlich*, dass der Sachbearbeiter in einem Doppelzimmer sitzt, die Teamleitung ein Einzelzimmer hat und der Geschäftsführerin ein Büro mit Vorzimmer zusteht.

Im Fallbeispiel wird der Faktor *Raum* in zweifacher Hinsicht relevant: Der Verein als eine erfolgreiche Organisation ist in neue, repräsentativere Räume umgezogen und zeigt damit nach außen seine Stärke oder auch seine Modellmacht im Sinne des kulturellen Kapitals (Bourdieu). Nach innen ist die Verteilung der Räume eine sensible Angelegenheit für die Organisation, denn Veränderungen erzeugen Unsicherheit und Widerstand in der Belegschaft. Das sind Prozesse, die unbedingt von der Führung gesteuert werden müssen, um den reibungslosen Ablauf sicherzustellen. Veränderungen werden von den Mitgliedern einer Organisation immer als verunsichernd und gefährlich wahrgenommen. In der Literatur wird daher eine Unterscheidung vorgenommen zwischen Veränderungen, die einem „Wandel erster Ordnung" (Möller et al. 2007, S. 165) entsprechen, in dem es um einzelne Anpassungsleistungen zur Steigerung der Effektivität und zur Lösung bestehender Probleme geht, oder ob es sich um einen Wandel zweiter Ordnung handelt. Letzterer, von Organisationsentwicklern wie Fatzer auch „Transformation" genannter Wandel zweiter Ordnung, beinhaltet „radikale Veränderungen in der Art und Weise wie Organisationsmitglieder wahrnehmen, denken und sich bei der Arbeit verhalten. Diese Veränderungen umfassen weit mehr als Verbesserungen der aktuellen Organisation oder die Verfeinerung des Status quo. Sie befassen sich mit fundamentalen Veränderungen der Grundannahmen darüber, wie die Organisation zu ihrer Umgebung und ihren Funktionen in Beziehung steht. Die Veränderung dieser Grundannahmen umfasst signifikante „shifts" oder Paradigmenwechsel in der Unternehmensphilosophie, in den Werten und in den zahlreichen strukturellen Merkmalen, die das Verhalten der Mitarbeiterinnen formt. Es ist nicht nur so, dass der Umfang der Veränderung größer ist, sondern die qualitative Natur der Organisation wird nachhaltig verändert" (Fatzer, zit. n. Möller et al. 2007, S. 166).

Die im Fallbeispiel mit der Veränderung der Organisationsstruktur und dem Umzug verbundenen beschriebenen Folgen lassen die Deutung zu, dass sich der Verein in einem Transformationsprozess befindet.

Das wirft – neben vielen anderen Steuerungsfragen des Organisationsmanagements, die hier zur Debatte stehen, auf die wir aber nicht eingehen wollen – folgende hilfreiche Machtfragen auf:

- Wie wirkt sich der Veränderungsprozess auf die Interaktionsstruktur im Verein aus?
- Wie verschieben sich die Machtbalancen in der Organisation?
- Wer reagiert wie? Wer entwickelt welche Widerstände? Und warum? Wer entwickelt keine?

- Wer profitiert wie von der Transformation? Und warum? Und vor allem: Warum nicht?
- Worauf weisen die Widerstände hin?
- Wie verändern die neuen Räume nach außen das Image, das kulturelle Kapital der Organisation?
- Welche Dynamiken entfaltet die Verteilung der neuen Räume auf die Organisation nach innen? Erkennt sie der *Gründungsvater* noch wieder?
- Wie kann die formelle und informelle Hierarchie in den neuen Räumen angemessen abgebildet oder gestaltet werden?
- Wo wird das Büro des *erfolgreichen* Bereichsleiter sein?
- Welche Baumaßnahmen sind notwendig, um die Räume (real und als Machtträume) so zu gestalten, dass sie zur inneren Struktur passen und die Geschichte, Kultur und Regeln der Organisation widerspiegeln – nach innen und nach außen?
- Wird das Problem, dass erst einmal nicht alle Bereichsleitungen auf einem Stockwerk Büros beziehen, als Machtproblem wahrgenommen? Und wie wird es gelöst?
- Durch welche Raumanordnungen werden welche Interaktionsmöglichkeiten zwischen Gruppen (Verwaltung, Bereichsleitung) ermöglicht oder behindert?

All diese Fragen verweisen auf viele machtvolle und spannende Prozesse in Organisationen, die in vielen Organisationen nicht beachtet werden, aber hochwirksam sind.

Kommen wir nun zum zweiten Aspekt, der aus unserer Sicht im Hinblick auf Organisationen und Macht bedeutsam ist.

Macht und Führung

Im Hinblick auf das oben beschriebene Fallbeispiel wird deutlich, dass der Umzug der Organisation in neue Räume, vor allem vor dem Hintergrund der Neustrukturierung der Bereiche, eine große Herausforderung für die Organisation, aber auch ein Zeichen von Positionsmacht darstellt.

Hier werden die Machträume neu verhandelt, bzw. es wird von der Leitung erwartet, dass sie strukturierend eingreift und entscheidet, wer welches Büro bekommt, und dass diese Entscheidung Akzeptanz findet. Erfüllt die Führung diese Erwartung nicht, indem sie die Entscheidung darüber den Mitarbeiter*innen überlässt, verliert sie an Autorität und somit Macht.

Wir wollen nun einige Aspekte zum Thema Führung und Macht herausgreifen, die wir mit Blick auf das Fallbeispiel als relevant erachten und die darüber hinaus unsere Leser*innen anregen mögen, ihre eigenen Fragen zu ihren Organisationen zu entwickeln, denn gerade in den Organisationen in der Sozialen Arbeit ist Macht ein Tabuwort, obgleich dort, wie ja überall anders auch, ständig Machtprozesse ablaufen.

Die Funktion von Führung in Organisationen ist Steuerung durch Macht und ein zentrales Erleben der Mitarbeiter*innen ist es, geführt zu werden. Im besten Fall ist Führung, so der Managementsoziologe Wetzel, „die eigentliche Arbeit der Macht. Derjenige der führt, trifft Entscheidungen und bestimmt dadurch das Handeln anderer (...) immer dort, wo Unordnung und Desorientierung vorherrschend sind, entsteht ein eminenter Bedarf an Führung. Anders gesagt: Die Absenz von Führung kann auf Dauer nur unter Inkaufnahme von Nachteilen vonstattengehen“ (Wetzel 2007, S. 61).

In der oben beschriebenen Organisation geht es gerade darum, Führung zu übernehmen, indem Entscheidungen darüber getroffen werden, wer wo arbeitet. Entsprechend der Logik von Organisationen sollte das unbedingt die Leitung tun, ansonsten entstehen die gerade beschriebenen Nachteile: Werden solche Entscheidungsprozesse in Organisationen offengelassen und nicht von oben gesteuert (das kann natürlich auch unter partizipativer Beteiligung der Belegschaft, z. B. durch Befragungen erfolgen, aber es muss immer klar bleiben, dass letztendlich die Leitung entscheidet), entsteht ein Machtvakuum oder sogar noch mehr: Leitung mit Macht, die nicht führt, erzeugt – nach Wetzel, der sich mit den Fragen der Mikrosoziologie von Führung unter dem Aspekt Macht auseinandersetzt – viel mehr Empörung und Verbitterung, „weil sie ihre eigentliche Aufgabe, das heißt, zu führen, verweigern.

Deshalb entziehen wir konsequenterweise einer solchen Macht unseren Respekt – und dies, obwohl wir ihr folgen, da die Angst vor Sanktionen meistens größer ist als das Versprechen der Freiheit“ (Wetzel 2007, S. 62). Er behauptet daher – und wir halten dieses Statement gerade im Kontext der Sozialen Arbeit (s. die Gerichtsverhandlung in Kap. 1.1) für besonders wichtig: „Führung muss stets durchgesetzt werden, Machtscheu ist für sie geradezu tödlich. Eine (gute) Führungskraft agiert zudem immer im Hier und Jetzt, sie ist ‚wirklichkeitssetzend‘ und lebt nicht in Phantasiewelten. Ihre bewusst ausgeübte Macht ist allerdings alles andere als Selbstzweck – ansonsten sprechen wir von Machtmissbrauch. Eine erfolgreiche Führungskraft nützt ihre Macht, um sich und andere zu einem Ziel zu bringen“ (ebd., S. 61).

Rufen wir uns die in Kapitel 2 vorgestellten Machttheorien in Erinnerung. Dort wird dieser Aspekt ebenfalls mehrfach benannt: Macht ist eben nicht gleich Macht, sondern es gibt *gute* und *schlechte* Macht. Ein paar Beispiele: Nach Staub-Bernasconi wäre demzufolge *gute* Führung das Nutzen von sogenannter Begrenzungsmacht – also einer Macht, die den Mitarbeiter*innen Entwicklungsmöglichkeiten und Handlungsspielräume eröffnet. Nach Kraus handelt es sich im Falle *guter* Führung um sogenannte instruktive Macht. Popitz spricht vom Ordnungswert der Macht, also von einer autoritativen Macht, die den Untergebenen Sicherheit und Orientierung gibt. Auch Arendt verweist darauf, dass eine *gute* Macht Freiheit erzeugt. Luhmann bezieht sich ebenfalls auf den Aspekt der Freiheit, wenn er feststellt: „Macht steigt mit Freiheiten auf beiden Seiten“ (Luhmann 1988, S. 10) – also auf der Seite der Machtunterworfenen, wie auf der Seite der Führenden.

Festzustellen ist: „Indem den Machtunterworfenen ein immer größerer Handlungs- und Entscheidungsspielraum zugestanden wird, etabliert und reproduziert sich Macht auf Dauer als erwartbare und verlässliche soziale Ordnung“ (Sagebiel 2012, S. 124), die nach innen und außen kommuniziert wird. Machterhaltende und machtgewinnende Entscheidungen resultieren aus der Kombination von Organisations- und Personalmacht, die sich in der Hierarchiespitze konzentrieren. Führende und Geführte entwickeln jeweils – so Bourdieu – einen durch die Rollen und die gemeinsame Praxis entwickelten Habitus, mit dem sie das Leben in der Organisation gestalten und sich von anderen Organisationen abgrenzen. In unserem Fall könnten das konkurrierende soziale Unternehmen sein, die kleiner oder größer sind, oder die wirtschaftlich nicht so gut am Markt positioniert sind.

In unserem Fallbeispiel bleibt offen, ob und wie der Vorstand und der Geschäftsführer das Problem der Raumverteilung lösen werden. Die Führung kann die Bereichsleitungen nach ihren Wünschen befragen und diese in ihrer Entscheidung berücksichtigen, sie kann aber auch Zwang ausüben, indem sie die Verteilung diktiert. Die letzte Alternative würde allerdings die Gefahr bergen, dass Geschäftsführung und Vorstand *gute* Macht einbüßen, denn „Macht verliert ihre Funktion (…) in dem Maße, als sie sich dem Charakter von Zwang annähert“ (Luhmann 1988, S. 9). Entscheidet sich der Vorstand für die autoritäre Variante, könnte das zu erheblichem Widerstand bei den Bereichsleitungen führen, die sich zu einer Gegenmacht zusammenschließen könnten.

Interessant ist auch, zu fragen, wie sich der Umzug der neu geschaffenen Bereichsleitungen in die Zentrale der Macht auf die Wahrnehmung der

Mitarbeiter*innen in den Einrichtungen und auf die Interaktionsstruktur auswirkt. Früher saßen die Bereichsleitungen vor Ort, in der Nähe zum Tagesgeschäft. Sie waren gleichgestellte Mitarbeiter*innen oder Teamleiter*innen, während sie jetzt in räumlicher Distanz und durch die neue Struktur alle an einem Ort (während sie vorher verteilt waren) deutlich sichtbar als mächtige Gruppe erkennbar sind. Für Mitarbeiter*innen könnten sich dann folgende Fragen an die Bereichsleitungen stellen:

- Welche Entscheidungen werden *die da* treffen?
- Sind wir für sie noch wichtig?
- Haben sie jetzt noch Verständnis für unsere Fragen und Anliegen aus der Praxis?
- Können wir von ihnen Unterstützung erwarten oder entwickeln sie sich zu einem verlängerten Arm des Vorstandes?

In einem solchen Klima von Unsicherheit ist Führungsstärke gefragt, um den Prozess der Umgestaltung zu moderieren und sinnstiftend zu kommunizieren. Tut die Führung das nicht klar, kann das viele Kräfte über eine lange Zeit binden – ganz im Sinne: Die Organisation und ihre Mitglieder beschäftigen sich mit sich selbst und nicht mit ihrem Auftrag. Wer braucht da noch Klient*innen? Wenigstens solange es keine ökonomischen Probleme gibt und sich die Organisation die neuen Räume noch leisten kann, aber wenn sich der Prozess und die internen Kämpfe länger hinziehen, läuft die Organisation Gefahr, ihre Existenz aufs Spiel zu setzen.

Aufgabe von Leitungen in Organisationen ist es also, das Spannungsfeld von Stabilisierung und Veränderung vor dem Hintergrund der sich verändernden Machtverhältnisse in einer guten Balance zu halten. Insofern beinhaltet Macht ein hohes Maß an Verantwortung und es braucht viel Kommunikation, um die Notwendigkeit der Strukturveränderung zu vermitteln. Vertrauen der Führung in die Mitarbeiter*innen und der Mitarbeiter*innen in die Führung ist ein zentraler Schlüssel des Erfolges und damit auch der Macht einer Organisation: „Die Chancen, Risiken zu begegnen und flexibel auf Unerwartetes zu reagieren, vergrößern sich mit dem Grad des Vertrauens, das in einer Organisation existiert (...) Vertrauen dient in Organisationen der Stabilisierung von Erwartungsstrukturen – auf und zwischen Hierarchieebenen – und setzt damit die Grenzen und Möglichkeiten des individuellen und kollektiven Handelns der Personen (mit ihren Funktionen) fest“ (Sagebiel 2012, S. 70). Im Hinblick auf Macht führt viel Vertrauen auch dazu, dass die in einer Organisation Tätigen sich machtvoller fühlen und auch die Organisation durch diesen sicht- und fühlbaren Zusammenschluss nach außen machtvoller wirkt – ein Aspekt, auf den Arendt in ihrer Machttheorie besonders hinweist. Dies ist nicht zuletzt für soziale Organisationen eine wichtige Aufgabe – nach innen wie nach außen.

4.4 Machtanalyse sozialpolitische Strukturebene: Die Gesetze der Stärkeren

Seit 1. Januar 2014 gilt für alle EU-Bürger*innen das Arbeitnehmerfreizügigkeitsgesetz als Grundrecht, wonach jeder und jede ohne besondere Arbeitserlaubnis den Arbeitsplatz innerhalb der EU frei wählen kann.

Im September 2015 bestätigte der EuGH die Entscheidung des Bundessozialgerichts, dass EU-Bürger*innen „generell von Hartz-IV-Leistungen ausgeschlossen werden können, wenn sie keine Arbeit suchen oder noch auf der Suche nach einer Erstbeschäftigung sind“ (bpb 2021, o.S.).

Für EU-Bürger*innen, die weniger als ein Jahr gearbeitet haben, kann der Anspruch auf ALG II in Anspruch genommen werden. Diese Entscheidung bestätigt die deutsche Rechtsauffassung, arbeitslose EU-Ausländer*innen von Leistungen des Sozialstaates auszuschließen, die nur zum Bezug von Sozialhilfe oder zur Arbeitsuche ins Land gekommen sind. Damit soll ein *Sozialtourismus* verhindert werden von Menschen, die nicht oder kaum auf dem Arbeitsmarkt integriert werden können. Die vormalige Bundeskanzlerin Angela Merkel kommentierte diese Entscheidung mit dem Hinweis, die EU sei keine Sozialunion. Ausgelöst hatte diese Diskussion bereits viel früher die CSU-Kampagne „Wer betrügt, der fliegt“ gegen den massenhaften Missbrauch von Sozialleistungen der Rumänen und Bulgaren. Andere Schlagzeilen wie „Europas Ärmste auf dem Weg nach Deutschland“ oder „Osteuropäer sitzen auf gepackten Koffern“ (Butterwegge 2014, S. 5) schürten die Angst, Deutschland sei dem ungebremsten Zuzug von Migranten (vor allem Roma) schutzlos ausgeliefert, die den Sozialstaat ausnutzen wollten. Hinzu kamen 2015 noch die Flüchtlinge aus Syrien, die die Angst vor der Einwanderung in die Sozialsystem und die Angst vor kultureller Überfremdung in ganz Europa verstärkten. Viele Europäer*innen sahen 2014 und sehen noch heute ihre staatliche Integrität, ihre nationale Identität und ihren ‚hart erarbeiteten‘ Wohlstand bedroht. Sie finden mit ihren Befürchtungen in den rechtspopulistischen Parteien Gehör und Zuspruch. Die aufgeheizte, medial unterstützte Stimmung gegen die zu befürchtende Überfremdung durch unerwünschte Ausländer*innen, ist nationalistisch geprägt und trägt starke antieuropäische Züge (vgl. Kap. 5). Was hier eingeklagt wird, ist die Verteidigung der Vorrechte (Privilegien) der Einheimischen, getragen von der Überzeugung, diese Rechte durch eigene Anstrengung und Mühe verdient zu haben.

Die Sorgen von 2014, dass die Arbeitnehmerfreizügigkeit die Armutszuwanderung zu einer unerträglichen Belastung der Sozialsysteme werden lasse, hat sich nicht bewahrheitet. „Eine neue Untersuchung im Auftrag des ‚Mediendienstes Integration‘ zeigt“, dass Zuwanderer aus Rumänien und Bulgarien den Arbeitsmarkt bereichert haben und die Sozialkassen alles in allem gefüllt“ haben (Carstens 2021, o.S.). So waren im September 2021 in Deutschland 460.000 Rumän*innen und 170.000 Bulgar*innen sozialversicherungspflichtig beschäftigt. Allein 5.000 rumänische Ärzt*innen arbeiten in deutschen Kliniken (vgl. ebd.).

Hinzu kommt eine Dunkelziffer von osteuropäischen Wanderarbeiter*innen,[3] die im öffentlichen Raum ihre Arbeitskraft verkaufen. Dieser Schattenarbeitsmarkt, bekannt unter dem Begriff *Arbeiterstrich,* vermittelt Arbeiter tageweise zu Dumpingpreisen an Subunternehmer im Baugewerbe. Täglich sind es zwischen 400 und 500 Menschen, meistens Männer, die in den Großstätten auf Arbeit warten. Viele von ihnen sind obdachlos, schlafen auf der Straße oder unter Brücken. In München z. B. haben sie keinen Anspruch auf Unterbringung im Wohnungslosensystem, da in ihren Pässen eine Adresse im Heimatland angegeben ist (Stenzel/Greindl 2018, o. S.).

Um genau diese Gruppe der Tagelöhner, die am untersten Rand der Hierarchie der Arbeitsmigranten stehen, sie sind die Schwächsten in der Kette, geht es in der folgenden Machtanalyse. Zur Analyse der Beschreibung sozialpolitischer Strukturbedingungen werden nun mehrere Machttheorien herangezogen, um die Komplexität des Geschehens aus unterschiedlichen Perspektiven auf den verschiedenen Akteursebenen machttheoretisch zu beschreiben und zu erklären. Das sind, wie auch in den anderen Fällen, die Ebene des subjektiven Erlebens und Handelns, die Interaktionsebene, die Organisations- und schließlich die Gesellschafts- bzw. Strukturebene. Angesichts der Komplexität des Falles lässt sich hier eine systematische Trennung der Analyseebenen allerdings kaum einhalten, da sich alle Ebenen wechselseitig bedingen. So werden bei der Beschreibung einer Ebene immer auch Erklärungen einer anderen Ebene einfließen müssen, um den Sachverhalt nicht unangemessen zu verkürzen.

Subjektebene

Welche Machtwirkungen erzeugt die Migrationspolitik der EU und Deutschlands auf der subjektiven Ebene? Wie beeinflusst sie die konkreten Lebensbedingungen, das Erleben und das Verhalten der Zugewanderten? Mit welchen Hoffnungen haben sie ihre Heimat verlassen und welche Enttäuschungen müssen sie erfahren?

Zuerst einmal ist zu fragen, was die Menschen mit niedriger oder keiner Qualifikation aus Osteuropa zur Arbeitsmigration veranlasst, obgleich sie wissen, dass sie in Deutschland Vorurteilen und Diskriminierungen ausgesetzt sind und meist auch nur im Niedriglohnsektor arbeiten können. Sie entscheiden sich zur Arbeit im Ausland in der Hoffnung auf ein besseres

---

[3] Im Folgenden geht es vor allem um männliche Arbeiter. Nicht in Betracht ziehen wir Frauen, die bezahlte Arbeit in Privathaushalten leisten. Eine qualifizierte Untersuchung zu diesem Thema wurde von Maria S. Rerrich (2006) vorgelegt: Die ganze Welt zu Hause. Cosmobile Putzfrauen in privaten Haushalten.

Leben. Die meisten von ihnen würden lieber in ihren Heimatländern bleiben, wenn es dort genügend Arbeit gäbe, von der sie leben könnten. Die Hoffnungslosigkeit treibe sie zur Arbeitsmigration ist, so die Aussage eines Rumänen in einer Münchner Beratungsstelle. Die Geringqualifizierten arbeiten hierzulande in der Regel als Leiharbeiter im Baugewerbe, der Fleischindustrie oder als Erntehelfer*innen, oft in illegalen Arbeitsverhältnissen. Sie beziehen, wenn überhaupt, nur den Mindestlohn, sind oft nicht sozialversichert und zu horrenden Mieten in Gemeinschaftsunterkünften ohne ausreichenden Zugang zu hygienischen Anlagen untergebracht. Mit der Coronapandemie 2019 sind die menschenunwürdigen Arbeits- und Lebensbedingungen vor allem in der Fleischindustrie bekannt geworden. Diese ungelernten Arbeiter leiden unter der willkürlichen Verlängerung der Arbeitszeiten, nicht selten um ihren Lohn geprellt, wird ihnen oft auch die Versorgung im Krankheitsfall verwehrt oder unbegründet gekündigt. Das trifft auch auf die Arbeiter auf dem Arbeiterstrich zu. Sie sind der Macht ihrer Arbeitgeber ausgeliefert, die ihre finanzielle Notlage nicht selten schamlos ausnutzen, um Profit zu machen. Ohne angemessene Unterkunft, ohne tragfähige soziale Netze, ohne Familie und Freude in einem fremden Land zu sein, in dem sie nicht anerkannt und respektvoll behandelt werden, erzeugt massiven Stress, birgt Gesundheitsrisiken (keine Krankenversicherung) und psychische Verletzungen. Hinzu kommt die tagtägliche Sorge, Arbeit zu finden, nicht krank zu werden, zu überleben und nicht in die Fänge der Kontrollorgane zu geraten. Sie sind einem Spektrum von Verletzungen ausgesetzt: Angefangen vom Angriff auf ihre Würde, ihre körperliche Unversehrtheit, auf ihre Identität als Angehörige anderer Nationalitäten und Ethnien (z.B. Roma), sie erfahren Diskriminierung, mit dem Ergebnis, dass die Migranten von der Teilhabe an der sie umgebenden Wohlstandsgesellschaft ausgeschlossen sind. Sie leben in einem Geflecht von Einsamkeit, Demütigungen, Missbrauch und Abhängigkeiten. Mit Arendt gesprochen befinden sie sich in einem Zustand der Recht- und Machtlosigkeit. Kurz gesagt: Sie sind struktureller Gewalt ausgesetzt, die sich in ungleichen Machtverhältnissen und ungleichen Lebenschancen ausdrückt. „Strukturelle Gewalt ist die vermeidbare Beeinträchtigung grundlegender menschlicher Bedürfnisse oder, allgemeiner ausgedrückt, des Lebens, die den realen Grad der Bedürfnisbefriedigung unter das herabsetzt, was potentiell möglich ist“ (Galtung 1975, S. 12).

Aus kritisch-materialistischer Perspektive bilden diese Menschen den Unterbau der Gesellschaft, die zur Reproduktion ihres Lebens ihre Arbeitskraft einsetzen müssen, die industrielle Reservearmee. Ihre individuelle Lebenslage, die Verfügung bzw. Nichtverfügung über materielle

Ressourcen und ihre Erkenntnis-und Erlebensweise wird durch die herrschende Produktionsweise bestimmt. Was hier wirkt, ist der klassische Widerspruch von Arbeit und Kapital.

Diese Beschreibung entspricht darüber hinaus exakt dem, was Staub-Bernasconi unter Behinderungsmacht versteht: Hier werden aktiv, absichtsvoll menschenverachtende und bedürfnisversagende Regeln und moralische Deutungen (vgl. Staub-Bernasconi 2007, S. 374) in Anschlag gebracht, die bestimmte Gruppen in der sozialen Hierarchie unten ansiedeln und andere oben. Dieser Prozess der Behinderung geschieht auf mehreren Ebenen: Der Konstruktion von erwünschten und unerwünschten Identitäten (kulturelle Kolonialisierung), der Zuweisung von niedrigen, sozial diskriminierten Positionen, einer darauf basierenden unfairen Arbeitsteilung und der körperlichen und psychischen Ausbeutung ihrer Arbeitskraft. Ihr Körper wird zur (Wegwerf-)Ware funktionalisiert. Die Ungleichheitsordnung wird legitimiert durch Diskurse und Zuschreibungen negativer, generalisierender Eigenschaften wie Sozialschmarotzer*innen, Dieb*innen, Faulenzer*innen, Verlierer*innen etc. Mittels politischer und juristischer Entscheidungen wird die Einhaltung der Ungleichheitsordnung – zum Wohl der deutschen Mehrheitsgesellschaft – von der Exekutive kontrolliert, sanktioniert und dauerhaft durchgesetzt. Dies alles sind Anzeichen dafür, dass hier Machtverhältnisse walten, die auf Behinderungsstrukturen und -regeln basieren. All diese Herrschaftsstrategien basieren auf Behinderungsregeln, die notfalls mit Gewalt gegenüber den Migrant*innen durchgesetzt werden. Es gilt das Gesetz des Stärkeren, dessen Regeln weder fair noch transparent sind.

Das ist das Spektrum der Fremdzuschreibung, mit der die osteuropäischen Migrant*innen konfrontiert sind. Auf der Ebene der Selbstwahrnehmung darf vermutet werden, dass die meisten Arbeiter*innen die ihnen zugeschriebenen Eigenschaften und Arbeitsbedingungen missbilligen. Da sie die deutsche Sprache nicht beherrschen, über ihre Rechte nur unzureichend informiert sind, keine Zeit haben – ihr Arbeitstag ist lang – verfügen sie auch nicht über die notwendigen Ressourcen, sich zu organisieren bzw. um ihre Rechte einzufordern. Sie sind der machtlosen Ausbeutung im undurchsichtigen Firmengeflecht von Subunternehmen ausgeliefert.

Die osteuropäischen Wanderarbeiter und Tagelöhner werden dabei von der einheimischen Mehrheitsbevölkerung nicht in gleicher Weise anerkannt und respektiert wie deutsche Arbeiter. Sie sind Opfer einer Leistungs- und Erfolgsethik, die sich in den letzten Jahrzehnten trotz wachsender sozialer Ungleichheit die öffentliche Meinung (auch) prägt. Es ist die

Vorstellung, dass Menschen für ihr Schicksal selbst verantwortlich sind, es durch harte Arbeit steuern können und deshalb verdienen, was sie bekommen. Sandel, ein amerikanischer Philosophieprofessor, beschreibt diese Denkart im Kern als meritokratische Ethik, in der Erfolg als Tugend und als Sieg betrachtet werden: „Sie ermutigt die Menschen, sich selbst als verantwortlich für ihr Schicksal anzusehen – und nicht als Opfer von Kräften außerhalb ihrer Kontrolle“ (Sandel 2021, S. 71). Und weiter: „Dieser den Sieg betonende Aspekt der Meritokratie führt bei den Gewinnern zu Überheblichkeit, bei den Verlierern zu Demütigung“ (ebd. S. 72). Eine Logik, die die Machtgefühle der Erfolgreichen stärkt, ihren Wohlstand legitimiert, und die „da unten“ verachtet, also „Die Tyrannei der Leistung und die Politik der Demütigung“ (ebd. S. 71).

Interaktionsebene

Notwendig für eine komplexe Machtanalyse erscheint uns auch, die spezifische Interaktion zwischen den Auftraggebern und den Arbeiter*innen zu betrachten. Wie bereits dargestellt, versammeln sich in deutschen Bahnhofsvierteln der Städte jeden Morgen Arbeiter (hauptsächlich Männer) und hoffen auf kurzfristige Jobs. Sie sind aufgrund ihrer sozioökonomischen Situation auf jedes sich ihnen bietende Angebot angewiesen und konkurrieren untereinander um die schlecht bezahlten Jobs. Meistens erhalten sie maximal ein Viertel von dem, was ihre deutschen Kolleg*innen bekommen würden, für die der Mindestlohn gilt: Ca. 10 Euro oder weniger in der Stunde. Die Zubringer (Subunternehmer, die die Arbeiter abholen) kassieren von ihren Auftraggebern (ggf. auch wieder Subunternehmer für die Bauträger) allerdings den marktüblichen Stundensatz für den Auftrag – Mindestlohn (12,55 Euro, Stand Januar 2022) plus Vermittlungsgebühr. Auf diese Weise verdienen diese (gestaffelt nach Provision) an den Tagelöhnern und Wanderarbeitern. Dass sich das Geschäft lohnt, braucht hier nicht weiter erwähnt zu werden.

Kritisch materialistisch könnte argumentiert werden: Die ökonomisch-materielle Basis (Produktionsverhältnisse) bestimmt die Bedingungen, unter denen die Menschen leben und arbeiten. Und diese wiederum bestimmen das Verhalten der Arbeitgeber ebenso wie das der Arbeiter, ihre Interaktion, ihre soziale Lage, was zur Stabilisierung und Verfestigung des Machtverhältnisses zwischen ihnen führt. Auch die Machttheorie von Max Weber zur Beschreibung und Erklärung der Machtverhältnisse erscheint aufschlussreich: Die hier beschriebene Interaktionsbeziehung kann als eine Machtbeziehung definiert werden, in der eine Person die Chance hat, den eigenen Willen auch gegen Widerstreben durchzusetzen. Die

Kategorie *Chance* verweist auf die Potenzialität der Macht, die soziale Beziehung auf den personalen Charakter, der eigene Wille auf das handelnde Subjekt (hier: alle Arbeitgeber, die so verfahren), das seinen Willen durchsetzt und schließlich gegen Widerstreben, was in diesem Fall bei den Arbeitern in den meisten Fällen nicht vorliegt. Wir wissen nicht, mit welchen Mitteln bzw. Machtformen die Auftraggeber ihren Willen durchsetzen, ob über Aktionsmacht (Gewalt), über Anreize und Drohungen (instrumentelle Macht), mit Versprechungen und rationaler Überzeugungskraft (autoritative Macht) (vgl. Popitz 1992, S. 26 ff.). Anzunehmen ist, dass je nach Bedarf, Auftragslage, Zeitdruck alle Formen von Fall zu Fall und in Kombination angewandt werden. Die datensetzende Macht verändert die Lebens- und Arbeitsbedingungen für beide Seiten: Für die Arbeiter, indem sie einem ungeregelten, unfairen und brutalen Marktmechanismus ausgesetzt sind, für die Arbeitgeber, indem sie aus der Not der Arbeiter Profit schlagen können, bzw. den kapitalistischen Marktgesetzen des Wettbewerbs folgen.

Somit besteht eine höchst asymmetrische Beziehung zwischen Arbeitgebern und Arbeitnehmer.

Um dies machttheoretisch zu beleuchten, sind weitere Ansätze hilfreich: Die Situation der Abhängigkeit in einer asymmetrisch gelagerten sozialen Beziehung beschreibt Popitz als das Vermögen, „sich gegen fremde Kräfte durchzusetzen“ (Popitz 1992, S. 22). In einer asymmetrischen Beziehung liegt immer ein großes Machtpotenzial, denn dadurch werden Entscheidungen einseitig beeinflusst, worauf auch Luhmann hinweist: Aus funktionalistischer Perspektive definiert Niklas Luhmann Macht als Chance, „die Wahrscheinlichkeit des Zustandekommens unwahrscheinlicher Selektionszusammenhänge zu steigern“ (Luhmann 1988, S. 12). Zwar haben beide Seiten Möglichkeiten zur Entscheidung, jedoch sind diese für den machtüberlegenen Arbeitgeber deutlich höher als für die machtunterlegenen Arbeiter. Für diese reduziert sich die Wahl schließlich auf den Willen des in der Kommunikation Machtüberlegenen. „Und gerade darin besteht die Funktion von Macht: Sie stellt mögliche Wirkungsketten sicher, unabhängig vom Willen des machtunterworfenen Handelnden – ob er will oder nicht“ (Luhmann 1988, S. 11). Die Steigerung der Macht beruht in der Selbstverstärkung. Der Arbeitgeber rechnet mit der Wahrscheinlichkeit, dass sein Kommunikationsangebot angenommen wird, weil beide die Situation als machtcodiert definieren (als Übertragung reduzierter Komplexität). Genau darin liegt die Funktion von Macht als Kommunikationsmedium. Folgt man dem Luhmannschen Modell, könnte das auch erklären, warum die Arbeiter sich nicht (kaum) gegen die schamlose Ausbeutung wehren. Wenn die Güter knapp sind – hier das Angebot an Hilfsarbeiten – wird das Handeln einer Person (des Auftraggebers) zum Problem für den anderen (den oder die Arbeiter*in) „und diese Situation wird dann durch ein Kommunikationsmedium geregelt, das die Handlungsselektion des einen in das Miterleben anderer überführt und dort akzeptierbar macht“ (Luhmann 1988, S. 13). Die Arbeiter übernehmen die Logik des Arbeitgebers, sie gehorchen. Beide beteiligte Gruppen sichern so den Fortbestand der Kommunikation im Interaktionssystem und generieren das Machtverhältnis. Luhmann beschreibt diese machtcodierten Kommunikationsprozesse entsprechend seinem theoretischen Ansatz rein funktional, kühl-beschreibend. Staub-Bernasconi kritisiert diese Betrachtungsweise angesichts des Leidens der Menschen und des ihnen widerfahrenen Unrechts als menschenverachtend und konstatiert Luhmann Machtblindheit ob seiner machtvollkommenen Theorie (vgl. Kap. 2.2.1).

Allerdings liegt in der Ausblendung normativer Aspekte genau die Stärke des Luhmannschen Ansatzes, denn eine rein funktionale Machtanalyse ermöglicht einen Blick, der weniger von Empörung und Dramatisierung, als von sachlicher Distanz geprägt ist. Ob es sich hier nicht auch um eine Machtfrage handelt? Die männlich distanzierte, beobachtende Perspektive Luhmanns gegen die weiblich engagierte, parteiliche Sichtweise von Staub-Bernasconi, eine Gender-Macht-Frage in der Wissenschaft? Das Geschlechterverhältnis weist nach wie vor in Wissenschaft und Forschung eine Gender-Lücke auf (vgl. Kap. 5).

Organisationsebene

Tagelöhner werden nicht nur vom Zoll, den Finanzbehörden, der Polizei, Schleusern und Vermittlern verfolgt und kontrolliert, sondern auch von den Anwohner*innen, die sich von ihrer unmittelbaren Gegenwart belästigt fühlen. In der Nähe der Bahnhofsviertel, in denen sich die Arbeiter in den wirtschaftlich prosperierenden Städten sammeln, um auf Jobangebote zu warten, schließen sich immer wieder Anwohner*innen und Geschäftsleute (z. B. in Hamburg) zusammen, um sich gegen die wachsende Menge von Arbeitern (vgl. Schultz 2018, o. S.) zu wehren. Ihre Argumente sind: Schädigung des Viertels, Vertreibung der Kund*innen, Verunreinigung der Gehsteige, der Hauseingänge und Höfe. Sie fordern von Politik und Polizei härteres Durchgreifen, um die Arbeiter aus ihrem Revier zu verbannen. Hier geht es nicht mehr um Macht als soziale Beziehung (Weber), sondern um die institutionalisierte, verfestigte Form der Macht, also um Herrschaft: „Herrschaft soll heißen die Chance, für einen Befehl bestimmten

Inhalts bei angebbaren Personen Gehorsam zu finden" (Weber 1984, S. 89). Die effektivste Form der Herrschaftssicherung ist die Bürokratie, die personenunabhängig und zeitüberdauernd Ordnung, Sicherheit und Kontinuität garantiert. Das gelingt jedoch nur unter der Voraussetzung, dass sich alle in der Gesellschaft diszipliniert verhalten, die Gesetze anerkennen und entsprechend handeln. „Disziplin soll heißen die Chance, kraft eingeübter Einstellungen für einen Befehl prompten, automatischen und schematischen Gehorsam bei einer angebbaren Vielheit von Menschen zu finden" (ebd.). Genau das erreicht der Verwaltungsapparat: Disziplin der Beamt*innen, der Angestellten und Disziplin der Bürger*innen. In unserem Fall bekommen die Wanderarbeiter die Herrschaft des stahlharten Gehäuses der Bürokratie tagtäglich zu spüren, indem sie von der Finanzbehörde, von der Polizei und von *Bürgerschützern* kontrolliert und zurechtgewiesen werden. Welche Möglichkeiten haben sie anderes, als sich gehorsam und diszipliniert zu verhalten? Dass hier mancher Arbeitgeber am bestehenden Recht – Verbot der Schwarzarbeit – vorbeiagiert oder rechtsfreie Räume profitgierig ausnutzt, wäre ein weiterer Machtaspekt.

Doch es gibt, wenn auch noch ausbaufähige Machtquellen, die in Form von Personen und Organisationen Arbeitsmigranten im Bausektor und Arbeitsmigrantinnen in der Pflege, Reinigungsgewerbe, Gastronomie, Erntebereich unterstützen, ihre Rechte einzufordern bzw. eine Lobby zu bilden. Die Freien Wohlfahrtsverbände, Gewerkschaften (z.B. im Projekt *Faire Mobilität/Arbeit und Leben*) und private Kulturvereine haben mobile Anlaufstellen in allen Bundesländern gegründet, in denen sie in den jeweiligen Landessprachen süd- und osteuropäische Wanderarbeiter und Roma beraten, bei Behördengängen unterstützen, Postadressen anbieten u.v.a.m. – also eine Lobby für sie sind (siehe Caritasverband Berlin/DGB fairemobilität).

Gesellschafts- und Strukturebene

Auf der Gesellschaftsebene ist kaum noch eine Trennung der einzelnen Ebenen möglich (wenn sie bereits bei Subjekt, Interaktion, Organisation überhaupt möglich war ...), was nicht zuletzt daran liegt, dass aus handlungstheoretischer Perspektive Gesellschaften aus handelnden Menschen bestehen. Als soziale Akteur*innen sind sie immer voneinander abhängig, interagieren direkt oder indirekt miteinander und bilden dadurch soziale Systeme mit hierarchischen Strukturen aus, die Macht und im Verlauf der Geschichte Herrschaftsverhältnisse konstituieren. Diesen Prozess der Institutionalisierung von Macht in ein Positionsgefüge der Herrschaft und ihrer Veralltäglichung haben wir in Kapitel 2.1.3 anhand der Machttheorie von Popitz genauer beschrieben.

Das Problem der Arbeitsmigration kann daher als sozialer Konflikt gedeutet werden, in dem Wert- und Moralvorstellungen einer Mehrheitsgesellschaft mit den kulturellen und sozialen Werten von Minderheiten kollidieren. Die osteuropäischen Wanderarbeiter und Tagelöhner werden von der einheimischen Mehrheitsbevölkerung nicht in gleicher Weise anerkannt und respektiert wie deutsche Arbeiter. Sie sind Opfer der anfangs im Kapitel skizzierten Leistungs- und Erfolgsethik, die in den letzten Jahrzehnten trotz wachsender sozialer Ungleichheit die öffentliche Meinung prägt, den Duktus des scheinbaren *individuellen Versagens* bestätigt (Sandel 2021, S. 71) und Menschen als mehr oder weniger wertvoll einordnet.

Wie eine Vermittlung von Werten in einer Gesellschaft ausgehandelt und integriert wird, verweist auf die vorherrschenden Machtstrukturen und die politische Verfasstheit eines Staates. Wird alles *Fremde* als Bedrohung wahrgenommen, steht zu vermuten, dass Menschen mit fremder Kultur ausgegrenzt, im schlimmsten Fall außer Landes getrieben werden. In demokratischen Staaten kommt es dann (noch und zumindest) zu einem politischen Diskurs der Integration, wenn Begrenzungsregeln (Staub-Bernasconi) eingeführt werden, die zur Akzeptanz und Förderung gesellschaftlicher Teilhaben der Minderheiten führen.

Auf der Gesellschaftsebene zeigt sich institutionalisierte Machtausübung als Herrschaft. Was bedeutet das bezogen auf die Analyse dieses Falles, den wir machttheoretisch vor allem auf der Gesellschafts- und Strukturebene verortet haben (trotz des Wissens, dass diese Einordnung eine theoretische ist)? Wie lässt sich das, was im Fall steckt, mit Machttheorien analysieren und erklären, die vor allem im Hinblick auf die Gesellschaft und ihre Herrschaftsstrukturen entwickelt wurden?

Im Folgenden gehen wir wieder auf Entdeckungsreise und erkunden die Machtlandschaft anhand von vier ausgewählten Theorien.

1. Mit Foucault lässt sich erkennen, wie im Fall zirkuläre Mächte wirken: Macht zeigt sich in einem Netz von Diskursen, die im Hinblick auf die Zuwanderung von osteuropäischen Arbeitern entwickelt wurden und werden. Dazu gehören politische und rechtliche Diskurse, soziologische Zeitdiagnosen (vgl. Compagna et.al. 2022), aber vor allem auch die öffentliche Meinung und damit alles, was gesagt und gedacht wird über *die* Rumän*innen oder andere osteuropäische Einwanderer*innen. Diese Diskurse realisieren sich in Wort und Schrift,

werden aufgegriffen und verbreitet durch die Medien; geteilt in sozialen Netzwerken produzieren sie das, was man gemeinhin den Mainstream nennt. Zum einen erzeugt der Diskurs Wissen, welches die Unterdrückung der Zugewanderten legitimiert und soziale Praxen (Dispositive) entstehen lässt, um diesen Zustand zu stabilisieren, z. B. durch Sanktionen und Kontrollen, zum anderen entstehen auch gegenläufige, kritische Diskurse, die die Dramatisierung entschärfen und zur Versachlichung beitragen. Nach Foucault wird dadurch zirkuläre Macht ausgeübt und gleichzeitig erlebt: Der Diskurs „ist dasjenige, worum und womit man kämpft; er ist die Macht, deren man sich zu bemächtigen sucht" (Foucault 1974, S. 250). Was es noch komplizierter macht: Egal, was man denkt und sagt, jeder Mensch beteiligt sich an der Produktion des Diskurses und ist damit gleichzeitig mächtig und ohnmächtig. Eine Erkenntnis, die zeigt, dass es auch bei einem politisch brisanten Thema, in unserem Beispiel Migration, keine eindeutig mächtigen Positionen gibt, sondern diese *mächtig* ineinander verwoben sind. Insofern gibt es nach Foucault keinen *guten* oder *schlechten* Diskurs – alles hängt miteinander zusammen. Dies zu verstehen, ist nicht nur für Sozialarbeiter*innen eine Herausforderung.

2. Einen weiteren, ergänzenden Blick liefert eine Analyse anhand der marxschen Theorie des im Beispiel gut erkennbaren Klassengegensatzes: Bei unserem Beispiel handelt es sich um das klassische Herrschaftsverhältnis zwischen Lohnarbeit und Kapital, die sich „unversöhnlich", wie Marx es beschreibt, gegenüberstehen. Dieses antagonistische Verhältnis ist tief in der Gesellschaft verankert und wird durch Prozesse, wie die herrschende Klasse (Einheimische) mit Arbeitsmigrant*innen umgeht, weiter verstärkt und legitimiert. Um diese hierarchische Beziehung zu stabilisieren, ist es notwendig, dass die Produktionsabhängigen keine Verfügungsmöglichkeiten über die Bedingungen ihres Lebens haben, dass sie durch die Ausbeutung ihrer Arbeitskraft auf einem sogenannten *freien* Markt der Profit- und Gewinnmaximierung der Kapitaleigner dienen. Auf diese Weise profitiert – wie unser Beispiel zeigt – die herrschende Klasse (das Kapital) von der Existenz dieser rechtlosen Reservearmee als nahezu unbegrenzte Verfügungsmasse. Denn das Quantum an Arbeitsmigration durch hochdifferenzierte Zuwanderungssysteme nach nachgefragten qualifizierten Arbeitskräften lässt sich nur begrenzt steuern: „Vielmehr verlagert sich der nicht gewünschte Teil der Zuwanderung dann in den Grau- und Schwarzbereich" (Pedrina/Rieger 2019, S. 40). Der Staatsapparat begleitet diese Entwicklungen mit passenden Ideologien

(Überbau), z. B. der neoliberalen Doktrin von Leistung und Erfolg auf der einen Seite und den arbeitsscheuen Sozialschmarotzer*innen, die den Wohlfahrtsstaat ausnutzen und das Wohl der Gemeinschaft gefährden, auf der anderen Seite. Um diese Ideologie zu stützen, werden immer wieder von Medien, die Herrschaftsinteressen transportieren und sich an Spaltungsprozessen beteiligen und davon kommerziell profitieren wollen (wie z. B. BILD), einzelne Beispiele skandalisiert, in denen angeblich Missbrauch betrieben wird. Diese *Wahrheiten* haften in den Köpfen der Menschen, heizen den Sicherheitsdiskurs an und drängen auf eine Verschärfung des Asylrechts – alles Mechanismen, die die Trennung der Klassen stabilisieren und zersetzend auf die Gemeinschaft wirken (vgl. Sandel 2021, S. 71).

3. Mit der These der „Weltlosigkeit durch Überflüssigkeit" von Hannah Arendt lässt sich ein weiteres Herrschaftsphänomen beobachten. Wirtschaftsflüchtlinge und Wanderarbeiter*innen, die keine Arbeitserlaubnis, keinen Zugang zu den Sozialversicherungssystemen haben, sind funktional irrelevant. Sie sind von der gesellschaftlichen Teilhabe und den politischen Gestaltungsprozessen ausgeschlossen und somit wertlos, weil sie keinem politischen Gemeinwesen angehören. Sie sind auf ihre nackte Existenz zurückgeworfen, sie sind Menschen in einem rechtsfreien Raum, für die Rechte keine Gültigkeit haben, denn sie befinden sich außerhalb der nationalen Rechtssysteme. Hier zeigt sich die strukturelle Macht in zynischer Weise: Gleichheit vor dem Gesetz gilt nur für Mitglieder eines Gemeinwesens, aber nicht für die anderen. Sie sind als überflüssige und unerwünschte Fremde in einem Zustand der Recht- und Machtlosigkeit, ohne Raum gemeinsam zu handeln, sich ihrer Identität und Geschichte zu versichern: Sie sind schutzlos, verletzlich „im Niemandsland der Rechtlosigkeit" (Meyer 2016, S. 46).
4. „Macht bestimme das Wesen menschlicher Vergesellschaftung von Grund auf" stellt Popitz zu Beginn seiner Ausführungen zu Phänomenen der Macht fest (Popitz 1992, S. 11) und fragt, auf welchen menschlichen Handlungsfähigkeiten und vitalen Bedingtheiten Macht beruht. Weiterhin fragt er, welche Prozesse und Strategien zur Stabilisierung und Institutionalisierung von Macht in der Gesellschaft führen. Beginnen wir mit der ersten Grundform der Machtbildung, der Aktionsmacht: Die Arbeitsmigrant*innen sind von der sozialen Teilhabe ausgeschlossen, sie sind als Tagelöhner*innen unwürdigen Arbeitsbedingungen und Lohndumping ausgesetzt. Sie leben auf engstem Raum, z. T. ohne Zugang zu Sanitäranlagen, werden verachtet

und als Sozialschmarotzer beschimpft. Sie sind der Aktionsmacht der Arbeitgeber und der Staatsmacht ausgeliefert. Instrumentelle Macht zeigt sich nicht nur auf der unmittelbaren Interaktionsebene durch Drohungen, Sanktionen und Versprechungen, sondern auch auf der politischen Ebene: Deutschland steht in Rumänien für den Traum von Europa. Damit werden Hoffnungen auf ein besseres Leben, eine gute Zukunft erzeugt, die jedoch in vielen Fällen enttäuscht werden. Das Zusammenspiel von Hoffen und Glauben an Versprechungen und der Angst, sich nicht *richtig* zu verhalten, erzeugt einen hohen Anpassungsdruck nach dem Motto: „Wer sich anpasst und duckt, darf bleiben, wer sich wehrt, fliegt raus." Die Arbeiter*innen werden instrumentalisiert und multiplizieren mit ihrer der Angst geschuldeten Anpassungsleistung die Macht der Machthaber. Indem die Arbeitgeber sich gegenseitig in ihren Interessen bestärken und die Verfügungsgewalt über Arbeitsstellen besitzen, schaffen sie ihre eigene Ordnung und ihr eigenes Recht. Auf diese Weise reproduziert und stabilisiert sich das ausbeuterische und menschenverachtende System. Popitz bezeichnet diesen Machtbildungsprozess als die „überlegene Organisationsfähigkeit der Privilegierten" (Popitz 1992, S. 190).

Autoritative Macht ist eine innere Macht, die auf einer tieferen Ebene wirkt und eine willentliche Folgebereitschaft erzeugt. In unserem Fall heißt das, dass sich die Arbeitsmigrant*innen normkonform angepasst verhalten, sich mit dem niedrigen sozialen Status und den schlechten Arbeits- und Lebensbedingungen arrangieren und hoffen, neben Geld auch soziale Anerkennung zu gewinnen. Ihre Schwäche liegt vor allem in ihrer Austauschbarkeit (vgl. ebd., S. 220), denn das Angebot an Arbeiter*innen ist größer als die Nachfrage.

Das ändert sich in den letzten Jahren in einigen wenigen Sektoren, wie z. B. in der Pflege, die vor allem in der häuslichen Pflege ohne osteuropäische Pflegekräfte zusammenbrechen würde. In der Zeit der Coronapandemie wurde der Bedarf besonders deutlich. Doch auch hier herrscht nach wie vor ein niedriges Lohnniveau, trotz aller Proteste von Gewerkschaften und Pflegekräften. Umso wichtiger zu erwähnen ist daher die mutige Klage einer bulgarischen Pflegekraft beim Bundesarbeitsgericht, die gegen die Minderbezahlung bei einer 24-Stundenpflege und für die Anerkennung von Bereitschaftszeiten klagte und Recht bekam (ZDF 2020).

Die Entscheidung der EU, Arbeitnehmerfreizügigkeit in ganz Europa zu ermöglichen, ist nach Popitz ein „Hervorbringen von Artefakten" (ebd., S. 160), also eine datensetzende Macht, die die Lebensbedingungen sowohl der Hersteller (Politiker*innen), als auch der anderen

(Bevölkerung) entscheidend verändert hat. So wurden z. B. Rumänien 2008 Strukturanpassungsprogramme (Rettungspakete) von der EU und vom IWF auferlegt, die eine Privatisierung öffentlicher Einrichtungen, den Abbau von Sozialleistungen, Liberalisierung des Gesundheitssystems, Abbau von Subventionen, Entlassung von Staatsbediensteten und Lohnkürzungen forderten. Die vom IWF diktierten rigorosen Sparmaßnahmen führten zu einem Rückzug des Staates aus der Gestaltung des Gemeinwesens, der Vernachlässigung der Infrastruktur und damit zu einer Marktdynamik, deren Risiken für den Einzelnen nicht mehr über Sozialleistungen abgefedert waren. Das Artefakt „Strukturanpassungsprogramm" veränderte für viele Menschen in Osteuropa die Arbeits- und Lebensbedingungen nachhaltig. Ganze Regionen erliegen nun der neoliberalen Standortlogik und sind infrastrukturell vernachlässigt. Es finden sich keine Investoren und damit keine Arbeitsmöglichkeiten, viele erwerbsfähige Menschen verlassen gezwungenermaßen ihre Dörfer und Städte, um ihre Arbeitskraft auf anderen Märkten anzubieten. Und vom Import billiger Arbeitskräfte im Bau-, Ernte-, Gastronomie- und Carebereich profitieren die reichen europäischen Länder.

Auch Diskurse sind datensetzende Artefakte. Immer wieder ist im Zusammenhang der Arbeitsmigration vom Armutsimport die Rede, doch das Gegenteil sei der Fall: Faktisch exportiere Deutschland heute Armut, kommentiert Butterwegge (2014, S. 7 f.). Durch „Lohndumping und drastische Leistungsbilanzüberschüsse erzeugt es wirtschaftliche Ungleichgewichte, um anschließend die Staaten der südlichen (und östlichen, Anm. d. V.) EU-Peripherie zu harten Sparmaßnahmen zu zwingen. Hinzu kommt, dass der dramatisierend aufgeladene Diskurs von anderen Themen ablenkt, die die Macht der Machthaber empfindlich treffen könnte, wie der ungerechten Vermögensverteilung, des Pflegenotstandes, der sich ankündigenden Altersarmut u. v. a. m." (ebd.).

Diese Analyse auf der Gesellschaftsebene möchten wir mit zwei Zitaten von Popitz beenden: „Weil Menschen technisch handeln (…) ist ihr Zusammenleben durch Eigentum, Macht und Arbeitsteilung bestimmt" (Popitz 1992, S. 161) und: „Alle soziale Ordnungen sind auch Eigentumsordnungen, unter anderem und sehr wesentlich deshalb, weil in allen sozialen Ordnungen technisch gehandelt wird" (ebd., S. 166). Darauf basiert die Macht der Stärkeren.

Im Folgenden fassen wir die oben skizzierten Kernaussagen in dem Machtanalyseschema von Staub-Bernasconi (erweitert durch Geiser) in einer tabellarischen Übersicht zusammen:

Machtquellen	Subjektebene	Interaktionsebene	Institutionsebene	Gesellschaftsebene
Akteur*innen	Arbeiter*innen	Arbeiter*innen und Arbeitgeber	Zoll, Justiz, Polizei, Schleuser, Anwohner*innengruppe	Parteien, Vereinigungen, Politik, Medien, Wissen (Diskurse)
Modellmacht und Artikulationsmacht	Keine	Die Arbeiter*innen mit ihrem Wissen und ihren Ideen zu überzeugen und sie abhängig zu machen, zu drohen, unter Druck zu setzen Symbolisches Kapital	Qua Macht des Gesetzes die Arbeiter*innen überzeugen, diskriminieren, ihren Handlungsraum beschränken, Medien und Politik überzeugen, den Arbeiter*innen drohen,Versprechungen und Hoffnungen machen	Wahrheiten erzeugen, skandalieren und dramatisieren, Ängste schüren, Werte propagieren Maßstäbe setzen, (Definitionsmacht), Zustimmung erhalten, Verhandlungsgeschick, Wissen, Versprechungen, Ignoranz
Ressourcenmacht	Körper Keine Kapitalsorten Keine Sprache Keine finanziellen Ressourcen	Kontrolle über Arbeitsverteilung, Arbeitszeit, Erholungszeiten, Kontrolle über Lohnzahlungen, Fahrzeuge, Unterkünfte, Berufsausbildung, soziale Absicherung	Administrative Macht, Verfahrensmacht, ökonomisches Kapital	Recht und Wahrheit, Macht, Bürokratie, Verwaltung, Exekutive, finanzielle Mittel
Organisations-, Positionsmacht	Keine	Entscheidungsmacht über Vergabe von Arbeit und der Arbeitsbedingungen, Interessenbündelung und Absprachen mit den anderen Arbeitgebern (Solidaritätskern bilden), hohe soziale Position, ggf. Absprachen zu ihren Gunsten mit den Ordnungskräften	Interessen bündeln, Gleichgesinnte mobilisieren, soziale Netzwerke schaffen, politisch Einfluss nehmen in Kombination mit ökonomischem Kapital, kontrollieren, registrieren, sanktionieren	Herrschaft, Prestige, Position und Status, Regelungsmacht, Rhetorik, Kontrolle – Sanktion, Legitimation von Werten

Tabelle 11: Machtanalyse sozialpolitische Gesellschafts- und Strukturebene

5 Macht liegt in der Luft! Sozialarbeiterische und gesellschaftliche Bühnen der Macht

Wir betrachten in diesem Kapitel die Soziale Arbeit im Hinblick auf ihre Macht und Machtfunktionen, wie wir sie bereits in der Gerichtsverhandlung angesprochen haben.

Soziale Arbeit hat Macht, nutzt Macht und hat eine gesellschaftliche Verantwortung in Machtprozessen, die ihre Nutzer*innen und Klient*innen, aber auch die Sozialarbeitenden selbst betreffen. Diese gilt es zu identifizieren und kritisch zu diskutieren.

Daher unterscheidet sich dieses Kapitel völlig von der ersten Auflage: Dort haben wir programmatisch anhand spezifischer Bühnen der Macht vor allem die Soziale Arbeit und ihre rasante Entwicklung als sich machtvoll entwickelnde Wissenschaft und Profession in den Fokus gerückt. Mit einem geschichtlichen Blick haben wir dort kurz skizziert, wie machtrelevante Prozesse der Entwicklung von der Berufsbildung zur Akademisierung der Profession erfolgten. Unsere Darstellungen aus dem Jahr 2015 stimmen natürlich bis heute und sind gerne in der ersten Auflage nachzulesen. Festzustellen ist jedoch, dass sich in den wenigen Jahren seit dem Erscheinen des Buches vieles (weiter-)entwickelt hat. Dazu gehört auch, dass das Thema Macht seit 2015 in der Sozialen Arbeit deutlich intensiver thematisiert wird – und das nicht nur häufiger, sondern auch in viel mehr Feldern und Kontexten, worauf Kraus und Krieger verweisen (vgl. Kraus/Krieger 2021, S. 7–8).

Wir wollen daher nicht nur einfach die Geschichte(n) ‚weiterschreiben', sondern wollen diesmal einerseits breiter, andererseits pointierter auch auf gesellschaftspolitisch relevante Themen eingehen, die im Kontext der Sozialen Arbeit hohe Brisanz im Hinblick auf Machtfragen haben. Daher haben wir den Text nicht einfach nur überarbeitet, sondern neu konzipiert. Was geblieben ist, ist das Konzept der Machtbühnen. Im Folgenden stellen wir daher neben zwei spezifisch professionsbezogenen Themen (Akademisierung und Generativität in der Sozialen Arbeit) drei große gesellschaftliche Bühnen der Macht (Digitalisierung, Gender und Auswirkungen der Coronapandemie) dar, in denen wir jeweils die Aufgaben und die

Herausforderungen für die Soziale Arbeit als Wissenschaft und Profession, aber auch der Fachkräfte im Hinblick auf Macht herausarbeiten und kritisch diskutieren.

Dazu würden natürlich zwingend auch die sich ab Februar 2022 überschlagenden mächtigen weltpolitischen Ereignisse rund um den gewalttätigen Angriffskrieg Russlands in der Ukraine und die riesigen Migrationsbewegungen und ihre Auswirkungen auf die Soziale Arbeit zählen, die sich aber in der Endredaktion dieser 2. Auflage ereignen und deswegen nicht mehr berücksichtigt werden konnten. Dazu kommt, dass wir aus Kapazitätsgründen sowieso eine sicherlich kritikwürdige Auswahl getroffen haben, die viele ebenso wichtige Themen ausklammert.

5.1 Bühne 1: Macht und Akademisierung der Sozialen Arbeit

„Die neue Macht" – so werden Fachhochschulen oder Hochschulen für angewandte Wissenschaften (HAW) in der Festschrift *50 Jahre HAW* vom CHE (2019, S. 11) genannt und mit einem Superheldenbild gezeigt, welches „das neue Selbstbewusstsein" symbolisieren soll. Kein Wunder: Die deutschen HAW profitierten tatsächlich besonders stark von der Bolognareform von 1999 und bieten seit Anfang der 2000er-Jahre vielfältige sowohl Bachelor- als auch Masterstudiengänge an, in denen mittlerweile fast 1 Mio. Studierende studieren. HAW stellen mittlerweile sogar 54% aller Hochschulen in Deutschland (vgl ebd., S. 15). Letztlich unterscheiden sich die beiden Hochschultypen Universität und HAW in Deutschland nur noch in wenigen, aber entscheidenden Punkten: Neben dem deutlich höheren Lehrdeputat und den damit verbundenen schwierigeren Bedingungen für Forschung, sowie der niedrigeren Bezahlung der HAW-Professor*innen ist es vor allem das Promotionsrecht, was den HAW fehlt und über das bisher fast nur Universitäten verfügen. Noch gibt es nur wenige HAW mit eigenem Promotionsrecht (im Jahr 2022 nur in Nordrhein-Westfalen, Hessen und in Sachsen-Anhalt), aber: „Das Promotionsrecht für Fachhochschulen wird bundesweit kommen" (Wiarda 2019, S. 19), wenn auch nur für besonders forschungsstarke Hochschulen und einzelne Fachbereiche. Die in vielen Bundesländern aktuell (2021/22) und durchaus kritisch diskutierten Hochschulgesetze werden dafür die Grundlage liefern. Und das alles gegen den weiterhin starken Widerstand der Universitäten. Der Wissenschaftsjournalist Wiarda nennt diesen Prozess „ein(en) Konflikt geprägt von Herablassung, Ehrgeiz und Stolz (…), der weniger mit unterschiedlichen Forschungsmodellen und Lehrtraditionen zu tun hat, dafür aber sehr viel mit dem Wettbewerb um begrenzte Ressourcen" (ebd.). Kurz gesagt: Hier findet ein veritabler Machtkampf um Ressourcen und Definitionsmacht statt. Die Universitäten verteidigen ihr letztes Machtmittel mit Händen und Füßen, z. B., indem sie Kriterien für das Promotionsrecht postulieren und politisch platzieren (und dabei großen Rückhalt finden), die so manche kleine Universität selbst kaum aufweisen kann, die aber den Vorteil hat, eben einfach Universität zu sein.

So sehen z. B. die neuen Hochschulgesetze vor, dass sich HAW und ihre Professor*innen, um das Promotionsrecht beantragen zu können, an Kriterien (z. B. im Hinblick auf Forschung, Peer-Review-Publikationen und Drittmitteleinwerbung) messen lassen müssen, die sich an den Bedingungen und Ausstattungen an Universitäten (z. B. im Vergleich zu HAW deutlich niedrigeres Lehrdeputat, Existenz eines Mittelbaus, Forschungsstrukturen etc.) orientieren – ohne, dass HAW über vergleichbare Ausstattungen und Strukturen verfügen. Bestimmte Hochschulen mit engen Kooperationen mit großen Firmen und vielen potenziellen Drittmittelgebern (wie z. B. in den technischen oder betriebswirtschaftlichen Fächern) haben im Hinblick auf Drittmitteleinwerbung und Forschung deutlich weniger Probleme als z. B. Hochschulen, die sich in den Bereichen Gesundheit, Pflege und Soziales spezialisiert haben. Dazu kommt, dass alle HAW bisher bei der Deutschen Forschungsgemeinschaft, die die Grundlagenforschung in Deutschland mit mehr als 3 Milliarden Euro fördert, keine Forschungsanträge stellen können, weil sie nicht ins Schema passen und deshalb nur weniger als 1 % der Fördergelder an HAW gehen (vgl. Wiarda 2019, S. 19). Für das Feld der Sozialen Arbeit existiert nicht einmal eine Kennzahl in der DFG – und ohne Kennzahl keine Förderung. Die daher von den HAW seit Längerem geforderte neue Förderorganisation für angewandte Forschung und Entwicklung (Deutsche Transfergesellschaft DTG) wird von den Universitäten bisher aktiv blockiert und politisch verhindert. Soziale Arbeit kann also die Töpfe für Drittmittel über diesen Weg fast gar nicht anzapfen und auch das Praxisfeld ist finanziell nicht so ausgestattet, dass große und teurere Forschungsprojekte möglich sind, auch wenn tatsächlich auch in der Sozialen Arbeit deutlich mehr geforscht wird als noch vor 15 Jahren. Trotzdem: Ohne weitreichende Forschungsaktivität ist das Promotionsrecht für viele HAW fast utopisch, da sie einfach nicht konkurrieren können, obwohl sie gute Wissenschaft machen. Es wird auf eine Zwei-Klassen-Gesellschaft bei den HAW hinauslaufen. Und trotzdem gilt: Wer nicht kämpft, hat schon verloren. Auch Hochschulen für Soziale Arbeit haben ihre Chance und nutzen sie (bereits).

Trotzdem haben diese Konflikte und Diskussionen, die alle HAW betreffen, besonders große Auswirkungen auf die Weiterentwicklung der Profession und Disziplin der Sozialen Arbeit, die traditionellerweise in Deutschland fast nur an einer HAW studiert werden kann und es damit – bis auf sehr wenige Ausnahmen, siehe oben – keinen direkten Zugang in eine Promotion in der Sozialen Arbeit gibt, außer über den Weg einer kooperativen Promotion, gemeinsam angesiedelt an einer Universität und einer HAW. Für diese Form hatte sich der Wissenschaftsrat 2010 als auch 2015 die Hochschulrektorenkonferenz ausdrücklich ausgesprochen. Eine gemeinschaftliche Ausführung auf Augenhöhe unter gleichberechtigten Bedingungen, wie sie die DGSA (o. J.) fordert, sind eher Glücksfälle, denn nicht selten verhindern das zum einen die Promotionsordnungen der Universitäten als auch der abwertende Habitus einzelner Universitätsprofessor*innen.

Nichtsdestotrotz gibt es auch im Kontext der Sozialen Arbeit immer häufiger erfolgreiche Promotionen: Bis 2021 zählte die DGSA (ohne Anspruch auf Vollständigkeit) seit 1992 über 200 erfolgreich abgeschlossene Promotionen von FH-Absolvent*innen[4] – mit jährlich deutlich steigender Tendenz. Dazu tragen nicht zuletzt die in den letzten Jahren nicht wenigen neu gegründeten, für Soziale Arbeit spezifischen kooperativen Graduiertenkollegs bzw. die noch deutlich selteneren Promotionszentren mit eigenem Promotionsrecht (wie z. B. in Frankfurt oder Fulda) bei, als auch bessere Vernetzungsstrukturen für Promovierende, z. B. durch die entsprechende *Fachgruppe Promotionsförderung* der DGSA[5] oder die lokalen Promotionskolloquien[6]. Hier gilt immer der Grundsatz: Vernetzung ist das Zauberwort und die machtvolle Strategie. Wenn sich mehrere Hochschulen zusammentun und vernetzen, können sie viel besser mithalten und bekommen auch den notwendigen politischen Rückenwind (siehe CHE 2019 zum 50. Geburtstag der HAW).

Warum sind aber Promotionen auch im Feld der Sozialen Arbeit selbst als Machtfaktor so wichtig? Sie sind ebenfalls ein wichtiges strategisches Machtmittel im Hinblick darauf, die Soziale Arbeit weiter zu professionalisieren und sie als wissenschaftliche Disziplin zu stärken. Mehr und mehr

4 Vgl. den Link „Abgeschlossene Promotionen“ auf der Homepage der Fakultät Sozialwissenschaften der Hochschule Zittau/Görlitz (https://f-s.hszg.de/personen/professorinnen-der-fakultaet/prof-dr-phil-habil-rudolf-schmitt/promotion-nach-fh-abschluss (Zugriff 12.02.2022).

5 Vgl. auf der Homepage der DGSA: www.dgsa.de/index.php?id=66 (Zugriff 12.02.2022).

6 Eine Übersicht aller Angebote ist unter https://drive.google.com/file/d/1cG_vMGVk-s8GX-So-KxRHtrpRdp14vcNK/view zu finden (Zugriff 13.02.2022).

öffnet sich z.B. dadurch auch die deutsche Praxis internationalen Ansätzen. Dazu gehört, dass der disziplinäre und professionelle Kern durch eigene Diskursfelder und diskursive Praxen nicht nur sichtbarer und präsenter gemacht wird, sondern durch eine solche selbstbewusste und potente Haltung auch der Kolonialisierung der Sozialen Arbeit von dominierenden Bezugswissenschaften wie z.B. Psychologie und Pädagogik (vgl. Pankofer/Vogt 2011; Schumacher 2011) Einhalt geboten werden kann – ein nicht mehr aufzuhaltender Prozess der Wissenschaftsentwicklung in der Disziplin Soziale Arbeit. Soziale Arbeit ist mittlerweile ein ernstzunehmender Player im Kontext der Sozialwissenschaften.

Darüber hinaus braucht es Professor*innen, die neben einer Bezugswissenschaft am besten selbst auch Soziale Arbeit studiert haben – eine in allen anderen Disziplinen übliche Praxis und mittlerweile sehr gewünschte Vorgabe bei Berufungen. Für solch eine akademische Karriere ist zwingend eine Promotion notwendig. Und es gibt tatsächlich mehr und mehr Sozialarbeitende, die sich nach einer Praxisphase auf den Weg machen und sich durch weiterführendes Studium und Promotion akademisch weiterentwickeln, um dann an Hochschulen für Soziale Arbeit (oder Angewandte Sozialwissenschaften) als Professor*innen zurückzukehren. Das bedeutet nicht nur eine Stärkung und einen Machtgewinn für diese Personen, sondern auch für die Profession und Disziplin insgesamt, da damit auch aktiv an den Grenzen der Bereiche Praxis und Theorie gearbeitet wird. Viele empirische Arbeiten erforschen in Feldern der Sozialen Arbeit wichtige Praxisthemen und koppeln die Ergebnisse zurück ins Feld, nicht zuletzt in den Dissertationen, die eben von Fachkräften der Sozialen Arbeit selbst durchgeführt werden. Und auch die Praxis öffnet sich mehr und mehr der Forschung, indem mehr Interesse und auch Ressourcen für Evaluation und wissenschaftliche Begleitforschung entwickelt werden. Nicht zuletzt für Träger der Sozialen Arbeit kann das attraktiv sein – und bietet sogar den Mitarbeitenden neue Karrierewege in den Institutionen. Dies ist in Zeiten, in denen gute Fachkräfte händeringend gesucht werden oder diese nur schwer in der Institution gehalten werden können.

Der damit verbundenen immer stärker werdenden Verbindung von Theorie und Praxis – ergänzt durch den Faktor Forschung in der Sozialen Arbeit, die viele Jahre als Gegensatz stilisiert wurde –, wird damit auch eine andere Bedeutung zugemessen. Was in vielen anderen Ländern wie in den USA oder Schweden, in denen Soziale Arbeit ‚schon immer' an der Universität ein ‚ganz normales' Fach ist mit eigenen Forschungsbereichen, üblich ist, nämlich, dass Forschung etwas ebenfalls ‚ganz Normales' ist für Sozialarbeitende, kommt damit auch in Deutschland an. Die damit verbundenen, notwendigen Diskursräume sind vorhanden – ob in Form von Fachgesellschaften (hier ist die Deutsche Gesellschaft für Soziale Arbeit, DGSA, federführend zu nennen), Fachzeitschriften (siehe die Liste der 265 (!) deutschsprachigen Fachzeitschriften im Kontext der Sozialen Arbeit[7]), unzähligen Fachtagungen, Fortbildungen und sonstigen Vernetzungen. Die besondere Verschränkung von Theorie und Praxis, die Soziale Arbeit zu einer potenten Handlungswissenschaft macht, und ihre gleichzeitig generalistischen als auch spezialisierten Wissensbestände, geben den Sozialarbeitenden Machtinstrumente an die Hand, für sich selbst und für auch ihre Nutzer*innen und Klient*innen.

5.2 Bühne 2: Generationenkampf oder Generativität

5.2.1 Machtvolle demografische Herausforderungen in der Praxis der Sozialen Arbeit

Wie gerade dargestellt feierten die Hochschulen für Angewandte Wissenschaften (HAW), ehemals Fachhochschulen, im Jahr 2021 ihren 50. Geburtstag. Nicht nur die HAW selbst sind ein Erfolgsmodell, sondern auch das Berufsfeld der Sozialen Arbeit, das bereits vorher, aber insbesondere in den letzten 10 Jahren, einen regelrechten Boom erlebte: Von 2010 mit ca. 267.000 sind 2020 – trotz coronabedingtem Dämpfer – bereits rund 343.000 sozialversicherungspflichtig beschäftigte Fachkräfte tätig, davon 52 % in Teilzeit (vor allem Frauen) (vgl. Bundesagentur für Arbeit 2021, Kap. 2.7).

Gründe für den Zuwachs sind laut Arbeitsagentur zum einen der demografische Wandel und die Zunahme älterer Menschen, die Betreuung und Beratung brauchen, als auch der Ausbau der Kinderbetreuungseinrichtungen, der Schulsozialarbeit und der Ganztagsschulen sowie Angebote im Kontext der Fluchtmigration. Gleichzeitig gibt es eine weiter anwachsende Zahl von jungen Sozialarbeitenden, „denn die Zahl der Studierenden nimmt seit 2008 kräftig zu“ (ebd.). Die Absolvent*innen- und Studienanfänger*innenzahlen in der Sozialen Arbeit erreichen ein neues Allzeithoch durch die Eröffnung neuer dementsprechender Fachbereiche, u. a. auch an privaten Hochschulen, sowie durch Kapazitätserweiterungen bestehender Studiengänge. Im Wintersemester 2019/20 waren rund 99.000 junge Menschen in einem Studium der Sozialen Arbeit eingeschrieben, das sind 8 %

[7] Vgl. Homepage der DGSA: www.dgsa.de/index.php?id=66 (Zugriff: 12.2.2022).

mehr als ein Jahr zuvor und so viele wie noch nie. Der Frauenanteil bei den Studierenden und den Absolvent*innen liegt mit deutlich über 70 % konstant hoch, wenn regional nicht höher.

Diese Zunahme trifft zeitgleich auf eine weitere relevante Entwicklung: Das Informationssystem Studienwahl und Arbeitsmarkt (ISA) der Universität Duisburg-Essen stellt fest, dass im Jahr 2018 bereits 41 % der Sozialarbeitenden älter als 50 Jahre waren (vgl. ISA 2021) – eine Tendenz, die sich weiter verstärken wird, denn nun nähern sich die geburtenstarken Jahrgänge der sog. Babyboomer immer mehr der Berentungsgrenze. Diese sind aktuell überall, v.a. auf der Leitungsebene, die dominierende Altersgruppe.

Betrachtet man nun diese Phänomene zusammen, zeigt sich deutlich, dass damit gerade ein weitreichender Wandel in der Struktur des Arbeitsmarktes und in der Zusammensetzung von Sozialarbeitenden beginnt:

1. Voraussichtlich wird die gesellschaftliche Nachfrage nach Diensten der Sozialen Arbeit aufgrund der demografischen Entwicklung als auch aktuell herausfordernder gesellschaftlicher Prozesse wie z. B. der Corona-Pandemie und der Migrationsströme (vgl. Dohmen/Hurrelmann 2021) weiter steigen.
2. Deutlich mehr junge Sozialarbeitende werden (wahrscheinlich, hängt von den finanziellen Möglichkeiten des Sozialstaates bzw. der Kommunen ab) Aufgaben und Positionen in einer Expansion sozialer Dienstleistungen übernehmen.
3. Dieser erfolgt, wie sich das bereits als Tendenz der letzten Jahre abzeichnet, „mit einer erheblichen zeitlichen Flexibilisierung der Arbeitsangebote und -plätze (…). Diese für den Arbeitsmarkt qualitativ bedeutsame Veränderung wird auf Dauer das Berufsleben von Sozialarbeitern und -pädagogen stark verändern“ (ISA 2021). Das betrifft nicht mehr nur Frauen, die seit vielen Jahren Teilzeit bevorzugen.

Es treffen also aktuell zahlenmäßig verstärkt Sozialarbeitende verschiedener Generationen mit z.T. sehr verschiedenen Vorstellungen im Hinblick auf die Bedeutung von Arbeit in ihrem Leben und Belastungsgrenzen aufeinander. Das bedeutet machtvolle demografische Veränderungen mit großen Auswirkungen auf die Zusammenarbeit: „Wenn Menschen sich selbst oder wenn andere sie in bestimmten Situationen als Angehörige von Generationen verstehen, dann ist damit die Vorstellung verbunden, dass diese Generationenzugehörigkeit für ihre soziale Identität und folglich für ihr Handeln bedeutsam ist“ (Lüscher 2014, S. 4). Das erzeugt Spannung, man könnte sogar sagen: Einen klassischen Generationenkonflikt, dem die Vorstellung zugrunde liegt, „dass die dynamische Differenz zwischen Generationen notwendigerweise Konflikte provozieren“ (Lüscher 2014, S. 14).

Darin verbergen sich aber auch vielfältige Machtfragen.

Wie in Kapitel 4 dargestellt, stellen sich Machtprozesse auf vielerlei Ebenen und in mehrfacher Hinsicht und Weise dar: „Als äußeres, das innerlich bearbeitet werden muss, und als inneres, das in der Außenwelt Anhaltspunkte und Echo findet“ (Schülein 2007, S. 47). Der gesellschaftlich und für die Soziale Arbeit als Profession hoch relevante Prozess des Aufeinandertreffens von unterschiedlichen Generationstypen unter den aktuellen demografischen Bedingungen weist dementsprechend verschiedene Machtdynamiken auf unterschiedlichen Ebenen auf, die im Folgenden skizziert und daraus folgende Konsequenzen formuliert werden.

5.2.2 Machtprozesse auf der Subjektebene, z. B. in Selbstinszenierung und in der Selbst- und Fremdwahrnehmung

Es treffen mit den die Soziale Arbeit dominierenden Babyboomern (ca. 1950–1965 geboren) und der zahlenmäßig größer werdenden Gruppe der Absolvent*innen, die der Generation Z (ca. 1995–2005) (vgl. Maas 2021) zugeschrieben werden können, aktuell und in den kommenden Jahren verstärkt sich unterscheidende (Berufs-)Generationen aufeinander. Auch wenn diese Begriffe bzw. Etikettierungen mit Vorsicht zu genießen sind, wird damit dennoch auf spezifische historische Sozialisationsbedingungen verwiesen, die Personen und Kohorten nachhaltig prägen (vgl. Hurrelmann/Albrecht 2020, S. 37ff).

Babyboomer in der Sozialen Arbeit

Die zwischen 1950 und 1965 geborenen Babyboomer wuchsen in der gesellschaftlichen Situation der Post-Nachkriegszeit mit einer bis in die 1970er Jahre boomenden Wirtschaft auf. Die deutsche Gesellschaft war stark geprägt vom Schweigen über Nazideutschland und dessen Folgen. Der vorherrschende Erziehungsstil zeigte sich tendenziell eher autoritär und wenig auf Kinder und ihre Bedürfnisse ausgerichtet. Kinder erfuhren damals deutlich weniger Beachtung als heute, sie liefen oft einfach so mit und erlebten, dass sie vieles selbst machen konnten und wollten – aber auch mussten. Die Hauptbezugsgruppe waren oft die vielen anderen Altersgenoss*innen, weniger die Eltern. So grenzte sich die junge Babyboomer-Generation auch mehr von ihren Eltern ab und lehnte sich in den späten 1960er- und 1970er-Jahren gegen vorherrschende gesellschaftliche Normen und Werte auf, woraus sich starke Kritikbewegungen z. B. der Studierenden, aber auch gewaltvolle Attacken gegen den Staat z. B. durch die RAF entwickelten (vgl. Maas 2021, S. 74). Gleichzeitig ermöglichte die sog. Bildungsexpansion der späten 1960er-Jahre in der Bundesrepublik, dass insgesamt mehr junge Menschen aus allen Schichten der Bevölkerung Zugang zu Bildung bekamen.

Die Gründungen der Fachhochschulen 1971 trug entscheidend dazu bei, dass sich das nun akademisierte Fach wie auch das Praxisfeld der Sozialen Arbeit professionell und disziplinär weiterentwickelten. Dabei erlebten die Babyboomer als demografisch größte Generation aufgrund ihrer hohen Anzahl im Berufsleben sehr konkret Konkurrenz, sowohl in Zeiten wirtschaftlichen Aufschwungs als auch in den Phasen von Massenarbeitslosigkeit (auch in der Sozialen Arbeit). In dieser Phase gründet diese sich z. B. in Richtung Feminismus politisierende Generation in Folge der Emanzipationsbewegungen viele innovative sozialarbeiterische Projekte, aus denen sich z. T. bis heute kleinere und größere Sozialunternehmen entwickelt haben. Die Gründer*innen und ihre Nachfolger*innen engagier(t)en sich intensiv und mit starker Identifikation. Genau diese führt aber häufig zu Arbeitseinstellungen mit einer Tendenz zur Selbstausbeutung – man könnte es fast Helfersyndrom nennen. Nicht überraschend entwickelte sich der Begriff des Workaholics in dieser Zeit. Die Babyboomer sind gewohnt, viel und hart zu arbeiten. Dabei verhalten sie sich oft sehr loyal zum Arbeitgeber (vgl. Maas 2021, S. 73 f.). Nein zu sagen und Grenzen zu ziehen sind dafür eher keine stark ausgeprägten Eigenschaften, sondern müssen z. T. schmerzhaft über Erfahrungen und (Über-)Belastungen gelernt werden. Auch berufspolitisch für die eigenen Rechte einzustehen, ist bis heute wenig verbreitet – der Berufsverband DBSH kann mit nur 6.000 Mitgliedern ein trauriges Lied davon singen (siehe www.dbsh.de).

Ein weiterer interessanter Aspekt ist dabei, dass zu diesem Erfolg der Sozialen Arbeit bis heute viele sog. Bildungsaufsteiger*innen einen großen Beitrag leisten. Es ist ein in der Sozialen Arbeit bis heute sehr häufiges Phänomen, dass viele, die dieses Fach studieren, die ersten Studierenden in ihren Familien sind. Dass diese besonders hart arbeiten müssen, um überhaupt studieren zu können, prädestiniert sie für Tätigkeiten, in denen Durchhaltevermögen und Fähigkeiten im Umgang mit Komplexität hilfreich und notwendig sind – also für die Soziale Arbeit.

Generation Z in der Sozialen Arbeit

Auf diese Babyboomer treffen in den letzten und vor allem in den kommenden Jahren nun verstärkt junge Absolvent*innen der Generation Z, die nach Wunderlin auf der Basis einer Metastudie u.a. folgendermaßen beschrieben werden: sicherheitsbewusst, erfolgsorientiert, digital affin, geprägt von einem starken Bedürfnis nach Selbstbestimmtheit, Sinnerfüllung und Selbstverwirklichung, Altruismus, Gefühl der Gerechtigkeit (Gleichheitsprinzip) und starker Freizeitorientierung. Auch Arbeit soll Spaß machen, sinnvoll und abwechslungsreich, spannend und herausfordernd sein. Sie wollen eigene Ideen einbringen, kreativ und innovativ intrinsisch motiviert arbeiten (vgl. Wunderlin 2021, S. 70–93).

Eigentlich perfekte Eigenschaften für die Soziale Arbeit, die als vielseitiges Arbeitsfeld vieles davon anbieten kann, bis auf drei wichtige Aspekte: 1. Materiell kann die Berufstätigkeit in der Sozialen Arbeit im Vergleich zu anderen akademischen Berufen deutlich weniger bieten. 2. Arbeitsplatzsicherheit ermöglicht der Beruf zwar an sich schon (s. o.), allerdings besteht 3. die Herausforderung in der praktischen Sozialen Arbeit vor allem darin, viele und herausfordernde Unsicherheiten und Ambivalenzen aushalten zu müssen. Das ist insofern ein großes Problem, da Wunderlin in seiner Metaanalyse auch feststellt, dass diese Arbeitsmarktkohorte die sensibelste, ängstlichste und in einem psychisch schlechtesten gesundheitlichen Zustand ist (vgl. ebd.) – auch bereits vor der Corona-Pandemie und ihrer psychosozialen Auswirkungen, die vor allem junge Menschen belasten (vgl. Hurrelmann/Dohmen 2021). So zeigen sich seit 2012 bis 2020 (nicht nur, sondern auch bei Studierenden der Sozialwissenschaften) deutlich höhere psychische Beeinträchtigungen bei Studierenden (vgl. Statista 2022b).

Lehrende an Hochschulen erleben diese Belastung der Studierenden in z. T. skurrilen Ausformungen. So wünschten sich vor Kurzem mehrere Studierende des 1. Semesters in einem Grundlagenseminar der Sozialen Arbeit zur Einzelfallhilfe eine sog. Triggerwarnung durch die Lehrende, immer dann bzw. bevor belastende Inhalte (z. B. Darstellung psychischer Probleme oder Gewalt) auftauchen, entsprechend den Warnungen auf Instagram für Menschen mit Traumatisierungserfahrungen. Die Lehrende verweigerte diesen Wunsch mit dem Hinweis, dass das gesamte Studium der Sozialen Arbeit Auslöser für Emotionen sein kann, da die Probleme von Nutzer*innen Sozialer Arbeit sehr häufig auf Belastendes verweisen und es die professionelle Aufgabe von Sozialarbeitenden ist, an sich und ihren Gefühlen zu arbeiten (z. B. in kollegialem Austausch, Therapie, Supervision etc.), um handlungsfähig zu bleiben. Darüber hinaus verweist nicht jede emotionale Reaktion, die gespürt wird, auf ein Trauma und nicht jede schwierige Erfahrung ist ein Trauma. Beide Begriffe – ‚triggern' und ‚Trauma' – sind eigentlich psychologische bzw. psychiatrische Fachbegriffe und werden aktuell durch übermäßigen und fast inflationären Gebrauch in ihrer ursprünglichen Bedeutung entwertet – oder damit jede emotionale Regung oder Erfahrung tendenziell auf- bzw. überbewertet – im Sinne von: Es gibt keine schlechten und schwerwiegenden Erfahrungen mehr, sondern alles ist Trauma. Insofern kann so ein inflationärer Sprachgebrauch dementsprechend sogar die Menschen, die sich bei Belastungen tendenziell schnell stark belastet fühlen und über eher wenig Widerstandskraft verfügen, in ihrer Unsicherheit bestärken und sich abhängig machen von Unterstützung und Stützung aus ihrem Umfeld. In der Managementliteratur wird dieser Sozialtypus abwertend „Snowflake" genannt: einzigartig, besonders, sensibel – und bei Gegenwind wenig standhaft.

Wie lassen sich diese Entwicklungen erklären? Eine These ist, dass neben Vernachlässigung und Misshandlungen, deren Folgen ja allgemein bekannt und überhaupt nicht selten sind (im Gegenteil: So ist 2020 die Anzahl der Inobhutnahmen von vernachlässigten und misshandelten Kindern in Deutschland auf deutlich höherem Niveau als noch 2012 [vgl. Statista 2022a]), auch ein übermäßig zugewandter, permissiver Erziehungsstil psychische Probleme fördert, was allerdings deutlich weniger beachtet wird, worauf der Generationenforscher Maas (2021) nachdrücklich hinweist. In diesem aktuell im deutschen bürgerlichen Milieu populären Erziehungsstil lernen Kinder sehr früh, ihre Bedürfnisse und Probleme wahrzunehmen und stärker zu artikulieren. Schon im frühen Kindesalter erleben sie, viele Wahlmöglichkeiten zu haben und erleben Selbstwirksamkeit, indem das, was sie sich wünschen, auch erfolgt. Hinzu kommt, dass sie lernen, viel in Verhandlungen zu gehen – und diese auch für sich entscheiden zu können. Sie sind es gewohnt, in ihren Wünschen und Bedürfnissen von ihren Eltern ernst genommen und umsorgt zu werden und erfahren dabei auch für einfaches, alltägliches Verhalten große Bewunderung und Anerkennung. Ihre Eltern wenden sich ihnen – allerdings auch verbunden mit hohem Leistungsdruck – in einer Art liebevoller Belagerung intensiv zu, fördern sie und kämpfen für sie – bis hin zu den berühmten alles kontrollierenden Helikopter- und neuerdings Curlingeltern, die alle Herausforderungen für ihre Kinder wegwischen, damit Probleme gar nicht erst auftreten (vgl. Maas 2021, S. 81 ff.). Interessanterweise führt dies nicht dazu, dass daraus gestärkte junge Menschen erwachsen – im Gegenteil (s. o.). Vielen fehlen tendenziell Erfahrungen in der eigenständigen Bewältigung von Schwierigkeiten, Herausforderungen, Ohnmachtserfahrungen und den damit verbundenen wichtigen Lernerfahrungen des Aushaltens von Ambivalenzen und überdies mit Scheitern konstruktiv umgehen zu können – also Grundkompetenzen für eine Tätigkeit in der Sozialen Arbeit.

Im Hinblick auf Macht zeigt sich hier Folgendes: Beide Generationen zeigen (idealtypisch) sehr unterschiedliche und sich z. T. widersprechende Handlungskompetenzen bzw. Repertoires, die einerseits Ressourcen in sich tragen, aber in ihrer Widersprüchlichkeit von Selbst- und Fremdwahrnehmung zu Unverständnis, Konflikten und Machtkämpfen einladen. Zu wissen, worin die eigene generational-biografische Prägung und die Unterschiede zu anderen liegen und diese weniger vergleichend zu bewerten, ist ein wichtiger Hintergrund konkreter Interaktionen. Damit wird grundsätzlich Empathie und Mitfühlen ermöglicht und damit konstruktive Machtbeziehungen.

5.2.3 Auf der Interaktionsebene in unmittelbaren Austausch- und Machtbeziehungen, z. B. im Team

Betrachtet man nun Teams mit Vertreter*innen dieser beiden (typisiert dargestellten) Professionsgenerationen der *Boomer* (so die abwertende Bezeichnung der Jungen für die Babyboomer) und der *Snowflakes*, zeigen sich aufgrund der großen Unterschiedlichkeit bzgl. Selbst- und Fremdwahrnehmung viele potenzielle Konfliktpunkte, Machtfragen bzw. Machtproblematiken, z. B. im Hinblick auf *Ressourcenmacht*: Welche Bedeutung haben diese Unterschiede in der konkreten Arbeit? Wer definiert, was ‚richtige' Sozialarbeit ist? Welcher Modus dominiert im Team, z. B. im Hinblick auf die Alterszusammensetzung des Teams? Und was bedeutet das im Zusammenspiel der verschiedenen Mitarbeitenden? Wie wird Konkurrenz erlebt und ausgetragen? Wer hat hier welche Macht, z. B. in Form von offizieller oder informeller Leitung? Worin liegen Potenziale, dass sich die Perspektiven/Handlungen gegenseitig ergänzen?

In der supervisorischen Praxis der Autorinnen zeigt sich, dass viele Teamkonflikte genau darauf basieren, dass jeweils legitime generationale Bedürfnisse und (professionelle) Vorstellungen konträr erlebt und voneinander gefordert werden und eine Einfühlung in die andere Perspektive aufgrund der jeweils eigenen Sozialisation und der Handlungskompetenzen oft schwerfällt. So wird z. B. hart gestritten über unterschiedliche Vorstellungen der Bedeutung von Arbeit und Freizeit, über gegenseitiges Einspringen und Unterstützen, über Befindlichkeiten bzgl. Belastung oder schlichtweg, wann wer Urlaub nehmen will. Oder darüber, wie mit

Klient*innen Sozialer Arbeit umgegangen wird bzw. welche Interventionen (z.B. auch konflikthaft durch-)gesetzt werden – und von wem. Ein anderes wichtiges Thema ist auch, wer Führungsaufgaben und Verantwortung übernehmen will – bzw. eben nicht. Viele junge Sozialarbeitende wollen keine dieser freiwerdenden Aufgaben übernehmen, sondern lieber einfaches Teammitglied bleiben. Auffällig ist, dass diese Machtfragen tendenziell personalisiert und vorwurfsvoll kommuniziert werden, was zu Spaltungen in Teams führen kann. Damit dies nicht in Machtkämpfen auf der persönlichen Ebene eskaliert, braucht es Zeit, Raum und Fähigkeiten zur konstruktiven Auseinandersetzung – also Positionsmacht. Dazu gehört auch, dass die Beteiligten die Verhaltensweisen der anderen so einordnen und respektieren zu können, auch wenn das bedeutet, zurückstehen zu müssen.

In solchen Reflexionen, z.B. in Supervisionen oder Coachings, geht es darum, mit der *Artikulationsmacht* zu arbeiten, die sich in solchen Fragen zeigt: Was wird wie angesprochen? Worüber wird gesprochen und worüber nicht? Worüber kann gekämpft werden, was steht (für wen) fest? Und was ist was? Nur dann können junge Führungskräfte aufgebaut und Lust erzeugt werden, Verantwortung zu übernehmen.

5.2.4 Auf der Organisationsebene, z.B. in Kapital, Marktanteilen, Konzepten, Traditionen, Leitbild

Der demografische Wandel und der eingangs beschriebene Bedarf an Fachpersonal haben direkte und handfeste Auswirkungen für Organisationen und Verantwortliche. Das beinhaltet z.B., dass es in manchen Städten und Gemeinden bereits heute einen erheblichen und akuten Mangel an Sozialarbeitenden gibt – und die große Welle der Berentungen der 1960er-Jahrgänge kommt erst noch. Mitarbeiter*innengewinnung und diese zu halten ist mittlerweile eine der zentralen Herausforderung für soziale Organisationen. Damit verschieben sich deutlich die Machtverhältnisse: Junge Absolvent*innen können sich trotz wenig Erfahrung viele Stellen aussuchen – und selektieren nach speziellen Kriterien, z.B. höherem Verdienst oder besserer Life-Work-Balance, u.a. durch noch häufigere Forderungen nach Teilzeit. So wollen Praktikant*innen und Absolvent*innen zwar immer noch sehr gerne Soziale Arbeit machen, fühlen sich aber wenig hingezogen zu Bereichen mit schwierigen Klient*innen und/oder von Schicht- und Wochenendarbeit als auch Leitungstätigkeit. Soziale Einrichtungen haben immer größere Probleme, Personal zu akquirieren und zu halten. Viele Träger versuchen daher im Rahmen ihrer begrenzten

Möglichkeiten durch monetäre Angebote wie Fortbildungsunterstützung, Altersversorgung, technische Ausstattung, flexible Arbeitszeiten, unbefristete Verträge und Sabbaticals Bindung zu erzeugen. Aber auch die Weiterentwicklung von Leitbildern und Konzepten in Richtung auf innovative, moderne Konzepte mit flachen Hierarchien werden geplant und durchgeführt, um attraktiv zu sein. Diese Umdrehung der Entscheidungsmacht in der Personalentwicklung fällt nicht allen Führungskräften (meist aus der Babyboomer-Generation) leicht, die selbst die Erfahrung machten, dass sie viele Jahre arbeiten mussten, bevor sie solche Forderungen an die Arbeitgeber stellen konnten. Der Umgang mit Neid als auch die Anstrengung (und manchmal auch Abwertung) im Umgang mit den als ansprüchlich wahrgenommenen jungen Mitarbeitenden bei gleichzeitigem Aushaltenmüssen, dass man auf diese angewiesen ist und sich Organisationen verändern müssen, verändert die Machtdynamik in sozialen Organisationen bereits heute sehr. Es wird deutlich, dass es sich hier um einen zirkulären Machtprozess im Sinne Foucaults handelt – also ein Machtprozess, in dem alle Macht über alle anderen ausüben. Dann ist da nur noch die Frage, ob es sich um destruktive oder konstruktive Macht handelt. Darüber entscheidet nicht zuletzt die Kommunikationskultur in der Organisation. In diese zu investieren und über diese Machtfragen zu sprechen, lohnt sich für Organisation *und* Mitarbeitende.

5.2.5 Auf der gesellschaftlichen Ebene, z. B. als sozialer, kultureller und ökonomischer Wandel

All die oben genannten Faktoren verweisen auf komplexe gesellschaftliche Herausforderungen und Konflikte zwischen den Generationen auf vielen Ebenen, die auch, aber nicht nur in der Sozialen Arbeit sichtbar werden. Auch diese muss sich ständig weiterentwickeln – und tut dies auch. Kritische Betrachtungen der Jugend durch die Älteren als Gefahr für die Zukunft sind natürlich nicht neu, worauf schon Sokrates und Platon hingewiesen haben sollen. Klassischerweise wird davon ausgegangen, dass Generations-„Konflikte zwischen Jung und Alt (..) gewissermaßen in der (sozialen) Natur dieses Verhältnisses angelegt (seien). In der Art und Weise, wie sie zugelassen und ausgetragen werden, wird ein Antrieb zur systemerhaltenden Entwicklung der Gesellschaft gesehen. (…) In neuerer Zeit werden Konflikte zwischen Jung und Alt hinsichtlich der Verteilung der gesellschaftlichen Ressourcen und der Teilhabe an wohlfahrtsstaatlichen Einrichtungen geortet“ (Lüscher 2014, S. 14). So verstanden könnte es sich im Konflikt zwischen den Generationen vor allem um einen veritablen Machtkampf um Ressourcen handeln. Um die geht es sicher auch, aber in einer generativ angelegten Perspektive auf die anstehenden Veränderungsprozesse geht es um mehr als nur materielle Ressourcen, vor allem in der Sozialen Arbeit: Es geht auch darum, wie sich die Soziale Arbeit als Profession weiterentwickelt. Hilfreich dafür ist der Begriff der Generativität, der als eine menschliche Fähigkeit verstanden wird, um das gegenseitige Angewiesensein von Generationen zu wissen und dies als *gemeinsame* Verantwortung aufzufassen und zu gestalten. Da Generativität auf sich ständig wandelnden sozialen Normen beruht, hängt damit immer ein wechselseitiger Aushandlungsprozess zusammen (vgl. Lüscher 2014, S. 13). Es wird also darum gehen, wie aus einer Machtfrage eine Aushandlungsfrage wird. Die aktuellen generativen Konflikte in der Sozialen Arbeit sind demnach Herausforderung und Chance gleichzeitig.

Darauf weist auch Klaus Eidenschink, ein Theologe, Coach und – wie er es nennt – „Spezialist für Verständigung und Wandel“[8] hin und stellt in seiner dynamischen Konflikttheorie die These auf, dass es ohne Konflikte kein Leben und keine Veränderung gibt. „Gleichzeitig bleibt das Meiste stabil, aufeinander eingeschwungen, ineinandergreifend, einander nutzend und aufeinander bezogen. Gleichmäßiger Rhythmus, verlässliche Erwartungen, Vertrautheit und nicht hinterfragte Erwartungen sind die Bedingung für gedeihliches Leben – biologisch, seelisch und sozial.“

Er sagt aber auch: „Ohne Konsens kein Leben. Dynamische Systeme brauchen somit beide Fähigkeiten: Sie müssen für Bestätigung ebenso wie für In-Frage-Stellung empfänglich sein. Andernfalls würden sie entweder erstarren oder sich im Chaos auflösen. Völlige Spannungslosigkeit oder ständige Anspannung rauben jedem System seine Fähigkeit sich zu regulieren“ (Eidenschink 2020).

Konflikte regulieren demnach vor allem Unterschiede, indem sie eine vorhandene unpassende Gleichheit in Frage stellen. Oder mit ihnen sollen Unterschiede, die nicht bestehen bleiben können, in eine ungleiche Ordnung überführt werden, was dann im Ergebnis als Sieg/Niederlage oder auch Kompromiss bezeichnet werden kann. „Aber egal ob neue Ordnung hergestellt oder bestehende Ordnung in Frage gestellt wird, dienen Konflikte in beiden Fällen der Veränderung“ (ebd.).

Eine solche machtvolle Veränderung findet durch zirkulierende Machtprozesse im generativen Prozess gerade statt. Werden diese entsprechend dem Konzept der Generativität offen kommuniziert, dann eröffnen sich für alle

---

8 Homepage des Arbeitgebers: https://hephaistos.org/ueber-uns/leitung/ (Zugriff 31.08.2022).

Beteiligten Räume und vermitteln das Gefühl von Freiheit; werden sie jedoch mangelhaft bis gar nicht kommuniziert, dann arten sie in Zwang aus und generieren Gefühle der Unfreiheit. Werden diese Machtprozesse also intensiv mit den handelnden Personen (d.h. in den Teams, Organisationen, aber auch in der Gesellschaft) kommuniziert, können sie produktiv freiheitsermöglichend wirken, indem sie eine Atmosphäre gegenseitiger Anerkennung und Vertrauen schaffen (vgl. Han 2005, S. 24) – ein an sich in der Sozialen Arbeit selbstverständlicher Zugang. Er eröffnet damit wie auch in der Arbeit mit Klient*innen ein Raum der Vermittlung, z.B. zwischen diesen so unterschiedlichen Angehörigen verschiedener Generationen. Dann können wir optimistisch sein, dass dieser Prozess ganz im Sinne des Arendtschen Machtverständnisses zu etwas wird, mit dem Neues in die Welt gesetzt wird.

5.3 Bühne 3: Gender und Geschlechterverhältnisse

Am 24. Januar 2022 outen sich 125 Mitarbeiter*innen der katholischen Kirche öffentlich als queer. Es sind LSGBTQI[9] Personen, also Menschen, die nicht der zweigeschlechtlichen Norm entsprechen. Sie fordern ein Ende der Diskriminierungen in der Kirche, eine Änderung des kirchlichen Arbeitsrechts und sie gehen das Risiko ein, in der patriarchalischen Struktur des Vatikans kein Gehör zu finden und entlassen zu werden.

„Der Kampf gegen Diskriminierung ist auch eine Soziale Frage", sagt Sven Lehmann, seit Januar 2022 Queer-Beauftragter im BFSFJ der neuen Bundesregierung. Er ist zuständig für die Akzeptanz sexueller und geschlechtlicher Vielfalt. Seine Aufgabe wird sein, Maßnahmen zur Antidiskriminierung zu entwickeln, denn Deutschland liegt im Vergleich zu anderen europäischen Staaten im Antidiskriminierungsranking nur auf Platz 16. Zwar sei, so Lehmann, die Sichtbarkeit der Vielfalt in der Öffentlichkeit durch Medien und Politik gestiegen, aber in den Köpfen der Menschen und im Verhalten gegenüber queeren Menschen fehle es nach wie vor an gelebter Toleranz, sei es aus Unwissenheit oder aus Angst (vgl. BMFSFJ 2022).

Das Bundesinnenministerium stuft seit 2020 LSGBTQI-feindlich motivierte Straf- und Gewalttaten gegen Homophobie und Transfeindlichkeit als politisch-motivierte Hasskriminalität gegen „Geschlecht/sexuelle

---

[9] Lesbisch, Schwul, Bisexuell, Trans*, Queer, Inter* und alle anderen Personen, die sich außerhalb des cis-heteronormativen Spektrums identifizieren.

Identität“ ein. Diese Straftaten beziehen sich nicht auf einzelne Personen, sie zielen auf die Einschüchterung aller Gruppen mit diesen Merkmalen. „Die Täter sehen sich als Vollstrecker eines von ihnen fantasierten Mehrheitswillens. LSGBTQI gelten ihnen als minderwertig und vogelfrei“ (LSVD o. J.). Im Jahr 2020 registrierte das Bundesinnenministerium 204 Straftaten im Bereich „Geschlecht/Sexuelle Identität“ und im Themenfeld „Sexuelle Orientierung“ 578 Straftaten, also insgesamt 782 Delikte aus Hass gegen Lesben, Schwule, bisexuelle, trans- und intergeschlechtliche Menschen – das entspricht gegenüber 2019 einem Anstieg von 36 % (ebd.).

Frauen vor allem, aber auch Männer, erleben Gewalt in Partnerschaften. Der Bericht des BKA weist für das Jahr 2020 insgesamt 80,5 % Gewaltdelikte gegen Frauen und 19,5 % Delikte gegen Männer aus. Insgesamt sind die Zahlen der Partnerschaftsdelikte in den letzten fünf Jahren weiter angestiegen. Während der beiden Lockdowns 2021 wurden dem BKA nur unwesentlich mehr häusliche Straftaten gemeldet, aber es steht zu vermuten, dass die Dunkelziffer deutlich höher liegt, da nicht alle Straftaten gemeldet wurden (vgl. BKA 2022).

Damit nicht genug. Werfen wir einen Blick auf das Thema häusliche Gewalt gegen Frauen: Jede vierte Frau wird mindestens einmal im Leben Opfer häuslicher Gewalt. Täglich versucht in Deutschland ein (Ex-)Partner seine (Ex-)Partnerin zu töten und jeden dritten Tag findet tatsächlich ein Femizid statt (Goldenberg 2020, o. S.). Viele dieser Straftaten werden als Familientragödien, Beziehungs- und Eifersuchtsdramen abgetan und nicht als strukturelles, geschlechtsspezifisches Machtgefälle zwischen Männern und Frauen. Derzeit gibt es keinen expliziten Straftatbestand, Femizide gesondert zu bestrafen. Allein 2020 starben 139 Frauen durch die Gewalt ihrer (Ex-)Partner, die Dunkelziffer verletzter oder vermisster Frauen ist unbekannt.

Sexuelle Belästigung am Arbeitsplatz, im Kunst- und Hochschulbereich haben nach Jahren des Schweigens Frauen 2017 mit der Aktion #MeToo in die Öffentlichkeit gebracht und für das Thema sensibilisiert. Am bekanntesten ist die von Schauspielerinnen und Künstlerinnen angestoßene #MeToo-Debatte gegen das übergriffige Dominanzverhalten von Männern gegenüber Frauen. Die katholische Kirche, Internate, Jugend- und Sporteinrichtungen müssen sich zunehmend mit den Forderungen nach Wiedergutmachung und Entschädigung von Opfern sexuellen Missbrauchs in ihren Einrichtungen stellen. Bischöfe und selbst der emeritierte Papst Benedikt müssen Versäumnisse eingestehen und um Verzeihung bitten. Gegen die Macht der Mächtigen (Männer und Kirchenhäupter) haben sich die Opfer organisiert.

Frauen, queere Menschen, People of Colour stärken mit Selbstermächtigung ihre Sichtbarkeit in der Öffentlichkeit, die ihnen lange verwehrt wurde. Mit der Debatte um sexuelle Identitäten findet eine Kulturrevolution statt, sich von den patriarchalen Dominanzkulturen zu distanzieren und zu befreien. So verschieben sich die Machtverhältnisse männlicher Herrschaft (Bourdieu), die sich bisher an der unhinterfragten heterosexuellen Norm orientierten, hin zu einer mehr gleichberechtigten Gesellschaft, in der alle Geschlechter aller Hautfarben in ihrer Identität anerkannt werden. Damit verlieren die Etablierten ihre Diskurshoheit: „Denn politische, ökonomische und diskursive Macht liegt eher bei Männern – und seltener bei Frauen“ (Vogel 2021, S. 102). Doch während die Minderheiten Aufmerksamkeit in den Medien und im politischen Diskurs als Beitrag zur Vielfalt demokratischer Kultur genießen, organisieren sich konservative, rechte Männer zum Gegenangriff auf die neue (vermeintliche) weibliche Herrschaft. Susanne Kaiser beschreibt diesen Gegendiskurs als gekränkten und militanten „Angriff der Maskulinisten“ (Kaiser 2021, S. 79 ff.). In Internetforen verbreiten sie Hasskommentare gegen die Landnahme männlich dominierter Gebiete durch Frauen. Sie sehen sich als die eigentlichen Verlierer der Gleichstellungspolitik und behaupten, der Feminismus sei Männerhass. Die Anti-Gender-Queer-Kräfte verfolgen ein biologistisch geprägtes stereotypes Bild von Mann- und Frausein und Familie und finden mit dieser Ideologie Anschluss im rechten Parteispektrum. So kritisiert Björn Höcke von der Alternative für Deutschland (AfD) 2014 Gleichstellungspolitik als „steuerfinanzierte Gesellschaftsexperimente, die der Abschaffung der natürlichen Geschlechterordnung dienen“ (Höcke, zit. n. Gersterkamp 2021, S. 99). Und in einer Rede 2015 in Erfurt fordert er: „Wir müssen unsere Männlichkeit wiederentdecken“, nur dann seien Männer mannhaft und wehrhaft (Höcke, zit. n. Kaiser 2021, S. 82). Mit derartig kruden Vorstellungen einer hegemonialen Männlichkeit verteidigen autoritäre Politiker*innen und reaktionäre Kräfte erbittert ihre Privilegien, die bis heute strukturell tief in der nach wie vor patriarchalen Gesellschaft verankert sind (vgl. ebd.). Sexuelle Orientierung und Geschlecht werden zum Schauplatz politischer Auseinandersetzungen (ausführlich Hark/Villa 2015). Aber ohne die Verwirklichung der Gleichstellung aller Geschlechter ist die Demokratie in Gefahr. Denn je geringer das Machtgefälle zwischen Männern und Frauen ist, um so friedlicher sind Gesellschaften.

Welche Machtformen wirken wie?

Die Kategorie Geschlecht strukturiert alle Teilbereiche der Gesellschaft, sie wird durch soziale Praxen des Doing Gender und über Sprache fortlaufend in der Hierarchie der Geschlechter reproduziert. „Die Beziehung (Relation) zwischen Geschlecht und Gesellschaft wirkt in zweifacher Hinsicht: Zum einen auf der subjektiven Ebene in Form der Geschlechteridentität (Doing Gender) als Gesamt von Eigenschaften und Rollenerwartungen, die im Sozialisationsprozess erworben werden und sich in Männlichkeit und Weiblichkeit formen, zum anderen in den Strukturen und Machtverhältnissen entlang der Geschlechterdifferenzen, die die gesellschaftliche Geschlechterordnung festschreiben“ (Sagebiel/Weinelt 2020, S. 135).

Die aktuellen Diskurse um Geschlecht als Differenzkategorie verlaufen entlang der Leitlinien von Gleichheit, Neutralität und Geschlechterdemokratie.

„Geschlechterverhältnisse sind immer auch Macht- und Herrschaftsverhältnisse, die auf ungleichen Verteilungs- und Positionsstrukturen beruhen, die über Werte, Normen und Sprache legitimiert und verstetigt werden. Das Geschlechterverhältnis ist von männlichen Dominanzstrukturen geprägt, die in eine Abwertung von Frauen und weiblichen Tätigkeiten münden. Männliche Herrschaft ist symbolische Gewalt, die unmerklich, unsichtbar und still wirkt und von den Unterworfenen als natürlich angenommen wird“ (ebd., S. 143).

In dieser historisch gewachsenen, patriarchalischen Geschlechterordnung findet eine Abwertung aller anderen Geschlechter statt, die nicht männlich sind. Mit dem Begriff Patriarchat wird aus feministischer Perspektive „die Manifestation und Institutionalisierung der Herrschaft der Männer über Frauen und Kinder innerhalb der Familie und die Ausdehnung der männlichen Dominanz über Frauen auf die Gesellschaft insgesamt“ (Lerner 1995, S. 295) beschrieben. Diese heteronormative Perspektive basiert auf der Annahme eines binären Geschlechtersystems, das die Vielfalt der von der Biologie losgelösten Vielfalt der Geschlechter, die Judith Butler bereits 1991 in ihren Gender-Studies beschrieb (s. Kap. 2.1.8), schlicht ignoriert.

Um schließlich die Machtwirkungen zu erkennen, die Ungleichheitsstrukturen und Diskriminierungen weiter fortschreiben, werden wir hier kurz die zentralen theoretischen Kategorien aufzeigen, die für das Verständnis von Geschlecht, Sozialer Arbeit und Macht bedeutsam sind. Es gibt verschiedene Perspektiven in den Genderdebatten, Macht und Ungleichheitsverhältnisse zwischen und unter allen Geschlechtern zu erklären. Denn die Vorstellungen über Geschlechterunterschiede und geschlechterbezogene Strukturen im gesellschaftlichen Ordnungsgefüge sind tief im Alltagshandeln der Profession und der Fachdiskurse verankert. Geschlecht als soziales Orientierungs-, Strukturierungs- und Herrschaftsinstrument zu erkennen bedeutet im Umkehrschluss: „Geschlecht ist keine natürliche Eigenschaft von Menschen" (Bereswill 2016, S. 10). Es bedarf dazu, wie Bereswill weiter feststellt, einer kritischen Reflexion auf die Produktionsweisen von (Geschlechter-)Wissen und die Ein- und Ausschlussmechanismen von politischer Praxis einerseits und das Bereitstellen von Wissen und Konzepten, mit deren Hilfe Herrschaftszusammenhänge aufgedeckt und kritisiert werden können.

5.3.1 Geschlecht als Strukturkategorie

Über die Strukturkategorie werden Geschlechterverhältnisse als Prinzip im komplexen Gefüge sozialer Normen, Institutionen und hierarchischer Strukturen in der Ökonomie (Arbeitsmarkt, Einkommen), in der Politik, des Rechts und der Arbeitsteilung in der Familie, dem Zugang zu Ressourcen und gesellschaftlichen Positionen erklärt (vgl. Ehlert 2012, S. 15). Ungleichheitsverhältnisse zwischen den Geschlechtern werden in dieser Perspektive „als Ausdruck strukturell abgesicherter Herrschaftsverhältnisse analysiert" (Bereswill 2016, S. 16). In dieser Sozialstruktur sind Männer seit jeher gegenüber Frauen privilegiert. Auch wenn Frauen von sich behaupten, emanzipiert zu sein, so driften Wahrnehmung und Wirklichkeit doch weit auseinander. Hier nur ein paar signifikante Unterschiede der strukturellen Benachteiligung (vgl. Niederding 2022, S. 12):

- Gender Pay Gap: Frauen verdienen im Schnitt ca. 1.200 Euro monatlich weniger als Männer, was ihnen weniger finanzielle Sicherheit, Handlungsspielraum und vor allem Vermögensbildung erlaubt;
- Gender Pension Gap: Wer weniger verdient, erhält im Alter weniger Rente. Frauen erhalten im Schnitt knapp die Hälfte weniger Rente als Männer.
- Care Gap: Wegen des Mangels an Kinderbetreuung sind Frauen oft gezwungen, mit Eintritt der Kinderzeit in Teilzeit zu arbeiten. Die Pflege (Kinder und Angehörige) und Hausarbeit (plus Homeschooling) wird zu 80 % von Frauen übernommen. Da diese reproduktive Arbeit unbezahlt ist, sprechen feministische Ökonominnen von einem verkürzten (männerdominierten) Wirtschaftsverständnis, das auf einer „Tischlein-deck-dich-Illusion" (Knobloch 2021) beruht (vgl. Sagebiel/Wolf 2022);

- Board Gap: Der Frauenanteil in den Aufsichtsräten der größten deutschen Unternehmen beträgt 2021 ganze 30,4 % (vgl. Statista 2022c).

Das Patriarchat erweist sich trotz aller Gleichheitsbekundungen der Politik als resistent und zäh, „es steckt unter jeder Decke in jedem Bett, ganz egal, ob und mit wem man es teilt“ (Nieberding 2022, S. 13). Und genau das ist das Perfide an der Sache: „Liebesgefühle, emotionale Verbundenheit und Abhängigkeit vermischen sich (…) mit Machtdynamiken und machen sie unsichtbar“ (Roig, zit. n. ebd.).

Für die Soziale Arbeit, die mit den sozialen Auswirkungen von Ungleichheiten befasst ist, ist daher Geschlecht eine zentrale Kategorie – sind doch Praxis als auch Theorie eingebettet in die Geschlechterverhältnisse und wirken sowohl an deren Überwindung wie auch an deren Stabilisierung mit. In der Praxis sind es geschlechtsspezifische Zuschreibungen und Erwartungen an die Adressat*innen (Mutter- und Vaterbilder, Männer- und Frauenarbeit, Jungen- und Mädchenarbeit etc.). Sozial-, Pflege- und Erziehungsberufe werden nach wie vor mehrheitlich von Frauen gewählt (Altenpflege 83 %, Krankenpflege 80 %), 70 % der Studierenden Sozialer Arbeit sind Frauen, im Verlauf des Berufes ändert sich das Verhältnis ins Gegenteil, da führen mehrheitlich Männer (vgl. Ganß 2020, S. 64 ff.).

5.3.2 Geschlecht als soziale Konstruktion

Die Unterschiede zwischen den Geschlechtern sind nicht biologisch begründet oder mit bestimmten Eigenschaften gleichzusetzen (männlich und stark, weiblich und schwach), sondern sie sind das Ergebnis kulturell und historisch gewachsener Prozesse. Die analytische Unterscheidung in der Geschlechterforschung zwischen *sex* als biologisches und *gender* als soziales Geschlecht betrachtet Geschlecht als performative Zuschreibung in Interaktionsprozessen. In dieser handlungstheoretischen Perspektive ist Zweigeschlechtlichkeit eine „kulturelle Konstruktion“ (Hagemann-White 1984), die über das Konstrukt des „Doing gender“ (West/Zimmermann 1987) hergestellt und fortlaufend reproduziert wird. Wir tun das täglich in unseren sozialen Beziehungen, in professionellen Interaktionen mit Adressat*innen und Kolleg*innen. Alle Interaktionen sind strukturiert über die Erkennbarkeit des Geschlechts, der konventionalisierten Erwartungen an die Darstellung von Geschlecht über Sprache, Gestik, Mimik, Tonlage, Kleiderordnungen etc. Es ist ein ständiger Prozess „von Zugschreibungen, Wahrnehmungs- und Darstellungsroutinen“, der sich biografisch niederschlägt und identitätsstiftend wirkt (vgl. Ehlert 2012, S. 26). Demnach gibt „es keine notwendige, naturhaft vorgeschriebene Zweigeschlechtlichkeit (…), sondern nur verschiedene kulturelle Konstruktionen von Geschlecht“ (Hagemann-White 1988, S. 230). Judith Butler hat in ihren Studien zum „Unbehagen der Geschlechter“ (1991) darauf verwiesen, dass die Konstruktion von Subjekten, Körper und Identität diskursiv erzeugt wird. Folgt man dieser Dekonstruktion von Geschlecht, dann ist das, was wir für Natur halten, nicht natürlich, sondern eine kulturspezifische Wahrnehmung – ein Effekt hegemonialer (männerdominierter) Diskurse. Für die Soziale Arbeit kann diese Perspektive hilfreich sein, die diskriminierenden Machtwirkungen von Geschlechterordnungen zu erkennen und sie zu entpersonalisieren. Denn die „natürliche“ Unterscheidung der Geschlechter funktioniert ja nur, „weil beide Geschlechter die symbolische Ordnung (Arbeitsteilung, Ästhetik, Lebensstile etc.) anerkennen und bestätigen“ (Sagebiel/Weinelt 2020, S. 143). So fließen in Beratungsprozessen bei Familienkonflikten und der Regelung elterlicher Sorge tief verankerte Vorstellungen über eine „richtige“ Familie, von Mütterlichkeit, Jungen- und Mädchenverhalten ein. Im vergesellschafteten Habitus, so Bourdieu, reproduzieren sich Vorstellungen, Eigenschaften, Zuständigkeiten und Positionszuweisungen der Geschlechter, mit all ihren Auf- und Abwertungen, Einschlüssen und Ausschlüssen im Zirkelschluss. „Diese Permanenz im und durch den Wandel“ (Bourdieu 2016, S. 159) erklärt auch die Tatsache, warum es zu einer Abwertung von Berufen, wie z.B. der Sozialen Arbeit kommt, sobald darin mehrheitlich Frauen arbeiten. Schon Alice Salomon konnte 1906 in ihrer Dissertation nicht nur die Lohnungleichheit zwischen Männer- und Frauenarbeit feststellen, sie konnte auch zeigen, dass die Berufsbereiche, in die mehrheitlich Frauen vordringen, für Männer aufgrund des niedrigen Lohnniveaus unattraktiv sind mit Ausnahme der Führungspositionen. Dieser Befund trifft nach wie vor auch für die Soziale Arbeit zu (vgl. Sagebiel/Wolf 2022).

5.3.3 Intersektionalität

Die intersektionale Perspektive greift die Unterdrückungserfahrungen schwarzer Frauen in den USA auf. In die feministischen Debatten wurde der Begriff durch den prominenten Aufsatz der US-amerikanischen Juristin Kimberlé Crenshaw 1989 („Demarginalizing the Intersection or Race and Sex“) eingeführt. Mit dem Begriff *Intersection* (als Bild einer Straßenkreuzung, wo die Machtwege kreuzen) sollte die eindimensionale Perspektive von Geschlechterverhältnissen erweitert werden durch die Wechselwirkung der Strukturkategorien Gender, Ethnizität, Klasse, Nationalität und Sexualität. Denn erst in der Verschränkung und Überlagerung mehrerer Unterdrückungsformen und sozialer Ungleichheitskategorien können die Macht- und Herrschaftsverhältnisse analysiert werden. „Das Konzept richtet den Blick vor allem auf die Art und Weise, wie Rassismus, Patriarchat, Klassenzugehörigkeit sowie andere Systeme der Unterwerfung eine nicht auf den ersten Blick sichtbare Ungleichheit konstruiert, welche die Beziehung von Frauen zu Rasse, Ethnie, Klasse und ähnliches bestimmt. Außerdem spricht es spezifische Handlungen und Politiken an, die Frauen belasten und entlang der genannten Achsen zum Dispowerment, zur Entmachtung führen" (Kimberlé 2019).

„Ziel der Intersektionalitätsanalyse ist es, zu entschlüsseln, wie Dominanz und Unterdrückung miteinander in Beziehung stehen, um Herrschaftsverhältnisse zu stürzen“ (Giebeler et al. 2013, S. 17). In der Wechselwirkung der unterschiedlichen Ebenen *race, class, gender, body* spiegelt sich die Vielfalt von Frauen wider, denn „die Frauen“ sind keine homogene Gruppe, sie unterscheiden und identifizieren sich entlang der sozialen Ungleichheitsstrukturen oder in der Kreuzung der verschiedenen Kriterien. Weiße Frauen haben andere Diskriminierungserfahrungen als schwarze Frauen, homosexuelle und queere Menschen wieder andere. Aber nicht nur für die Analyse von Dominanz- und Herrschaftsverhältnissen in Bezug auf Genderfragen ist das theoretische Konzept der Intersektionalität für die Soziale Arbeit bedeutsam. „Ebenso geht es aber auch darum, Widerstandspraxen aufzuzeigen“ (ebd.), um diese Verhältnisse zu verändern. So ist zu fragen, mit welchen Ungleichheits-, Differenz- und Normierungserfahrungen Adressat*innen (z.B. geflüchtete Menschen) im Alltag und im Kontakt mit sozialen Organisationen ausgesetzt sind und wie Soziale Arbeit diese Menschen unterstützen kann, Anerkennung zu finden und Teilhabe zu ermöglichen, aber auch, wie die Profession selbst an der „Produktion entsprechender Differenzlinien beteiligt“ ist (ebd.).

Mit dem Konzept der Intersektionalität besteht aber auch die Gefahr, dass Debatten um strukturelle Ungleichheiten, institutionelle Machtzusammenhänge und Machtverteilungsfragen in den Hintergrund gedrängt werden zugunsten der Stärkung von Partikularinteressen. Diese können in Identitätsdebatten und Identitätspolitiken münden, sodass Regelungen für mehr Geschlechtergerechtigkeit (Gleichstellungspolitik) in der Parzellierung einzelner, voneinander getrennter Identitätsansprüche untergehen – statt in gemeinsamer Solidarität zu münden (hierzu ausführlich Strauß 2019).

5.3.4 Kritische Männlichkeiten

Neben der feministischen Genderforschung hat sich seit den 1980er Jahren auch eine kritische Männerforschung entwickelt als Gegendiskurs zu den feministischen Patriarchatsentwürfen. Mit dem Begriff hegemonialer Männlichkeit greifen Carrigan, Conell und Lee 1985 den Hegemoniebegriff des marxistischen Philosophen Gramsci auf als Ausgangspunkt zur weiteren Ausdifferenzierung von Macht, Herrschaft und Geschlecht. Gramsci folgend ist „Hegemonie" eine Form von Herrschaft, welche nicht auf manifestem Zwang beruht, sondern auf einer Art Verpflichtung auf allgemeine kulturelle Werte, einem impliziten Einverständnis der Untergeordneten und somit benachteiligten Individuen mit ihren niedrigeren sozialen Positionen. Die „hegemoniale Männlichkeit" ist, so Meuser (2011), keine Eigenschaft von Personen, sondern ein Orientierungsmuster für Männlichkeit, welches nur von einer Minderheit der Männer überhaupt realisiert werden kann. Dieses Muster erzeugt normativen Druck, dem sich nur wenige Männer (und auch Frauen) entziehen können. „Seine Wirkung entfaltet sich vorwiegend in der Interaktion der Männer untereinander in Abgrenzung zur komplementären Weiblichkeit. Die vorbeschriebene Hegemonie unterliegt also einer doppelten Distinktions- und Dominanzlogik" (Sagebiel/Weinelt 2020, S. 141). In der heterosozialen Dimension wird diese durch die symbolische und institutionelle Verknüpfung von Männlichkeit und Autorität markiert, was für Connell die Hauptachse männlicher Macht bildet (vgl. Meuser 2011, S. 197). Es sind nach Connell „untergeordnete, komplizenhafte und marginalisierte Männlichkeiten" (Bereswill/Meuser/Scholz 2007, zit. n. Ehlert 2012, S. 19), die sich in zweierlei Richtungen entfalten: in der Macht der Männer über Frauen und in der Macht der Männer gegenüber anderen Männern, die diesem hegemonialen Muster nicht entsprechen, z.B. homosexuelle, transsexuelle, queere und körperlich wie seelisch behinderte Männer. Wer dem tradierten Männlichkeitsideal (stark, hart, mutig, unverletzbar) nicht entspricht, entsprechen will oder kann, wer also „die ernsten Spiele des Wettbewerbs" (Bourdieu 2005) unter Männern – es sind Gewalt- und Machtspiele – nicht mitspielt, riskiert die Anerkennung unter Männern, er muss fürchten, „nicht mehr zu denen zu gehören, die man zuweilen ‚harte Männer' nennt" (Bourdieu 2005, S. 96) – ein Habitus, den nicht zuletzt Putin (auch schon vor dem Überfall auf die Ukraine) in Reinform verkörpert. Ein anderer Typ Mann ist dann vielleicht mit Zweifeln an der eigenen (alternativen) männlichen Identität konfrontiert. Denn die Ausbildung des männlichen Habitus (Denken, Handeln, Lebensweise als Verkörperung von Männlichkeit) geschieht in nur den Männern vorbehaltenen Räumen, deren Struktur wettbewerbsorientiert und homosozial ist. Klassische männliche Räume bilde(te)n das Militär, der Sport, Burschenschaften, Vorstandsetagen, Politik, organisiertes Verbrechen, Gefängnisse, Polizei etc. In ihnen entwickel(t)en sich Rituale und körperliche Mutproben, die die Überlegenheit und den Zusammenhalt unter Männern festigen soll(t) en (vgl. ebd.). Sicher sind diese männlich dominierten Räume heute durchlässiger geworden, Frauen dringen in alle Bereiche des gesellschaftlichen Lebens ein – in Politik, Wirtschaft, Sport, Kultur, Wissenschaft. Begründete der DFB 1955 noch das Verbot des Frauenfußballs als Verletzung von Anstand und Sitte, so kann er nach der Aufhebung des Verbots 1970 eine bemerkenswerte Erfolgsgeschichte schreiben – die deutschen Frauen wurden zwei Mal Weltmeisterinnen und das in einem vormals männerdominierten Feld. Trotz Bekenntnissen zur Vielfalt und Toleranz des DFBs besteht allerdings nach wie vor ein hohes Risiko für homosexuelle oder transsexuelle männliche Spieler, ausgeschlossen oder abgewertet zu werden. Nach wie vor konstituiert die „Vorherrschaft des männlichen Geschlechts (…) Macht- und Herrschaftsverhältnisse, die als Systeme unabhängig von den Intentionen der einzelnen Männer ihre Dynamik entfalten“ (Ehlert 2012, S. 18).

An dieser Stelle kurz eine Bemerkung zur gendersensiblen Sprache, denn Sprache ist ein machtvolles Handlungsinstrument, das gesellschaftliche Realitäten schafft. Die feministische Linguistin Luise Pusch – sie hat die Gender-Pause erfunden – diagnostiziert die deutsche Sprache als eine Männersprache, die mit dem Gebrauch des generischen Maskulinums alle anderen Geschlechter unsichtbar macht. „So beginnt ein Artikel in der ‚B.Z.‘ vom 9. Februar 2003 mit der Frage: ‚Was spielt sich in den ersten Wochen im Bauch der Frau ab?‘, um dann zu erklären: ‚Wer schwanger ist, der ist nicht krank, er muss nur sorgfältiger mit *seinem* Körper umgehen“ (Stefanowitsch 2022, S. 1).

Es wären sicher noch viele weitere Beispiele zu nennen. Um was geht es bei den Zeichen *, :, I, / und _? Gendersprache ist nicht gendergaga, kein „Gedöns“ und auch keine Sprache, die, so hat es Friedrich Merz (CDU) 2021 gefordert, es zu verbieten gilt, damit alles wieder in die vertraute (maskuline) Ordnung kommt, sondern *eine* Form, Diversitäten in der Gesellschaft sichtbar zu machen. Und geschlechtergerechte Sprache ist ein Mittel im Kampf gegen Gender-Pay-, Pension-, Care-Gap, gegen Gewalt gegen Frauen und Trans-Personen.

Das Konzept hegemonialer Männlichkeit wird mittlerweile von alternativen Männlichkeitsbewegungen als toxische Männlichkeit, als destruktives, aggressives und gefährliches Männlichkeitsbild heterosexueller Männer kritisiert. Betont wird darin, dass auch Männer unter den Machtstrukturen des Patriarchats und den traditionellen Rollenklischees leiden könnten. Denn die ins Absurde gesteigerte Überlegenheitsfantasie junger Männer werde durch die „vorgefundene Wirklichkeit enttäuscht" (Friebel 2015, S. 38), könne angesichts der alltäglichen Widersprüche zu Verunsicherung, depressionsfördernden Misserfolgserfahrungen und Identitätsdiffusion führen. Wenn Männer und Frauen und andere unter den gender-normativen Geschlechterzuschreibungen leiden, welche Ziele lassen sich dann für eine geschlechterreflektierte und geschlechtersensible Soziale Arbeit formulieren?

Was wäre zu tun? Machtquellen der Sozialen Arbeit

Die Soziale Arbeit als Menschenrechtsprofession soll den sozialen Wandel vorantreiben und Gleichstellung in sämtlichen Lebensbereichen anstreben, so die Definition der IFSW (2014). Um diesem Auftrag im Geschlechterverhältnis gerecht zu werden, bedarf es einer gendersensiblen, kritischen Reflexion durch die Fachkräfte. Welche machtvollen Geschlechterverhältnisse prägen die Lebenswelt der Adressat*innen und wie beschränken sie ihre Autonomie und Selbstbestimmung? Wie beeinflussen (toxische) Männlichkeitsbilder die Entwicklung junger Menschen und welchen Einfluss haben Peer-Groups und soziale Medien auf die Ausbildung der Geschlechteridentität? Wie ändern sich Geschlechterbilder, heteronormative Erwartungen, ästhetische Vorstellungen und welche politischen, medialen Prozesse bezogen auf Geschlechterunterschiede, Diversität und Vielfalt finden statt? Wie transportieren soziale Organisationen tradierte Gendermuster an die Mitarbeiter*innen und Adressat*innen? Gibt es Widersprüche zwischen den Leitbildern der Organisation (Kirche und kirchliche Verbände) und der Praxis (Orientierung an geschlechterbezogenen Interventionen, Entscheidungen etc.)? Und wie ist die Soziale Arbeit selbst an der Reproduktion machtvoller Geschlechterverhältnisse beteiligt?

Kurz: Es braucht nicht nur gendersensible Sprache und Benennungen (LSGBTQI – welche Buchstaben werden die Reihung noch ergänzen?), es braucht neben dem theoretischem Wissen Genderkompetenz als die Fähigkeit allen Menschen unabhängig vom Geschlecht Teilhabe- und Entwicklungschancen zu eröffnen und geschlechterbedingte Macht-/Herrschaftsstrukturen sowie Benachteiligungen zu erkennen, Interventionen zu entwickeln, die einen Beitrag zur Gleichstellung der Geschlechter und damit zu mehr Chancen- und Geschlechtergerechtigkeit leisten (vgl. BMBWF o.J.).

Die Ergebnisse der Kampagne „His or Hers?“ der Frauenbeauftragten der HM München zur Gleichstellung im Studium und Beruf (2017/18) zeigte, dass auch im Studium der Sozialen Arbeit die geschlechterbezogenen Macht- und Herrschaftsstrukturen fortwirken, die männliche Arbeit überhöhen und die weibliche abwerten. So wurde in einer Umfrage (Teil der Kampagne) Professoren von männlichen wie weiblichen Studierenden eine höhere Fachlichkeit und Kompetenz zugesprochen als weiblichen Professorinnen (vgl. Wolf 2017, S. 25; Sagebiel 2019, S. 43). Diese Abwertungsmuster betreffen auch die Soziale Arbeit als klassischen Frauenberuf unter Männerregie (Sachße 2020, S. 30ff.), in der deutlich mehr Frauen als Männer im operativen Feld tätig sind (Ganß 2020, S. 64ff.). Um dem entgegenzusteuern, braucht es mehr als die appellative Forderung „Mehr Männer in die Soziale Arbeit“ (Rose/May 2014), denn diese führt nach Ansicht der Autor*innen zu einem Mehr desselben: Männer sollen Jungen männliche Identifikationsvorbilder sein, Frauen den Mädchen weibliche Orientierung bieten. Die Ungleichheiten im Geschlechterverhältnis werden so weiter reproduziert, indem die Geschlechter auf die rollenspezifischen Spielarten und -regeln vorbereitet werden. „Folglich müsste der Diskurs um die Forderung nach mehr Männern in der Sozialen Arbeit – die durchaus berechtigt ist – auf einer anderen Ebene geführt werden – nämlich entlang der Frage, wie die Abwertungsmechanismen geschlechterbezogener Arbeitsteilung überwunden werden können, sodass Soziale Arbeit nicht nur für beide und andere Geschlechter an Attraktivität gewinnt, sondern sich zu einem Berufsfeld entwickelt, in dem Gerechtigkeit jenseits von Geschlecht praktiziert wird“ (Sagebiel/Weinelt 2020, S. 136). Vielleicht könnte sich Soziale Arbeit in Zukunft gar zu einer „postgender Profession“ (ebd., S. 155) entwickeln, die frei ist von Geschlechterzwängen, in denen alle Akteure als Menschen ihre Fähigkeiten, Erfahrungen und Professionalität einbringen können. Sicher ist das eine Utopie – eine Vorstellung, die, befreit von den Zwängen der Herrschaftsstrukturen eine visionäre Perspektive sein könnte, die zu produktivem Widerstand anregt und Hoffnung macht (vgl. Haug 2012, S. 92), die ungleichheitsproduzierende Strukturkategorie Gender durch die Kategorie Mensch zu ersetzen.

Ein Aspekt, der in der Fachliteratur zur Digitalisierung in der Sozialen Arbeit kaum Beachtung findet, ist die Frage nach den Geschlechterverhältnissen. Hier besteht ein Gender-Gap. Diesen hat die Bundesregierung im Dritten Gleichstellungsbericht vom 9 Juni 2021 aufgegriffen. Das darin vorgelegte Gutachten der Sachverständigenkommission „Digitalisierung geschlechtergerecht gestalten“, als Grundlage für weitere Politikgestaltung, befasst sich mit dem Thema „welche Weichenstellungen erforderlich sind, um die Entwicklungen in der digitalen Wirtschaft so zu gestalten, dass Frauen und Männer gleiche Verwirklichungschancen haben“ (Yollu-Tok, 2020, S. 9). Das ist auch dringend notwendig, denn 85 % der internationalen Digitalisierung wird von Männern entwickelt, vermarktet und organisiert. Die Algorithmen reproduzieren Geschlechterstereotypen entlang der Zweigeschlechtlichkeit, „die diametral zu den erreichten Zielen von Gleichstellungspolitik und Frauenförderung verlaufen“ (Sagebiel/Weinelt 2021, S. 186).

5.4 Bühne 4: Digitalisierung und die Macht der Daten

In unserer ersten Ausgabe dieses Buches erwähnten wir die Machtwirkungen der Digitalisierung nur in einigen Beispielen. Heute, sieben Jahre später, ist die digitale Transformation als digitale Kultur – nicht zuletzt aufgrund der Pandemie – in alle Lebens- und Arbeitsbereiche eingedrungen, so auch in die Soziale Arbeit. Eine Vielzahl von Veröffentlichungen zu diesem Thema beschreiben und bewerten die Chancen und Risiken dieser technischen Entwicklung für die Profession. Sie reichen von Fragen des Managements und der Steuerung in sozialen Organisationen, über Fragen der Datendokumentation und Entscheidungsfindung, der Gefährdung fachlicher Autonomie und ethischer Aspekte, neuer Formen digitaler Beratungsformate bis hin zu den sozialen Problemen und Bewältigungsaufgaben der Adressat*innen (vgl. Hammerschmidt et al. 2021, S. 181 ff.; Kutscher et al. 2020).

Ferdinand von Schirach möchte daher die allgemeine Erklärung der Menschenrechte bezogen auf die weltweite digitale Transformation um zwei Grundrechte erweitern: Die digitale Selbstbestimmung und die Priorität menschlicher Entscheidungen vor Maschinen. Seine Vorschläge dazu formuliert er in zwei Artikeln: „Jeder Mensch hat das Recht auf digitale Selbstbestimmung. Die Ausforschung oder Manipulation von Menschen ist verboten“ (Schirach 2021, S. 18). Und „Jeder Mensch hat das Recht, dass ihn belastende Algorithmen transparent, überprüfbar und fair sind. Wesentliche Entscheidungen muss ein Mensch treffen“ (ebd., S. 19).

Machtwirkungen des Digitalen

Im Folgenden werden daher die Machtwirkungen, die von der enormen technischen Entwicklungsdynamik digitaler Technologien ausgehen, skizziert und gezeigt, wie notwendig diese Ergänzungen für eine menschengerechte Welt sind. Das gilt ebenso für die Soziale Arbeit, die herausgefordert ist, in diesem Wandlungsprozess ihre fachlichen Grundsätze zur Ermöglichung und Stärkung von Autonomie der Menschen und der Orientierung an den Prinzipien sozialer Gerechtigkeit und der Menschenrechte zu bewahren und weiterzuentwickeln (s. www.ifsw.org).

Vor 50 Jahren wurde die Erfindung des Internets als Freiheit zur Meinungsäußerung für alle Menschen und als uneingeschränkter Zugang zu Wissen gefeiert. Doch genau das Gegenteil ist eingetreten: Freiheit für die disruptiven Geschäftsmodelle der Digitalgiganten und intransparente Algorithmen, die bestimmen, wer welche Informationen erhält. Diese beinhalten – wen überrascht es – wie oben beschrieben auch einen Genderaspekt.

Hier stellen sich nun viele Fragen: Was ist da los? Welche Machtwirkungen löst die digitale Transformation aus, wer profitiert und wer verliert? Wie haben sich die Machtverhältnisse zu wessen Gunsten und zu wessen Nachteil verschoben? Wie kann es sein, dass die Macht digitaler Technologie uns zwingt, das menschliche Leben der Logik von selbstlernenden Maschinen und deren Herstellern anzupassen?

Hier würde Popitz antworten: „Wer heute über die technische Gestaltung unserer Lebenswelt entscheidet, wer datensetzende Macht hat, kann in kürzester Frist ein unermeßliches Ausmaß von Macht über unermeßlich viele Menschen und eventuell (…) über unermeßlich lange Zeit ausüben" (Popitz 1992, S. 180). Erstaunlich, wie treffend diese Diagnose – zu Zeiten, als es noch kein Internet gab – die massive Machtkonzentration der Tech-Giganten beschreibt. Sie verfügen über ein ökonomisches Kapital in schwindelerregender Höhe, das durch die Coronakrise und dem damit verbundenen Digitalisierungsschub weiter steigt. So beläuft sich das Vermögen von Elon Musk, Tesla Gründer, auf 253,8 Milliarden Dollar, von Jeff Bezos, Amazon-Gründer, auf 196,1 Mrd. Dollar[10] und Mark Zuckerberg hat derzeit leider nur über 99,68 Mrd. Dollar „auf der hohen Kante"[11]. Die

---

[10] Vgl. www.bluewin.ch/de/digital/so-reich-sind-die-tech-ceos-941444.html (Zugriff 04.01.2022).

[11] Vgl. www.vermoegenmagazin.de/mark-zuckerberg-vermoegen-und-einkommen/ (Zugriff 12.01.2022).

Tech-Giganten verfügen somit neben ihrer ökonomischen Macht über Organisations- und Vernetzungsmacht (sie missachten Gesetze und zahlen kaum Steuern auf ihre Gewinne), sie haben autoritative Macht (soziale Medien vermitteln Anerkennung und Zugehörigkeit) und sie verfestigen ihre Macht zu einem Herrschaftssystem, dem sich sehr viele mehr oder minder aus Bequemlichkeit, Unwissenheit und Anpassungsdruck freiwillig unterwerfen.

Wie funktioniert das? Die Wertschöpfung in der digitalen Wirtschaft geschieht durch die Kombination aus Algorithmen, Nutzer*innendaten, Vertrieb und Wissen. Indem die Nutzer*innen in sozialen Medien ihre Präferenzen durch Likes posten, können ihre Daten vermietet oder verkauft werden, um gezielt personenbezogene Werbung zu streuen.[12] Das heißt, die Daten machen die Unternehmen reich, während wir als Lieferant*innen leer ausgehen. Nutzer*innen befinden sich, so Grassegger, in „digitaler Leibeigenschaft" (2018, S. 14), und er fordert daher ein Eigentumsrecht an den eigenen Daten und ein „technisches Protokoll, das ermöglicht, die eigenen Daten zu erfassen und über sie zu verfügen" (ebd., S. 80 f.). Auch der Soziologe Steffen Mau vertritt die These, „die Ausübung algorithmischer Macht scheint (…) sich von der Legitimitätsfrage abzuschirmen und kommerzielle Interessen zu verstärken" (Mau 2018, S. 19). So konnte die Whistleblowerin Frances Haugen 2021 die Öffentlichkeit darüber aufklären, wie Facebook Geld verdient: Indem die Codes seiner Algorithmen Daten auf Emotionen wie Hass und Wut filtern. „Was ich immer wieder bei Facebook gesehen habe war: Interessenkonflikte zwischen dem, was für die Öffentlichkeit gut ist und was für Facebook gut ist. Facebook hat sich für das entschieden, was mehr Geld bringt" (Wilhelm 2021). Whistleblower*innen bzw. Hinweisgeber*innen von Datenmissbrauch in Unternehmen rechtlich zu schützen wäre eine Möglichkeit der Machtbegrenzung. Die Bundesregierung verschleppt seit zwei Jahren die Umsetzung einer EU-Richtlinie zum gesetzlichen Schutz von Hinweisgeber*innen. Vielleicht schafft es ja 2022 die neue Regierung.

Millionen von User*innen sind in sozialen Netzwerken in fortlaufenden Feedbackschleifen mit beträchtlichem Suchtpotenzial verstrickt, getrieben vom Bedürfnis nach Anerkennung. Nach welchen Regeln und Kriterien arbeiten Algorithmen, die über intransparente Datenkombinationen, über Bonität, Attraktivität und schließlich die soziale Position der User*innen entscheiden? Die digitale Kultur, in der alle spätestens seit der

---

12 Vgl. https://ec.europa.eu/taxation_customs/fair-taxation-digital-economy_de (Zugriff 13.01.2022).

Coronapandemie angekommen sind, konfrontiert mit einem Kult der Zahlen, dem man nicht mehr entrinnen kann. Der Zahlenkult ist das neue Vergleichsdispositiv (Mau 2018) – eine Kultur des Wettkampfs um immer bessere Zahlen, sei es in der Wirtschaft, in der Politik, im Sport, in der Selbstpräsentation im Netz. Es geht um digitale Aufmerksamkeit, möglichst viele Likes, deren Anzahl letztlich über den sozialen Status entscheidet. Die Gesellschaft, so Mau, habe sich durch die Quantifizierung des Sozialen in ein metrisches Wir verwandelt, die das Potenzial birgt, ein neues Regime der Ungleichheit hervorzubringen, in dem alle immerfort bewertet, mit anderen verglichen werden, und in dem alle ständig mit guten Zahlen glänzen müssen (vgl. Mau 2018, Klappentext). „Die Logik der gesellschaftlichen Ungleichheit schaltet sozusagen um: weg vom Konflikt der Klassen, hin zum Wettbewerb der Individuen“ (ebd., S. 20). Das digitale Betriebssystem (Hofstetter 2016) des neoliberalen Regimes verwandelt die Fremdausbeutung des/der Arbeiter*in in die klassenlose Selbstausbeutung aller (vgl. Han 2016, S. 15).

Wie und welche sozialen Ungleichheiten ergeben sich durch den Zugang und die Nutzungspraktiken in sozialen Netzwerken? Die Frage hat sich auch ein spanischer Rentner gestellt. Durch den digitalisierten Bankservice und die Schließung Bankfilialen lokaler Banken hatte er keinen Zugang mehr zu seinem Konto. Mietzahlung, Heizkostenabrechnung, Lebenshaltungskosten zu bezahlen, all das war für ihn nicht mehr möglich. In einer Petition forderte er analogen Zugang und sammelte er 630.000 Unterschriften, die auf die digitale Kluft zwischen Jung und Alt, Arm und Reich hinweist (FAZ vom 18.02.2022).

Soziale Ungleichheit entsteht auch durch die innere Architektur des Internets. Die Machtwirkungen liegen in dessen Infrastruktur und dessen programmiertechnischen-algorithmischen Grundlagen, den Codes, die als Gatekeeper bestimmen, wer welche Informationen erhält. Sie erzeugen auf der Basis von Algorithmen digitale Personenprofile, in denen Nutzungs- und Bewegungsprofile von Personen berechnet und gespeichert werden (vgl. Iske/Kutscher 2020, S. 121), die für die User*innen als „digitale Schatten“ intransparent bleiben. In der Art und Weise der Nutzung und der Architektur des Internets liegen die Ursachen für die Entwicklung und Reproduktion digitaler Spaltung, Ungleichheiten und Stigmatisierung, die Lebenschancen und Teilhabe bewerten.

Mit der digitalen Technik sind Überwachungssysteme zur Kontrolle und Beeinflussung des Sozialverhalten möglich. In China wird *social scoring* – ein Punktesystem für sozial erwünschtes Verhalten – bereits seit 2017 praktiziert. In Deutschland steht ein solches Überwachungssystem im öffentlichen Raum nicht zur Debatte, es wäre eine Einschränkung der Persönlichkeits- und Freiheitsrechte. Aber bereits jetzt können Menschen algorithmisch nach ihren Ausstattungspotenzialen oder -mängeln kategorisiert und diskriminiert werden. Obdachlose, Arbeitslose, Alleinstehende, Geflüchtete und ökonomisch Schwache können mit ihren unattraktiven Datenprofilen ins Abseits geraten, ihre Misere gerinnt zum persönlichen Makel (vgl. Lehner 2020, S. 137).

Die Wirtschaftswissenschaftlerin Shoshana Zuboff beschreibt diese neue Machtform in einer schonungslosen Analyse der Plattformökonomie als „Instrumentäre Macht“ (2018). Durch die Ausbeutung der Erfahrungswelt von Digitalunternehmen formen diese das Erleben und Verhalten von Menschen. Im digitalen Kontrollkapitalismus herrsche eine Asymmetrie an Macht und Wissen, denn die „Überwachungskapitalisten wissen alles über uns, während ihre Operationen so gestaltet sind, uns gegenüber unkenntlich zu sein“ (Zuboff 2018, S. 106). Und genau in dieser Unkenntlichkeit wirkt die Macht mächtig im Hintergrund – genau so, wie es Foucault bereits hinsichtlich der modernen Disziplinarmacht mit ihren eher unsichtbaren Kontroll- und Überwachungsmechanismen beschrieben hat (vgl. Kap. 2.1.6). Denn weil die digitale Macht mit ihrer glänzenden Oberfläche so smart und ansprechend erscheint, kann sie ihre Werte, Regeln und Bedingungen (bzw. die ihrer Hersteller und ihren Profitinteressen) subtil den ahnungslosen User*innen aufzwingen (vgl. Simanowski 2021, S. 15). „Die Macht drängt sich uns auf, und geschwächt durch sie verinnerlichen und akzeptieren wir schließlich ihre Bedingungen“ (Butler 2001, S. 8). Doch das unterworfene Subjekt – also wir User*innen – sind uns nicht bewusst, unterworfen zu sein oder uns unterworfen zu haben, denn der Herrschaftszusammenhang bleibt uns verborgen. Wir wähnen uns in der Überzeugung und dem Gefühl, frei zu sein und selbstbestimmte Entscheidungen zu treffen (vgl. Han 2016, S. 26).

Nach Kraus (2021, S. 108) handelt es hier um instruktive Macht, die auf das Denken, Erleben und Verhalten von Menschen abzielt. Entsprechend richten wir unser Kommunikations- und Konsumverhalten nach der Logik des Internets aus. Aber es wirkt auch destruktive Macht, indem das Digitale uns überwacht und steuert, sodass unsere Freiheit und Handlungsmöglichkeiten eingeschränkt sind. Der Mensch wird also Opfer seiner eigenen Macht. „Denn all seine Erfindungen schaffen ‚Sachordnungen‘, also bestimmte Weisen, zu denken und zu handeln, die dem Menschen fortan als äußere Kräfte gegenübertreten“ (Simanowski 2021, S. 42). Ein kleines Beispiel aus dem Alltag mag das illustrieren: Kommunen, soziale Dienstleister, Arztpraxen und kommerzielle Anbieter stellen zunehmend ihre Angebotsstruktur auf digitale Formate um. Für *digital natives* (Prensky 2001) mag das weniger ein Problem sein als vielleicht für ältere Menschen (*digital immigrants*), die nicht gelernt haben, mit Maschinen zu kommunizieren, oder solchen, die keinen Zugang zum Netz haben, wie Wohnungslose. Das Digitale ist das Normale – aber nicht für alle zugänglich.

Mit ihrer ökonomischen und technischen Macht gewinnen die Hersteller eine Verfügungsmacht über die Lebensgestaltung. Sie erschaffen neue Strukturen in der Arbeitswelt, agieren als internationale Konzerne nahezu unbehelligt an nationaler Gesetzgebung vorbei. In der digitalen Ökonomie wird die menschliche Arbeit neu be- und entwertet (vgl. Hill/Sagebiel 2019, S. 77). Prognosen darüber, welche Jobs wegfallen, bleiben oder neu entstehen, stehen hier weniger zur Debatte als die Frage, welche Konsequenzen diese neuen Machtstrukturen – Verlust von errungenen Arbeitnehmer*innenrechten und Verlust der Integrationskraft der Gewerkschaften – für die Arbeiter*innen haben. Diesen neuen Typus von Arbeitskraft bezeichnet Staab (2016, S. 107) als digitale „Kontingenzarbeitskraft“ (unbestimmte Arbeitskraft) im digitalen Kapitalismus. Die Arbeit werde „zunehmend in wenige gut bezahlte, mächtige Steuerungsjobs in den Zentren der digitalen Plattformen und viele schlecht bezahlte, ausführende Jobs an der Peripherie der digitalen Ökonomie aufgeteilt“ (Hill/Sagebiel 2019, S. 77). Die gering qualifizierten Arbeitnehmer*innen (Lieferanten, Leiharbeiter*innen, Picker, Selbstständige) sind im „Plattform Kapitalismus“ (Precht 2018, S. 18) nicht mehr sozialversichert. Sie sind, so Staab weiter, in einem individualisierten Unterbietungswettbewerb einem grenzenlosen, ungeregelten Markt ausgesetzt (vgl. Staab 2016, S. 107). Ihre Ausstattung mit ökonomischem und symbolischem Kapital (Daten) ist gering, ihre Chancen auf soziale Teilhabe verringert und ihre Abhängigkeit von digitalen Anbietern verweist auf ein hierarchisches Machtverhältnis zu ihren Ungunsten. Kontingenzarbeiter*innen verfügen nicht über die Macht, ein selbstbestimmtes Leben zu führen, denn ihr Lebens- und Arbeitsrhythmus wird von den digitalen Plattformbetreibern dominiert. In ihrer ökonomisch, sozial und kulturellen Abhängigkeit sind sie verstärkt psychischen Belastungen ausgesetzt, die es den Unternehmen leicht machen, ihre Arbeitnehmer*innen immer enger in die Herrschaftszusammenhänge ihrer digitalen Netze einzubinden. Es ist ein Prozess, der eine Abwertung der menschlichen Arbeit zur Folge hat (vgl. ebd., S. 82).

Behinderungs- und Begrenzungsmacht

Machttheoretisch betrachtet sind digitale Kontingenzarbeitskräfte in ihrer Abhängigkeit den behindernden Machtstrukturen der digitalen Ökonomie ausgesetzt, die sie unfreiwillig in eine abhängige Position bringen (Staub-Bernasconi 2007, S. 381 f.).

Sie ist charakterisiert durch:

- eine unfaire Schichtung, in der Verteilungsregeln gelten, die der Maxime von Gewinn- und Nutzenmaximierung folgt und den ungleichen Zugang zu Ressourcen (Einkommen, Wissen, Chancen etc.) festschreibt, die die Arbeiter*innen auf eine schwache Position verweist, in der ihnen Arbeitsrechte verweigert werden, die geringe Löhne erhalten, auf die sie Steuern zahlen müssen, während die Digitalgiganten mit ihren Milliardengewinnen bislang fast steuerfrei ausgehen und derweil schon mal ins All fliegen (wie Jeff Bezos 2021);
- eine funktionale Arbeitsteilung, in der durch disruptive Geschäftspraktiken Jobs vernichtet, Monopolisierung vorangetrieben werden; Einzelne eine exponierte Position mit Privilegien genießen, während sich viele andere in „digitaler Leibeigenschaft" zurechtfinden müssen; der Zugang zu Machtquellen verwehrt wird;
- machtlegitimierende Ideen wie die der Mythenbildung des Fortschritts eines besseren, sicheren Lebens durch digitale Technologien, der Vorstellung der Verschmelzung von menschlicher und technischer Intelligenz (Transhumanismus), der Optimierung politischer und wirtschaftlicher Entscheidungen durch datenverarbeitende Berechnungen, der Diffamierung demokratischer Regime als langsame, fortschrittshemmende Institutionen;
- eine männliche Herrschaft gemäß dem Spiel „The winner takes it all", denn die digitale Herrschaft mit ihren Geschäftsmodellen, Algorithmen und Arbeitsverhältnissen folgt männlicher Logik (vgl. Hammerschmidt et al. 2021, S. 186);
- ein noch zu schwaches Machtpotenzial staatlicher Kontrolle, die Auswüchse des digitalen Kapitalismus auf Arbeitsrecht, -schutz, Sozialverträglichkeit, Datenkontrolle zu begrenzen und einer unfairen Besteuerung der Digitalkonzerne (die G20 Finanzminister sind in Verhandlungen für eine Digitalabgabe, auf eine globale Mindeststeuer konnten sie sich wegen Einwänden der USA nicht einigen[13]). Trotz des Netzwerkdurchsetzungsgesetzes von 2017 gelingt es nur schleppend, Hasskriminalität, Beleidigungen, Volksverhetzung, Gewaltdrohungen auf den Plattfor-

[13] Vgl. https://ec.europa.eu/taxation_customs/fair-taxation-digital-economy_de (Zugriff 10.01.2022).

men sozialer Netzwerke wirksam zu bekämpfen und die Absender*innen der Posts strafrechtlich zu verfolgen (vgl. BMJ 2021). Es bleibt abzuwarten, ob der mit großer Mehrheit vom EU-Parlament beschlossene Digital Service Act im Frühjahr 2022 verabschiedet wird, durch den illegale Inhalte auf großen Onlineplattformen wirkungsvoll reguliert und kontrolliert werden können.

Die Herausforderung (auch) an die Soziale Arbeit besteht darin, dieser behindernden Machtfülle mit Begrenzungsmacht zu begegnen. Dabei geht es nicht darum, die Diktatur der Digitalkonzerne zu stoppen, auch Sozialarbeitende sind keine Maschinenstürmer*innen und es gibt keine Reset-Taste. Vielmehr geht es darum gegenzusteuern, den Wandel nach professionellen Standards und ethischen Werten zu gestalten. Es geht nicht um die Frage „Wie werden wir leben? Sondern: Wie wollen wir leben?" (Precht 2018, S. 15). Insofern kommt der Sozialen Arbeit eine gesellschaftspolitische und zugleich aufklärerische Funktion zu (Hill 2018, S. 48 ff.).

Wie könn(t)en Profession und Disziplin mit Begrenzungsmacht reagieren? Dazu einige Gedanken:

- Wenn in der Art und Weise der Nutzung des Internets, seiner inneren Struktur und Programmierung Ursachen für digitale Spaltung[14], Ungleichheit und Diskriminierung liegen, die über gesellschaftliche Partizipation und Lebenschancen entscheiden, dann sollte kritische Soziale Arbeit „darauf bedacht sein, zu verhindern, dass die algorithmisch gesponnenen Schicksalsfäden sich in Ketten verwandeln" (Iske/Kutscher 2020, S. 140).
- Soziale Arbeit könnte die unsichtbare Beschleunigung, die die technische Entwicklung auszeichnet, entschleunigen, indem sie die verborgenen Machtstrukturen mit ihren abhängigkeitswirksamen Mechanismen und Manipulationen sichtbar macht. Das Verborgene benennen, denn „[d]er wirklich Mächtige [der digitale Kapitalismus] befindet sich unsichtbar auf der Rückseite des Spiegels" (Precht 2018, S. 73).
- Es ist möglich, alternative Plattformen anzubieten und zu nutzen (offene Software – open sources). Da digitale Räume ebenfalls Sozialräume sind, kann sich die Soziale Arbeit virtuelle Räume aneignen und schaffen, in denen sie Aufklärung und Medienbildung vermittelt, um die

14 Die im Auftrag der Bertelsmann Stiftung durchgeführte Studie: „Digital Souverän 2021: Aufbruch in die digitale Post-Coronawelt" verweist auf eine Verschärfung der digitalen Spaltung entlang der Faktoren: Alter, Bildung und Einkommen. Gerade in der Corona-Pandemie hat sich gezeigt, dass die Teilnahme am gesellschaftlichen Leben ohne digitale Kompetenzen zunehmend schwerer wird.

individuelle und sozialkulturelle Handlungsfähigkeit der Adressat*innen zu unterstützen (vgl. Neumaier/Sagebiel 2022, S. 326).
- Die Vermittlung von Medienkompetenz sowohl bei den Fachkräften selbst als auch bei den Adressat*innen aller Generationen – das ist eine der zentralen Herausforderung in der digitalen Transformation.
- Nach Baacke, der Medienkompetenz 1973 als pädagogisches Konzept entwickelte, kann mit Medienkritik, Medienkunde, Mediennutzung und Mediengestaltung einer rezeptiven, passiven Nutzung von Medien gegengesteuert werden, „für einen kreativen und kritisch-reflexiven Gebrauch der Medien“.[15]

Begrenzende Macht wäre auch die Implementierung von Medienkompetenzbildung und Code Literacy im Studium der Sozialen Arbeit – hier besteht dringender Nachholbedarf (vgl. Neumaier/Sagebiel 2022, S. 325). Vielleicht hat sich durch die Digitalisierung der Lehre in der Coronapandemie hierfür eine Chance eröffnet. Da sich strukturelle Probleme nicht technisch lösen lassen, ist die Disziplin aufgefordert, einen interdisziplinären Bezug zur Informatik herzustellen, um die technischen Möglichkeiten auf soziale Fragen zu beziehen (hierzu ausführlich Hill/Sagebiel 2019, 80ff.; Kutscher et al. 2020, S. 289 ff.).

Die weitere gesellschaftliche Entwicklung der digitalen Transformation können weder wir noch soziologische Zeitdiagnosen oder Politiker*innen vorhersagen – die Beschäftigung mit dem technischen Wandel ist wie die Geschichte vom Hasen und dem Igel – und wir laufen immer dem Igel hinterher. Aber wir alle können gestalten und Macht begrenzen, es liegt in unserer Macht. Insofern sind Schirachs Forderungen der Ergänzung der Menschenrechte, die Ausforschung und Manipulation durch Algorithmen zu verbieten und zentrale Entscheidungen dem Menschen zu überlassen, dringender denn je.

5.5 Bühne 5: Corona und seine mächtigen Wirkungen und Nebenwirkungen

Auf die Covid-19 Pandemie war die Welt nicht wirklich vorbereitet, auch wenn Pandemien schon immer als Dystopie-Szenario im Science-Fiction-Genre auftauchten. Sie schlug fast wie ein Komet aus dem All („Don’t look up!“) unerwartet auf die Erde und legte das öffentliche Leben lahm.

[15] Vgl. https://dieter-baacke-preis.de/ueber-den-preis/was-ist-medienkompetenz/ (Zugriff 12.01.2022).

Die Beschränkungen der Bewegungs- und Reisefreiheit stellten nach Rosa eine „historisch beispiellose *Verkürzung der Weltreichweite* und eine dramatische Verringerung des Horizonts des Verfügbaren dar" (Rosa 2021, S. 199) – des subjektiven und kollektiven Machtspielraums. In den Medien tauchte im Zusammenhang mit dem Virus der Begriff des Krieges auf – ein Krieg gegen einen unbekannten, nicht sichtbaren Gegner. Menschen starben und sterben. Die Politik reagiert(e) hilflos mit Maßnahmen, die viele Bereiche des öffentlichen Lebens einschränken. Seit Dezember 2020 gibt es Impfstoffe, die das Virus zum Teil bekämpfen und zumindest den Verlauf einer Infektion abmildern können. Vollständige medikamentöse Behandlungsmöglichkeiten gibt es allerdings – Stand April 2022 – noch nicht.

Die Macht des Virus

Mit Macht hat die Coronapandemie weltweit den Alltag, die Wirtschaft, die Verwaltung, den Kulturbetrieb, Schulen, Universitäten und damit auch die Soziale Arbeit quasi in Lichtgeschwindigkeit in den digitalen Modus katapultiert. Viele stehen dieser rasanten Umstellung des Lebens – „der Auslagerung ins Digitale" (Simanowski 2021, S. 38) teils mit Verwunderung darüber, was auf einmal alles möglich ist, aber auch mit Unbehagen ohnmächtig und irritiert gegenüber. Damit passieren gleichzeitig zwei komplexe Ereignisse: Das Digitale als das neue Normale und ein sich global verbreitender kleiner Virus, dem die Menschen weltweit anfangs hilflos ausgeliefert waren. Die Pandemie als „gewaltiger Digitalisierungsbeschleuniger" (ebd., S. 14) und das Virus bilden somit eine Liaison mit noch unabsehbaren politischen, sozialen und kulturellen Folgen. Eine zentrale Rolle spielen dabei soziale Netzwerke, in denen sich im Hinblick auf den Umgang mit dem Virus autonome Teilöffentlichkeiten bilden, die sich politisch nicht mehr vertreten fühlen, die ihre Freiheit bedroht sehen und das Auftauchen der Pandemie als eine Verschwörung der Eliten gegen das Volk erklären. „Hier entsteht ein politisches Vakuum, das nationalistischen, fremdenfeindlichen, Minderheiten diskriminierenden Strömungen Raum gibt, Falschmeldungen und Verschwörungstheorien zu verbreiten" (Hill/Sagebiel 2019, S. 78). In den Chats der Messengerdienste werden die Maßnahmen der Regierung als „Angstherrschaft" (Simanowski 2021, S. 86) beklagt, die Demokratie als verhasstes System diffamiert, demokratische Institutionen und politisch Verantwortliche verleumdet und Politiker*innen mit Gewalt – bis hin zu Morddrohungen – angefeindet. Wurden die sozialen Medien einst als Demokratieverstärker gefeiert, weil sie Teilhabe und Meinungsäußerung für alle ermöglichen, wurden sie „mit zunehmender Verbreitung aber immer mehr als Gefahr für die Demokratie wahrgenommen“ (ebd., S. 76 f.). Welche Konsequenzen diese Entwicklung zeitigt, konnte am 6. Januar 2021 miterlebt werden, als das Kapitol in Washington gestürmt wurde – Trumps Anhänger*innen hatten sich über den Messengerdienst *Twitter* verständigt – oder auch am 30. August 2021 mit dem versuchten Angriff von Coronaleugner*innen und Radikalen auf den Reichstag in Berlin. Das Politische ist in der Krise, es entstehen neue Kräfteverhältnisse, etablierte Machtkonstellationen erodieren, die Demokratie steht unter Stress.

Der mediale Abdrift in Gegenwelten, beschleunigt durch das Virus und die einschränkenden Maßnahmen im öffentlichen Leben (Shutdown), eröffnet Räume für einfache Welterklärungen, für Orientierung und Anerkennung und bietet eine mentale Heimat für Gleichgesinnte: „Sie sind ein vibrierendes Auffangbecken für Gefühle von Empörung, Gekränktheit, Abscheu – eine Plattform, auf der Menschen ihre Befürchtungen, Ahnungen und Hoffnungen widerspruchslos teilen können“ (Sagebiel 2021, S. 44). In diesen Parallelwelten existiert nur eine Sicht der Wirklichkeit, die als Wahrheit geteilt wird, die nahezu immun ist gegenüber rationalen Argumenten, die keinen Widerspruch duldet und keine anderen Sichtweisen akzeptiert. Im Netz verabreden sich Coronagegner*innen, Querdenker*innen, Reichsbürger*innen, Rechtsradikale und Autonome zu „Spaziergängen“, auf denen sie lautstark und vehement ihre Ansichten propagieren. Sie berufen sich dabei auf das demokratische Grundrecht der Meinungsfreiheit. Wenn dieses Grundrecht allerdings von Akteuren*innen missbraucht wird, um anti-egalitäre, menschenverachtende Weltbilder und Verschwörungsmythen über die sozialen Medien zu verbreiten, dann bedroht das den Zusammenhalt der Gesellschaft empfindlich. Die beiden Sozialwissenschaftler und Publizisten Fielitz und Marcks beschreiben eindrücklich in ihrem Buch „Digitaler Faschismus“ (2020), wie soziale Medien als Brandbeschleuniger Hass, Gewalt und Ängste (z. B. vor dem nationalen Untergang) schüren und Verwirrung stiften können.

Soweit zu den machtvollen Nebenwirkungen der Liaison von Virus, Anti-Corona-Protesten, Verschwörungserzählungen und des Internets, die der Kultur- und Medienwissenschaftler Simanowski als „Infodemie“ bezeichnet (ebd., S. 85 ff.). „Die Coronapandemie wirkt polarisierend – ökonomisch, sozial und politisch“ – so der Armutsforscher Christoph Butterwegge (2021, S. 45). Sie erzeugt soziale Ungleichheiten auf der ganzen Welt und macht diese „nicht bloß wie unter einem Brennglas sichtbar, sondern wirkt auch als Katalysator, wodurch sich die Ungleichheit weiter verschärft“ (ebd.). Angesichts der hohen Sterberaten und Inzidenzen könnte man meinen, das Virus treffe alle Menschen gleich. Doch weit gefehlt, denn das Virus breitet sich ungleich aus. Das Infektionsrisiko ist abhängig von den Einkommens-, Vermögens- und Wohnverhältnissen und den Sozialräumen (sozial benachteiligte Wohngebiete). Dabei sind von der Pandemie am stärksten vulnerable Gruppen betroffen, also die Adressat*innen Sozialer Arbeit: Obdachlose, Wohnungslose, Menschen mit geringem Einkommen, alte Menschen, Arbeiter*innen mit schlechten, prekären Arbeitsbedingungen (Fleischindustrie, Lieferdienste), Geflüchtete und Bettler*innen. All diese Menschen litten schon vor der Pandemie an sozialen Problemen. In und durch die Krise hat sich ihr Leiden noch einmal verstärkt. Durch den Lockdown mussten vielerorts die Lebensmitteltafeln (vorübergehend) schließen, Kurzarbeitergeld führte zu spürbaren Einkommensverlusten, Menschen verloren ihre Arbeit, Studierende verloren ihre Nebenjobs in der Gastronomie. Mit Corona rückte auch die Ungleichheit der Geschlechter wieder in den Blick und verschärfte sich durch die Doppelbelastung von Homeoffice und Homeschooling, die in den meisten Fällen von Frauen geleistet wurde. Viele von ihnen hatten Einkommenseinbußen, weil sie ihre Arbeitszeiten verkürzen oder gar aufgeben mussten.

Und wieder trifft es „die Armen“: „Denn wer da hat, dem wird gegeben werden, und er wird die Fülle haben; wer aber nicht hat, dem wird auch, was er hat, genommen werden“ (Matthäus 13, Vers 12). Nicht das Virus ist ungerecht – es sind die sozioökonomischen Machtverhältnisse und Verteilungsbedingungen, die zur Ungleichheit führen. Zu den Profiteuren der Coronakrise zählen u.a. die reichen Familien der Lebensmittelketten mit exorbitanten Gewinnen. Laut US-Wirtschaftsmagazin Forbes konnte Dieter Schwarz, Eigentümer von Aldi und Kaufland, sein Privatvermögen in den letzten zwei Jahren um 14,2 Mrd. Dollar steigen, und auch die Aldi-Erben verzeichneten einen Zugewinn von 6,4 Mrd. Dollar (vgl. Butterwegge 2021a, S. 46). Und die Politik unterstützte in der Krise Unternehmen wie BMW, Lufthansa, TUI u. a. mit Steuergeldern, während diese ihren Aktionären*innen hohe Dividenden auszahlten (BMW zahlte im Jahr 2020 ganze 1,64 Mrd. Euro an Dividenden für das Vorjahr).

Auf der anderen Seite stehen die „Habenichtse“, wie Alinsky die Machtlosen nennt. Für sie wurden zwei „Sozialschutz-Pakete“ (BMAS 2021) zur Abfederung sozialer und wirtschaftlichen Folgen aufgrund der Coronapandemie geschnürt. Trotz der Forderungen der Wohlfahrtsverbände, die Grundsicherung und Hartz-IV-Leistungen um monatlich 100 Euro zu erhöhen, entschied sich die damalige Große Koalition für zwei Einmalzahlungen in Höhe von 150 Euro und einen 150 Euro-Kinderbonus (2x in

2020, 2021, 2022). Und sicher hilft den Betroffenen auch die deutliche Erhöhung des Regelsatzes ab 1. Januar 2022 in Höhe von 3 Euro, um über die Runden zu kommen. Vielleicht haben sich die Politiker*innen der Großen Koalition in ihrer Entscheidung am Bibelzitat orientiert, denn ihnen fehlte der politische Wille, die Verteilungs- und Einkommensungleichheit zu ändern. Der Sechste Armuts- und Reichtumsbericht der Bundesregierung sei, so Butterwegge, eine Verharmlosung der Armut und eine Verschleierung des Reichtums, ohne die nötige Tiefenschärfe den strukturellen Zusammenhang zwischen ökonomischen und sozialen Bedingungen, zwischen Armut und Gesundheit zu benennen (Butterwegge 2021b, S. 14 ff.).

Corona und die Soziale Arbeit

Im ersten Lockdown im März 2020 geriet die Soziale Arbeit in eine Art Schockstarre. Die sozialen Einrichtungen befanden sich im Krisenmodus, sie mussten Beratungsformate in den digitalen Modus umstellen, Kontakte auf Telefonate und soziale Medien reduzieren, oder sich mit den Adressat*innen im Freien treffen. Die Fachkräfte waren überfordert, es mangelte an Schutzausrüstung, an technischer Ausstattung, an Personal (Erkrankungen, Quarantäne; Angehörige von Risikogruppen), die Arbeitsbedingungen waren vielerorts unzumutbar und es gab für sie keine Kindernotbetreuung. Und viele Adressat*innen, insbesondere Wohnungslose, alte Menschen, Menschen mit Behinderungen, verfügten nicht über die notwendige Hardware, noch über digitale Kompetenzen, um die medialen Beratungsangebote nutzen zu können. Grundsicherung und Harz IV-Leistungen reichten (reichen) nicht aus, den erhöhten Bedarf in der Pandemie zu decken. Ergänzende Leistungen, die normalerweise über die soziale Versorgungsinfrastruktur (Lebensmitteltafeln, Ärztemobile, Beratung, Streetwork u. v. a. m.), erreichbar sind, fielen teilweise aus. Die Folgen sind insbesondere bei alten und hochbetagten Menschen eklatant – so eine Studie des Deutschen Zentrums für Altersfragen (2020): Einsamkeit, Hilflosigkeit, Angst, aber auch höhere Wertschätzung im Alter (vgl. Huxhold/Tesch-Römer 2021, S. 3 ff.). In einer Sonderanalyse untersuchte die DRK-Versicherung die Folgen der Pandemie für Kinder und Jugendliche. Danach haben psychische Belastungen, Stress, Erschöpfung, Angststörungen und Depressionen in der Pandemie zugenommen, ebenso aber auch gravierende körperliche Erkrankungen, die im Zusammenhang mit den psychischen Belastungen stehen können, wie Essstörungen, Diabetes, Hyperaktivität (vgl. Bodanowitz 2020). Insbesondere Kinder- und Jugendliche litten unter den einschneidenden Veränderungen der

Alltagsstruktur und den Kontaktbeschränkungen durch Kita-, Schul-, Jugendzentrumsschließungen, mangelnde leibliche soziale Interaktion mit Gleichaltrigen, Reduktion auf digitale Kommunikation u.v.a.m. Weitere Pandemie-Folgen sind, wie schon erwähnt, der Anstieg sozialer Ungleichheit (vgl. den Armutsbericht des Paritätischen 2021) und die Verschärfung digitaler Spaltung und digitaler Diskriminierung wie die Studie der Bertelsmann Stiftung „Digital Souverän 2021: Aufbruch in die digitale Post-Coronawelt" zeigt (vgl. Bürger/Grau 2021).

Machtwirkungen in der Sozialen Arbeit

Es stellen sich dazu mehrere Fragen: Wie reagiert die Profession auf die Machtwirkungen, die die pandemische Krise auslöst, wenn das Kerngeschäft – die (analoge) Beziehungsarbeit – durch Maßnahmen der Kontaktbeschränkungen massiv eingeschränkt ist? Welche Ursachen liegen im Auftreten des Virus und welche sind nur Konsequenzen der gegebenen gesellschaftlichen Machtverhältnisse? Werden die sozioökonomischen Machtstrukturen kritisch reflektiert und nach neuen Pfaden gesucht, wie Roland Lutz (2021a) es fordert, oder geht die Tendenz eher dahin, die „seitherige Normalität wieder aufzubauen, mit einigen Neuanpassungen" (Lutz 2021a, S. 28). Und warum wurde von den Balkons allabendlich im ersten Lockdown für die Pflegekräfte geklatscht, nicht aber für die Sozialarbeitenden? Waren und sind sie nach wie vor unsichtbar für die Öffentlichkeit?

Interessant in diesem Zusammenhang ist, dass über Soziale Arbeit im Gegensatz z. B. zu den Gesundheitsberufen im Zusammenhang mit der Pandemie in Deutschland kaum gesprochen wird. Darauf weist auch eine vergleichende Studie zwischen Deutschland und den Niederlanden von 2020 zum Zeitpunkt der stärksten Kontakt- und Hygienebeschränkungen hin. So fühlten sich nur 38,1 % der befragten deutschen Sozialarbeitenden gesellschaftlich wahrgenommen, im Gegensatz zu den niederländischen Fachkräften mit 65,1 % (Schell-Kiehl et al. 2020, S. 18 f.). Eine monetäre Anerkennung (die berühmten 1.500 Euro für Pflegekräfte) wurde, wie auch in Gesundheitsbetrieben, flächendeckend in der Sozialen Arbeit weder beantragt noch gezahlt. Auf die Unsichtbarkeit und mangelnde Anerkennung reagierte die Profession mit einer medialen Kampagne, die vom Berufsverband DBSH organisiert wurde: #dauerhaftsystemrelevant. Sie nutzte Social-Media-Kanäle (Organisations- und Vernetzungsmacht), um die Sichtbarkeit und die Leistungen der Sozialen Arbeit für die Gesellschaft in der Öffentlichkeit zu erhöhen (Positionsmacht) und um für bessere Arbeitsbedingungen und Entlohnung (ökonomische Macht) zu kämpfen (zum Verlauf der Kampagne ausführlich Manzel 2022, S. 85 ff.). Auf der Homepage zur Kampagne heißt es dazu: „Soziale Arbeit ist unverzichtbar, um das Leben vieler Menschen im derzeitigen Gesellschaftssystem überhaupt zu ermöglichen. Gerade deshalb wissen wir besonders gut, an welchen Stellen wir Veränderung brauchen. Soziale Arbeit hat deshalb immer auch den Auftrag, auf der Verwirklichung von Menschenrechten zu bestehen und das System im Sinne einer nachhaltigen Veränderung zu kritisieren. Systemrelevanz heißt hier gleichzeitig auch Systemkritik und -veränderung“ (ebd., S. 88f.; Braun/Maikath 2021, S. 40). Die Aktion zeigte vor allem Wirkungen in der eigenen Community, „die sich angesichts der Pandemie ohnmächtig gefühlt“ hat (Manzel 2022, S. 94). So konnten sich die Fachkräfte miteinander vernetzen, die Pressearbeit intensivieren und klare Forderungen an die Politik formulieren. „Gemeinsam haben sie sich durch die Kampagne als selbstwirksam erlebt, eine Community aufgebaut, verschiedene Aktionen durchgeführt und konnten so ihre Ohnmacht in Kampfgeist verwandeln“ (ebd.). Nur ihr angestrebtes Ziel, als systemrelevanter Beruf eingestuft zu werden, konnte mit der Kampagne nicht erreicht werden.

Dieser Hashtag „#dauerhaftsystemrelevant“ wurde allerdings von Seiten der Gruppe der kritischen Sozialen Arbeit aufgrund seines Ursprungs in der Systemtheorie auch als problematisch betrachtet. Der Begriff „systemrelevant“ steht laut systemtheoretischer Perspektive (Luhmann) für die Funktion eines sozialen Systems in der modernen Gesellschaft. Eine systemrelevante Soziale Arbeit hätte dieser Lesart folgend (nur) die Aufgabe, das System im Sinne der Herrschenden zu stützen, eben die eines Reparaturbetriebs (Haug), der die Kollateralschäden des Kapitalismus bearbeitet. „Es erscheint befremdlich, wenn eine Profession, die sich einerseits selbst wechselweise als kapitalismuskritisch oder ökonomiekritisch beschreibt und dabei unentwegt einen sich in der Gesellschaft breit machenden Neoliberalismus anprangert, andererseits ungeprüft und unhinterfragt eine regierungsoffizielle Wertekategorie (‚Systemrelevanz‘) eben dieser kritisierten Politik übernimmt und sich daran zu messen versucht“ (Borutta/Mertens 2021, S. 50). Des Weiteren vermittle sich mit dem Begriff eine Sichtweise, die weder gesellschaftliche Machtverhältnisse noch den Vermittlungszusammenhang von Verhalten und Verhältnissen reflektiere. Daher, so fordert Lutz, einer der Vertreter dieser kritischen Sozialen Arbeit, müsse statt „dauerhaft systemrelevant“ der Slogan „dauerhaft systemkritisch“ lauten, um das politische Mandat der Sozialen Arbeit als Menschenrechtsprofession zu betonen (vgl. Lutz 2021a, S. 28, S. 30).

Dagegen stehen die Argumente des Kampagnenteams. Die Profession sei vor allem für die vulnerablen Gruppen da, die aus dem System herausfallen, die für die Wirtschaft im neoliberalen System eben nicht von Nutzen, also systemrelevant sind. Mit der Kampagne wollte man gezielt an die öffentliche Diskussion anschließen, nach der bestimmte Berufsgruppen als „systemrelevant" deklariert wurden (vgl. Braun/Maikath 2021, S. 39). Und in dem Zusatz „dauerhaft" sollte betont werden, dass die Soziale Arbeit nicht nur in der aktuellen Krise relevant ist, sondern dass sie dauerhaft wichtig ist. Die Pandemie stellt also Politik, Wirtschaft, Wissenschaft, die Arbeitswelt, die Kommunikations- und Sprachkultur, das öffentliche Leben und natürlich auch die Soziale Arbeit unter einen erheblichen Stress. Wie lassen sich die Machtwirkungen des Auftretens des Virus Covid-19 erklären und wie bewältigen?

Niemand war auf ein derartiges Virus vorbereitet, es traf in seiner tödlichen Wirkung alle mit Macht. Es erzeugte kollektive Ohnmacht, Hilflosigkeit und Angst. Die Politik reagierte mit rigiden Ausgangsbeschränkungen und Maßnahmen, die die Grundrechte von Bürgern und Bürgerinnen empfindlich einschränkten. Die Legitimation der Maßnahmen zur Eindämmung der Infektion wurde vor allem mit der Höhe der Inzidenzen und der möglichen Überlastung des Gesundheitssystems begründet. Doch der Vermittlungsgrad der Entscheidungen, die je nach Bundesland und fast wöchentlich differierten, war zeitweise so niedrig, dass die von den Entscheider*innen ausgeübte, demokratisch legitimierte Macht als Zwang erlebt wurde und Gegner*innen auf den Plan rief, gegen die sog. Corona-Diktatur zu protestieren. Es entstand eine Kultur der Angst, begleitet von einer politischen Angstrhetorik, ein für Machtzwecke perfekt nutzbarer Rohstoff (vgl. Mausfeld 2019, S. 39) und machttheoretisch ein in vielfacher Weise deutbarer Faktor: Nach Staub-Bernasconi wurde hier demnach Behinderungsmacht ausgeübt, nach Kraus destruktive Macht und nach Weber war es eine Machtausübung gegen den Willen der Machtunterlegenen. Mit Foucault könnte von Biomacht gesprochen werden, die disziplinierend auf die Körper der Menschen einwirkt.

Im Verlauf der Pandemie entwickelte sich Diskursmacht bzgl. des Wissens bzw. Nichtwissens um das Virus, das mit Macht das Bewusstsein und das Verhalten von Menschen beeinflusst. Ein Diskurs, so Jäger, ist ein Fluss von Wissen durch Zeit, der individuellen und kollektives Handeln bestimmt, wodurch er Macht ausübt (vgl. Institut für Soziologie 2021, S. 2). Diskurse sind Träger von Macht, sie werden zur Machtausübung von der Politik und der Wissenschaft ebenso transportiert wie auch von deren Gegner*innen, den Coroanaleugner*innen, Querdenker*innen und anderen Gruppen. Denn wo Macht ausgeübt wird, regt sich Widerstand – das Gegenüber der Macht.

Zirkulär betrachtet zeigt sich, dass die z. T. nicht rational logischen, widersprüchlichen Entscheidungen der Politik und ihre martialische Rhetorik als Indiz ihres Machtverlustes und einer Machtverschiebung zugunsten der Epidemiolog*innen verstanden werden können. Durch das Virus bzw. die Folgen wurde der Raum für politische Entscheidungen verengt und das dialektische Spannungsverhältnis von Freiheit und Zwang offengelegt (vgl. Sagebiel 2022, S. 59) und die politische Meinungsbildung in die sozialen Netzwerke verlagert, in denen Teilöffentlichkeiten und Parallelwelten entstanden sind.

Was kann die Soziale Arbeit tun?

Die erzwungene soziale Distanz zur Eindämmung des Virus hat die Sozialarbeitenden in ihren Abläufen und Routinen massiv irritiert. Sie veränderte die professionelle Beziehungsarbeit zwischen Sozialarbeitenden und ihren Adressat*innen in einer vorher nie vorstellbaren Art und Weise. Die Pandemie machte aber noch mehr: Sie veränderte die klassische (Macht-) Anordnung der professionellen Beziehung von Fachkraft und Adressat*in: Denn diese gefährliche Erkrankung macht vieles existenziell, weil alle mehr sind als nur die Rolle, die sie einnehmen. Auf einmal gibt es neue, übergreifende Rollen und Kategorien, nämlich alle, ob Profis oder Nutzer*innen, sind nun entweder gefährdete und/oder gefährliche Menschen. Es wird somit eine kollektive Ohnmachtserfahrung erlebt, die alle Menschen betrifft, wodurch sich die Machtbalancen in Entscheidungsprozessen verschieben. Die Pandemie hat die Verwundbarkeit und Schwächen der Konstruktion: hier die schwachen Nutzer*innen, da die starken Profis schonungslos offengelegt. Soziale Arbeit als Beziehungsprofession wurde in ihren Grundfesten erschüttert, wenn Beziehung und körperliche Nähe potenzielle Gefahr bedeuten. Diese Zumutungen stellten die Fachkräfte unerwartet vor die Herausforderung, nach Alternativen zur klassischen Face-to-face-Arbeit zu suchen. Telefonkontakte wurden intensiviert und soziale Medien genutzt, um die Adressat*innen zu erreichen, aber viele Familien, Kinder und Jugendliche konnten trotzdem nicht erreicht werden. Vor allem Kinder aus benachteiligen Familien, die mit den Kita- und Schulschließungen auf sich zurückgeworfen waren, teils in beengten Wohnverhältnissen leben und mit geringem Einkommen über weniger digitale Endgeräte verfügen oder Jugendliche, die sich nicht mehr mit ihren Peergroups treffen konnten, fielen aus dem Kontakt und damit durch die Maschen sozialpädagogischer Betreuungsarbeit. Sie werden wohl auf lange Sicht die größten Opfer der Pandemie sein, denn die politischen Maßnahmen konzentrier(t)en sich vor allem auf Wirtschaft- und Konsumförderung. Kinder und Jugendliche, erschöpfte, arme Familien waren und sind da kaum im Blick, so die 2. JuCoStudie des Deutschen Bundesjugendrings von 2020. Viele Einrichtungen der Jugend- und Bildungsarbeit waren gezwungen über Monate zu schließen, was zur Folge hat, dass ihre „Stammkund*innen“ weggebrochen sind. Sie haben sich über die Zeit andere Räume angeeignet (Parks, Bahnhöfe etc.). Die Fachkräfte müssen nun nach Alternativen suchen, attraktive pädagogische Angebote zu kreieren, um die Jugendlichen wieder zurückzugewinnen. Neue Formate für die Erreichbarkeit sind gefragt: Social-Media-Kanäle nutzen, Infos posten, Streetwork – d.h. wieder einmal „eine stärkere Orientierung am Sozialen Raum“ (Lutz 2021b, S. 21). Lutz schlägt daher vor, die Erfahrungen der Pandemie als Chance für ein Umdenken zu nutzen und neue Pfade zu gehen, denn der „Fokus auf das Individuum und der tendenzielle Rückzug aus der Gemeinwesenorientierung erweist sich gerade als ‚Sackgasse‘“ (ebd., S. 20). Das Arrangement mit dem individualisierenden Trend einer singularisierten Gesellschaft (Reckwitz 2017), sich auf die Fallarbeit zu konzentrieren, habe den Blick auf die Ursachen struktureller Ungleichheiten und gesellschaftlicher Machtverhältnisse in den Hintergrund gedrängt. Heißt im Klartext: Soziale Arbeit darf sich (mal wieder) ihr politisches Mandat in Erinnerung rufen.

Darin könnten große Chancen liegen: Neues Denken und die Gewinnung neuer Möglichkeitsräume (vgl. Lutz 2021b, S. 21) kann die Soziale Arbeit nach den Erfahrungen aus der Pandemiezeit ermutigen und bemächtigen, ihre Machtressourcen wieder neu zu entdecken und einzusetzen. Sie kann ihre Vernetzungs- und Organisationsmacht einsetzen, um Kontakte, Netzwerke mit Kooperationspartner*innen zu aktivieren und zu stabilisieren. Oder Sozialarbeitende können ihre Artikulationsmacht nutzen und weiterentwickeln, um mit politischen Entscheidungsträgern zu verhandeln. Wichtig ist auch, sich über die lokale Ebene hinaus global stärker vernetzen, um mächtiger als bisher gegen weitere unerwartete Krisen gewappnet zu sein, denn ein Zurück zur alten Normalität wird es nicht geben. „Stattdessen brauchen wir ein neues Verständnis von globaler Normalität. Dafür müssen wir zunächst begreifen, dass die Normalität vor der Coronakrise wünschenswert nur für uns war, nicht aber für weite Teile des ‚Rests‘ der Welt“ (ebd.).

6 Nur Mut zur Macht! Abschließende Gedanken

Am Ende steht der Blick auf den Anfang – schauen wir zurück auf den Auftakt dieses Buches.
Einleitend wurden die Profession und ihre Disziplin Soziale Arbeit in einer Gerichtsverhandlung lebenslänglich und ohne Begnadigungsmöglichkeit dazu verurteilt, zu akzeptieren, dass sie mächtig ist, und aufgefordert, sich ihrer Macht zu bemächtigen. Außerdem wurde ihr (und damit allen Sozialarbeiter*innen) verordnet, sich immer wieder neues Wissen anzueignen und sich mit der eigenen Macht verantwortungsvoll, (selbst-)kritisch, strategisch und produktiv auseinanderzusetzen.

Diesem Urteil folgend haben wir Machttheorien und Machtkonzepte dahingehend geprüft, ob und was sie für diese Ziele anbieten. An mehreren Stellen mündet das *nur* in die Aufforderung, das eigene Handeln und das Handeln anderer dahingehend zu beobachten und es auf Machtprozesse und ihre Wirkungen hin zu hinterfragen – mehr ist oft erst einmal nicht möglich. Da stellt sich schon die berechtigte Frage: So what? Wofür der ganze Aufwand, wenn man doch oft nichts ändern kann? Oder ist damit tatsächlich das Ziel erreichbar, mächtiger zu sein oder zu werden, nur indem wir uns unserer eigenen Macht bewusster sind?

Aus unserer Sicht ist das eine rein rhetorische Frage! Natürlich denken und hoffen wir, dass deutlich wurde, wie lohnend die Beschäftigung damit sein kann, auch wenn es manchmal so aussieht (oder auch tatsächlich so ist), als würde sich nichts ändern. Aber ohne diese Ideen oder Fantasien (die manche vielleicht sogar eine Utopie nennen) hätten wir keine Energie und Lust gehabt, uns immer wieder auf den Weg zu machen, einen neuen Möglichkeitssinn zu entwickeln, die Dinge anders zu denken, als sie sind – und anders zu handeln. „Denn: Träume, Utopien und Handlungstheorien müssen an der Praxis, der Erfahrung scheitern können, um neuen Träumen, differenzierteren Utopien, angemesseneren Theorien und menschen- wie gesellschaftsgerechten Lebensformen Platz zu machen“ (Staub-Bernasconi 1986, S. 59).

Aus unserer Sicht brauchen Angehörige der Profession Soziale Arbeit, die ihrem Auftrag entsprechend zum sozialen Wandel beizutragen und das Wohlbefinden ihrer Adressat*innen zu fördern haben, genau diesen Mut. Außerdem bedarf es der Bereitschaft, aber auch des Machtwissens, um sich aus der Komfortzone eingefahrenen Denkens und Handelns („Haben wir schon immer so gemacht! Das bringt nichts!“) zu lösen und Macht strategisch zu nutzen. Und das alles, um sich dem Unbequemen und Unbekannten zu nähern, Ungerechtigkeiten und Behinderungsmacht zu erkennen und an den Punkten Widerstand zu leisten, an denen es Sinn macht, etwas zu verändern, was nicht so ist, wie es sein könnte oder sollte. Dabei schadet es überhaupt nicht, strategisch vorzugehen – im Gegenteil: Es lohnt sich für die Adressat*innen, für die Fachkräfte und für die Profession selbst, weiter oder mehr in diese Konflikte hineinzugehen. Ganz im Sinne von: Die Macht sei mit Euch! Wir würden diese fachliche Kompetenz als praktiziertes Nichteinverstandensein bezeichnen, eine Form des Widerstandes gegen die propagierte Alternativlosigkeit der herrschenden Eliten und als Widerstand gegen das dumpfe Einverstandensein mit allen Verschlechterungen, Einsparungen, Arbeitsverdichtungen, Auflagen und Einschränkungen. Denn Widerstand ist die Perforation des augenscheinlich Selbstverständlichen, die Aufdeckung der Wirkungen symbolischer Macht und Achtsamkeit in Sinne einer „permanenten Prüfung und Überarbeitung bestehender Erwartungen“ (Welzer 2013, S. 143). Denn die Dinge können immer anders sein, als sie sind.

Hilfreich könnte dabei die Regel sein, vor allem diejenigen Machtkämpfe zu führen, die möglichst auch zu gewinnen sind, und sie von denen zu unterscheiden, die nicht zu gewinnen sind. Oder mit dem Motto zu agieren: Wir haben keine Chance, also nutzen wir sie und machen, was wir wollen. Damit sind wir endgültig in der Sphäre der Paradoxie gelandet, einer Paradoxie, die zwar immer auch Lähmung erzeugen kann, die wir aber vor allem als motivierend und belebend empfinden – das ist eines unserer zentralen Ergebnisse der Arbeit an diesem Buch: Besser zu verstehen, dass es gerade im Hinblick auf Machtprozesse unauflösbare Widersprüche gibt, ist entlastend und motivierend zugleich. Trotzdem: Diese Spannung auszuhalten verlangt von uns in der Sozialen Arbeit Tätigen, die wir uns oft in komplexen Widersprüchen bewegen, hohe Ambiguitätstoleranz, die Fähigkeit, mehrdeutige Situationen und widersprüchliche Handlungsweisen auszuhalten bzw. genau dort anzusetzen. Ganz im Sinne des Sprichwortes:

Gib mir die Kraft, Dinge, die ich nicht ändern kann, mit Gelassenheit hinzunehmen. Gib mir den Mut, zu ändern, was geändert werden kann und muss, und gib mir die Weisheit, das eine vom anderen zu unterscheiden.

Optimistisch denken wir, dass die hier dargestellten Theorien und Konzepte hilfreich sind, um Ambivalenzen bzgl. von Entscheidungen im Hinblick auf Machtfragen sensibel wahrnehmen und nutzen zu können. Das gibt innere Freiheit und Kraft für anstrengende Prozesse und macht Mut, Unmögliches als mögliche Zukunft zu denken und Neues in die Welt zu setzen (Arendt). Gelingen könnte das mit den von Welzer aufgestellten zwölf Regeln zum erfolgreichen Widerstand. Sie beginnen mit: „Alles könnte anders sein“, und enden mit: „Wie Ihr Widerstand aussieht, hängt von Ihren Möglichkeiten ab“ und davon, „was Ihnen Spaß macht“ (Welzer 2013, S. 293). Und wenn etwas Spaß macht, geht es auch gleich viel leichter!

Das gilt auch für die Soziale Arbeit, die trotz aller Widerstände, Probleme und kritikwürdiger Faktoren als Profession und Disziplin eine echte Erfolgs- bzw. Bemächtigungsgeschichte ist. Sie hat das Potenzial, selbstbewusst und unbeirrbar im Konzert der Macht weiter und noch mehr mitzuspielen.

Doch es braucht einen sorgsamen und guten Umgang mit der Macht. Ernst Engelke stellt im Vorwort die nach wie vor berechtigte und wichtige Frage, *wozu* wir diese Macht denn verwenden wollen. Für die Aufwertung des eigenen Egos? Dagegen ist erstmal nichts zu sagen, das fordern wir im Kontext der Sozialen Arbeit ja an mehreren Stellen. Es braucht aber mehr als nur Liebe zur Macht: Es braucht unabdingbar Mut und Erkenntnis, die der Liebe und der Macht zugrunde liegen, um gegen Unrecht aufzubegehren und dagegen zu kämpfen, zum Aufbau von Vertrauen, um anderen und uns selbst die Angst zu nehmen, zur Durchsetzung von Menschenrechten ... Verstehen wir Macht verantwortungsvoll auf diese Weise, dann liegt ihr eine Haltung zugrunde, die ganz einfach mit Liebe zum Menschen zu beschreiben ist.

Verzeichnis der Abbildungen und Tabellen

Die Autorinnen

Prof.in Dr. Juliane Sagebiel (em.) lehrte Sozialarbeitswissenschaft an der Hochschule für Angewandte Wissenschaften München.

Prof.in Dr. Sabine Pankofer lehrt Psychologie in der Sozialen Arbeit an der Katholischen Stiftungshochschule München.